# INTERMEDIATE KANJI BOOK

漢字1000PLUS　　　VOL. 2
第4版

BONJINSHA CO., LTD.

# 目　　次

# まえがき

　本書は、1993年に凡人社から刊行した『Intermediate Kanji Book　漢字1000PLUS』Vol.1の続編であり、『Basic Kanji Book　基本漢字500』Vol.1に始まる、当漢字学習研究グループによる漢字教材シリーズの最終編に当たる。

　1989年刊行の『Basic Kanji Book　基本漢字500』Vol.1、Vol.2は、発売当初より好評をもって迎えられたが、それは、それまでの主流だった文法や会話を中心とした主教材に準拠した形の漢字教材と異なり、独立したタイプの漢字教材としてその存在をアピールすることができたからだと思われる。また、同書が学習者の短期習得目標として、新聞等における使用頻度や表語文字としての漢字の特性、初級における用法別の使用状況などを考慮した「基本漢字」500字の選定を提案したこと、意味・用法・場面などによる漢字語彙のネットワーク作りのアプローチを行ったことなどは新しい試みであったといえよう。

　その後十数年のうちに、初級の漢字教育は方法も教材も進化し、漢字の字形的構造性に着目したアプローチ、字源中心のアプローチ、場面中心のアプローチ、連想法や口唱法によるアプローチなど多種多様なものが登場した。しかし、中級以降の漢字教育に関しては、従来の読解に付随した語彙指導、漢字指導法から変わっていないのが現状のように思われる。

　そのような中で、『Intermediate Kanji Book　漢字1000PLUS』Vol.1、Vol.2では、以下のような方針をとり、新しいアプローチを試みている。この方針は、一貫して本漢字教材シリーズで採用しているものである。

## 学習指導の方針

　　⑴漢字学習を語彙学習としてとらえ、**漢字語彙の拡充を目指す**
　　⑵読み書きだけでなく、文中での用法や使用場面などを含めて練習するための**様々な練習活動の形式を提供する**
　　⑶読解、作文、口頭のコミュニケーションなど、他の活動と関連づけた総合的な**学習を奨励する**
　　⑷**漢字および漢字語彙の学習に役立つ情報**（音符や語構成の知識、類義語の用法に関する注意点など）を学習項目として整理して提示する
　　⑸学習者の文化圏、興味の対象、学習スタイルなどに応じた**自律的学習を促進する**（非漢字圏学習者にも漢字圏学習者にも、また、授業用としても自習用としても使用可能な教材を目指す）

　本シリーズの方針は以上のようなものであるが、初級と中級とではおのずと重点に違いが出てくる。初級用の『Basic Kanji Book』では漢字一字一字の積み上げをかなり

重視しているが、中級用の『Intermediate Kanji Book』ではより自由度の高い語彙の拡充の方に狙いを定めている。しかし、様々な種類の練習や課題を通じて、総合的に漢字語彙のネットワーク作りをさせようとしている点は両者に共通するものである。

## 漢字および漢字語彙学習のプロセス

　本シリーズで想定している外国人学習者による漢字および漢字語彙学習のプロセスは、おおよそ次のような樹木図で表すことができる。

　この木の根の部分は、初級段階の漢字および漢字語の学習であり、日本語における漢字の特性（字形・意味・読み・用法）に関する基礎的な理解が必要な段階である。当グループでは、そのために必要な漢字を「基本漢字」と呼び、『Basic Kanji Book』で500字を選定した。

　非漢字圏学習者にとっては、この部分の積み上げが、その後の効率的な漢字学習および語彙学習を支える重要な部分になると考えられる。漢字圏の学習者にとっては、字形や意味の理解はやさしいと思われるが、日本語として読みを正確に覚えること、母語における漢字の意味・用法とのずれを認識すること、文中での用法を正しく身につけることなどについては十分顧慮されなければならないだろう。

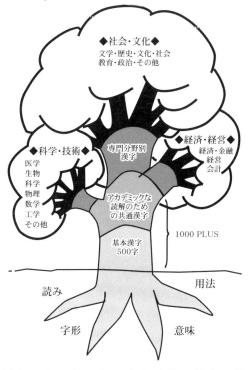

　中級段階に進み、新聞記事や論説文などを読むようになると、書き言葉に特有の漢字語彙の学習が必要になる。本シリーズでは、そのような漢字の中でも異なる専門分野の語彙にある程度共通して使われる漢字を「読解のための共通漢字」と呼んでいる。『Intermediate Kanji Book』Vol.1 では、そのうち240字の学習漢字を提示した。同書では、さらにこれらとともに熟語を構成する漢字（学習漢字以外のもの）を含めて、1000字相当の漢字運用力（日本語能力試験2級程度）を目標として想定している。

　さて、『Intermediate Kanji Book』Vol.2であるが、本書では、学習者が自分の専門分野や興味の対象に応じて、さらに漢字語彙力を伸ばしていけるように、専門分野別に「アカデミックな読解のための共通漢字」を拡張する試みを行っている。本課（1課〜16課）で提示している学習漢字が358字、コラム（1〜9）で紹介している69字と合わせ、合計427字を本書の学習漢字とした。すなわち、本シリーズ全体では、合計1,167字を「中級漢字1000PLUS」としていることになる。しかしこれは、中級学習者

にとって必要な漢字を限定しようとするものではない。どの漢字を学ぶかは、あくまでも学習者自身が専門分野やニーズの違いによって決めるものであり、ここに提示している漢字はそのサンプルに過ぎない。

　さらに、上級段階に進み、専門性の高い文献などを読むようになると、それぞれの専門分野で使用頻度の高い「専門分野別漢字」に至るというプロセスが想定できるが、そのような専門性の高い漢字語彙の習得は、学習者一人一人が専門分野の教師の下で達成するべきものであり、もはや日本語のクラスの中では扱えない領域であるといえよう。

## 本書の内容について

　本書では、専門分野を以下のように分け、「アカデミックな読解のための共通漢字」の選出を行った。ここでは、専門分野別漢字に入る前の段階、新聞記事や教養書のレベルを想定しているため、大ざっぱな分け方になっているが、ある程度は学習者のニーズに応えられるものになっているのではないかと思う。

> 心理・教育関係の語彙（１課、２課）
> 科学・技術関係の語彙（３課、４課、５課）
> 地球科学関係の語彙（６課、７課）
> 経済・金融関係の語彙（８課、９課）
> 歴史関係の語彙（10課）
> 健康・医学関係の語彙（11課）
> 栄養・化学・物理・数学関係の語彙（12課、13課）
> 環境科学関係の語彙（14課）
> 政治・国際関係の語彙（15課、16課）

　ここでは学習漢字を語彙単位で選出しているため、それ自体は使用頻度の高くない漢字も一部学習漢字の中に入っていることをお断りしておく。

　本書の編集方針、漢字および漢字語彙の選定、学習内容やその配列などに関しては、漢字学習研究グループの６人が話し合い、検討して決めた。各課の原案の大部分は、1995年４月から筑波大学留学生センター補講コースの漢字の授業において、実際に教材として使用されている。したがって、本書には、その教材を使って学習した多くの留学生たちの意見、批評、助言などが大きく反映されている。

　学習漢字索引にある手書き文字については、つくば市在住の書家、篠崎けいさん、イラストについては西村恵利子さんに書いていただいた。また、凡人社編集部の足立章子さんには、編集のみならず、内容に関することまで含め、大変お世話になった。これらの方々のご協力に心から感謝申し上げたい。しかし、本書の内容に関する責任

は、当然のことながら、すべて著者らにある。大方のご教示をお願いしたいと思う。

　本書の各課の担当者は以下の通りである。ただし、内容や練習問題の妥当性などに関しては、分担して複数で検討した。練習および課題の解答、各課とコラムの学習漢字索引に関しても、全員で検討を行っている。

　　　加納　千恵子　………　　２課、３課、４課、コラム２、９
　　　平形(高橋)裕紀子………　　５課、６課、９課、13課、コラム７
　　　清水　百合　………　　10課、14課、コラム１、５、６
　　　竹中(谷部)弘子　………　　８課、12課、16課、コラム８
　　　石井　恵理子　………　　１課、15課、コラム３、４
　　　阿久津　智　………　　７課、11課

　今後、できるだけ多くの方々に本書を使っていただき、ご意見、ご批評などを仰ぎたいと考えている。

　2001年８月

漢字学習研究グループ
　加納千恵子（筑波大学留学生センター）　　平形(高橋)裕紀子（筑波大学留学生センター）
　清水　百合（九州大学留学生センター）　　竹中(谷部)弘子（東京学芸大学留学生センター）
　石井　恵理子（国立国語研究所）　　　　　阿久津　智（拓殖大学外国語学部）

## 第４版の出版にあたって

　この度、第４版の出版にあたって、古くなった新聞記事等を差し替えるなどの案もあったが、結局あえて差し替えはしないことにした。いくら差し替えてもすぐに情報は古くなってしまうからである。したがって、テキストに載せてある記事や課題は、あくまでも教材のサンプルとして見ていただき、先生方や学習者には、常にインターネットや新聞などから最新の情報を使って生きた日本語を教えたり、学習したりするための参考にしてほしいと願っている。

　なお、第４版における修正箇所は必要最小限にとどめたが、学習漢字索引に載せた日本語能力試験の級は、2002年発行の『日本語能力試験出題基準［改訂版］』、常用漢字の情報は、平成22年11月30日の内閣告示による新「常用漢字表」に従って修正した。

　2014年６月　　　　　　　　　　　　　　　　　　　　　　　著者一同

# 使　い　方

　本書には、本課が16課とコラムが９つあります。各課の学習項目（要点）と、学習
漢字語については、目次にまとめてあります。巻末には、各課の練習と課題の解答
（ただし、オープンエンドな課題達成型のものには付けてありません）、課ごとの学習
漢字索引、『Basic Kanji Book』Vol.1、Vol.2と『Intermediate Kanji Book』Vol.1、Vol.2
を通した音訓索引があります。

　本書は、１課から順に学習していくこともできますが、興味のある分野の課を集中
的に使ったり、興味のない分野を飛ばして使ったり、授業時間に合わせていくつかの
課だけをピックアップして使ったりすることもできます。

　　　使用例１：１学期　　１課～５課（心理・教育、科学・技術関係）
　　　　　　　　２学期　　６課～10課（地球科学、経済・金融、歴史関係）
　　　　　　　　３学期　　11課～15課（健康・医学、基礎科学、環境、政治関係）
　　　使用例２：１学期　　１課、３課、６課、８課、10課
　　　　　　　　２学期　　２課、４課、７課、９課、11課
　　　　　　　　３学期　　５課、12課、14課、15課、16課
　　　使用例３：１学期　　１課、３課、５課、６課、８課、11課、13課、15課
　　　　　　　　２学期　　２課、４課、７課、９課、10課、12課、14課、16課

　筑波大学留学生センターの補講コースでは、各学期に週１回の漢字クラスが10回
（10週）あるので、毎学期４つの課とコラムを適当にピックアップし、年間３学期で
ほぼ１冊を終わるようなペースで使っています。


　本書の構成は次のようになっています。
　　　　　　『Intermediate Kanji Book　漢字1000PLUS』Vol.2

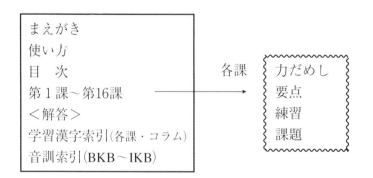

　コラム１～９は、本課の間にあります。

## 各セクションの使い方

　本書の各課は、「力だめし」「要点」「練習」「課題」という4つのセクションに分かれています。

### ◯力だめし

　学習者は、まずここにある読み物を読んでみて、全体の意味がどの程度わかるか、読めると思っている漢字の読みがどの程度正確か、などの点について各自でチェックしてから、各課の学習に入ることになります。本書で想定している学習者は、本文全体の漢字語のうち70%～80%が読めると思い、実際に正確に読めた漢字語がその70%～80%というようなレベルの人です。

◆先生方へ：本書を授業で使う場合、このセクションは、予習としてやらせてきたり、前の課のクイズ（小テスト）を行っているときに、早く終わった者からやらせるというような扱い方ができます。コースの最初の授業では、全員でやってみてもいいと思います。なお、学生には、使われている漢字が初級レベルのやさしい字であっても、語彙としては中上級レベルの場合もあるということを認識させてください。また、漢字圏の学生には、漢字から言葉の意味が推測できたとしても、正確な読みや用法を知らなければいけないという点に注意させてください。

### 要点

　新しい漢字語彙を覚えるのに役立つ情報や、漢字を整理して記憶するのに有効な知識などがまとめてあります。本書では、説明はすべて日本語で行っていますが、原則として、まだ習っていない漢字を使った言葉や特殊な読みの言葉にはふりがながつけてあります。分からない表現があった場合には、自分で辞書を調べたり、人に聞いたりして勉強してください。

◆先生方へ：本書を授業で使う場合、「要点」は家で読んでこさせるようにし、クラスでは、わかりにくいところに関して質問を受けるというやり方にするとよいでしょう。専門用語の使い方などについては、クラスにその専門の学生がいるかどうかを確認し、もしいた場合には、その学生に調べてくるように課題を出すと、当人にとって日本語を運用するいい機会になります。

### ◎　練習

　「力だめし」でウォーミングアップが、「要点」で基本的な学習項目と学習漢字の確認がすんだところで、漢字語の読み練習、書き練習、用法練習などを行うセクションです。課によって問題の形式が異なる場合もあります。応用力がついたかどうかを

みるための発展的な問題もあります。

　学習者は、＜解答＞で自分の答えをチェックした後、問題の全文をノートに書き写すといいでしょう。そのノートを見て、読み練習→書き練習、書き練習→読み練習というように形を変えてもう一度練習すると、さらに力がつきます。（くわしくは『IKB』Vol.1の「練習の使い方」を参照してください。）

◆先生方へ：学生が「練習」を家でやってきているようなら、クラスではざっと答え合わせをした後、応用練習をさせたり、習った漢字語を使って口頭で短文作りをさせたりしてみてください。なお、各課の復習クイズ（小テスト）は、「練習」と「学習漢字索引」から出すというふうに範囲を限ったほうが教育効果が期待できるようです。

## 📖 課題

　このセクションは、その課で学習したことを発展させた形で応用練習するところです。ここにある問題の中には、＜解答＞のないものもありますが、自分で辞書を引いたり、周りの日本人の助けを借りたりして、挑戦してみてください。この後、身近にある関連分野の文章が読めるようになれば、運用力が伸びたと言えるでしょう。

◆先生方へ：このセクションを宿題とすることもできますが、かなり古くなっている新聞記事も多いため、新聞やインターネット等で最新の情報を探して課題とすることをお勧めします。Googleなどで、その課のキーワードとなる漢字語をいくつか入れて検索すると、いろいろな面白い記事を探すことができます。学生自身に探させて、クラスで内容を発表させたり、課題を作らせたりすることもできます。学生同士で探してきたオーセンティックなものは、他の学生の興味を引くことが多く、学生が自分自身の学習方法などについて考えるいい機会を提供するようです。日本人の友達と共同で作業をさせるような指示を出すと、日本語によるコミュニケーションのチャンスも増え、達成感が得られると思われます。

## コラム

　新聞などで使用頻度の高い漢字の中から、人名や地名にしか使われないものや、本書の1課から16課に入れ込めなかった分野のものの一部をコラムという形で9つにまとめ、紹介してあります。

◆先生方へ：このセクションは、本課をやりながら余った時間などを利用して読ませるのに適しています。授業で本格的に使う場合には、練習の量が少ないと思われますので、本課の練習形式を参考に練習問題を追加してください。

## ＜ 解 答 ＞

　本課の「練習」の問題、「課題」の問題（サンプル解答が示せる問題のみ）、コラム

の「練習」の答えが示してありますが、それ以外の答え方でもよい場合がありますから、身近にいる日本人に聞いて確かめてみましょう。

◆先生方へ：参考としていただくためのサンプル解答が示してあります。学生の答えを見て、それでもよいかどうか、先生方のご判断で学生にフィードバックしていただければと思います。

## 学習漢字索引

ここには、各課の学習漢字について以下のような情報が示されています。

| 描 | 描 | 1課　11画 | ビョウ | 苗【ビョウ】→苗　描　猫 |
|---|---|---|---|---|
| | | 1級　常用 | えが-く　か-く | depict |

情景を見たままに描写する。
点描とは多数の色の点で絵を描く技法である。

---

~ヲ描く(えがく)　　　　素描(そびょう)　　　　点描(てんびょう)　　　　絵描き(えかき)
~ヲ描写(びょうしゃ)スル　点描画(てんびょうが)　心理描写(しんりびょうしゃ)

左上の枠に入っている大きな活字は、「明朝体」と呼ばれるもので、字によっては、手書きの文字の形と違う場合があります。その右の枠には、手書きの文字が書いてありますから、書く練習をする際のお手本にしてください。その隣の枠には、4つの情報、左上が課数、右上が漢字の画数、左下に日本語能力試験の級数、右下に「常用漢字」か「教育漢字」か「常用外」かという情報が入っています。一番右の枠には、上の行にカタカナで漢字の音読み、下の行にはひらがなで漢字の訓読みが書いてあり、例外的な読みには「＊」印がつけてあります。また、常用漢字表にないものは［　　］に入れてあります。形声文字の場合は、音読みの後ろに、ゴチック体で音符と【その表す音】、そして「→」の先に同じ音符を持つ同音漢字のリストが並べてあります。訓読みの後ろに英語で漢字の意味が示してありますが、下に並んでいる熟語例の意味を類推しやすいように、その字の中心的な意味を抽出したものです。漢字語の前に「～ヲ」や「～ニ」と書いてあるのはその動詞がとる助詞で、「～ガ」をとる場合は書いてありません。後ろに「スル」と書いてあるのは「する」をつけて動詞として使う用法のあるもの、「ナ」と書いてあるのは、ナ形容詞の用法のあるものです。（　）内には読みが示してありますから、個々の言葉のくわしい意味や用法が知りたい場合は、辞書を引いてください。

本書で使われている記号類は、原則として『Intermediate Kanji Book』Vol.1と同じになっています。

下の文章を読んでみましょう。

　自分自身を他人に紹介するとき、どんなふうに言い表しますか。

　たいてい、次の二つのやり方のどちらかで自分を説明するでしょう。

　まず一つは、事実を説明するやり方です。たとえば、「○○会社で営業を担当しています」「○○大学の学生です」などのように社会的な身分、職業、所属などを説明したり、「出身は広島で、大学から東京に住んでいます」「三人兄弟の長女で、弟と妹がいます」のように、経歴や家族について説明したりするなど、社会的・客観的事実を述べて、自分を説明するやり方です。趣味や特技を紹介することもあります。

　もう一つは、自分の内面について語るやり方です。「陽気で楽天的な性格です」「心配性で、小さな事でも気になります」「意志が弱くて、なかなかダイエットに成功しません」「警戒心が強く、はじめてのことには消極的ですが、やり始めたら最後までやる責任感は強いほうだと思います」「好奇心や競争心が強く、行動力があるのが長所ですが、時々それで失敗もします」など、主観的な自己評価を述べるやり方です。こちらの説明には、さまざまな性格を描写する形容詞が使われるのが特徴です。このような形容詞には、肯定的なイメージを表すものと否定的なイメージを表すものがあります。

【問題】　前の文中に使われていた言葉です。読んでみましょう。読み方がわからないものには、○をつけてください。

| | | | | |
|---|---|---|---|---|
| 1．自己 | 2．紹介 | 3．性格 | 4．描写 | 5．自身 |
| 6．他人 | 7．言い表す | 8．やり方 | 9．説明 | 10．事実 |
| 11．営業 | 12．担当 | 13．身分 | 14．職業 | 15．所属 |
| 16．出身 | 17．兄弟 | 18．長女 | 19．経歴 | 20．家族 |
| 21．客観的 | 22．述べる | 23．趣味 | 24．特技 | 25．内面 |
| 26．語る | 27．陽気 | 28．楽天的 | 29．心配性 | 30．意志 |
| 31．成功 | 32．警戒心 | 33．消極的 | 34．最後 | 35．責任感 |
| 36．好奇心 | 37．競争心 | 38．行動力 | 39．長所 | 40．失敗 |
| 41．主観的 | 42．評価 | 43．形容詞 | 44．特徴 | 45．肯定的 |
| 46．否定的 | 47．積極的 | 48．悲観的 | 49．陰気 | |

---

次のページの【確認】のところを見て、読みをチェックしましょう。

| | I.BKB | II.IKB | III.本課 | 全体 |
|---|---|---|---|---|
| a．読みを正しく知っている言葉 | ＿＿％ | ＿＿％ | ＿＿％ | ＿＿％ |
| b．意味は知っているが、読みが不正確な言葉 | ＿＿％ | ＿＿％ | ＿＿％ | ＿＿％ |
| c．よく知らない言葉 | ＿＿％ | ＿＿％ | ＿＿％ | ＿＿％ |

I.　の言葉があまり読めなかった人は、BKB Vol.1&2を復習しましょう。

II.　の言葉があまり読めなかった人は、IKB Vol.1を復習しましょう。

III.　の言葉が読めなかった人は、この課でしっかり勉強しましょう。

III.　の言葉がよく読めた人も、その漢字の別の読み方や使い方などを勉強しましょう。

【確認】　正しく読めたら、□にチェックしましょう。

I.『BASIC KANJI BOOK』Vol.1 & 2の漢字を使った言葉です。

1．性格　□　2．言い表す□　3．やり方　□　4．説明　□　5．事実　□

6．営業　□　7．兄弟　□　8．長女　□　9．経歴　□　10．家族　□

11．内面　□　12．語る　□　13．楽天的　□　14．心配性　□　15．最後　□

16．行動力　□　17．長所　□　　　　　　　　　　　　　　　／17＝__%

II.『INTERMEDIATE KANJI BOOK』Vol.1の漢字を使った言葉です。

1．自己　□　2．担当　□　3．職業　□　4．客観的　□　5．意志　□
　　R1　　　　　　L3　　　　　　L3　　　　　　L7　　　　　　　L10

6．成功　□　7．失敗　□　8．主観的　□　9．悲観的　□　／9＝__%
　　L2　　　　　　L2　　　　　　L7　　　　　　L7

III.この課で勉強する言葉です。

1．紹介　□　2．描写　□　3．自身　□　4．他人　□　5．身分　□

6．所属　□　7．出身　□　8．述べる　□　9．趣味　□　10．陽気　□

11．警戒心　□　12．消極的　□　13．責任感　□　14．好奇心　□　15．競争心　□

16．評価　□　17．形容詞　□　18．特徴　□　19．肯定的　□　20．否定的　□

21．積極的　□　22．陰気　□　　　　　　　　　　　　　　／22＝__%

IV.ここでは勉強しませんが、後でおぼえましょう。

1．特技　□

①性格を描写する表現

1．人の性格や属性を描写するときに使われる表現には、「気」「心」「性」などの漢字がよく使われます。そのような表現は、対（⟷）になっていることが多いので、いっしょに覚えるとよいでしょう。

気　陽気な ⟷ 陰気な　　　短気な ⟷ のん気な　　気丈な ⟷ 気弱な
　　勝ち気な ⟷ 内気な　　気が 強い ⟷ 弱い　　　気が 利く ⟷ 利かない
　　気長な ⟷ 気短な　　　気が 長い ⟷ 短い　　　気が 荒い
　　生意気な　　　　　　　無邪気な　　　　　　　移り気な

心　○○心が 強い ⟷ 弱い
　　好奇心　　　警戒心　　　猜疑心　　　競争心　　　独立心
　　依頼心　　　依存心　　　自尊心　　　向上心

性　［セイ］　積極性 ⟷ 消極性　　協調性　　　独創性
　　［ショウ］心配性　苦労性　　貧乏性　　凝り性
　　※［セイ］は、「～性がある／ない」のように使うが、［ショウ］は「～性だ」
　　　の形で使う。

的　積極的 ⟷ 消極的　　　楽観的 ⟷ 悲観的　　　社交的 ⟷ 非社交的
　　外向的 ⟷ 内向的　　　理性的 ⟷ 感情的　　　開放的 ⟷ 閉鎖的
　　楽天的　友好的　　個性的　感傷的　　利己的　自己中心的

家　［カ］　楽天家　自信家　野心家　倹約家 ⟷ 浪費家
屋　［や］　照れ屋　頑張り屋　恥ずかしがり屋　寂しがり屋
者　［もの］正直者　働き者　なまけ者　あわて者　ひょうきん者
　　　　　　小心者　臆病者　卑怯者　横着者　お調子者

2．対になる表現の中には、反対の意味の漢字を持つもの（→IKB Vol.1 L2）や否定の接頭辞を持つもの（→IKB Vol.1 L6）もありますが、以下のように、まったく形の違うものもあるので、注意しましょう。
　　　神経質な　　　　⟷　　おおらかな、のん気な
　　　個性的な　　　　⟷　　平凡な、普通の、特徴のない
　　　責任感の強い　　⟷　　無責任な

## ②言葉に含まれる評価・態度

　「よく言えば○○、悪くいえば××」という言い方があるように、同じことがらでも見方によって違う評価がされることがあります。性格・性質を描写する表現でも、その選び方で、それを良い性質であると思っているか、良くない性質であると思っているかがはっきりと述べられる場合があります。

　例えば、「雄弁」も「口がうまい」も、上手に話すことができるという意味ですが、「雄弁」には「論理的で、相手が納得できるようにきちんと話すことができる」というプラスのイメージが強いのに対して、「口がうまい」というと、場合によっては「話がうまいために相手がごまかされたりだまされたりすることもある」といったマイナスのイメージを含んでいます。つまり、「雄弁」と言えばほめる言葉になり、「口がうまい」といえば悪口に聞こえることもあるのです。

　また、他人の性格についてはほめ、自分の性格については謙遜して述べる、という態度も大切です。他人の性格を描写するときは「～（い／な）人です」と言いますが、この表現は自分については使いません。自分では、「～（い／な）ほうです」などを使います。


１．肯定的な言葉、否定的な言葉の例

| プラス　　←　中立　→ | マイナス |
|---|---|
| 内気な／内向的な | 引っ込み思案な |
| 静かな／おとなしい | 陰気な／暗い |
| 陽気な／明るい | お調子者 |
| 活発な／にぎやかな | 騒々しい／うるさい |
| 社交的な | 八方美人 |
| 意志が強い | 頑固な／強情な |
| 好奇心が強い | 詮索好きな |
| 慎重な／警戒心が強い | 優柔不断な／臆病な |
| 大胆な／勇敢な | 向こう見ずな／考えなし |
| おおらかな | おおざっぱな |
| 繊細な | 神経質な |
| 倹約家 | けちな／けちん坊 |
| 気前がいい | 浪費家 |

２．類義語とその使い分け

　同じような性格・性質を描写する表現でも、公の席で人を紹介したり履歴書や推薦状などを書いたりするときに使う固い表現と、友だち同士のおしゃべりなどに使うくだけた表現では違います。場面や状況などによる使い分けが必要です。

| 固い表現 | 普通の表現→（くだけた表現） |
|---|---|
| 明朗快活な | 陽気な／明るい |
| 意志強固な | 意志／気が　強い |
| 意志薄弱な | 意志／気が　弱い |
| 冷静沈着な | 落ち着いた |
| 忍耐力がある／忍耐強い | 我慢強い |
| 努力家 | （頑張り屋） |

### ③漢字の造語力と重要度

　「観」や「極」（p.267）のように、造語力が大きい（たくさんの熟語を作る）漢字は、重要度が高いと思われますが、「肯」（p.269）や「描」（p.265）のように、よく使われる熟語が一つか二つしかないものでも、その漢字がないとある概念が表せないと言う点で重要だと言えます。

　また、漢和辞典などに色々な熟語例が数多く載っていても、現代ではあまり使われない言葉もあるので、周りの日本人に聞いてから使ってみるようにしましょう。対になっている表現でも、片方はあまり使われない場合があります。

### ④語彙の表記

　文学などの人文系の文献では、「おおらかな」を「大らかな」、「おとなしい」を「大人しい」、「のん気な」を「呑気な」というように、振り仮名をつけて漢字表記にする場合もありますが、一般的に常用漢字表外の読みなどは、ひらがな表記にすることが多くなっています。ワープロが普及してから、文章中に占める漢字表記の割合が増える傾向にあり、文を読みにくくしていることもあるため、和語の形容詞や動詞をあえてかな表記する場合も多く見られます。

```
─── 第1課の学習漢字 ───

介　描　身　他　属　述　趣　陽　警　戒　極
責　奇　競　評　詞　徴　肯　否　積　陰
```

**21**

（索引p.265〜270）

練 習

【練習1】 例のように下から適切な漢字を選んで、□に入れなさい。

| 気 | 心 | 性 | 的 | 感 | 者 | 坊 | 家 | 屋 |

例）彼はなかなかの野心 家 だ。

1．彼女はいつも陽 気 で、楽天 家 に見えるが、実はとても寂しがり
   屋 だ。

2．この国の若者は責任 感 が強く、独立 心 が旺盛だ。

3．田中さんは自己中心 的 なので、皆から嫌われている。

4．彼等は、外の人に対しては警戒 心 が強く、なかなか打ち解けないが、
   いったん友達になると、非常に友好 的 だと言われている。

5．あの課長はいつも部下に対して否定 的 な態度をとる。

6．彼は内 気 で恥ずかしがり 屋 なので、大勢の人の前で話をするのが苦手
   なようだ。

7．私は好奇 心 が強く、積極 的 で、何にでもすぐ興味を持つが、あきっぽ
   い性格なのであまり長続きしない。それにあわて 者 なので、失敗も多い。

8．母は心配 性 で、何でも悲観 的 に考えるほうだが、私は正反対の性格で、
   楽天 的 だ。

9．彼は誠実で優しい人だが、照れ 屋 なので、好きな女性になかなか愛を告
   白できずにいる。

10．あの人は金持ちのくせに、貧乏 性 で、すごいけちん 坊 だ。

【練習２】　次のことばの対語は何でしょうか。その読みも書きなさい。

1．陽気な　　　　　⬄（　　　　　　） 11．理性的　　　⬄（　　　　　　　　）
2．派手な　　　　　⬄（　　　　　　） 12．楽観的　　　⬄（　　　　　　　　）
3．過激な　　　　　⬄（　　　　　　） 13．協力的　　　⬄（　　　　　　　　）
4．誠実な　　　　　⬄（　　　　　　） 14．社交的　　　⬄（　　　　　　　　）
5．上品な　　　　　⬄（　　　　　　） 15．積極的　　　⬄（　　　　　　　　）
6．内気な　　　　　⬄（　　　　　　） 16．個性的　　　⬄（　　　　　　　　）
7．正直な　　　　　⬄（　　　　　　） 17．心配性　　　⬄（　　　　　　　　）
8．真面目な　　　　⬄（　　　　　　） 18．無責任な　　⬄（　　　　　　　　）
9．神経質な　　　　⬄（　　　　　　）
10．依存心が強い⬄（　　　　　　　）が強い

【練習３】　次の文を読んで｛　｝の中から適切な表現を選びなさい。プラスの評価
　　　　　　か、マイナスの評価か、自分自身について謙遜して述べているのか、他
　　　　　　人の性格をほめているのか、客観的に描写しているのか、などいろいろ
　　　　　　な面から考えなさい。答えはどちらか一方とは限りません。

1．彼は｛　神経質　繊細　｝そうに見えるかもしれませんが、実は意外とおお
　　らかな性格の持ち主なんですよ。
2．山田さんは｛　気が短い　決断が早い　｝ので、リーダーに向いていると思
　　う。
3．彼女の長所は、｛　強情で　意志が強くて　｝やり始めたことは決して途中
　　であきらめないことだ。
4．みんなは彼を｛　倹約家　けちん坊　｝だとけなすけど、目的があってお金
　　をためているんだから、｛　倹約家　けちん坊　｝と言ったほうがいいよ。
5．この子は、｛　内気な　引っ込み思案な　｝性格なので、なかなか友達がで
　　きなくて困っているんです。
6．決定を急がないのは、決して｛　優柔不断　慎重　｝だからではなく、
　　｛　優柔不断　慎重　｝に考えるべき問題だからだ。
7．あの方はとてもすばらしい方ですけど、｛　内向的な　陰気な　暗い　｝性格
　　の方なので、なかなか他人に理解されず、残念です。
8．あんな｛　わがままな　個人主義的な　｝人間は、見たことがない。
9．田中さんは、人間観察が趣味だというが、人のうわさばかり追いかけていて、
　　単に｛　好奇心が強い　詮索好きな　｝だけだと思う。
10．鈴木さんは、｛　社交的　八方美人　｝と言えば聞こえがいいけど、だれに
　　でもいい顔をするので、信用できないところがある。

**【練習４】** 文章のスタイル（くだけた会話場面、改まった場面、推薦状<sup>すいせんじょう</sup>など）に合わせて、最も適切と思われる表現を選びなさい。

1．（友達と）
　　Ａ：恵子ちゃんって、｜ 明朗快活だ　明るい ｜ よね。
　　Ｂ：うん。でも、結構 ｜ 意志薄弱な　気が弱い ｜ ところもあるのよ。

**1**

2．（取り引き先との会合で）
　　Ａ：同僚<sup>どうりょう</sup>の田中をご紹介します。彼は常に ｜ 冷静沈着な　落ち着いた ｜ 態<sup>たい</sup>度<sup>ど</sup>で、どんな事にも ｜ 積極的に　大胆<sup>だいたん</sup>に　向こう見ずに ｜ 取り組むので、職場の厚い信頼を得ています。一見、無口でこわそうに見えますが、意外に ｜ お調子者の　騒々<sup>そうぞう</sup>しい　陽気な ｜ 面も持っておりまして、宴<sup>えん</sup>会<sup>かい</sup>ではいつも我々<sup>われわれ</sup>を楽しませてくれます。

3．（新入生歓迎<sup>かんげい</sup>コンパで）
　　Ｂ：自己紹介をさせていただきます。山田太郎<sup>たろう</sup>と申します。｜ 冷静沈着な　落ち着いている ｜ ように見えるかもしれませんが、実は ｜ 決断がはやく　あわて者で ｜、時々失敗することもあります。人一倍、｜ 好奇心が強く　詮索<sup>せんさく</sup>好きで ｜ どんな事にも興味を持って取り組みます。

4．（推薦状<sup>すいせんじょう</sup>）
　　山田氏<sup>し</sup>は、スポーツ万能<sup>ばんのう</sup>、｜ 明朗快活な　陽気な　お調子者の ｜ 青年であり、仕事ができるばかりでなく、誠実<sup>せいじつ</sup>で誰<sup>だれ</sup>からも好かれる性格の持ち主であります。

5．（推薦状）
　　田中氏は思慮<sup>しりょ</sup>深く、｜ 意志強固な　気が強い ｜ 人物です。決断するまでには多少時間がかかるかもしれませんが、一度決めたことは最後までやり通すという ｜ 忍耐<sup>にんたい</sup>強さ　がまん強さ ｜ があり、仕事の面でも必ず良い成果を上げるものと確信しております。

**【練習５】** 次の漢字熟語の中から最も適切な語を選び、読みを書きなさい。

例）彼女は＿陽気<sup>ようき</sup>＿な性格で、みんなに好かれている。
　　　　｜ 陽気　陽性　陽極　陽光 ｜
1．あの人は他人の意見を＿＿＿＿＿するばかりで、自分の意見を出さない。
　　　　｜ 評価　評判　評論　批評 ｜
2．彼は、自分で＿＿＿＿＿した歌を歌っている。
　　　　｜ 品詞　作詞　助詞　名詞 ｜

3．他国の紛争にみだりに_____してはいけない。
　　　｜ 介抱　介入　仲介　紹介 ｜

4．彼は大阪の_____で、関西人特有の強さがある。
　　　｜ 出身　出生　出産　身分 ｜

5．彼女は有名な芸能プロダクションに_____するタレントだ。
　　　｜ 帰属　所属　付属　配属 ｜

6．犯人の_____した内容を警察が公にした。
　　　｜ 記述　口述　供述　論述 ｜

7．年末はどろぼうやすりが増えるので、特別な_____が必要だ。
　　　｜ 警報　警告　警戒　警護 ｜

8．_____までがんばったが、もうこれ以上はできない。
　　　｜ 極論　極度　極限　極力 ｜

9．駅の裏に趣味の悪い_____なビルが建った。
　　　｜ 好奇　奇数　奇妙　奇遇 ｜

10．この絵には、彼の_____がよく描かれている。
　　　｜ 特徴　徴候　象徴　徴収 ｜

11．このシンポジウムの_____を説明してください。
　　　｜ 趣向　趣味　趣旨　興趣 ｜

12．彼がこんなに_____な人だとは思わなかった。
　　　｜ 不責任　無責任　非責任　否責任 ｜

13．彼女は_____が強く、非常に負けず嫌いだ。
　　　｜ 競争心　競争力　競争気　競争性 ｜

**【練習６】** 次の漢字を使った、一番よく使われると思う漢字熟語を考えてみましょう。
周りの日本人にも聞いてみてください。

例）己　→　自己紹介

1．積　→　　　　　　2．責　→　　　　　　3．評　→

4．徴　→　　　　　　5．属　→　　　　　　6．肯　→

7．詞　→　　　　　　8．述　→　　　　　　9．他　→

10．陽　→　　　　　11．警　→　　　　　12．戒　→

13．否　→　　　　　14．極　→　　　　　15．身　→

16．介　→　　　　　17．描　→　　　　　18．陰　→

19．奇　→　　　　　20．競　→　　　　　21．趣　→

1．下の文章は、『人間の心理・発見テスト』渋谷昌三監（果林社、1996年発行
　p.20〜21）からとったものです。読んで、後ろの質問に答えてみましょう。

## 図形が示すあなたの性格

知る

左のような☆図形を、定規を使わないで描いてください。
描き終わったら、上の角と下の角に定規を当てて直線を引き、直線が右上がりか左上がりか定規を当てて確かめてください。

手の動くままに図形を描くと…

### 診断　あなたは外向的、それとも内向的？

▼右上がりになった人

あなたは基本的に明るい性格で外向的。積極性もあり、常に前向きに考える人ですが、一度が過ぎると、他人を支配したがる癖もあります。結婚したら、亭主関白、カカア天下になるタイプです。仕事なら、体を使う仕事や営業などが向いているでしょう。未来志向で、現状に満足することがないのも特徴。あやまちやくじりにも、こだわらずに

次に進めるタイプです。ただ、自分の力を過信したり、自己主張が強すぎて人と衝突することもあるので要注意。

▼左上がりになった人

あなたは基本的に内向的。気が弱い面もありますが、それがやさしさになっている面もあります。結婚したら、やさしいマイホームパパ、やさしい古風な主婦になるタイプです。仕事なら、頭を使うデスクワークや企画などの仕事が向いているでしょう。過去を志向しがちで、失敗を恐れたり、くよくよ考えたりすることもありますが、よくいえば慎重派。ただ、自己主張が少ないため、八方美人と見られることもあるので要注意。

### 解説

図形や文字に性格が表れる

この性格判断は、図形だけではなく文字にもあてはまります。右上がりの字を書く人は積極的で明るい性格、左上がりの字を書く人は若干ネクラの傾向があるといわれています。大きな字を書く人は積極的、乱暴な字を書く人は飽きっぽい……など、字にはさまざまな性格が表れます。今年もらった年賀状を見直して、相手の性格を読んでみては？

21　　　　　　　　　　　　　　　20

＊定規（じょうぎ）　　　　角（かく）　　　　　　　　診断（しんだん）
　癖（くせ）　　　　　　　亭主関白（ていしゅかんぱく）　衝突（しょうとつ）する
　慎重派（しんちょうは）　若干（じゃっかん）　　　　傾向（けいこう）
　飽（あ）きっぽい　　　　年賀状（ねんがじょう）

（1）右上がりになった人の性格と左上がりになった人の性格をまとめてみましょう。下の＿＿に適切なことばを入れてください。

　　　①右上がりになった人：＿＿＿＿＿て＿＿＿＿＿な性格。
　　　　　　　　　　　　　　　　＿＿＿＿＿があり、常に前向きに考える人。
　　　②左上がりになった人：＿＿＿＿＿で＿＿＿＿＿な性格。
　　　　　　　　　　　　　　　気が＿＿＿＿＿面もあるが、＿＿＿＿＿人。

（2）前のページの図形を自分で描いてみましょう。また周りの人にも書いてもらってみましょう。右上がりになった人と、左上がりになった人とどちらが多かったですか。自分の性格と診断結果が合っていたかどうかを話し合ってみましょう。

（3）あなたは自分自身をどんな性格だと思いますか。自分自身を描写する文を5個作ってみましょう。
　　　①＿＿＿＿＿＿＿＿＿＿＿＿＿＿＿＿＿＿＿＿＿＿＿＿＿＿＿＿＿＿＿＿＿

　　　②＿＿＿＿＿＿＿＿＿＿＿＿＿＿＿＿＿＿＿＿＿＿＿＿＿＿＿＿＿＿＿＿＿

　　　③＿＿＿＿＿＿＿＿＿＿＿＿＿＿＿＿＿＿＿＿＿＿＿＿＿＿＿＿＿＿＿＿＿

　　　④＿＿＿＿＿＿＿＿＿＿＿＿＿＿＿＿＿＿＿＿＿＿＿＿＿＿＿＿＿＿＿＿＿

　　　⑤＿＿＿＿＿＿＿＿＿＿＿＿＿＿＿＿＿＿＿＿＿＿＿＿＿＿＿＿＿＿＿＿＿

（4）人の性格を描写する表現をできるだけたくさん使って、あなたの国の有名な人物を描写してみましょう。

2．次の表現を漢字を使って書きなさい。
　　1．しゅかんてきな　いけん　　　　2．きゃっかんてきな　いけん
　　3．せっきょくてきな　ひと　　　　4．しょうきょくてきな　ひと
　　5．ようきな　せいかく　　　　　　6．いんきな　せいかく
　　7．こうていてきな　こたえ　　　　8．ひていてきな　こたえ
　　9．じこちゅうしんてきな　かんがえ　10．しゅみが　おおい
　　11．こうきしんが　ある　　　　　　12．せきにんかんが　ある
　　13．きょうそうしんが　つよい　　　14．けいかいしんが　つよい

15. じこしょうかいの　ぶんを　かいて　ください
16. せいかくを　びょうしゃする　ための　けいようしを　おぼえよう
17. しょぞくと　しゅっしんちを　こたえる
18. じぶんじしんに　ついて　のべなさい
19. たにんの　ひょうかを　きにする　ひつようは　ない
20. けいかんに　その　おとこの　とくちょうを　きかれた

**1**

3．好きな小説やインターネット記事などから、ある人物の性格を描写している文を探して、書き出してみましょう。面白い表現があったら、クラスで発表してください。

4．次の漢字を使って最もよく使われると思う言葉を選び、文を作りなさい。

例）己　→　自己(じこ)　：子供ははじめは自己中心的なものだが、集団や社会の
　　　　　　　　　　　　中でだんだん協調性を学んでいく。

| | | |
|---|---|---|
| 1．否　→ | 2．徴　→ | 3．評　→ |
| 4．責　→ | 5．積　→ | 6．描　→ |
| 7．警　→ | 8．陽　→ | 9．述　→ |
| 10．身　→ | 11．極　→ | 12．肯　→ |
| 13．詞　→ | 14．奇　→ | 15．属　→ |
| 16．他　→ | 17．趣　→ | 18．競　→ |
| 19．陰　→ | 20．戒　→ | 21．介　→ |

# 時を表す漢字

| 1. 現在 | 今 | 今〜： | 今日 | 今週 | 今月 | 今年 | 今学期 | ＊今日 |
| | | 今： | 今時 | 今頃 | 今時分 | 只今 | | |
| | 現 | 現〜： | 現在 | 現代 | 現時点 | | | |
| | 当 | 当〜： | 当時 | 当節 | 当代 | 当座 | | |
| 2. 過去 | 昨 | 昨〜： | 昨日 | 昨晩 | 昨夜 | 昨年（＝去年） | | ＊昨日 |
| | 先 | 先〜： | 先日 | 先週 | 先月 | 先学期 | | |
| | | 先： | 先頃 | 先程 | | | | |
| | 前 | 前： | 前日 | 前夜 | 前年 | 以前 | 紀元前 | |
| | 往 | 往〜： | 往年 | 往時 | | | | |
| 3. 未来 | 来 | 来〜： | 来週 | 来月 | 来年 | 来期 | 来学期 | |
| | | 〜来： | 未来 | 将来 | | | | |
| | 明 | 明〜： | 明日 | 明朝 | 明晩 | 明年 | ＊明日／明す | |
| | | 明くる： | 明くる日 | 明くる朝 | 明くる月 | 明くる年 | | |
| | 翌 | 翌〜： | 翌日 | 翌朝 | 翌週 | 翌月 | 翌年／翌年 | |
| | 後 | 後： | 後日 | 今後 | 以後 | ＊後年 | | |
| | | 後： | 後程 | 後々 | ＊後々 | | | |
| 4. その他 | 旬 | 〜旬： | 上旬 | 中旬 | 下旬 | | | |
| | 元号： | | 明治 | 大正 | 昭和 | 平成 | | |

【練習】「昨、往、翌、旬、昭」を使った時を表す言葉です。適切なものを一つ選びましょう。

1. ｜ 前年　昨年　先年 ｜ の経済不調は、今だに回復の兆しが見られない。

2. 昭和60年度の消費者物価指数は、その ｜ 前年　昨年　先年 ｜ 度と比較すると、かなりの伸びが見られた。

3. この番組には ｜ 前年　昨年　往年 ｜ の大スターが続々と出演する予定だ。

4. お問い合わせの件につきましては、古い資料を探しまして、調べが済み次第、｜ 翌日　後日　明日 ｜ こちらから御連絡いたします。

5. 徹夜で受験勉強をした結果、｜ 翌日　後日　明日 ｜ の試験では満点をとることができた。

6. 東京の桜の開花は、例年、4月 ｜ 上旬　中旬　下旬 ｜ 頃となっている。

7. ｜ 大正　昭和　平成 ｜ 元年は ｜ 明治　昭和　平成 ｜ 64年に当たる。

下の文章を読んでみましょう。

　学生による授業評価は、アメリカで特に1960年代の学園紛争の時代から広まり、今では全米の主な大学で行われている。学期末に、教師は授業評価シートを学生に配り、採点してもらう。その第一の目的は学生の反応や理解度を知り、授業を改善するためである。この授業評価の結果は、数値化され、学生にも公開される。それは学生が授業科目を選択する際に、その授業が自分の学習要求や水準に合っているかどうかを判断するための情報を提供するという目的もかねている。

　このような学生による授業評価は、大学教育というサービスを購入する学生の消費者としての権利——授業の内容を知り、授業（＝教師）を選択する権利、授業の内容・方法について改善のための意見を表明する権利を保証するという、消費者保護の発想から始まったとされている。また、教師の昇進時などに、その教師の教育能力を評価するために利用している大学もある。

　日本でも大学改革の動きの中で、学生による授業評価を実施する大学が出てきているが、まだ賛否両論あるようである。賛成意見としては、(1)学生側からの意見によって教育指導の不十分な点などに関して反省材料が得られ、教育の改善に役立つ、(2)教師には何をどう教えるかの自由と学生の学力や成績を評価する権限が与えられているのだから、学生の方にも教師や授業科目を選び、その善し悪しを評価するという権利が認められるべきだ、(3)学生の学習意欲や学習態度など、学習に対する意識を高めることができる、などがある。

　他方、成績評価の甘い授業が高く評価されたり、人気とりに走る教師が出たりし、成績の安売りや大学教育のレベルダウンという弊害をもたらす恐れがある、などの反対意見もある。

【問題】　前の文中に使われていた言葉です。読んでみましょう。読み方がわからないものには、〇をつけてください。

|   |   |   |   |   |
|---|---|---|---|---|
| 1. 授業評価 | 2. 紛争 | 3. 全米 | 4. 学期末 | 5. 教師 |
| 6. 配る | 7. 採点 | 8. 目的 | 9. 反応 | 10. 理解度 |
| 11. 改善 | 12. 結果 | 13. 数値化 | 14. 公開 | 15. 科目 |
| 16. 選択 | 17. 際 | 18. 要求 | 19. 水準 | 20. 判断 |
| 21. 情報 | 22. 提供 | 23. 購入 | 24. 消費者 | 25. 権利 |
| 26. 内容 | 27. 方法 | 28. 意見 | 29. 表明 | 30. 保証 |
| 31. 保護 | 32. 発想 | 33. 昇進時 | 34. 能力 | 35. 利用 |
| 36. 改革 | 37. 実施 | 38. 賛否 | 39. 両論 | 40. 賛成 |
| 41. 学生側 | 42. 指導 | 43. 反省 | 44. 材料 | 45. 得る |
| 46. 役立つ | 47. 自由 | 48. 成績 | 49. 権限 | 50. 与える |
| 51. 善し悪し | 52. 認める | 53. 意欲 | 54. 態度 | 55. 意識 |
| 56. 他方 | 57. 甘い | 58. 人気 | 59. 弊害 | 60. 恐れ |

---

次のページの【確認】のところを見て、読みをチェックしましょう。

|  | I.BKB | II.IKB | III.前課 | IV.本課 | 全体 |
|---|---|---|---|---|---|
| a. 読みを正しく知っている言葉 | ＿＿＿% | ＿＿＿% | ＿＿＿% | ＿＿＿% | ＿＿＿% |
| b. 意味は知っているが、読みが不正確な言葉 | ＿＿＿% | ＿＿＿% | ＿＿＿% | ＿＿＿% | ＿＿＿% |
| c. よく知らない言葉 | ＿＿＿% | ＿＿＿% | ＿＿＿% | ＿＿＿% | ＿＿＿% |

I.　の言葉があまり読めなかった人は、BKB Vol.1&2 を復習しましょう。

II.　の言葉があまり読めなかった人は、IKB Vol.1 を復習しましょう。

III.　の言葉が読めなかった人は、この本の前の課を復習しましょう。

IV.　の言葉が読めなかった人は、この課でしっかり勉強しましょう。

IV.　の言葉がよく読めた人も、その漢字の別の読み方や使い方などを勉強しましょう。

【確認】　正しく読めたら、□にチェックしましょう。

I.『BASIC KANJI BOOK』Vol.1 & 2の漢字を使った言葉です。
　　1.全米　□　2.配る　□　3.目的　□　4.結果　□　5.公開　□
　　　ぜんべい　　　　くば　　　　もくてき　　　　けっか　　　　こうかい
　　6.科目　□　7.要求　□　8.水準　□　9.情報　□　10.消費者　□
　　　かもく　　　　ようきゅう　　すいじゅん　　じょうほう　　しょうひしゃ
　　11.方法　□　12.意見　□　13.表明　□　14.利用　□　15.両論　□
　　　ほうほう　　　いけん　　　ひょうめい　　　りよう　　　りょうろん
　　16.賛成　□　17.得る　□　18.自由　□　19.人気　□　　　／19＝＿％
　　　さんせい　　　え　　　　じゆう　　　にんき

**2**

II.『INTERMEDIATE KANJI BOOK』Vol.1の漢字を使った言葉です。
　　1.教師　□　2.反応　□　3.理解度　□　4.数値化　□　5.際　□
　　　きょうし　　　はんのう　　　りかいど　　　すうちか　　　さい
　　　L6　　　　　L3　　　　　L3　　　　　L6　　　　　L2
　　6.購入　□　7.内容　□　8.発想　□　9.昇進時　□　10.能力　□
　　　こうにゅう　　ないよう　　　はっそう　　　しょうしんじ　　のうりょく
　　　R2　　　　　R2　　　　　L5　　　　　L2　　　　　L2
　　11.改革　□　12.学生側　□　13.反省　□　14.役立つ　□　15.認める　□
　　　かいかく　　　がくせいがわ　　はんせい　　　やくだ　　　みと
　　　L3 L9　　　　R2　　　　　L1　　　　　L8　　　　　L7
　　16.意識　□　　　　　　　　　　　　　　　　　　　　　／16＝＿％
　　　いしき
　　　L10

III. 前の課で勉強した漢字の言葉です。
　　1.評価　□　2.賛否　□　3.他方　□　　　　　　／3＝＿％
　　　ひょうか　　　さんぴ　　　たほう
　　　1課　　　　　1課　　　　　1課

IV. この課で勉強する言葉です。
　　1.授業　□　2.紛争　□　3.学期末　□　4.採点　□　5.改善　□
　　　じゅぎょう　　ふんそう　　　がっきまつ　　さいてん　　　かいぜん
　　6.選択　□　7.判断　□　8.提供　□　9.権利　□　10.保証　□
　　　せんたく　　　はんだん　　　ていきょう　　けんり　　　ほしょう
　　11.保護　□　12.実施　□　13.指導　□　14.材料　□　15.成績　□
　　　ほご　　　　じっし　　　しどう　　　ざいりょう　　せいせき
　　16.権限　□　17.善し悪し□　18.意欲　□　19.態度　□　20.甘い　□
　　　けんげん　　　よ　あ　　　　いよく　　　たいど　　　あま
　　21.恐れ　□［22］学級　□　　　　　　　　　　　　／22＝＿％
　　　おそれ　　　　がっきゅう

V. ここでは勉強しませんが、後でおぼえましょう。
　　1.与える　□　2.弊害　□
　　　あた　　　　へいがい

①教育関係の漢字および漢字語

1．日常生活で使われている言葉と、教育関係の専門語とでは、少し異なるものがあります。

例）〈日常語〉　　　　〈専門語〉

先生　　　→　教師／教員（きょういん）／教諭（きょうじゅ）／教授

学生　　　→　児童（じどう）／生徒（せいと）／学生

教える　　→　教育する／教授する／指導（しどう）する

勉強する／習う　→　学ぶ／学習する／習得する

選ぶ　　　→　選択（せんたく）する

する／行う　→　実施（じっし）する

2．日本の教育関係のキーワードを整理して、覚えましょう。

例）学校制度：小学校－中学校－高等学校┬大学－大学院
　　　　　　　　　　　　　　　　　　　｛修士課程
　　　　　　　　　　　　　　　　　　　｛博士（はくし）課程
　　　　　　　　　　　　　　　　　　　├短期大学
　　　　　　　　　　　　　　　　　　　└専修学校、専門学校

教育課程（かてい）：初等教育 ── 中等教育 ──── 高等教育
　　　　　　（小学校）　（中学校・高等学校）（大学・大学院）
教育改革：週5日制度　飛び級（とびきゅう）制度　推薦（すいせん）入学制度
教育問題：不登校　校内暴力　いじめ　学級崩壊（がっきゅうほうかい）

3．カタカナ語と漢字語の両方が使われるもの、どちらか一方しか使われないものがあります。下の例以外にも、さがしてみましょう。

例）カリキュラム＝教育課程（けいとうだ）：系統立てて編成（へんせい）された教育の計画
　　レベルダウン＝水準低下（ていど）：水準や程度が下がること
　　ドロップアウト＝中途退学：学校を卒業せず中途（ちゅうと）で退学すること

レポート＝報告書：1）調査や研究、実験の結果などの報告書

2）学生が教師に提出する小論文

ＡＬＴ（Assistant Language Teacher）＝外国語指導助手：文部科学省、外務省、総務省と地方自治体が共同して実施している国際交流事業（JETプログラム）により招かれている人。

## ②漢字熟語の品詞性と共起性

**2**

1．漢字熟語を覚えるときは、その品詞に注意して覚える必要があります。

| | | 動詞 | 名詞 |
|---|---|---|---|
| 評価 | → | ○評価する | ○評価を行う／評価を受ける |
| 指導 | → | ○指導する | ○指導を行う／指導を受ける |
| 採点 | → | ○採点する | ○採点を行う／採点が終わる |
| 実施 | → | ○実施する | ○実施を考える／実施を見送る |
| 授業 | → | △授業する | ○授業を行う／授業を受ける |
| 権利 | → | × | ○権利がある／権利を得る |
| 意欲 | → | × | ○意欲がある／意欲を高める |
| 態度 | → | × | ○態度がいい／態度を決める |

2．類義の漢語動詞の中には、いっしょに使われる名詞が異なるものがあります。
（→IKB Vol.1 L3, L7）

例）授業／内容／方法…を　　改善する

教育／社会／制度…を　　改革する

法律／規則／条約…を　　改正する

品種／機械…を　　　　　改良する

店内／建物内…を　　　　改装する

本／辞書／出版物…を　　改訂する

## ③対になる意味の言葉

### A．善 対 悪

例）
| 善 | ⇔ | 悪 | 良い | ⇔ | 悪い |
|---|---|---|---|---|---|
| 善人 | ⇔ | 悪人 | 良質 | ⇔ | 悪質 |
| 善意 | ⇔ | 悪意 | 良性 | ⇔ | 悪性 |
| 性善説 | ⇔ | 性悪説 | 最良 | ⇔ | 最悪 |
| 改善する | ⇔ | （改悪する） | 改良する | ⇔ | （改悪する） |

B．その他の対の言葉

例）賛成　　　　　⟷　　　反対

権<sub>けん</sub>利<sub>り</sub>　　　　　⟷　　　義務

供<sub>きょう</sub>給<sub>きゅう</sub>　　　　　⟷　　　需<sub>じゅ</sub>要<sub>よう</sub>

善<sub>ぜん</sub>戦<sub>せん</sub>する　　⟷　　　苦戦する

強<sub>ごう</sub>欲<sub>よく</sub>な　　　⟷　　　無<sub>む</sub>欲<sub>よく</sub>な

評価が甘<sub>あま</sub>い　⟷　　　評価が辛<sub>から</sub>い／厳しい

学期始め　　　⟷　　　学期末<sub>まつ</sub>

中<sub>ちゅう</sub>央<sub>おう</sub>集<sub>しゅう</sub>権<sub>けん</sub>　　⟷　　　地方分権

C．対になる漢字の組み合わせでできている言葉

例）賛成論＋否<sub>ひ</sub>定<sub>てい</sub>論　→　　賛否<sub>さんぴ</sub>両論

衆議院＋参議院　→　　衆参両院

正しいこと＋誤<sub>あやま</sub>っていること　→　正誤<sub>せいご</sub>

勝つこと＋負けること→　勝負<sub>しょうぶ</sub>／勝<sub>か</sub>ち負<sub>ま</sub>け

善いこと＋悪いこと　→　善悪<sub>ぜんあく</sub>／善<sub>よ</sub>し悪<sub>あ</sub>し

有ること＋無いこと　→　有無<sub>うむ</sub>

---

第2課の学習漢字

| 授 | 紛 | 末 | 採 | 善 | 択 | 判 | 提 | 供 | 権 | 証 |
|---|---|---|---|---|---|---|---|---|---|---|
| 護 | 施 | 導 | 材 | 績 | 欲 | 態 | 甘 | 恐 | 級 | |

**21**

（索引p.270〜274）

## 練 習

【練習1】 次の漢語動詞はどんな名詞といっしょに使われるでしょうか。例のように、（ ）に名詞、＿＿に助詞を入れ、読みを書きなさい。

例）（ 社会 ）＿を＿改革（かいかく）する

1.（　　　　）＿＿＿＿採用する　　2.（　　　　）＿＿＿＿採点する
3.（　　　　）＿＿＿＿採択する　　4.（　　　　）＿＿＿＿採集する

5.（　　　　）＿＿＿＿判定する　　6.（　　　　）＿＿＿＿判明する
7.（　　　　）＿＿＿＿判別する　　8.（　　　　）＿＿＿＿判断する

9.（　　　　）＿＿＿＿提示する　　10.（　　　　）＿＿＿＿提出する
11.（　　　　）＿＿＿＿提起する　　12.（　　　　）＿＿＿＿提携する

13.（　　　　）＿＿＿＿証明する　　14.（　　　　）＿＿＿＿立証する
15.（　　　　）＿＿＿＿検証する　　16.（　　　　）＿＿＿＿保証する

17.（　　　　）＿＿＿＿選択する　　18.（　　　　）＿＿＿＿選出する
19.（　　　　）＿＿＿＿選定する　　20.（　　　　）＿＿＿＿選別する

21.（　　　　）＿＿＿＿保護する　　22.（　　　　）＿＿＿＿愛護する
23.（　　　　）＿＿＿＿介護する　　24.（　　　　）＿＿＿＿警護する

25.（　　　　）＿＿＿＿指導する　　26.（　　　　）＿＿＿＿補導する
27.（　　　　）＿＿＿＿誘導する　　28.（　　　　）＿＿＿＿導入する

29.（　　　　）＿＿＿＿供給する　　30.（　　　　）＿＿＿＿供述する
31.（　　　　）＿＿＿＿提供する　　32.（　　　　）＿＿＿＿自供する

【練習2】 次の漢字語を読み、用法（品詞性）が同じか異なるかを考えて、例のように答えなさい。

例）　棄権（きけん）　／　実権　（異なる）
　　　〇棄権する
　　　〇実権（じっけん）を握（にぎ）る　×実権する

1. 看護　／　介護　（　　　　）　2. 評判　／　批判　（　　　　）
3. 施設　／　設備　（　　　　）　4. 提示　／　提供　（　　　　）

5．権利 ／ 権限 （　　　） 6．恐怖 ／ 恐縮 （　　　）

7．証拠 ／ 証言 （　　　） 8．貪欲 ／ 意欲 （　　　）

9．保証 ／ 保護 （　　　） 10．取材 ／ 題材 （　　　）

11．選択 ／ 採択 （　　　） 12．指導 ／ 補導 （　　　）

【練習３】 知っている漢字語で対になっているものを整理しなさい。

例）悪い ⟷ （良い／いい）

1．厳しい ⟷ （　　　　　　）

2．悪人 ⟷ （善人　　　）

3．義務 ⟷ （権利　　　）

4．需要 ⟷ （供給　　　）
(しゅよう)

5．強欲な ⟷ （無欲　　　）な

6．性善説 ⟷ （性悪説　　）説

7．苦戦する ⟷ （善戦する　）する

8．中央集権 ⟷ （地方分権　）

9．（　　　　　）⟷ （　　　　　　）

【練習４】 次の漢字熟語の中から最も適切な語を選び、読みを書きなさい。

1．日本では二十歳以上の国民に、投票の＿＿＿＿＿＿＿がある。
(とうひょう)
　　　｜ 権限　権利　主権　実権 ｜

2．この番組はご覧のスポンサーの＿＿＿＿＿＿＿でお送りします。
　　　｜ 供述　供給　提供　提示 ｜

3．どんな人でも＿＿＿＿＿＿＿を誤ることがある。
(あやま)
　　　｜ 評判　判断　判決　裁判 ｜

4．やったという＿＿＿＿＿＿＿もないのに、人を疑ってはいけない。
(うたが)
　　　｜ 保証　証明　証拠　検証 ｜

5．＿＿＿＿＿＿＿中に居眠りをしている学生が先生に注意された。
(いねむ)
　　　｜ 授与　伝授　授業　教授 ｜

6．彼の研究論文は学会誌に＿＿＿＿＿＿＿された。
　　　｜ 採集　採択　採点　採決 ｜

7．貴重品を＿＿＿＿＿＿＿しないようにご注意ください。
　　　｜ 紛争　紛失　消失　消滅 ｜

8．交通事故で親を亡くした子供のための＿＿＿＿＿＿＿パーティーに行く。
　　　｜ 偽善　改善　慈善　善意 ｜

9．教育界に新しいコンピュータ技術が＿＿＿＿＿＿＿された。
　　　｜ 導入　誘導　補導　指導 ｜

10. 一生懸命（けんめい）勉強しているのに、一向に＿＿＿＿＿が上がらない。
　　　｜ 紡績　業績　功績　成績 ｜

11. 行方不明になっていた子供が警察に＿＿＿＿＿された。
　　　｜ 弁護　養護　保護　援護 ｜

12. 自分でやったことは、自分で＿＿＿＿＿しなさい。
　　　｜ 端末　歳末　始末　結末 ｜

13. 期末試験では、四肢（よんし）＿＿＿＿＿の問題が難しかった。
　　　｜ 選別　選択　採択　採用 ｜

14. 子供を甘やかす親の＿＿＿＿＿を見て、腹（はら）が立った。
　　　｜ 態度　態勢　事態　容態 ｜

15. 会議の前に鈴木さんから文書で意見が＿＿＿＿＿された。
　　　｜ 提出　提案　提携　提供 ｜

**【練習5】** 漢字には、音読みを表す構成要素（音符（おんぷ））を持っているものがあります。（→IKB Vol.1 RI, R2参照）次の下線の漢字に共通の音符を見つけ、その読みを［　　］に書きなさい。

例）正確な　　政治　　　整理する：正 ［セイ］
1. 正月　　　症状　　　保証する：＿ ［　　］
2. 善意　　　御膳　　　修繕する：＿ ［　　］
3. 紛争　　　粉末　　　雰囲気　：＿ ［　　］
4. 半分　　　同伴　　　判断する：＿ ［　　］
5. 共同　　　恭順　　　供給する：＿ ［　　］
6. 責任　　　体積　　　成績　　：＿ ［　　］
7. 野菜　　　色彩　　　採択する：＿ ［　　］
8. 普及　　　呼吸する　進級する：＿ ［　　］
9. 週末　　　抹茶　　　　　　　：＿ ［　　］
10. 受験　　　授業　　　　　　　：＿ ［　　］
11. 教材　　　財産　　　　　　　：＿ ［　　］
12. 入浴　　　意欲　　　　　　　：＿ ［　　］
13. 道路　　　導入する　　　　　：＿ ［　　］

**【練習6】** 漢字の左側の部分（へん）と右側の部分（つくり）を下のAとBから選び、それを組み合わせて漢字をできるだけたくさん作ってみましょう。

　A：　言　糸　半　イ　木　方　谷　口　貝　扌
　B：　受　分　采　尺　及　是　共　正　才　責　欠　刂

例）言＋尺　→　訳

# 課題

1. 授業改善のための評価シートです。自分の受けた授業について答えてみましょう。

---

### 学生による授業評価シート

　この授業に関する意見を以下の５〜１から選択して、○をつけてください。
（この評価の結果は授業改善のために使われ、成績とは何の関係もありません。）

　　　　　　　　　　　　　　　　　　５　　強くそう思う
　　　　　　　　　　　　　　　　　　４　　そう思う
　　　　　　　　　　　　　　　　　　３　　どちらとも言えない
　　　　　　　　　　　　　　　　　　２　　そうは思わない
　　　　　　　　　　　　　　　　　　１　　全くそうは思わない

（１）この授業では、教師の話し方が聞き取りやすかった。
　　　　　　　　　　　　　　　　　　５−４−３−２−１
（２）この授業では、教師の板書が読みやすかった。
　　　　　　　　　　　　　　　　　　５−４−３−２−１
（３）この授業では、OHPなど教育機器の使い方が効果的だった。
　　　　　　　　　　　　　　　　　　５−４−３−２−１
（４）この授業では、配布プリントや教材の量が適当であった。
　　　　　　　　　　　　　　　　　　５−４−３−２−１
（５）この授業での指導方法は、全体としてよかった。
　　　　　　　　　　　　　　　　　　５−４−３−２−１
（６）この授業で提供された内容は、高く評価できる。
　　　　　　　　　　　　　　　　　　５−４−３−２−１
（７）この授業の内容のレベル（難度）は適当であった。
　　　　　　　　　　　　　　　　　　５−４−３−２−１
（８）この授業で出された宿題の量は適当であった。
　　　　　　　　　　　　　　　　　　５−４−３−２−１
（９）学期末に実施された試験のレベルは適当であった。
　　　　　　　　　　　　　　　　　　５−４−３−２−１
（10）この授業では、教師の熱意や意欲が感じられた。
　　　　　　　　　　　　　　　　　　５−４−３−２−１
（11）教師は授業中、明解な説明を行った。
　　　　　　　　　　　　　　　　　　５−４−３−２−１
（12）教師は授業中、学生の質問に適切な回答を与えた。
　　　　　　　　　　　　　　　　　　５−４−３−２−１
（13）教師は授業中、効果的に学生の参加を促した。
　　　　　　　　　　　　　　　　　　５−４−３−２−１
（14）学生（私）はこの授業に積極的な態度で参加した。
　　　　　　　　　　　　　　　　　　５−４−３−２−１
（15）その他、この授業を改善するために、気づいたことを何でも（良い点も
　　　悪い点も）書いてください。

---

２．１の評価シートを参考にして、あなたが実際に受けている授業を評価するための
シートや、教育方法や学習方法に関する意見を聞くためのアンケート用紙を作っ
てみましょう。ワープロで質問項目を作成し、５段階評価形式の回答欄（かいとうらん）を付けて
ください。

３．次の下線の漢字の言葉の読みを書きなさい。

1．授業を評価する　　　　　　　　2．授業を改善する
3．期末試験を実施する　　　　　　4．教材を配布（はいふ）する
5．教師が学生を指導する　　　　　6．意欲的な態度を見せる
7．テストを採点して成績をつける　8．正しい答えを選択する
9．親の権限で子供を保護する　　　10．判断の材料を提供する
11．子供を甘やかしている親が多い　12．紛争が起こる恐れがある
13．学力を保証する必要がある　　　14．風邪（かぜ）がはやり、学級閉鎖（へいさ）になる

４．次の漢字を辞書で調べて、最もよく使われると思う熟語（じゅくご）を選び、例のように文を
作りなさい。

例）他　→　他人（たにん）：他人に失礼な態度をとってはいけません。

1．権　　　　　　　2．判　　　　　　　3．護

4．証　　　　　　　5．甘　　　　　　　6．授

7．択　　　　　　　8．提　　　　　　　9．採

10．欲　　　　　　11．紛　　　　　　12．態

13．善　　　　　　14．導　　　　　　15．末

16．施　　　　　　17．材　　　　　　18．績

19．級　　　　　　20．恐　　　　　　21．供

# 漢字音の促音化

音読みで「○ッ」と読む漢字は、「t-／s-／k-」で始まる音の漢字が後ろに続くと、促音化（小さい「ッ」になること）します。

例1）　出　＋　店　→　出店
　　　　[シュツ]　　[テン]　　（しゅってん）

例2）　出　＋　身　→　出身
　　　　[シュツ]　　[シン]　　（しゅっしん）

例3）　出　＋　勤　→　出勤
　　　　[シュツ]　　[キン]　　（しゅっきん）

他にも、出張（しゅっちょう）、出典（しゅってん）、出産（しゅっさん）、出席（しゅっせき）、出走（しゅっそう）、出荷（しゅっか）、出欠（しゅっけつ）、出港（しゅっこう）など、たくさん例があります。

また、子音「h-」で始まる音の漢字が後ろに続くと、促音化した上に「h-」が「p-」に変わります。

例4）　出　＋　発　→　出発
　　　　[シュツ]　　[ハツ]　　（しゅっぱつ）

『BKB』Vol.1&2や『IKB』Vol.1で学習した漢字では、以下の33字がこのような漢字です。どんな場合に促音化が起こるか、考えてみましょう。

圧　月　活　割　欠　結　決　雑　室　質　失　実　出　術　雪　切　接　説　折　設

卒　率　達　脱　鉄　熱　発　必　仏　物　別　立　列

【練習1】次の言葉を読んでみましょう。促音化が起こっているのはどれですか。

1．結婚　2．結論　3．発電　4．発達　5．発表　6．説明　7．説教
8．雑誌　9．雑用　10．雑貨　11．接続　12．接点　13．圧政　14．圧力
15．鉄道　16．鉄橋　17．鉄板　18．実験　19．実体　20．実務　21．率先
22．欠点　23．欠員　24．欠席　25．列記　26．立法　27．立体　28．立案
29．脱出　30．脱力　31．脱退　32．決定　33．決心　34．決意　35．熱心
36．熱意　37．出品　38．出演　39．月曜　40．月給　41．設備　42．設置
43．活力　44．活発　45．質問　46．質素　47．物質　48．物理　49．物価
50．別離　51．別室　52．別府　53．失業　54．失敗　55．達成　56．室内
57．必然　58．必死　59．必要　60．仏門　61．仏教　62．仏像

【練習2】刷［サツ］、札［サツ］、冊［サツ］、筆［ヒツ］、喫［キツ］を使った
　　　　次の熟語を読んでみましょう。

1．印刷　2．刷新　3．改札　4．札幌　5．数冊　6．冊子　7．別冊
8．達筆　9．筆記　10．筆順　11．筆者　12．喫煙　13．喫茶店

第3課
# 新幹線と環境問題

力だめし

下の文章を読んでみましょう。

「夢の超特急」という言葉を知っているだろうか。1964年に日本に新幹線が生まれた当時の呼び名である。様々な技術革新の結果、山陽新幹線で300キロ運転を始めた500系など、新幹線は現在もそのスピード記録を更新し、ますます高速化しつつある。

しかし一方では、騒音など沿線地域の環境に与える悪影響も問題化してきている。環境庁は1975年に、公害対策基本法に基づき、住宅密集地では70デシベル（電話のベルや騒々しい事務所内、街頭の音のレベル）以下を目標値とする騒音基準を示したが、1985年には暫定値として75デシベル以下とする一時的な緩和を行った。同庁は現在も70デシベル以下を目標値として、早期達成を求めているが、JR側の調査によれば、暫定基準はクリアしているものの、まだ目標値の70デシベル以下の達成にはほど遠いという。JRの技術者グループからは、速度を落とさない限り目標値の達成はほとんど不可能な状態であるとの声も上がっているとのことだ。（p.36～37の「課題」に関連記事がある。）

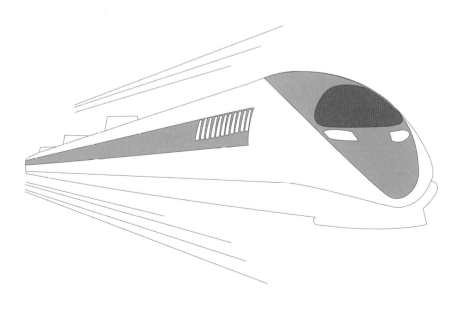

【問題】 前の文中に使われていた言葉です。読んでみましょう。読み方がわからないものには、○をつけてください。

1. 新幹線　　2. 環境　　　3. 夢　　　4. 超特急　　5. 言葉

6. 生まれる　7. 当時　　　8. 呼び名　9. 様々な　　10. 技術

11. 革新　　　12. 結果　　13. 山陽　　14. 運転　　　15. 500系

16. 現在　　　17. 記録　　18. 更新　　19. 高速化　　20. 一方

21. 騒音　　　22. 沿線　　23. 地域　　24. 与える　　25. 悪影響

26. 問題化　　27. 環境庁　28. 公害　　29. 対策　　　30. 基本法

31. 基づく　　32. 住宅　　33. 密集地　34. 騒々しい　35. 事務所内

36. 街頭　　　37. 音　　　38. 以下　　39. 目標値　　40. 基準

41. 示す　　　42. 暫定値　43. 一時的　44. 緩和　　　45. 行う

46. 同庁　　　47. 早期　　48. 達成　　49. 求める　　50. JR側

51. 調査　　　52. 技術者　53. 速度　　54. 落とす　　55. 限り

56. 不可能　　57. 状態　　58. 声

---

次のページの【確認】のところを見て、読みをチェックしましょう。

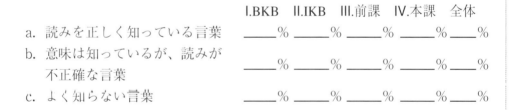

|  | I.BKB | II.IKB | III.前課 | IV.本課 | 全体 |
|---|---|---|---|---|---|
| a. 読みを正しく知っている言葉 | ____% | ____% | ____% | ____% | ___% |
| b. 意味は知っているが、読みが不正確な言葉 | ____% | ____% | ____% | ____% | ___% |
| c. よく知らない言葉 | ____% | ____% | ____% | ____% | ___% |

 I. の言葉があまり読めなかった人は、BKB Vol.1&2を復習しましょう。

 II. の言葉があまり読めなかった人は、IKB Vol.1を復習しましょう。

 III. の言葉が読めなかった人は、この本の前の課を復習しましょう。

 IV. の言葉が読めなかった人は、この課でしっかり勉強しましょう。

 IV. の言葉がよく読めた人も、その漢字の別の読み方や使い方などを勉強しましょう。

【確認】　正しく読めたら、□にチェックしましょう。

Ⅰ. 『BASIC KANJI BOOK』Vol.1 & 2の漢字を使った言葉です。

　　1. 生まれる□　2. 当時　　□　3. 呼び名　□　4. 様々な　□　5. 結果　　□
　　6. 運転　　□　7. 高速化　□　8. 一方　　□　9. 問題化　□　10. 住宅　　□
　　11. 音　　　□　12. 以下　　□　13. 一時的　□　14. 行う　　□　15. 早期　　□
　　16. 求める　□　17. 速度　　□　18. 落とす　□　　　　　　　　　　／18＝__％

Ⅱ. 『INTERMEDIATE KANJI BOOK』Vol.1の漢字を使った言葉です。

　　1. 超特急　□　2. 言葉　　□　3. 革新　　□　4. 更新　　□　5. 環境庁　□
　　　 L6　　　　　　 L9　　　　　　 L9　　　　　　 L3　　　　　　 L1
　　6. 公害　　□　7. 基本法　□　8. 基づく　□　9. 事務所内□　10. 基準　　□
　　　 L5　　　　　　 L9　　　　　　 L9　　　　　　 L9　　　　　　 L9
　　11. 示す　　□　12. 同庁　　□　13. 達成　　□　14. JR側　　□　15. 限り　　□
　　　 L7　　　　　　 L1　　　　　　 L10　　　　　　 R2　　　　　　 L5
　　16. 不可能　□　　　　　　　　　　　　　　　　　　　　　　　　／16＝__％
　　　 L2L2

Ⅲ. この本の前の課で勉強した漢字を使った言葉です。

　　1. 山陽　　□　　　　　　　　　　　　　　　　　　　　　　　　／ 1 ＝__％
　　　 1課

Ⅳ. この課で勉強する言葉です。

　　1. 新幹線　□　2. 環境　　□　3. 夢　　　□　4. 技術　　□　5. 500系　□
　　6. 現在　　□　7. 記録　　□　8. 騒音　　□　9. 沿線　　□　10. 地域　　□
　　11. 与える　□　12. 悪影響　□　13. 対策　　□　14. 密集地　□　15. 騒々しい□
　　16. 街頭　　□　17. 目標値　□　18. 緩和　　□　19. 調査　　□　20. 技術者　□
　　21. 状態　　□　22. 声　　　□　　　　　　　　　　　　　　　　／22＝__％

Ⅴ. ここでは勉強しませんが、後でおぼえましょう。

　　1. 暫定値　□

**要点**

---

### ①漢字熟語の品詞

2字漢語には、品詞別に分けると次のような用法のものがあります。

| | | | |
|---|---|---|---|
| (1) | 名詞のみ | ○問題がある。 | ○環境問題 |
| (2) | 名詞と動詞 | ○研究を行う。 | ○研究課題 |
| | | ○歴史を研究する。 | |
| (3) | 名詞とナ形容詞 | ○平和を望む。 | ○世界平和 |
| | | ○平和な社会を作る。 | |
| (4) | ナ形容詞 | ○可能な答えをさがす。 | |
| | | ×可能が／を／～ | ○可能動詞 |
| (5) | 他の名詞と複合 | ○国際社会／国際会議／国際協力 | |
| | （単独では使えない） | ×国際が／を／～ | |

### ②漢字熟語の共起性(1)

2字漢語が文中で名詞として使われるとき、その名詞とよく使われる動詞や形容詞が決まっている場合があります。

基準：基準を設ける／基準を設定する／基準を定める
　　：基準に達する／基準を達成する
　　：基準を上回る◆➡基準を下回る
　　：基準を緩和する◆➡基準を強化する
　　：基準が甘い◆➡基準が厳しい

対策：対策を講じる
　　：対策を打ち出す
　　：対策が取られる

環境：環境が変わる／変化する
　　：環境が悪くなる／悪化する
　　：環境を整える／整備する
　　：環境を壊す／破壊する
　　：環境に合わせる／適応する

影響：影響がある◆➡影響がない
　　：影響を与える◆➡影響を受ける
　　：影響を及ぼす
　　：影響が及ぶ
　　：影響が出る

※２字漢語を「する動詞」として使う場合と、名詞として使う場合があります。

記録する：気温の変化を記録する　　　cf. 気温の変化の記録をつける
影響する：大雪が電車の運行に影響する　cf. 大雪で電車の運行に影響が出る
調査する：人口の動向を調査する　　　cf. 人口動向の調査を実施する

---

### ③類義語の意味と用法の違い

　２字漢語には意味がよく似ている類義語が多くあります。意味の違いや用法の違いに注意して、使い分けができるようにしましょう。

| | 〈意味〉 | 〈例文〉 |
|---|---|---|
| 関与する | 重要な点でかかわりをもつこと | 事件に関与する |
| 授与する | 賞状などを公式の場で授けること | 卒業証書を授与する |
| 贈与する | 品物やお金を人におくること | 財産を贈与する |
| 投与する | 患者に薬を与えること | ワクチンを投与する |
| 現状 | 物事の現在の状態 | 現状を維持する |
| 症状 | 病気や怪我のために現われる体の異常 | 症状が好転する |
| 実状 | 表向きではない実際の様子 | 実状を調べる |
| 異状 | 普通の状態と異なる悪い様子 | 別に異状はない |
| 病状 | 病気の具合 | 病状が悪化する |
| 別状 | 普通と違った状態 | 命に別状ない |
| 存在する | 物があること／人がいること | 目立たない存在 |
| 実在する | 現実に存在すること | 実在の人物 |
| 混在する | 種類のちがうものがまじっていること | 夢と現実が混在する |
| 点在する | ばらばらに散らばってあること | 山すそに点在する農家 |
| 所在 | ある場所に 物があること／人がいること | 責任の所在 |
| 不在 | いるはずのところにいないこと | 国民不在の政治 |
| 自在な | 邪魔なものや束縛がなくて自由なこと | 自由自在な |
| 健在な | 変わったこともなく、前と同じように元気でやっていること | 両親ともに健在だ |

---

第３課の学習漢字

幹　環　境　夢　技　系　在　録　騒　沿　域
与　影　響　策　密　街　標　緩　査　状　声

**22**

（索引p.275～279）

練 習

【練習1】 次の漢字語がどんな品詞性を持つか、（ ）に書いて、読み方も書きな
さい。また、例のように短文を作ってみて、その品詞で使える文には○、
使えない文には×をつけなさい。

例）住宅　　（　　名詞　　）　　○住宅を購入する　　×住宅する
　　準備　　（名詞／動詞）　　○準備ができる　　　○準備する

1．存在　　（　　　　　　）　　16．影響　　（　　　　　　）
2．技術　　（　　　　　　）　　17．公害　　（　　　　　　）
3．密着　　（　　　　　　）　　18．対策　　（　　　　　　）
4．結果　　（　　　　　　）　　19．体系　　（　　　　　　）
5．現在　　（　　　　　　）　　20．密集　　（　　　　　　）
6．記録　　（　　　　　　）　　21．基準　　（　　　　　　）
7．更新　　（　　　　　　）　　22．目標　　（　　　　　　）
8．騒動　　（　　　　　　）　　23．反響　　（　　　　　　）
9．高速化（　　　　　　）　　24．達成　　（　　　　　　）
10．騒音　　（　　　　　　）　　25．調査　　（　　　　　　）
11．地域　　（　　　　　　）　　26．状態　　（　　　　　　）
12．環境　　（　　　　　　）　　27．街頭　　（　　　　　　）
13．沿岸　　（　　　　　　）　　28．悪夢　　（　　　　　　）
14．緩和　　（　　　　　　）　　29．声援　　（　　　　　　）
15．関与　　（　　　　　　）　　30．演技　　（　　　　　　）

【練習2】 ［　　　　］から適切な動詞を選び、適当なかたちにして（ ）に入れなさい。
答えは一つとは限りません。

1．戦後、テレビのアニメが子供達に（　　　　　　）影響は測り知れない。
2．明日夜半過ぎから台風9号の影響が（　　　　　　）くるもようです。
3．キリスト教の伝来は当時の人々に大きな影響を（　　　　　　）。
4．彼の絵は、フランス印象派の影響を（　　　　　　）と言われている。
5．水不足による米の生産量低下の悪影響は、レストランなどのサービス業に
　　まで（　　　　　　）。

| もたらす　　出る　　与える　　受ける　　及ぼす　　及ぶ |
| --- |

6．父が北京、ソウル、香港と転勤するたびに、ぼくたち家族の環境はめまぐるしく（　　　　　）。

7．ダイオキシンという分解されにくい物質が環境を（　　　　　）原因の一つだと考えられている。

8．カメレオンという動物は周囲の環境に（　　　　　）体の色を変える。

9．子供達が安心して遊べるように公園などの環境を（　　　　　）たい。

10．60年代の東京では、排気ガス等の公害により環境が（　　　　　）、ぜんそくにかかる子供が激増した。

---

悪くなる／悪化する　　壊す／破壊する　　変わる／変化する
整える／整備する　　合わせる／適応する

---

**3**

【練習３】　次の漢字語といっしょに使える動詞を下の□□□から選びなさい。

例）環境を　（　e, k　）
1．基準を　（　d,j　）　　　2．記録を　（　a,i　）
3．速度を　（　b,g　）　　　4．対策を　（　c,h　）
5．調査を　（　f,j　）

---

a．残す　　　b．落とす　　c．立てる　　d．定める
e．整える　　f．進める　　g．増す　　　h．講じる
i．更新する　j．実施する　k．破壊する　l．クリアする

---

【練習４】　□□□から適切な言葉を選んで、（　）に入れなさい。

a．1．学長から卒業証書を（　授与　）された。
　　2．死体の発見者が事件に（　関与　）していた可能性が高い。
　　3．患者に大量の薬を（　投与　）するのは問題だ。
　　4．生前、父は息子達に財産を毎年少しずつ（　贈与　）し続けていた。

---

関与　　贈与　　授与　　投与　　給与

---

b．1．老人は旅先で急に心臓に（　異状　）をきたしたが、すぐに手術を受けたので回復した。
　　2．組織の改善どころか（　　　　　）を維持するのがやっとの状態だ。
　　3．事故で多くの負傷者が出たが、いずれも命に（　　　　　）はなかった。
　　4．テレビで被災地の（　　　　　）報告を見て、ショックを受けた。
　　5．15歳で発病して以来、（　　　　　）は一進一退をくりかえしている。

6．光化学スモッグの影響で小学生が病院に運ばれたが、（　　　　　）は軽かった。

| 異状 | 病状 | 現状 | 症状 | 別状 | 実状 |
|------|------|------|------|------|------|

c.　1．おかげさまで田舎（いなか）の祖父母（そふぼ）は（　　　　　）です。
　　2．緑（みどり）の麦畑（むぎばたけ）の間に赤い屋根の農家が（　　　　　）している。
　　3．目下、現場責任者の（　　　　　）は不明です。
　　4．この新進作家の作品は、夢と現実が（　　　　　）している。
　　5．彼は台所道具を（　　　　　）に使いこなし、料理を作る。
　　6．病人や老人にとって介護する者の（　　　　　）は大きい。
　　7．訪問先の会社の係長は（　　　　　）で会えなかった。
　　8．剣の達人、宮本武蔵（みやもとむさし）は（　　　　　）の人物である。

| 実在 | 不在 | 存在 | 自在 | 所在 | 健在 | 混在 | 点在 |
|------|------|------|------|------|------|------|------|

【練習5】　次の ｛　｝ の中の漢字語（実際には使われないものもあります）には、接頭辞（せっとうじ）、接尾辞（せつびじ）の漢字が使われています。（→IKB Vol.1のL6参照）それぞれ適切なものを選びなさい。

1．1996年7月、JR東海の試験車両「300X」が時速443kmを記録した。これは車輪方式の鉄道ではフランスのTGV試験車が1990年5月に出した515.3kmに次ぐ記録となり、その技術は ｛ 営業系　営業化　営業中 ｝ の「｛ 500式　500系　500状 ｝」新幹線電車に引き継がれた。

2．鉄道 ｛ 技術師　技術者　技術員 ｝ は長い間、在来方式の鉄道では、時速300キロあたりが鉄レールと車輪の限界で、それ以上の速度は ｛ 未可能　非可能　不可能 ｝ だと信じていた。60年代後半から70年代前半にかけては、車輪（しゃりん）を使わない空気浮上や磁気浮上方式の鉄道の開発が始まった。ところが、1973年に新幹線の ｛ 961型　961系　961状 ｝ 試験車が時速317キロを出し、その常識を破った（やぶった）。

3．JR東海は現在、350km/h運転を目指す「300X」を試験中だ。新幹線の ｛ 高速性　高速的　高速化 ｝ で問題となるのが、沿線地域の騒音である。技術の革新が環境に与える ｛ 不影響　悪影響　好影響 ｝ についても解決していかねばならない。

【練習６】　下線の漢字の音符に注意して、読んでみましょう。
　　　　　　＊マークの語は、読みが少し変わります。

　　　　　　　　　　　　　　　　　　　　音符　音読み
　例）目標　　　投票する　　　漂白する：票［ヒョウ］
　１．環境　　　返還する　　　　　　　：
　２．境界　　　望遠鏡　　　　　　　　：
　３．起源　　　原因　　　＊願書　　　：
　４．記録　　　貫禄　　　＊緑化する：
　５．標識　　　組織　　　＊職業　　　：
　６．支出　　　選択肢　　＊技師　　　：
　７．幹線　　　韓国　　　　乾電池　　：

【練習７】　□に適切な漢字を書いて、熟語を作りましょう。

　１．□音問題　　　　２．□線道路
　３．記□更新　　　　４．公害対□
　５．交通□識　　　　６．地□住民
　７．秘□書類　　　　８．□術革新
　９．環□保全　　　　10．面接調□

【練習８】　漢字の左側の部分（へん）と右側の部分（つくり）を下のＡとＢから選
　　　　　　び、それを組み合わせて漢字をできるだけたくさん作ってみましょう。

　Ａ：木　糸　金　土　氵　馬　扌　車　艹　亻　景
　Ｂ：支　录　牟　蚤　合　景　竟　彡　爰　票　犬

　例）木＋票　→　標

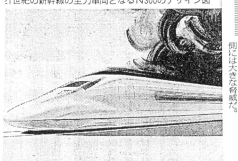

21世紀の新幹線の主力車両となるN300のデザイン図

# 激烈！ "空" との争い

◇集客競争

JRがばく大な開発費をかけて高速化を目指す背景には、飛行機への強烈な対抗意識がある。

高速列車の開発には「より速く、より安全に」という技術革新の側面が確かにある。しかし、運輸収入でみると、JR東海で8割強、JR西日本でも4割を占めるドル箱の新幹線を、飛行機との対抗上「一秒でも速く走らせたい」というのがJR側の本音だ。

最近の都市間交通での新幹線と飛行機のシェアは、東京―大阪間で新幹線が約9割と圧倒しているが、大阪―福岡間では6割程度。さらに、東京―福岡間となると、所要時間と料金で割安感のある飛行機が、圧倒的な優位に立っている。

さらに、来春の羽田空港の新滑走路供用開始や地方空港の拡充など、国内航空路線の輸送力増強の動きも、JR側には大きな脅威だ。

# スピードバトル 果てなく

山陽新幹線で300㌔
運転を始める500系

# 超特急

◇騒音対策

高速化で問題となるのが、沿線地域の騒音だ。

500系は列車の軽量化を図る一方、凧切り音を減らすため、車体を滑らかな形にデザイン。大きな騒音発生源となるパンタグラフも新型を開発した。

新幹線の騒音基準は75年、環境庁が公害対策基本法に基づいて示したもので、住宅密集地では70デシベル（電話のベルや騒々しい事務所内、樹頭の音）以下。85年に暫定値として75デシベル以下とする一時的

## 新幹線小史

初代車両は、東海道新幹線が開業した1964年に登場し、今も「こだま」号として走る0系。開業時の最高時速210㌔は当時の世界一。その後、85年に導入された2代目の100系は最高時速220㌔。さらに92年、フルモデルチェンジともいえる新型車両300系が、270㌔で東京―新大阪間を2時間半で結ぶ「のぞみ」号としてデビューした。また、東北、上越新幹線を走る200系などは最高時速240〜275㌔で運転している。

しかし、現在の東海道・山陽新幹線では、全線で暫定基準をクリアしているものの、目標値の70デシベル以下の達成にはほど遠い状態。新型車両でも暫定値はクリアするのがやっとで、JRの技術陣からは「速度を落とさない限り目標値の達成はほとんど不可能」との声も上がっている。

## 「騒音」が泣き所

な緩和が行われたが、同庁は現在も70デシベル以下を目標値として、早期達成を求めている。

㌔のぞみ系とともにN300は、来年秋から試作車の走行試験が始まり、99年の営業運転開始を目指す。

「のぞみ」号の主力として、JR東海とJR西日本が共同開発するN300は、来

1. これは、1996年10月15日の「毎日新聞」（夕刊）の記事です。これを読んで、次の質問に答えてみましょう。

**1996年10月15日「毎日新聞」（夕刊）の記事**

「夢の超特急」といわれた「ひかり」号の誕生から30年余り。「一秒でも速く」という新幹線の高速願望は、衰えることがない。来年3月、新大阪―博多間に最高時速300キロの500系がデビューするほか、JR東海とJR西日本が「のぞみ」号の後継車両としてN300の共同開発に着手。JR東海は350キロ運転を目指す300Xも試験中だ。オイルショック、バブル崩壊の平成不況と、幾度か失速に陥った日本経済だが、その大動脈として列島を貫く新幹線は、ひたすら加速を続けている。　【笹子　靖】

超高速｜高速
CHÔ KÔ SOKU　KÔ SOKU

**350キロはもう間近**

**今再び**

車両に9月、試乗した。深夜、東海道新幹線の京都を米原に向けて出発。時速250キロから一気にスピードを上げ「のぞみ」号の最高時速270キロを軽く突破して、50秒足らずで300キロに達した。

座席に座っていると、体全体が軽く押さえ付けられる感じ。高速に慣れると「こんなものか」という感じ。270キロ程度では、ノロノロ運転のように感じる。400キロ走行を約1分間体験した。走行音は、車内ではそれほど気にならなかった。この日は雨で、予定の400キロ走行はできず、34...

◇新型車両
JR東海が1990年から開発を始めた300Xは、今年7月の走行試験で国内最高の時速443キロを記録。「夢の超特急」という呼び名が最もふさわしい。「最新・最良のシステムを追求するプロジェクト」（同社）と位置づけられ、今後は350キロ運転を想定した試験を実施。500キロの営業運転を目指す超電導リニアモーターカーの開発が遅れた場合、その代役を務めるはずだ。

一方、実用化が目前に迫るJR西日本の500系は、営業運転ではフランスのTGVなどと並ぶ世界最高速列車だ。新大阪―博多間を従来より13分短い2時間19分で結ぶ。「鉄道の最後の花」と言う葛西敬之・JR東海社長。300Xの開発が...空気抵抗を小さくするために、デザインされた先頭車は、飛行機やロケットを連想させる。

編集・レイアウト　土屋　和彦

（1）日本で新幹線が開業したのはいつですか。

（2）「０系」「100系」「200系」「300系」「500系」というのは、何のことですか。

3

（3）小見出しにある「"空"との争い」というのは、何のことですか。

（4）新幹線の騒音問題は、どうなっていると書いてありますか。要約しなさい。

＊付記：最高時速300キロで走る500系車両は、1997年3月に営業を開始した。また、1999年3月には、騒音の軽減や乗り心地の向上を図った700系車両（最高時速285キロ）が運転を開始した。

＊＊追記：インターネットのGoogleなどを使って「新幹線」で検索すると、関連する記事がいろいろと出てきます。最新の情報を使って、課題を作ってみましょう。

２．次の下線の漢字の言葉の読みを書きなさい。

1．<ruby>虫<rt>むし</rt></ruby>の標本を作るのに夢中だ。　　　2．野鳥の声を録音する。

3．忘年会の幹事をさせられた。　　　　　4．国境近くに競技場がある。

5．彼女は太陽のような存在だ。　　　　　6．国家の機密を<ruby>盗<rt>ぬす</rt></ruby>む。

7．体系的に調査する必要がある。　　　　8．駅前の商店街が騒がしい。

9．過去の記録を調べ対策を立てる。　　　10．環状線の工事が進行中だ。

３．次の文を適切な漢字を使って書きなさい。

1．かがくぎじゅつの　しんぽに　ついて、がいとうインタビューを　うけた。

2．しんかんせんの　えんせんに　すむ　ひとびとの　そうおんもんだいを
　　かんがえる。

3．しぜんかんきょうを　まもる　ためには、きせいを　かんわしては　ならない。

4．げんざいの　じょうたいから　だっする　ための　ほうさくを　ろんぎする。

5．こどもの　ころの　ゆめが、かれの　しんろに　おおきな　えいきょうを
　　あたえた。

6．この　ちいきは　じんこうみつどが　たかく、としかが　すすんで　いる。

7．あたまの　なかで、ちちの　こえが　おおきく　ひびいた。

４．次の漢字を辞書で調べて、最もよく使われると思う熟語を選び、例のように文を
　　作りなさい。

例）域　→　<ruby>地域<rt>ちいき</rt></ruby>：この地域は工場が多く、公害問題が深刻化している。

| 1．査 | 2．環 | 3．密 |
|---|---|---|
| 4．夢 | 5．響 | 6．状 |
| 7．与 | 8．緩 | 9．幹 |
| 10．技 | 11．録 | 12．策 |
| 13．在 | 14．系 | 15．標 |
| 16．騒 | 17．声 | 18．街 |
| 19．影 | 20．沿 | 21．境 |

力だめし

下の文章を読んでみましょう。

　最初はつながるだけで感激だったインターネットも、慣れると気になりだすのが通信コストと送受信の速度。安い通信料でつなぎっ放し、しかも高速接続という時代が、間もなく当たり前になりそうだ。

　「高速常時接続」といえば光ファイバーの印象が強いが、どの家庭にも敷かれた銅ケーブルの電話回線も決して捨てたものではない。ISDN（統合サービスデジタル網）と比べ格段に高速な通信を実現するADSL（非対称デジタル加入者回線）商用サービスが、地域限定の試験ながらあと数日で始まる。2000年、ネットユーザーの有力な選択肢に躍り出そうな気配だ。

4

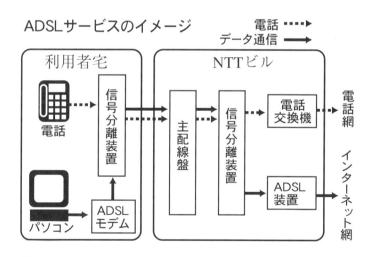

（「毎日新聞」1999年12月20日朝刊。p.48～49の「課題」に記事の全文がある。）

39

ISDN  [ integrated services digital network]

（デジタル総合サービス網）

　デジタル技術を基礎とする公衆交換網（不特定多数の加入者相互間を結ぶ）であり、音声・データ・画像通信を総合的に提供できる統合ネットワークのこと。日本ではNTTが1988年４月、世界に先駆けて商用サービスを開始した。近年はパケット通信（情報を分割して個々に宛先を付けて伝送する通信システム）を主力に、さまざまなシステム利用が拡大し、需要が増加している。特に、インターネットブームにより高速のデータ通信需要が急増、事務用や住宅用を問わずインターネットアクセス用のINS回線の設置が進み、98年３月末で64Kbit換算で約534万チャンネルに達した。（以下省略）

（『情報・知識 imidas 1999』集英社　p.204～205）

ADSL  [ asymmetric digital subscriber line]

　電話回線を利用して双方向高速データ伝送を可能にする技術。上り回線と下り回線で伝送速度が違うので、非対称デジタル加入者回線と呼ばれる。画像などの情報量の多い情報をスムーズに端末に表示するためには、下り回線により高速な伝送スピードが要求される。光ファイバーケーブルが普及するまでの過渡的な高速通信線として、欧米で導入が始まっている。導入可能な地域が限定される、伝送速度の保証ができない、まだモデムなどの機器が高いなどの問題はあるが、日本でも要望が高まっている。（以下省略）

（『情報・知識 imidas 1999』集英社　p.204）

＊付記：集英社の『情報・知識imidas』は毎年、新しい版が発行されています。ほかにも現代用語の解説書は数多く発行されていますので、読解練習のためには、最新の記事を探してみてください。

**【問題】** 前の文中に使われていた言葉です。読んでみましょう。読み方がわからないものには、○をつけてください。

1. 最初　　　2. 感激　　　3. 慣れる　　4. 通信　　　5. 送受信
6. ～放し　　7. 接続　　　8. 間もなく　9. 当たり前　10. 常時
11. 光ファイバー　12. 印象　13. 家庭　　14. 敷かれる　15. 銅ケーブル
16. 捨てる　　17. 統合　　18. デジタル網　19. 比べる　20. 格段
21. 実現　　　22. 非対称　23. 加入者　24. 商用　　25. 地域
26. 限定　　　27. 試験　　28. 数日　　29. 選択肢　30. 躍り出る
31. 気配　　　32. 利用者宅　33. 信号　34. 分離　　35. 装置
36. 配線盤　　37. 交換機　38. 技術　　39. 基礎　　40. 公衆
41. 交換網　　42. 相互　　43. 結ぶ　　44. 音声　　45. 画像
46. 総合的　　47. 提供　　48. 世界　　49. 先駆ける　50. 情報
51. 分割　　　52. 個々　　53. 宛先　　54. 拡大　　55. 需要
56. 増加　　　57. 事務用　58. 住宅用　59. 問わず　60. 設置
61. 3月末　　62. 換算　　63. 双方向　64. 可能　　65. 上り回線
66. 下り回線　67. 情報量　68. 端末　　69. 表示　　70. 要求
71. 普及　　　72. 過渡的　73. 欧米　　74. 導入　　75. 保証
76. 機器　　　77. 要望

**4**

---

次のページの【確認】のところを見て、読みをチェックしましょう。

|  | I.BKB | II.IKB | III.前課 | IV.本課 | 全体 |
|---|---|---|---|---|---|
| a. 読みを正しく知っている言葉 | ＿＿％ | ＿＿％ | ＿＿％ | ＿＿％ | ＿＿％ |
| b. 意味は知っているが、読みが不正確な言葉 | ＿＿％ | ＿＿％ | ＿＿％ | ＿＿％ | ＿＿％ |
| c. よく知らない言葉 | ＿＿％ | ＿＿％ | ＿＿％ | ＿＿％ | ＿＿％ |

I. の言葉があまり読めなかった人は、BKB Vol.1&2を復習しましょう。
II. の言葉があまり読めなかった人は、IKB Vol.1を復習しましょう。
III. の言葉が読めなかった人は、この本の前の課を復習しましょう。
IV. の言葉が読めなかった人は、この課でしっかり勉強しましょう。
IV. の言葉がよく読めた人も、その漢字の別の読み方や使い方などを勉強しましょう。

【確認】　正しく読めたら、□にチェックしましょう。

I. 『BASIC KANJI BOOK』Vol.1 & 2の漢字を使った言葉です。

1. 最初　☐　2. 通信　☐　3. 送受信　☐　4. ～放し　☐　5. 接続　☐
6. 間もなく☐　7. 当たり前☐　8. 比べる　☐　9. 実現　☐　10. 加入者　☐
11. 商用　☐　12. 試験　☐　13. 数日　☐　14. 気配　☐　15. 利用者宅☐
16. 信号　☐　17. 分離　☐　18. 結ぶ　☐　19. 情報　☐　20. 分割　☐
21. 個々　☐　22. 増加　☐　23. 住宅用　☐　24. 問わず　☐　25. 設置　☐
26. 上り回線☐　27. 下り回線☐　28. 要求　☐　29. 過渡的　☐　30. 機器　☐

＿＿／30＝＿＿%

II. 『INTERMEDIATE KANJI BOOK』Vol.1の漢字を使った言葉です。

1. 感激　☐　2. 慣れる　☐　3. 常時　☐　4. 印象　☐　5. 格段　☐
　　L4　　　　　　L10　　　　　　L4　　　　　L1 L8　　　　　　L10
6. 限定　☐　7. 交換機　☐　8. 基礎　☐　9. 画像　☐　10. 総合的　☐
　　L5　　　　　　L9　　　　　　L9 L10　　　　L5　　　　　　L6
11. 世界　☐　12. 拡大　☐　13. 事務用　☐　14. 換算　☐　15. 可能　☐
　　L1 L1　　　　L2　　　　　　L9　　　　　L9　　　　　　L2L2
16. 情報量　☐　17. 表示　☐　18. 欧米　☐　19. 要望　☐　＿＿／19＝＿＿%
　　L2　　　　　　L7　　　　　　L1　　　　　L8

III. 前の課で勉強した言葉です。

1. 地域　☐　2. 技術　☐　3. 音声　☐　4. 提供　☐　5. 3月末　☐
　　3課　　　　　3課　　　　　　3課　　　　2課2課　　　　　2課
6. 導入　☐　7. 保証　☐　　　　　　　　　　　　　　＿＿／7＝＿＿%
　　2課　　　　　2課

IV. この課で勉強する言葉です。

1. 光ファイバー☐　2. 家庭　☐　3. 銅ケーブル☐　4. 捨てる　☐　5. 統合　☐
6. デジタル網☐　7. 非対称　☐　8. 選択肢　☐　9. 装置　☐　10. 配線盤　☐
11. 電話網　☐　12. 公衆　☐　13. 交換網　☐　14. 相互　☐　15. 先駆ける☐
16. 需要　☐　17. 双方向　☐　18. 端末　☐　19. 普及　☐　[20]衛星　☐
[21]検索　☐　[22]仮想　☐　　　　　　　　　　　　＿＿／22＝＿＿%

V. ここでは勉強しませんが、後で覚えましょう。

1. 敷かれる☐　2. 躍り出る☐　3. 宛先　☐

①コンピュータ・電気通信・インターネット関係の漢字および漢字語

**A．カタカナ語・アルファベット語と漢字語**

　　コンピュータ関連産業や電気通信・インターネットなどの分野では、最新の用
語にはアルファベット語やカタカナ語がよく使われますが、漢字語と併用されて
いるものもあります。また、カタカナ語やアルファベット語と漢字語とを組み合
わせてできた言葉も見られます。

a．コミュニケーション　＝　通信
　　　　　漢字語＋漢字語：　　電気通信　　　　　衛星通信　　　　　画像通信
　　　　　　　　　　　　　　　通信技術　　　　　通信回線　　　　　通信速度
　　　　カタカナ語＋漢字語：　データ通信　　　デジタル通信　　ネットワーク通信
　　　　漢字語＋カタカナ語：　通信コスト　　　通信サービス　　通信ケーブル

b．ライン　＝　回線
　　　　　漢字語＋漢字語：　　電話回線　　　　通信回線　　　　　加入者回線
　　カタカナ語
　　　　　　　　　＋漢字語：ケーブル回線　　INS回線
　　アルファベット語

c．ネットワーク　＝　網（もう）
　　　　　漢字語＋漢字語：　　電話網　　　　　　　公衆交換網　　　情報網
　　　カタカナ語＋漢字語：　　サービス網　　　　　インターネット網
　　　漢字語＋カタカナ語：　　高速ネット　　　　　次世代ネット
　　カタカナ語＋カタカナ語：　インターネット　　イントラネット

d．カタカナ語やアルファベット語の中には、対応する漢字語がないものもあり
　　ます。下の例の他にも考えてみましょう。
　　Eメール－電子メール　　　　　　　　　インターネット＝　？
　　バーチャルリアリティ＝仮想現実（かそう）　　ホームページ＝　？
　　マルチメディア＝多次元媒体（ばいたい）　　シミュレーション＝　？
　　パスワード＝　？　　　　　　　　　　　ワールドワイドウェブ（WWW）＝　？

**B．よく使われる動詞**

　　コンピュータや電気通信・インターネット関係の分野でよく使われる動詞を見
てみましょう。「実行する」のように、普通と使い方が少し異なるものもあ
ります。「クリックする」や「アクセスする」のように、対応する漢字語が
ないものもあります。

4

　　　例）　登録：　ユーザ名を　登録する
　　　　　　入力：　データを　入力する／入れる
　　　　　　出力：　データを　出力する／出す
　　　　　　記録：　データを　記録する
　　　　　　消去：　データを　消去する／消す
　　　　　　削除：　データを　削除する
　　　　　　表示：　データを　画面上に／ディスプレイ上に　表示する
　　　　　　検索：　データを　検索する／サーチする
　　　　　　転送：　データを　転送する／送る
　　　　　　選択：　機能を　選択する／選ぶ
　　　　　　起動：　システムを　起動する／動かす
　　　　　　終了：　システムを　終了する／閉じる
　　　　　　実行：　プログラム／コマンドを　実行する／行う
　　　　キャンセル：　プログラム／コマンドを　キャンセルする／取り消す
　　　フォーマット：　フロッピーを　フォーマットする／初期化する
　　　　　クリック：　アイコンを　クリックする
　　　　　アクセス：　情報に　アクセスする

　　Ｃ．対語　　　　入力する　⬌　出力する
　　　　　　　　　　起動する　⬌　終了する
　　　　　　　　　　　有線　⬌　無線
　　　　　　　　　　　特定　⬌　不特定
　　　　　　　　　　　対称　⬌　非対称
　　　　　　　　　　固定式　⬌　選択式
　　　　　　　　　　一方向　⬌　双方向／多方向

### ②長い漢字熟語の構成(1)

A. 2字熟語を組み合わせた形　　例）高速常時接続　→　高速／常時／接続
B. 2字熟語に接頭辞がついた形　例）低料金時代　→　低＋料金／時代
C. 2字熟語に接尾辞がついた形　例）公衆交換網　→　公衆／交換＋網
D. その他の形　　　　　　　　　例）送受信速度　→　送（信）＋受信／速度

───　第4課の学習漢字　───

| 光 | 庭 | 銅 | 捨 | 統 | 網 | 称 | 肢 | 装 | 盤 | 衆 |
| 互 | 駆 | 需 | 双 | 端 | 及 | 衛 | 星 | 索 | 仮 | |

**21**

練 習

【練習1】　次の漢字熟語を読み、その語構成（p.44のA〜Dの分類）と意味を考え
なさい。

例1）信号分離装置　→　信号／分離／装置　（　A　）＝信号を分離する装置
　　2）不特定多数　　→　不＋特定／多数　（　B　）＝特定されない多数
　　3）加入者回線　　→　加入＋者／回線　（　C　）＝加入している者の回線
　　4）入出力装置　　→　入（力）＋出力／装置（　D　）＝入力と出力をする装置

　　1．双方向通信　　→ ＿＿＿＿＿＿＿＿＿（　　　）＝
　　2．非対称回線　　→ ＿＿＿＿＿＿＿＿＿（　　　）＝
　　3．通信事業者　　→ ＿＿＿＿＿＿＿＿＿（　　　）＝
　　4．次世代通信　　→ ＿＿＿＿＿＿＿＿＿（　　　）＝
　　5．選択肢問題　　→ ＿＿＿＿＿＿＿＿＿（　　　）＝
　　6．家庭用端末　　→ ＿＿＿＿＿＿＿＿＿（　　　）＝
　　7．利用者家庭　　→ ＿＿＿＿＿＿＿＿＿（　　　）＝
　　8．衛星放送設備　→ ＿＿＿＿＿＿＿＿＿（　　　）＝
　　9．仮想現実空間　→ ＿＿＿＿＿＿＿＿＿（　　　）＝
　10．超高速通信網　→ ＿＿＿＿＿＿＿＿＿（　　　）＝
　11．音声記録装置　→ ＿＿＿＿＿＿＿＿＿（　　　）＝
　12．計算機相互接続→ ＿＿＿＿＿＿＿＿＿（　　　）＝
　13．動画像圧縮技術→ ＿＿＿＿＿＿＿＿＿（　　　）＝
　14．信号多重化技術→ ＿＿＿＿＿＿＿＿＿（　　　）＝
　15．光学式動作計測→ ＿＿＿＿＿＿＿＿＿（　　　）＝
　16．情報検索用ソフト→ ＿＿＿＿＿＿＿＿＿（　　　）＝
　17．視聴覚教育機器→ ＿＿＿＿＿＿＿＿＿（　　　）＝
　18．双方向高速データ伝送→ ＿＿＿＿＿＿＿＿＿（　　　　）＝
　19．国公立研究機関基盤整備→ ＿＿＿＿＿＿＿＿＿（　　　　）＝

**4**

【練習2】　次の漢字熟語を読んで意味を考え、右側の英語と線で結びなさい。

　　1．仮想私設通信網　　　　　・　　　・ATM（asynchronous transfer mode）
　　2．符号分割多元接続方式　　・　　　・WDM（wavelength division multiplexing）
　　3．非同期転送モード　　　　・　　　・TDMA（time division multiple access）
　　4．非対称デジタル加入者回線・　　　・VPN（virtual private network）
　　5．デジタル統合サービス網　・　　　・CDMA（code division multiple access）
　　6．波長分割多重方式　　　　・　　　・ADSL（asymmetric digital subscriber line）
　　7．時分割多元接続方式　　　・　　　・ISDN（integrated services digital network）

【練習3】　次の（　）に適切な言葉を入れなさい。答えは一つとは限りません。
　　　　　　（同じアルファベットの（　）には同じ言葉が入ります。）

| 光 | 交換 | 選択 | 普及 | 検索 | 通信網 |
|---|---|---|---|---|---|
| 登録 | 統合 | 技術 | 端末 | 装置 | 配線盤 |

1．インターネットの（　a　）を利用して構築される企業内情報（　b　）のことをイントラネットという。

2．箱を開けたら、まず内容物をご確認ください。次に、取扱い説明書を参照してユーザー（　c　）を行ってください。

3．ここで誤ったディスク番号を（　d　）すると、ハードディスク等の大切なデータが消去されてしまう場合があります。

4．WWWでは、情報は単に発信されるだけであり、基本的にはどこにどのような情報があるのかを（　e　）することはできない。そこで、どこにどのような情報が格納されているのかを収集し、集められた情報から目的に応じた情報を（　e　）する機能を提供するのが（　e　）エンジンである。Yahoo（http://www.yahoo.com）などが有名である。

5．元来インターネットとは、ネットワークとネットワークを接続する（　a　）、またはその（　a　）によって接続されたネットワークを指す用語であった。しかし、ネットワーク同士を接続する「インターネット・プロトコル（IP）」と呼ばれる共通のルールを用いたネットワークが世界中に（　f　）するに従い、現在ではインターネット・プロトコルを用いたネットワークを指す固有名詞として利用されるようになった。

6．欧州各国で共通に利用できるデジタル自動車・携帯電話システムをGSM（global system for mobile communications）という。このシステムの（　f　）により、国境をこえてサービスを受けることが可能になる。

【練習4】　文中の＿＿＿に下の｛　｝から最も適切な熟語を選び、その読みを書きなさい。

例）電子メールを用いて安全に情報　交換　をするために、様々な方式が取られている。　　　　　　　｜　換算　算出　交換　変換　｜

1．一国の元首には、かなりの＿＿＿＿力が要求される。
　　　　　　　　　｜　統計　統一　統合　統率　｜

2．テレビとコンピュータとの連動によって、放送の送り手と視聴者との間の＿＿＿＿コミュニケーションが可能になる。
　　　　　　　　　｜　両方向　多方向　双方向　全方向　｜

3．新しい技術を2010年までに全国に＿＿＿＿＿＿させることを目指している。

｜ 追及　普及　波及　言及 ｜

4．結婚したら、幸せな＿＿＿＿＿＿を築きたいと思っている。

｜ 家事　家族　家庭　家屋 ｜

5．物価は＿＿＿＿＿＿と供給の関係で決まる。

｜ 需要　重要　必要　要望 ｜

6．インターネットでは、基本的に情報の＿＿＿＿＿＿権は受け手にある。

｜ 選択　選考　選挙　選定 ｜

7．「インターネット」というのは、インターネット・プロトコルを用いたネットワークの＿＿＿＿＿＿として使われるようになっている。

｜ 対称　自称　総称　称号 ｜

8．最近では携帯電話の普及により、＿＿＿＿＿＿電話の利用率が落ちているという。

｜ 大衆　公衆　民衆　衆知 ｜

9．＿＿＿＿＿＿技術を学ぶために、この国に留学した。

｜ 万端　先端　発端　極端 ｜

10．雪の多い地方では、四輪＿＿＿＿＿＿の車の売れ行きがよいそうだ。

｜ 先駆　駆使　駆逐　駆動 ｜

11．店内は＿＿＿＿＿＿中のため、関係者以外立入禁止となっている。

｜ 装飾　装備　改装　盛装 ｜

12．科学者は＿＿＿＿＿＿を検証するために、実験を行う。

｜ 仮定　仮設　仮説　仮面 ｜

**【練習5】**　次の漢字と同じ音読みの漢字をできるだけたくさん思い出してください。その漢字に共通の音符があれば、例のように□で囲んでみましょう。

例）銅　→　道　導　動　働　堂　同　胴　洞　筒

1．衛　→　　　　2．仮　→　　　　3．及　→

4．駆　→　　　　5．光　→　　　　6．互　→

7．索　→　　　　8．肢　→　　　　9．衆　→

10．需　→　　　　11．称　→　　　　12．星　→

13．双　→　　　　14．装　→　　　　15．端　→

16．庭　→　　　　17．統　→　　　　18．盤　→

19．網　→　　　　20．捨　→

# 低料金・高速ネット

## 次世代の主流に　ISDN脅かす存在

ライバル事業者がケーブルを接続するNTTの主配線盤＝東京・内幸町のNTT東日本で

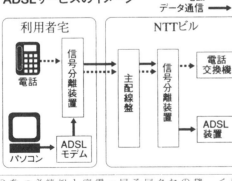

ADSLサービスのイメージ

電話　▶▶▶
データ通信　▶

利用者宅／NTTビル

電話 → 信号分離装置 → 主配線盤 → 信号分離装置 → 電話交換機 → 電話網
パソコン → ADSLモデム → ADSL装置 → インターネット網

「ISDNをぶち破るのが私どもの仕事」。10月18日、通信ベンチャーの東京めたりっく通信の東條巌会長は、まるでNTTにけんかを売る勢いで新サービスを披露した。

月額5000円台の定制ADSLサービス。当初計画からは大幅に遅れたが、あと数日で始動する。

通常の電話回線をそのまま生かせる技術として期待感は高く、ここ数年、各方面で実験が続けられてきたものの、ISDNの急速な普及の前に影の薄い存在だった。それが「ISDNを大幅に上回る速度で月5000円台」という東京めたりっくの衝撃的登場で、一気に次世代ネットの主流に躍り出、ライバル企業参入の呼び水となった。

ISDNの10倍の640＋ビット、相対的にデータ量が少ない「上り」でも250＋ビットの通信速度を達成。都内6電話局の地域で試験サービスを、週内に始める。料金は通信料・接続料込みで月額5500円。これにNTTの電話回線使用のユーザー負担800円が加わる。

を他の通信事業者が使用できる郵政省の「通信開放政策」のたまもので、東京めたりっくは、ユーザーが情報を受け取る「下り」で

当初11月末が予定だったサービス開始が遅れたのは、NTT回線の使用料と徴収方法をめぐる折衝が長引いたため。このはどユーザー負担800円で、NTTと東京めたりっくの間で、双方の受給が成立、ようやく開始にこぎつけた。

一方、自社のインフラを貸して最有力商品ISDNの強力ライバル参入を許した形のNTT東西会社もスタンスを微妙に変え、自ら同じサービスで打って出る。今月下旬、東京6電話局・大阪5電話局地域で「試験」として始め、加入電話と同線を共用する一般家庭向けタイプでは月額5100円（他にユーザーが加入するインターネット接続プロバイダー利用料金が必要）という。東京めたりっくとそれに続くライバルを意識した料金設定で応戦の構えだ。

1．次の新聞記事（「毎日新聞」1999年12月20日朝刊）を読み、下の質問に答えてみましょう。

## ADSLサービス開始

## 時代へ

最初はつながるだけで感激だったインターネットも、慣れると気になりだすのが通信コストと送受信の速度。安い通信料でつなぎっ放し、しかも高速接続という時代が、間もなく当たり前になりそうだ。

「高速常時接続」といえば光ファイバーの印象が強いが、どの家庭にも敷かれた銅ケーブルの電話回線も、決して捨てたものではない。ISDN（統合サービスデジタル網）と比べ格段に高速な通信を実現するADSL（非対称デジタル加入者回線）の商用サービスが、地域限定の試験ながらあと数日で始まる。

2000年、ネットユーザーの有力な選択肢に躍り出そうな気配だ。

【鈴木 隆】

### ▶ADSL定額制インターネットサービス参入予定企業・団体◀

| 企業・団体名 | 試験サービス開始時期 | サービス開始地域 |
| --- | --- | --- |
| NTT東日本 | 12月下旬（24日前後） | 東京都内6電話局地域 |
| NTT西日本 | 12月下旬（24日前後） | 大阪府内5電話局地域 |
| 東京めたりっく通信 | 12月下旬（24日前後） | 東京都内6電話局地域 |
| ニューコアラ | 12月下旬（20日前後） | 大分市内の大分府内電話局地域 |
| NTT-ME | 12月下旬（24日前後） | 東京都内6電話局地域 |
| 日本テレコム | 2000年2月末 | 未定 |
| KDD | 2000年の早い時期 | 未定 |
| 東京通信ネットワーク | 2000年 | 未定 |
| DSLアクセス基盤協議会（三井物産など） | 2000年 | 未定 |
| スピードネット | 検討中 | 未定 |
| DDI | 検討中 | 未定 |

（1）ISDNとADSLの主な違いは何ですか。

（2）ADSLの商法サービスの開始が遅れた理由は何ですか。

（3）この記事の中で対立する通信会社として挙げられている二つの企業は、どことどこですか。

**4**

（4）下の□に適切な漢字を入れ、この記事の要約文を作りなさい。

インターネットの「高速常時接続」といえば、□ファイバーを考えがちだが、一般家□用の□ケーブルの電話回線も□てたものではない。この通常の電話回線を利用したADSLのサービスが間もなく始まる。ネットユーザーの有力な選□□になりそうだ。

＊付記：インターネットのGoogleなどを使って「ISDN」や「ADSL」で検索すると、関連記事がいろいろと出てきます。最新の情報を使って、問題をつくってみましょう

2．次の下線の漢字の言葉の読みを書きなさい。

1．地域の観光地化に反対する。　　　　2．漢字を索引で調べる。

3．雪道では四輪駆動の車が強い。　　　4．公衆衛生上問題がある。

5．大統領の服装をチェックする。　　　6．交通網が発達している。

7．四捨五入して計算する。　　　　　　8．今夜は月も星も見えない。

9．家庭裁判所は双方から財政的基盤について話を聞いた。

10．この公衆電話ボックス用の防犯装置は、かなり普及するだろう。

3．次の文を適切な漢字を使って書きなさい。

1．とうごうサービスもう　　　　　2．いくつかの　せんたくしを　よういする

3．ひかりファイバー　　　　　　　4．さいせんたんじょうほうの　けんさく

5．どうケーブル　　　　　　　　　6．そうほうの　いけんが　たいりつする

7．かそうげんじつ　　　　　　　　8．DSLアクセスきばんきょうぎかい

9．さゆうたいしょう　　　　　　　10．ひつような　ぎじゅつを　しゅしゃせんたくする

11．えいせいほうそう　　　　　　　12．せかいに　さきがけて　かいしする

13．そうごりかいを　ふかめる　　　14．かていようでんかせいひんの　ふきゅう

15．じゅようと　きょうきゅう　　　16．ひろく　みんしゅうの　しじを　える

4．次の漢字を辞書で調べて、最もよく使われると思う熟語を選び、例のように文を
　　作りなさい。

　　例）録　→　記録：実験結果を毎日記録しなければならない。

| | | | | |
|---|---|---|---|---|
| 1．光 | 2．庭 | 3．統 | 4．称 | 5．装 |
| 6．衆 | 7．互 | 8．駆 | 9．需 | 10．双 |
| 11．端 | 12．及 | 13．星 | 14．仮 | 15．索 |
| 16．衛 | 17．盤 | 18．肢 | 19．網 | 20．銅 |
| 21．捨 | | | | |

下の文章を読んでみましょう。

### 航空機の機器を狂わす原因は？

　離着陸時に旅客機が制御不能になるような異常を引き起こす恐れがあるとして、搭乗中に使用が禁止されている電子機器は約20。いずれも電磁波が旅客機に異常をもたらすためとされる。下の表は、乗客の電子機器が原因の可能性がある旅客機の異常例で、発生の状況と不具合の内容、疑わしいとされる携帯電子機器をあげてある。不具合の内容には、高度維持装置の変化や飛行管理装置の不具合などがある。こうしたことから、最近では、人気のゲーム機器や電卓内蔵ゲームなども、離着陸時使用禁止のリストに加えられた。

**5**

| 乗客の電子機器が原因の可能性のある異常例（93年以降、国内） | | | |
|---|---|---|---|
| 発生日 | 状況 | 不具合の内容 | 疑わしい携帯電子機器 |
| 93年4月 | 巡航中 | 高度維持装置の変化 | ゲーム機器 |
| 4月 | 上昇中 | 飛行管理装置に入力したデータに不具合 | CDプレーヤー |
| 94年7月 | 巡航中 | 飛行管理装置に不具合 | 電卓内蔵ゲームかゲーム機器 |
| 96年5月 | 離陸滑走中 | 飛行モード表示に不具合 | 携帯電話 |
| 7月 | 巡航中 | 無線に雑音 | パソコン |
| 8月 | 地上駐機中 | 油圧システムの不具合の表示 | デジタルカメラ |
| 9月 | 巡航中 | 無線に雑音が断続的に混入 | 携帯電話 |
| 97年2月 | 巡航中 | 姿勢補正システムの一部に異常 | CDプレーヤー |
| 2月 | 巡航中 | 集中警報システムに警報が複数表示 | CDプレーヤー |

　しかし、航空振興財団の研究が進むにつれ、乗客が持ち込む電子機器だけでなく、もともと機内にある照明などの電気機器や、機内の静電気が異常の原因になるとの見方も出てきた。旅客機、例えばジャンボ機には無線通信用や電波航法装置用など20本程度のアンテナがついており、不要な電磁波を拾う可能性も高い。乗客の電子機器が旅客機に与える影響がどれほどかについては、推論の域を出ないため、さらに調査を進める必要がある。

　旅客機に異常をもたらす真犯人を探す研究は始まったばかりだが、航空会社は、乗客の利便よりも安全性を重視する姿勢をとっている。

（「日本経済新聞」1997年5月18日の朝刊記事を元に作成。p.62～63の「課題」に記事の全文がある。）

【問題】　前の文中に使われていた言葉です。読んでみましょう。読み方がわからないものには、○をつけてください。

1. 航空機　　2. 携帯　　　3. 機器　　　4. 狂わす　　5. 原因

6. 離着陸時　7. 旅客機　　8. 制御　　　9. 不能　　　10. 異常

11. 引き起こす 12. 恐れ　　13. 搭乗中　14. 使用　　15. 禁止

16. 電子機器 17. 電磁波　18. 表　　　19. 乗客　　20. 可能性

21. 異常例　22. 状況　　23. 不具合　24. 内容　　25. 疑わしい

26. 維持　　27. 装置　　28. 管理　　29. 最近　　30. 人気

31. 電卓　　32. 内蔵　　33. 巡航中　34. 上昇中　35. 滑走中

36. 駐機中　37. 油圧　　38. 断続的　39. 混入　　40. 姿勢

41. 補正　　42. 集中　　43. 警報　　44. 複数　　45. 振興

46. 財団　　47. 持ち込む 48. 照明　　49. 静電気　50. 見方

51. 例えば　52. 無線　　53. 通信用　54. 電波　　55. 航法

56. 程度　　57. 不要　　58. 拾う　　59. 与える　60. 影響

61. 推論　　62. 域　　　63. 調査　　64. 必要　　65. 真犯人

66. 探す　　67. 利便　　68. 安全性　69. 重視

---

次のページの【確認】のところを見て、読みをチェックしましょう。

|  | I.BKB | II.IKB | III.前課 | IV.本課 | 全体 |
|---|---|---|---|---|---|
| a. 読みを正しく知っている言葉 | ___% | ___% | ___% | ___% | ___% |
| b. 意味は知っているが、読みが不正確な言葉 | ___% | ___% | ___% | ___% | ___% |
| c. よく知らない言葉 | ___% | ___% | ___% | ___% | ___% |

I. の言葉があまり読めなかった人は、BKB Vol.1&2を復習しましょう。

II. の言葉があまり読めなかった人は、IKB Vol.1を復習しましょう。

III. の言葉が読めなかった人は、この本の前の課を復習しましょう。

IV. の言葉が読めなかった人は、この課でしっかり勉強しましょう。

IV. の言葉がよく読めた人も、その漢字の別の読み方や使い方などを勉強しましょう。

【確認】　正しく読めたら、□にチェックしましょう。

I.『BASIC KANJI BOOK』Vol.1 & 2の漢字を使った言葉です。
1. 機器　□　2. 旅客機　□　3. 引き起こす□　4. 使用　□　5. 電子機器□
6. 表　□　7. 乗客　□　8. 不具合　□　9. 最近　□　10. 人気　□
11. 集中　□　12. 静電気　□　13. 見方　□　14. 無線　□　15. 通信用　□
16. 不要　□　17. 必要　□　18. 利便　□　19. 安全性　___／19＝__%

II.『INTERMEDIATE KANJI BOOK』Vol.1の漢字を使った言葉です。
1. 原因　□　2. 不能　□　3. 異常　□　4. 禁止　□　5. 可能性　□
　L10　　　　　L2　　　　　　L4 L4　　　　L7　　　　　　L2 L2
6. 異常例　□　7. 内容　□　8. 管理　□　9. 上昇中　□　10. 油圧　□
　L10　　　　　R2　　　　　　L5　　　　　　L2　　　　　　　L2
11. 断続的　□　12. 混入　□　13. 複数　□　14. 照明　□　15. 例えば　□
　L3　　　　　　L9　　　　　　L2　　　　　　L10　　　　　　L10
16. 重視　□　　　　　　　　　　　　　　　　　　　　　　　___／16＝__%
　L7

**5**

III. 前の課で勉強した言葉です。
1. 恐れ　□　2. 装置　□　3. 警報　□　4. 与える　□　5. 影響　□
　2課　　　　　4課　　　　　1課　　　　　3課　　　　　　3課3課
6. 域　□　7. 調査　□　　　　　　　　　　　　　　　　　___／7＝__%
　3課　　　　3課

IV. この課で勉強する言葉です。
1. 航空機　□　2. 携帯　□　3. 狂わす　□　4. 離着陸時□　5. 制御　□
6. 搭乗中　□　7. 電磁波　□　8. 状況　□　9. 疑わしい□　10. 維持　□
11. 電卓　□　12. 内蔵　□　13. 姿勢　□　14. 補正　□　15. 振興　□
16. 電波　□　17. 航法　□　18. 程度　□　19. 拾う　□　20. 推論　□
21. 真犯人　□　22. 探す　□　　　　　　　　　　　　　　___／22＝__%

V. ここでは勉強しませんが、後でおぼえましょう。
1. 巡航中　□　2. 滑走中　□　3. 駐機中　□　4. 財団　□　5. 持ち込む□

## ①機械類に使われる漢字および漢字語

　色々な機械や機器の名前、仕組み、使い方などについて、よく使われる漢字や漢字語には、次のようなものがあります。

### A．機械類

　　機〜：　機械　　機器　　機材　　機関
　　〜機：　航空機　旅客機　探査機　探知機　計算機
　　器〜：　器械　　器具　　器材
　　〜器：　計器　　測定器　炊飯器
　　〜機器：電子機器　携帯機器　教育機器　ゲーム機器
　　〜機関：動力機関　蒸気機関　内燃機関　交通機関
　　〜装置：通信装置　着陸装置　制御装置　維持装置　警報装置

### B．部品・材料

　　部〜：　部品　　部分
　　〜部：　前部　　後部　　中心部　　動力部
　　材〜：　材料　　材質
　　〜材：　機材　　建材　　素材
　　材料の種類：木材　金属　プラスチック　ガラス　繊維

### C．機械類を動かすときの漢語動詞

　　運転する（自動車を〜／バスを〜／・・・）
　　制御する（機械を〜／通信を〜／・・・）
　　操縦する（航空機を〜／ヘリコプターを〜／ロボットを〜／・・・）
　　操作する（機械を〜／ロボットを〜／・・・）

### D．機械類の大きさ・仕組みなど

　　〜型：　　大型　　　　　　小型　　　　　　中型
　　　　　　卓上型／デスクトップ型　　　ノート型
　　　　　　内蔵型　　　外付け型
　　〜タイプ：軽量タイプ　　携帯用タイプ

### E．その他

## ②接尾辞の用法を持つ漢字■■＋■

漢字熟語の後ろに接尾辞(せつびじ)となる漢字1字がつくと、新しい熟語ができます。（IKB Vol.1 L6参照）接尾辞の種類(しゅるい)によってアクセントが変わりますから、注意しましょう。

### A．アクセントが平板になるタイプ

巡航（じゅんこう）　＋　中　→　巡航中（じゅんこうちゅう）

携帯（けいたい）　＋　用　→　携帯用（けいたいよう）

断続（だんぞく）　＋　的　→　断続的（だんぞくてき）

安全（あんぜん）　＋　性　→　安全性（あんぜんせい）

電波（でんぱ）　＋　法　→　電波法（でんぱほう）

### B．接尾辞の前でアクセントが低くなるタイプ

航空（こうくう）　＋　機　→　航空機（こうくうき）

着陸（ちゃくりく）　＋　時　→　着陸時（ちゃくりくじ）

関係（かんけい）　＋　者　→　関係者（かんけいしゃ）

電磁（でんじ）　＋　波　→　電磁波（でんじは）

計器（けいき）　＋　類　→　計器類（けいきるい）

**5**

### C．接尾辞の用例

アクセントに注意して、読んでみましょう。

～中：巡航中(じゅんこう)　搭乗中(とうじょう)　滑走中(かっそう)　飛行中(ちゅうき)　駐機中　調査中

～用：通信用　携帯用　建築用　無線用　着陸用

～的：断続的　集中的　一時的　科学的　機械的　懐疑的(かいぎ)

～性：可能性　安全性　快適性　必要性　重要性　利便性（程度）
　　　金属性　動物性　植物性(しょくぶつ)　酸性(さん)　アルカリ性（性質）

～法：航空法　電波法(でんぱ)　国際法　国内法　特別法（法律(ほうりつ)）
　　　使用法　管理法　調査法　解決法　教授法（方法）

～機：飛行機　航空機　計算機　洗濯機(せんたく)　掃除機(そうじ)　コピー機

～時：着陸時　離陸時　使用時　搭乗時　墜落時(ついらく)　離着陸時

～者：科学者　調査者　研究者　管理者　使用者　関係者

～波：電磁波　衝撃波(しょうげき)　マイクロ波

～類：機械類　計器類　装置類　ゲーム類　電子機器類

### ③長い漢字熟語の構成(2)

どんなに長い漢字熟語でも、基本的には、以下の4つのパターンの組み合わせに分解することができます。(→第4課要点② p.44)

A．■■＋■■ ：2字熟語の組み合わせ
B．■＋■■ ：2字熟語に接頭辞がついたもの
C．■■＋■ ：2字熟語に接尾辞がついたもの
D．■■＋■■→■■■：2字熟語の組み合わせから共通する字が省略されて、
　　　　　　　　　　　3字になったもの

例）使用禁止→A：使用＋禁止（使用を禁止すること）
　　真犯人　→B：真＋犯人（本当の犯人）
　　　しんはんにん
　　航空法　→C：航空＋法（航空のための法律）
　　　こうくうほう　　　　　　　　　　　ほうりつ
　　離着陸　→D：離陸＋着陸（離陸と着陸をすること）
　　　りちゃくりく
　　離着陸時使用禁止　→〔（離陸＋着陸）＋時〕＋〔使用＋禁止〕
　　日本航空技術部次長→〔（日本＋航空）＋（技術＋部）〕＋次長
　　電子機器単独犯人説→〔（電子＋機器）＋（単独＋犯人）〕＋説
　　電波航法装置用　→〔（電波＋航法）＋装置〕＋用

〈注意〉言葉の切れ目によってアクセントが変わる場合があります。
　　例）ローマ字で文章入力を行います。
　　　「文章入力（ぶんしょうにゅうりょく）」は一つの語で、中高のアクセントになります。「文章（ぶんしょう）を入力（にゅうりょく）します」のように別々の語として使うときのアクセントとは違っています。
　　例）ローマ字で各自入力を行います。
　　　「各自（かくじ）」と「入力（にゅうりょく）」は、別々の語ですから、もとのアクセントのまま発音します。

## ④形声文字の音符(1)

　次の下線の漢字には、同じ音読みを表す共通する構成要素（音符）があります。
（→IKB Vol.1 R1, R2および本書のコラム 9 P.217〜218を参照）

音符 音読み

航空　　　　反抗　　：亢［コウ］
搭乗口　　　管制塔　：荅［トウ］
磁石　　　　慈悲　　：兹［ジ］
状況　　　　兄弟　　：兄［キョウ］
疑問　　　　擬声語　：疑［ギ］
内蔵　　　　心臓　　：蔵［ゾウ］
姿勢　　　　次第　　：次［シ］
補正　　　　捕手　　：甫［ホ］
日程　　　　贈呈　　：呈［テイ］
電磁波　　　破壊　　：皮［ハ］※

※ただし、「皮」は、単独の漢字の音読みが［ヒ］であり、以下のように［ヒ］という、音符に使われる場合もあります。

疲労　表皮　被害　：皮［ヒ］

**5**

── 第 5 課の学習漢字 ──

| 航 | 携 | 狂 | 陸 | 御 | 搭 | 磁 | 波 | 況 | 疑 | 維 |
| 卓 | 蔵 | 姿 | 勢 | 補 | 興 | 程 | 拾 | 推 | 犯 | 探 |

**22**

（索引p.284〜288）

練　習

【練習1】　下線の熟語の語構成を考え、アクセントがどのように変わるか考えて、
　　　　　　読みなさい。

1. 当機はこれより着陸態勢に入ります。

2. 事故原因を徹底調査しなければならない。

3. 集中警報システムに警報が複数表示された。

4. 警報の複数表示ができるように改良した。

5. 必要な方は資料請求の手紙を送ってください。

6. 巡航中に航空機が突然制御不能になった。

7. 電子機器の単独犯人説には疑問がある。

8. 地上駐機中に油圧システムの不具合が起きた。

9. 高度維持装置に異常が発生した。

10. 姿勢補正システムの一部に異常が生じた。

【練習2】　次の□の中に適切な漢字を下から選んで入れなさい。

| 機　　法　　波　　中　　時　　用　　性　　的 |

1. 小型飛行□が太平洋上を飛行□に火災を起こした。

2. 家庭□のパソコンから出る電磁□が問題になっている。

3. この制御装置は、安全□を重視した設計になっている。

4. シートベルト着用サイン点灯□は、化粧室の使用をご遠慮願います。

5. 乗客には、離着陸□のシートベルト着用が義務づけられている。

6. 無線に雑音が断続□に混入した。

【練習３】　次の□の中に適切な漢字を下から選んで入れなさい。

| 員　　者　　手　　券　　書　　状　　紙 |
|---|

1．搭乗口で乗務□に搭乗□をお見せください。

2．ある航空関係□がまとめた報告□によれば、携帯機器と電磁波の関係はまだ不明であるという。

3．手紙に来月のクラシックコンサートの案内□が入っていたが、招待□は入っていなかった。

4．そのテレビドラマの視聴（しちょう）□はみんな、真犯人がだれかを知りたがっていた。

5．大きくなったら、バスの運転□か、銀行□になりたいと思っていた。

6．古い新聞□の中に先生からいただいた推薦（すいせん）□が混ざっていた。

**5**

【練習４】　次の下線の漢字の言葉を読みなさい。

1．親に反抗して航空会社をやめた。　　2．搭乗口から管制塔が見える。
3．慈悲深い顔で磁石を渡した。　　4．兄弟で状況を探る。
5．「ぐるぐる」が擬声語かどうかは疑問だ。　6．冷蔵庫に鳥の内臓が入っている。
7．一万円程度の時計を贈呈した。　　8．財団が研究の材料を探している。

【練習５】　下の中から最も適切な言葉を選び、文を完成しなさい。

1．携帯電子機器が航空機の機器を（　　　）という説がある。
　　　　　｜　疑う　狂う　狂わす　恐れる　｜
2．問題の原因を（　　　）みる必要がある。
　　　　　｜　補って　探って　拾って　疑って　｜
3．（　　　）お金は交番に届けなければなりません。
　　　　　｜　補った　疑った　拾った　探った　｜
4．搭乗中に電子機器を使うと、旅客機に異常が起こる（　　　）がある。
　　　　　｜　補い　疑い　恐れ　狂い　｜
5．彼は友人を（　　　）の目で見た。
　　　　　｜　狂い　探し　拾い　疑い　｜

59

【練習６】 文中の_____に下の ｛ ｝ から最も適切な熟語を選び、その読みを書き
なさい。

例）国内線の飛行機は通常どおり__運航__している。
｜ 出航　欠航　運航　渡航 ｜

1．成田空港では、台風のために_____する便が相次いだ。
｜ 出航　欠航　難航　運航 ｜

2．JL305便にご_____のお客様に、最終案内を申し上げます。
｜ 搭載　搭乗　着陸　離陸 ｜

3．電磁波の_____で、飛行機が制御不能になった。
｜ 状況　不況　影響　反響 ｜

4．静電気が事故の原因だとする説もあるが、_____の域を出ない。
｜ 推定　推進　推論　推薦 ｜

5．電子機器の単独犯人説に対しては_____を投げかける声がある。
｜ 疑惑　疑問　問題　質問 ｜

6．患者の家族は生命を_____する装置の取り付けを断った。
｜ 制御　内蔵　搭載　維持 ｜

7．小型コンピュータを_____した家庭用電気製品が増えている。
｜ 制御　内蔵　搭載　維持 ｜

8．彼はビートルズの_____的なファンだ。
｜ 狂喜　熱狂　発狂　狂暴 ｜

9．大統領のセクハラ_____が高まっている。
｜ 疑惑　疑問　問題　質問 ｜

10．娘の合格のニュースを聞いて、母親は_____した。
｜ 熱狂　発狂　狂喜　狂信 ｜

11．子供のころ、よく友達と森へ_____に行ったものだ。
｜ 探究　探偵　探検　探索 ｜

12．最近は家族で_____を囲むことが少なくなった。
｜ 食卓　円卓　教卓　卓上 ｜

13．その飛行機は_____した直後に制御不能になった。
｜ 離陸　上陸　陸上　大陸 ｜

14．ラジオでスポーツの_____放送を聞く。
｜ 状況　実況　近況　戦況 ｜

15．あの人が本当に犯人なのかどうか_____に思う。
｜ 疑念　疑問　疑惑　質疑 ｜

16．1989年に彼は博士_____を修了した。
｜ 過程　行程　日程　課程 ｜

17. 私は探偵小説や＿＿＿＿＿＿小説を読むのが好きだ。
　　　　　　　　｜ 推理　推測　推定　推薦 ｜

18. 政府は国会に第2次＿＿＿＿＿＿予算案を提出した。
　　　　　　　　｜ 補習　補助　補正　補修 ｜

19. 身体に無理な負担がかかる＿＿＿＿＿＿を続けていると、体調をくずす。
　　　　　　　　｜ 姿勢　時勢　大勢　情勢 ｜

20. この町では、スポーツの＿＿＿＿＿＿に力を入れている。
　　　　　　　　｜ 興亡　興奮　振興　興味 ｜

【練習7】　次の漢字を使った一番よく使われると思う言葉を考えてみましょう。周りの日本人にも聞いてみてください。

例）拾　→　拾得物／拾う

1. 蔵　→　　　　　2. 波　→　　　　　3. 航　→

4. 磁　→　　　　　5. 維　→　　　　　6. 携　→

7. 御　→　　　　　8. 疑　→　　　　　9. 犯　→

10. 推　→　　　　11. 搭　→　　　　12. 探　→

13. 姿　→　　　　14. 狂　→　　　　15. 興　→

16. 況　→　　　　17. 卓　→　　　　18. 陸　→

19. 程　→　　　　20. 勢　→　　　　21. 補　→

5

1. 次の新聞記事（「日本経済新聞」1997年5月18日朝刊）を読み、後ろの質問に答えてみましょう。

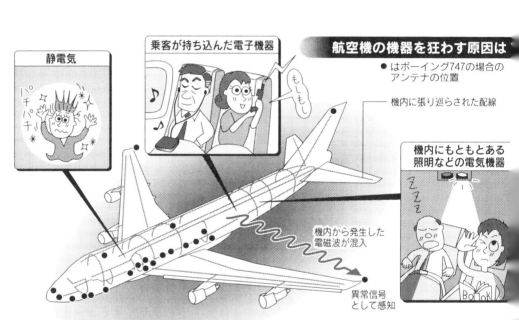

| 発生日 | 状況 | 不具合の内容 | 疑わしい携帯電子機器 |
|---|---|---|---|
| 93年4月 | 巡航中 | 高度維持装置の変化 | ゲーム機器 |
| 4月 | 上昇中 | 飛行管理装置に入力したデータに不具合 | CDプレーヤー |
| 94年7月 | 巡航中 | 飛行管理装置に不具合 | 電卓内蔵ゲームかゲーム機器 |
| 96年5月 | 離陸滑走中 | 飛行モード表示に不具合 | 携帯電話 |
| 7月 | 巡航中 | 無線に雑音 | パソコン |
| 8月 | 地上駐機中 | 油圧システムの不具合の表示 | デジタルカメラ |
| 9月 | 巡航中 | 無線に雑音が断続的に混入 | 携帯電話 |
| 97年2月 | 巡航中 | 姿勢補正システムの一部に異常 | CDプレーヤー |
| 2月 | 巡航中 | 集中警報システムに警報が複数表示 | CDプレーヤー |

乗客の電子機器が原因の可能性のある異常例(93年以降、国内)

（１）航空会社では、離着陸時にどのような電子機器の使用を禁止していますか。

（２）航空振興財団は、どのような報告をしていますか。

# 航空機、携帯機器に弱い？

**5**

旅客機に異常を引き起こす恐れありとして、搭乗中に使用が禁止されている電子機器。最近も人気のゲーム機器「たまごっち」が離着陸時使用禁止のリストに加えられた。だが、研究が進むにつれ、乗客が持ち込む電子機器だけでなく、もともと機内にある照明などの電気機器や、静電気が持ち込む異常の原因になるとの見方も出てきた。旅客機に異常をもたらし、パイロットを慌てさせる真犯人は一体何なのか—。

## 「電磁波」に諸説 〝犯人探し〟開始

**静電気に疑いも**

セイコーエプソンの篠崎厚志主任が唱えるのは静電気説だ。飛行中に換気のために機内に取り込む乾いた外気が、機内に換気のために取り込む乾いた外気が、カーペットや座席などからあらかじめ帯電させ、これが放電した時に生じる電界が計器類の誤動作の引き金になるという見方。同主任は実際に日本・欧州間を三往復して機内の静電気を観測。その結果、「一～三㌔㍗の電界が静電気の放電作用で発生。持ち込んだメモリーの情報が、着陸後見えなくなっていた」という。

これらの説に対しては疑問を投げ掛ける声がある。東京農工大学の仁田周雄一教授は「そもそも旅客機に影響を与えるのは乗客が持ち込む電子機器だけだろうか」と語る。機内にある空調や照明のスイッチを入れたり、切ったりしても電磁波は発生する。「機内配線には電磁波の侵入を防ぐシールド材料が巻き付けてある。計器類のメーカーには電磁波

**利便より安全**

旅客機なら、例えばジャンボ機なら無線通信用や電波航法装置用に三十本程度のアンテナがついており、不要な電磁波を拾う可能性が高い。電磁波がかすかなはずの電子機器でも、九三年にニューヨークで着陸態勢に入った旅客機が乗客のCDプレーヤーからの電磁波のため、突然、制御不能になり、あわや墜落寸前になった例がある。だから航空会社は「疑わしきは罰するのが安全確保の基本」（日本航空）と、乗客の利便よりも安全性を重視する姿勢に揺らぎがない。

乗客の電子機器が旅客機に与える影響は、推論の域を出ない。このため、徹底調査を求める声もあり、運輸省も航空振興財団を通じて、どの程度、電子機器が影響を与えるのか、今年度から実際に機器を機内に持ち込んで実験を進める。携帯の電子機器はどこにいても使えるもので、生活に欠かせないものにもなり始めている。安全性

をつけて防いでいる」というのが反論の根拠だ。

それが機内に張り巡らされた配線に影響を与えている」と主張する。機内に張り巡らされた配線に影響を与えている

と快適性を両方満たすことが

**事例は数多く**

ただ、国内外の航空会社からは、電子機器が原因と見られる旅客機の不具合の事例が数多く報告されている。いずれも因果関係は明確でないが、異常例には携帯電話やパソコンのように電磁波が比較的強いものだけでなく、影響がないとみられたゲーム機器

航空会社が乗客に使用を禁止している機器は約二十。いずれも電磁波が旅客機に異常をもたらすためとされている。しかし、ある航空関係者は使用禁止リストに加えられたたまごっちから「実は電磁波は出ていない」という。航空振興財団が独自の実験をもとに最近まとめた報告書でも、機内で使用が制限されているヘッドホンカセットで電磁波が出ておらず、AMラジオやゲーム機器なども電磁波が計器類に影響を与えるほどではなかったとしている。

が計器類に影響を与えるほどではなかったとしている。

（3）電子機器の単独犯人説に対する疑問の声には、どんなものがあるか、二つあげなさい。

（4）日本航空技術部次長の意見は（3）の意見と同じか、また、その根拠は何か述べなさい。

（5）下の□に適切な漢字を入れ、この記事の要約文を作りなさい。

　　　旅客機に異常をもたらす原因としては、乗客が持ち込む□帯電子機器が考えられているが、それだけが□人ではないだろうという意見もある。機内の空調や照明のスイッチから発生する電□□や静電気なども□われている。

2．次の漢字の言葉の読みを書きなさい。

　　1．航空振興財団　　　　　　　　　2．高度維持装置
　　3．姿勢補正システム　　　　　　　4．不要な電磁波を拾う
　　5．真犯人を推理する　　　　　　　6．携帯電話の横に電卓がある

3．次の文を適切な漢字を使って書きなさい。

　　1．けいたいきき　　　　　　　2．けいきを　くるわす
　　3．でんじはを　ひろう　　　　4．はんにんの　うたがいが　ある
　　5．こうくうきじこ　　　　　　6．えいきょうを　あたえる
　　7．とうじょうぐち　　　　　　8．せいめいを　いじする　そうち
　　9．じょうきょう　　　　　　 10．すいろんの　いきを　でない
　 11．でんたくないぞう　　　　 12．げんいんを　さぐる
　 13．りちゃくりくじ　　　　　 14．ひがいの　ていどを　ちょうさする

4．次の漢字を辞書で調べて、最もよく使われると思う熟語を選び、例のように文を作りなさい。

　　例）調　→　調査：政府はこの問題について調査中である。
　　　1．維　　　2．狂　　　3．疑　　　4．程　　　5．犯
　　　6．探　　　7．推　　　8．携　　　9．磁　　 10．御
　 11．波　　 12．航　　 13．卓　　 14．搭　　 15．姿
　 16．陸　　 17．蔵　　 18．勢　　 19．補　　 20．況
　 21．興　　 22．拾

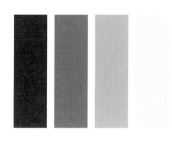

## 第6課
## 地震の心得十か条

知っておきたい「地震が起こったときのルール」

1995年の１月17日、神戸で大地震が起こり、大きな被害が出ました。それまで関西ではあまり大きな地震がなかったために、地震への対策が不十分だったのではないかという点が指摘されました。

地震が起きたら何をしなければならないか、また何をしてはいけないか——災害時の心得を知っておかないと、被害をむやみに拡大することになります。あなたの適切な行動が命を守るのです。「三鷹くらしのガイド」というパンフレットから、「地震が起こったときのルール」をあげてみましょう。

1　まず身の安全を図りましょう（日ごろから家具類の転倒対策を）
2　すばやく火の始末をしましょう
3　戸を開けて出口を確保しましょう
4　火災が発生したらすぐ消火しましょう
5　あわてて外に飛び出さないようにしましょう
6　狭い路地やブロック塀の近くなど危険区域には近寄らないようにしましょう
7　避難は徒歩で、集団で行動しましょう
8　地域の人と協力し合って応急救護をしましょう
9　ラジオや防災組織からの正しい情報を聞きましょう
10　居住地の自然環境を知り、山崩れ、がけ崩れ、津波に注意しましょう

【問題】　前の文中に使われていた言葉です。読んでみましょう。読み方がわからないものには、○をつけてください。

1. 地震　　2. 心得　　3. 十か条　　4. 被害　　5. 対策

6. 不十分　　7. 指摘　　8. 災害　　9. 拡大　　10. 適切な

11. 命　　12. 守る　　13. 身　　14. 安全　　15. 図る

16. 日ごろ　　17. 家具類　　18. 転倒　　19. 始末　　20. 戸

21. 確保　　22. 火災　　23. 発生　　24. 消火　　25. 狭い

26. 路地　　27. 危険　　28. 区域　　29. 近寄る　　30. 避難

31. 徒歩　　32. 集団　　33. 地域　　34. 協力　　35. 応急

36. 救護　　37. 防災　　38. 組織　　39. 情報　　40. 居住地

41. 自然　　42. 環境　　43. 山崩れ　　44. 津波　　45. 注意

---

次のページの【確認】のところを見て、読みをチェックしましょう。

| | I.BKB | II.IKB | III.前課 | IV.本課 | 全体 |
|---|---|---|---|---|---|
| a. 読みを正しく知っている言葉 | ＿＿％ | ＿＿％ | ＿＿％ | ＿＿％ | ＿＿％ |
| b. 意味は知っているが、読みが不正確な言葉 | ＿＿％ | ＿＿％ | ＿＿％ | ＿＿％ | ＿＿％ |
| c. よく知らない言葉 | ＿＿％ | ＿＿％ | ＿＿％ | ＿＿％ | ＿＿％ |

I. の言葉があまり読めなかった人は、BKB Vol.1&2を復習しましょう。

II. の言葉があまり読めなかった人は、IKB Vol.1を復習しましょう。

III. の言葉が読めなかった人は、この本の前の課を復習しましょう。

IV. の言葉が読めなかった人は、この課でしっかり勉強しましょう。

IV. の言葉がよく読めた人も、その漢字の別の読み方や使い方などを勉強しましょう。

【確認】　正しく読めたら、□にチェックしましょう。

I.『BASIC KANJI BOOK』Vol.1 & 2の漢字を使った言葉です。

1. 心得（こころえ）□　2. 不十分（ふじゅうぶん）□　3. 適切な（てきせつ）□　4. 安全（あんぜん）□　5. 図る（はか）□

6. 日ごろ（ひ）□　7. 家具類（かぐるい）□　8. 発生（はっせい）□　9. 消火（しょうか）□　10. 狭い（せま）□

11. 路地（ろじ）□　12. 情報（じょうほう）□　13. 注意（ちゅうい）□　　　　＿＿／13＝＿＿％

II.『INTERMEDIATE KANJI BOOK』Vol.1の漢字を使った言葉です。

1. 被害（ひがい）□　2. 拡大（かくだい）□　3. 守る（まも）□　4. 確保（かくほ）□　5. 危険（きけん）□
R2 L5　　　　　　L2　　　　　　　L7　　　　　　　L4 L5　　　　　　L4 L4

6. 集団（しゅうだん）□　7. 協力（きょうりょく）□　8. 応急（おうきゅう）□　9. 組織（そしき）□　10. 自然（しぜん）□
L6　　　　　　　L5　　　　　　　L3　　　　　　　L9　　　　　　　L5
　　　　　　　　　　　　　　　　　　　　　　　　　　　　　　　　　　　　＿＿／10＝＿＿％

III. 前の課で勉強した漢字の言葉です。

1. 対策（たいさく）□　2. 身（み）□　3. 始末（しまつ）□　4. 区域（くいき）□　5. 地域（ちいき）□
3課　　　　　　　1課　　　　　　2課　　　　　　3課　　　　　　3課

6. 救護（きゅうご）□　7. 環境（かんきょう）□　　　　　　　　　　　　　　　　　　＿＿／7＝＿＿％
2課　　　　　　　3課3課

**6**

IV. この課で勉強する言葉です。

1. 地震（じしん）□　2. 十か条（じっじょう）□　3. 指摘（してき）□　4. 災害（さいがい）□　5. 命（いのち）□

6. 転倒（てんとう）□　7. 戸（と）□　8. 火災（かさい）□　9. 近寄る（ちかよ）□　10. 避難（ひなん）□

11. 徒歩（とほ）□　12. 防災（ぼうさい）□　13. 居住地（きょじゅうち）□　14. 山崩れ（やまくず）□　15. 津波（つなみ）□

[16] 倒壊（とうかい）□　[17] 逃げる（に）□　[18] 震源（しんげん）□　[19] 余震（よしん）□　[20] 大規模（だいきぼ）□

[21] 微震（びしん）□　[22] 耐震（たいしん）□　　　　　　　　　　　　　　　　＿＿／22＝＿＿％

①災害に関する漢字の表現

　災害に関する代表的な熟語は、その原因を表す基本となる漢字と、「害」や「災」などを組み合わせて表します。それ以外の災害については「～災害」の形で表せます。「害」と「災」のどちらを使うかは、災害の種類によります。また、この漢字を使って、災害の程度や関連した言葉を作ることもできます。

Ａ．災害の種類
　　　人間によって起こされたもの：　人災　＝　事故
　　　自然が原因で起きたもの　　　：　天災　＝　自然災害

Ｂ．災害の原因とそれに関連する言葉
　ａ．　地震　→　震災
　　　　　　地震が発生した場所：震源／震源地／震源域
　　　　　　地震の揺れの大きさ：震度

　　　　　　　震度０　　　震度１　　　震度２　　　震度３　　　震度４
　　　　　　　震度５弱　　震度５強　　震度６弱　　震度６強　　震度７
　　　　　　地震の規模：マグニチュード
　　　　　　～震：本震　余震　微震　弱震　軽震　強震　激震
　　　　　　地震に強い建物：耐震構造　免震構造
　　　　　　地震による二次災害：火災　津波　土砂崩れ（山崩れ・がけ崩れ）

　ｂ．　火事　→　火災
　　　　　　出火する　　　引火する　　　消火する　　　鎮火する

　ｃ．　水（雨）→　水害／洪水　⬌　干ばつ／干害
　　　　　　雨の降り方・強さ：霧雨　小雨　大雨　豪雨　集中豪雨　雷雨…
　　　　　　季節と雨：梅雨（つゆ）cf.梅雨前線（ばいうぜんせん）
　　　　　　　　　　　台風　秋の長雨　cf.秋雨前線（あきさめぜんせん）
　　　　　　　　　　　時雨（しぐれ）

　　　　　　雨量と降水量：雨だけでなく、空から降ってくる雪やひょう、あられ、
　　　　　　　　　　　　　みぞれなどを含めた量を「降水量」という。

　d.　風　→　風害／風水害

　　　　　風の強さ［風力］：微風　強風　暴風　烈風…／突風　暴風雨
　　　　　風向き［風向］：東　南東　南　南西　西　北西　北　北東…
　　　　　風の速さ［風速］：最大瞬間風速

　e.　気温　→　冷害　熱波　寒波

　f.　その他：労働災害　通勤災害

C．災害に対する備え：防災対策

　　　　　防〜：防災訓練　防災用品　防火用水　防寒服　防風林　防波堤
　　　　　耐〜：耐震性　耐水性　耐火性
　　　　　避〜：避難所　避寒　避暑　避雷針
　　　　　〜注意報：大雨注意報　雪崩注意報…
　　　　　〜警報：地震警報　津波警報　洪水警報…

---

### ②箇条書きの表現

　ある事柄をいくつかの短文に分けて述べたものを「箇条書き」と言います。多くの場合、ひとつひとつの文の終わりには普通体を使い、文末に「。」を使いません。このような書き方は、交通標語や新聞記事などの見出しなどにも見られます。

　例）　正しい情報を聞きましょう。　　　　　→　正しい情報を聞く
　　　　しばらく様子を見ましょう。　　　　　→　しばらく様子を見よう
　　　　外に飛び出さないようにしましょう。　→　外に飛び出さない
　　　　危険区域に近寄らないようにしましょう。→　危険区域に近寄るな

**6**

A．名詞の形

　　文末に動詞が来る場合、辞書形＋「こと」や、「する動詞」の「する」をとるなど、名詞の形にすることがあります。

　例）　公園などに避難しましょう。　　　　→　公園などに避難すること
　　　　戸を開けて出口を確保します。　　　→　戸を開けて出口を確保
　　　　山崩れや津波に注意してください。　→　山崩れや津波に注意
　　　　応急救護の体制をつくりましょう。　→　応急救護の体制づくり

B．「です／だ」の省略

　　文末がナ形容詞や名詞の場合、「です／だ」などは省略されます。

　例）　自然環境を知ることが大切だ。　　　→　自然環境を知ることが大切

複数の避難経路が必要だ。　　　　→　　複数の避難経路が必要

事実は一つだ。　　　　　　　　　→　　事実は一つ

## Ｃ．動詞の省略

後ろの動詞が省略される場合は、助詞が残ることがあります。

例）避難は徒歩でしましょう。　　　　→　　避難は徒歩で

まず身の安全を図りましょう。　　　→　　まず身の安全（を）

手当てにも限界があります。　　　　→　　手当てにも限界（が）

消火用具の用意は忘れずにしましょう。→　消火用具の用意は忘れずに

### ③「倒れる」「壊れる」類の漢語動詞

家具等　　　　　　　　　　　→　　～ガ　　転倒する／倒れる　　×転ぶ

家具・窓ガラス等　　　　　　→　　～ガ　　破損する／（一部が）壊れる

家屋・ビル等　　　　　　　　→　　～ガ　　倒壊する／壊れる／倒れる／つぶれる

体制・巨大建造物等　　　　　→　　～ガ　　崩壊する／崩れる

トンネル・ブロック塀等　　　→　　～ガ　　崩落する／崩れる

経済のシステム　　　　　　　→　　～ガ　　崩壊する／崩れる

堤防　　　　　　　　　　　　→　　～ガ　　決壊する

―― 第6課の学習漢字 ――

| 震 | 条 | 摘 | 災 | 命 | 倒 | 戸 | 寄 | 避 | 徒 | 居 |
|---|---|---|---|---|---|---|---|---|---|---|
| 崩 | 津 | 壊 | 逃 | 源 | 余 | 規 | 模 | 微 | 耐 | |

**21**

（索引p.289〜293）

練　習

【練習１】　次の（　）の中に適切な言葉を入れなさい。

1．今年の夏はあまり気温が上がらず、（　冷害　）が心配されている。
2．森林火災による（　煙害　）が起きた。
3．不適切な薬の使用による（　薬害　）が問題になっている。
4．この３日間の長雨で（　小害　）が心配されている。
5．地震で倒れた建物は建て直されたが、（　震災　）による精神的な打撃から立ち直るには時間がかかる。
6．仕事をしているとき、あるいは、仕事のために死んだり、けがをしたりした場合、（　労災　）の対象と認められる。

> 薬害　冷害　震災　水害　煙害（えんがい）　労災　風害　干害（かんがい）

【練習２】

2-1　次の標語を普通の文になおしてみましょう。
　　例）地震が来たら、火の始末　→　地震が来たら、火の始末をしましょう。

　　1．出かける前にカギの確認　　　　　　　→
　　2．トイレ、風呂場（ふろば）、押入れは比較的安全　　→
　　3．あわてずに適切な行動を　　　　　　　→
　　4．出口の確保が重要　　　　　　　　　　→
　　5．飲酒運転は事故のもと　　　　　　　　→
　　6．居住地の自然環境を知ること　　　　　→
　　7．災害時の心得が命を守る　　　　　　　→
　　8．できるだけたくさんの水を用意　　　　→
　　9．避難経路・場所の確認を忘れずに　　　→
　　10．ブロック塀（へい）や自動販売機などは要注意　→

2-2　次の文を箇条書（かじょうが）きにしてみましょう。答えは、一つではありません。
　　例）まず落ち着いて火の始末をしましょう。→まず落ち着いて火の始末（を）

　　1．避難は、自己防災組織などの指示に従（したが）いましょう。　　→
　　2．火が出たら、すぐ消火しましょう。　　　　　　　　　　→

**6**

　３．家具類などの転倒対策をしておくことが肝心（かんじん）です。　　　→

　４．けが人や病人が出たら、119番に電話しましょう。　　　　　→

　５．家の中の安全対策をチェックしておきましょう。　　　　　→

　６．応急救護の体制づくりが大切です。　　　　　　　　　　　→

　７．痴漢（ちかん）が出たら、大声で助けを求めましょう。　　　　　→

　８．風邪（かぜ）は万病のもとです。　　　　　　　　　　　　　　→

　９．心の健康は体の健康から始まります。　　　　　　　　　　→

10．駅前に自転車を放置しないようにしましょう。　　　　　　→

【練習３】　［１］〜［10］に適切な漢字を □□ から選んで入れなさい。同じ番号
　　　　　のところには、同じ漢字が入ります。

| 震 | 崩 | 動 | 倒 | 転 | 割 | 壊 | 落 |
|---|---|---|---|---|---|---|---|
| 避 | 逃 | 被 | 覚 | 居 | 図 | 寄 | 耐 |

震度１：屋内にいる人の一部がわずかな揺（ゆ）れを感じる。

震度２：屋内にいる人の多くが揺れを感じる。……

震度３：屋内にいる人のほとんどが揺れを感じる。……

震度４：かなりの恐怖感（きょうふかん）があり、一部の人は身の安全を ［１］ ろうとする。眠っ
　　　　ている人のほとんどが目を ［２］ ます。棚（たな）にある食器類は音をたてる。
　　　　座りの悪い置物が ［３］ れることがある。……

震度５弱：多くの人が身の安全を ［１］ ろうとする。一部の人は、行動に支障（ししょう）を
　　　　感じる。棚にある食器類、書棚の本の多くが ［４］ ちることがある。道
　　　　路に ［５］ 害が生じることがある。……

震度５強：非常な恐怖を感じる。多くの人が、行動に支障（ししょう）を感じる。タンスなど
　　　　重い家具が ［３］ れることがある。補強されていないブロック塀（べい）の多く
　　　　が ［６］ れる。……

震度６弱：立っていることが困難になる。固定していない重い家具の多くが移動、
　　　　［７］ 倒する。かなりの建物で、壁（かべ）のタイルや窓ガラスが破損（はそん）、落下す
　　　　る。……

震度６強：立っていることができず、はわないと ［８］ くことができない。［９］
　　　　［10］ 性の低い住宅では、倒壊するものが多い。ガスを地域に送るため
　　　　の導管、水道の配水施設に損害（そんがい）が発生することがある。……

［１：　図　］　　　［２：　覚　］　　　［３：　倒　］　　　［４：　落　］

［５：　被　］　　　［６：　崩　］　　　［７：　転　］　　　［８：　　　］

［９：　　　］　　　［10：　　　］

**【練習４】** 下線の言葉とほぼ同じ意味で置き換えられる語を下から選び、適切な形
に変えて（　）の中に書き入れなさい。

1．乱開発によって自然環境が壊される。　　　　→（　　　　　　　）
2．無用の危険を避ける。　　　　　　　　　　→（　　　　　　　）
3．近くの公民館まで、徒歩で行く。　　　　　→（　　　　　　　）
4．台風が九州に近づいている。　　　　　　　→（　　　　　　　）
5．津波の危険があるので、直ちに逃げてください。→（　　　　　　　）

> 移動する　接近する　崩壊する　回避する　移行する　破壊する　避難する

6．地震のとき家具などが倒れないように対策を講じる。→（　　　　　　　）
7．山崩れでトンネルが崩れる危険性がある。　→（　　　　　　　）
8．地震で大きなビルが一瞬のうちに倒れた。　→（　　　　　　　）
9．森林火災が起き、鎮火するのに１週間もかかった。→（　　　　　　　）
10．新しい市長は地震への対策が不十分だと問題点をあげた。→（　　　　　　　）
11．多くの医師や看護師が被災地を訪れ、けが人を手当した。→（　　　　　　　）
12．地震による二次災害を防ぐことが大切だ。　→（　　　　　　　）

> 始末する　倒壊する　防止する　転倒する　崩落する　指摘する
> 救護する　倒産する　指示する　命令する　発生する　愛護する

**6**

**【練習５】** 文中の＿＿＿に下の｛ ｝から最も適切な熟語を選び、読みを書きなさ
い。

1．不況で会社が＿＿＿＿した。
　　｜ 転倒　倒壊　倒産　傾倒 ｜
2．あのビルは非常に＿＿＿＿性が高い構造になっている。
　　｜ 耐久　耐震　忍耐　耐熱 ｜
3．神戸で＿＿＿＿した人々を救援する。
　　｜ 災害　災難　震災　被災 ｜
4．この仕事は神から与えられた＿＿＿だと思っている。
　　｜ 本命　使命　生命　任命 ｜
5．彼は現実から＿＿＿＿して、空想の世界に逃げこんだ。
　　｜ 逃避　逃走　逃亡　避難 ｜
6．地震で建物が＿＿＿＿する危険がある。
　　｜ 転倒　倒壊　決壊　破壊 ｜

7．外国と不平等な通商＿＿＿＿＿＿を結ばされた。
　　　｜　条文　条約　条件　信条　｜
8．毎年、夏は軽井沢（かるいざわ）へ＿＿＿＿＿＿に行く。
　　　｜　避難　避暑　回避　逃避　｜
9．類義語の＿＿＿＿＿＿な意味の違いを理解するのは難しい。
　　　｜　微力　微妙　微小　微震　｜
10．被災者のために10万円を＿＿＿＿＿＿した。
　　　｜　寄付　寄贈　寄生　寄与　｜
11．最近、親と＿＿＿＿＿＿する若夫婦は少ない。
　　　｜　居住　同居　転居　隠居（いんきょ）　｜
12．忘年会の＿＿＿＿＿＿で手品を披露（ひろう）した。
　　　｜　余暇　余談　余計　余興　｜

## 【練習６】　下線の漢字の読みに注意して読んでみましょう。

1．戸口　／　戸籍　　　　　　　2．居間　／　居室
3．津波　／　脳波　　　　　　　4．転倒　／　面倒
5．規模　／　歳暮　　　　　　　6．震源　／　原因
7．波長　／　破壊　　　　　　　8．寄生　／　奇術　／　騎手
9．被災　／　疲労　　　　　　　10．倒壊　／　到着
11．地震　／　不振　　　　　　　12．指摘　／　快適　／　水滴
13．周波　／　音波　寒波　電波
14．支配　／　心配　分配　年配
15．勝敗　／　全敗　完敗　連敗　失敗
16．経費　／　戦費　官費　燃費　雑費　実費　出費
17．商品　／　新品　現品　返品　出品　絶品　一品
18．方法　／　憲法　戦法　民法　立法　仏法　説法
19．末尾　／　末期　末席　末端　末筆
20．圧力　／　圧巻　圧政　圧倒　圧迫
21．活字　／　活気　活性　活発
22．決意　／　決壊　決心　決定
23．発言　／　発見　発送　発達　発表　／　発足　発端　発起人
24．別名　／　別居　別紙　別宅　別表
25．立案　／　立国　立身　立体　立派

※１～３．訓読みと音読み　４．清音と濁音　５～12.同じ音符を持つ形声文字　13～18.「-ン」
　の後に来る、hで始まる音の半濁音化　　19～25.「k／s／t／h」音の前に来る、音読みが「○ツ」
　の漢字の促音化（他にもたくさんあります。）

# 課題

1. 下の文章は、「三鷹（みたか）くらしのガイド」というパンフレットからとったものです。
   読んで、後ろの質問に答えてみましょう。

## 災害に備えて／非常持出品・地震時の行動

### 非常持出品

**一次持ち出し品** —— 避難に支障がない程度に
目安は成人男子15kg・女子10kg

**貴重品**
現金、通帳や保険証などの番号の控

**非常食料**
火を通さなくても食べられるもの
飲料水

**応急医薬品**
病気やお年寄りの常備薬も

**衣類**
下着・上着、雨具、防寒具
紙おむつ・タオルなど

**トランジスターラジオ**
予備乾電池

**照明器具**
懐中電灯（できれば一人1個）
マッチ、ライター

**二次持ち出し品** —— 震災後の生活を守る物資の準備
一人3日分程度

**水**
飲料水は一人1日3ℓが目安。ポリタンクなどにストックし、必ず煮沸してから飲む。洗たく・洗面・水洗トイレなどに使う生活用水は、浴槽や洗濯機に貯水しておく。

**燃料**
卓上こんろのガスボンベは十分なストックが必要（1本で約2時間）。練炭や木炭を使用するときは、換気や火災に要注意。

**食料品**
米は一定量まで減ったら買い足す。お年寄りや乳幼児、病人のための粉ミルクや離乳食、流動食など。ナイフ・缶切り・栓抜きも忘れずに。

### 知っておきたい「地震が起こったときのルール」

地震が起きたら何をしなければならないか、また何をしてはいけないか、地震時のルールを知っておかないと被害をむやみに拡大することになります。あなたの落ち着いた適切な行動が家族の命を守ります。

**1 まず身の安全を**
ケガをしたら火の始末や避難行動に支障が生じる。家具類などの転倒・移動対策をしておくことが肝心。

**2 すばやく火の始末**
ふだんから習慣づけておくことが大切。火元付近に燃えやすいものは置かない。

**3 戸を開けて出口を確保**
とくにマンションなどの中高層住宅では出口の確保が重要。逃げ口を失ったら避難ができない。

**4 火が出たらすぐ消火**
もし火災が発生して天井に燃え移る前ならあわてることはない。消火用具の用意は忘れずに。

**5 あわてて外に飛び出さない**
屋内のほうが安全なことが多い。身の安全と火の始末を図ったうえでしばらく様子を見よう。

**6 狭い路地やブロック塀には近づかない**
屋外にいたらビルや公園などに避難。落下物やブロック塀の倒壊の危険区域には近寄らないこと。

**7 避難は徒歩で**
避難先までは複数の経路が必要。むやみに避難せず、自主防災組織などの指示でまとまって（集団で）行動しよう。

**8 協力し合って応急救護**
多数の負傷者がいれば病院などでの手当てにも限界が。地域ぐるみでの応急救護の体制づくりが大切。

**9 正しい情報を聞く**
事実は一つ。ラジオや市、自主防災組織などからの正しい情報をつかみ、的確な行動を。

**10 山崩れ、がけ崩れ、津波に注意**
阪神・淡路大震災ではがけ崩れで多数の被害がでた。居住地の自然環境をよく知っておくことが二次災害防止には大切。

II・災害に備える

6

（1）（　）に適切な漢字語を入れて、前のページの内容を簡単に述べなさい。

　　　前のページには、（　　　　　　）に備えて用意しておきたい品物と、（　　　　　　）の時にとるべき行動についての説明が書いてある。「（　　　　　）持出品」は、（　　　　　　）持ち出し品と、（　　　　　）持ち出し品とに分けられている。前者は、（　　　　　）する際に支障がない程度の少量の物資で、後者は（　　　　　）後の生活に必要なかなり多量の物資である。地震時の行動については、十箇条のルールにまとめられている。

（2）一次持ち出し品とは何か、二次持ち出し品とは何か、簡単に説明しなさい。

（3）前のページを見ないで、地震の時の十か条を思い出して、下に書いてみましょう。忘れたところは自分で考えて書きましょう。

（4）あなたの国には、どんな災害がありますか。その災害時の時の心得を「知っておきたい（　　　　　　　　）の時のルール」として十か条にまとめて書いてください。

２．次の表現を漢字で書きなさい。
　　1．だいきぼ　　　　　　　2．しんげんち
　　3．じょうけん　　　　　　4．てんとうする
　　5．しまつ　　　　　　　　6．とを　あける
　　7．そとへ　にげる　　　　8．まどに　ちかよる
　　9．やまが　くずれる　　　10．いのちを　まもる
　11．ぼうさいたいさく　　　12．じしんさいがい
　13．じんめいきゅうじょ　　14．ひなんばしょ
　15．きけんくいき　　　　　16．とほつうがく
　17．よしん・びしん・たいしん　18．かおくとうかい
　19．きょじゅうち　　　　　20．つなみけいほう

３．次の漢字を使った最もよく使われると思われる語で文を作りなさい。
　　例）程　→　程度：地震の被害の程度を調査している。
　　1．源　　　2．摘　　　3．余　　　4．逃
　　5．寄　　　6．倒　　　7．崩　　　8．震
　　9．居　　10．壊　　11．命　　12．災
　13．条　　14．戸　　15．徒　　16．規
　17．模　　18．微　　19．避　　20．津
　21．耐

第7課
# 火山と温泉

下の文章を読んでみましょう。

　一般によく耳にする「火山」ということばは、通常、第四紀（現在を含む過去約200万年間）の後半に形成された火山を指すのが普通である。現在、日本の気象庁では「現在噴煙を上げている火山、過去2000年間に噴火のあった火山、および、噴気活動など地下に熱源を有すると予想される火山」を活火山と定義している。この定義に基づけば、昔、休火山といわれたことのある富士山などは、正真正銘、活火山の仲間に入るわけだ。したがって現在では「休火山」という用語はほとんど使われなくなった。

　世界的にみると、火山はやたらに存在するものではなく、かなり地域的に偏って分布する。火山は、海洋プレートが別のもうひとつのプレートの下に潜り込むプレートの収束境界付近と、２枚のプレートが互いに離れていくプレートの発散境界に集中している。前者の境界は、海溝とかトラフとかよばれる海底の凹地形で特徴づけられる。後者の境界は、海嶺とか、陸域では地溝帯などで特徴づけられる。

　太平洋には、これをぐるっと取り囲むように、大陸との境界付近にプレート収束境界の存在するところが多い。日本もこの環太平洋地域に含まれ、ご存じのように火山が多い。このため日本の山の成り立ちを考える場合、火山の存在を抜きには語れない。

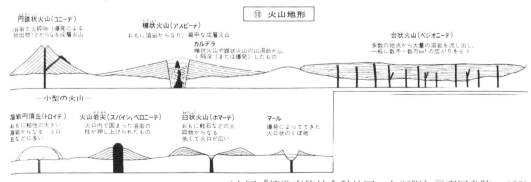

（上図『標準高等社会科地図　七訂版』Ⓒ帝国書院 p.108）

7

【問題】　前の文中に使われていた言葉です。読んでみましょう。読み方がわからないものには、○をつけてください。

1. 火山　　　　2. 温泉　　　　3. 一般に　　4. 通常　　　　5. 第四紀
6. 現在　　　　7. 含む　　　　8. 過去　　　　9. 後半　　　　10. 形成
11. 指す　　　12. 普通　　　13. 気象庁　　14. 噴煙　　　15. 噴火
16. 噴気　　　17. 活動　　　18. 地下　　　19. 熱源　　　20. 有する
21. 予想　　　22. 活火山　　23. 定義　　　24. 基づく　　25. 昔
26. 休火山　　27. 富士山　　28. 正真正銘　29. 仲間　　　30. 用語
31. 世界的　　32. 存在　　　33. 地域的　　34. 偏る　　　35. 分布
36. 海洋　　　37. 別　　　　38. 潜り込む　39. 収束　　　40. 境界
41. 付近　　　42. 2枚　　　43. 互いに　　44. 離れる　　45. 発散
46. 集中　　　47. 前者　　　48. 海溝　　　49. 海底　　　50. 凹地形
51. 特徴づける 52. 後者　　　53. 海嶺　　　54. 陸域　　　55. 地溝帯
56. 太平洋　　57. 取り囲む　58. 大陸　　　59. 環太平洋　60. ご存じ
61. 成り立ち　62. 場合　　　63. 抜き　　　64. 語る

次のページの【確認】のところを見て、読みをチェックしましょう。

|  | I.BKB | II.IKB | III.前課 | IV.本課 | 全体 |
|---|---|---|---|---|---|
| a. 読みを正しく知っている言葉 | ＿＿％ | ＿＿％ | ＿＿％ | ＿＿％ | ＿＿％ |
| b. 意味は知っているが、読みが不正確な言葉 | ＿＿％ | ＿＿％ | ＿＿％ | ＿＿％ | ＿＿％ |
| c. よく知らない言葉 | ＿＿％ | ＿＿％ | ＿＿％ | ＿＿％ | ＿＿％ |

I.　の言葉があまり読めなかった人は、BKB Vol.1&2を復習しましょう。
II.　の言葉があまり読めなかった人は、IKB Vol.1を復習しましょう。
III.　の言葉が読めなかった人は、この本の前の課を復習しましょう。
IV.　の言葉が読めなかった人は、この課でしっかり勉強しましょう。
IV.　の言葉がよく読めた人も、その漢字の別の読み方や使い方などを勉強しましょう。

【確認】　正しく読めたら、□にチェックしましょう。

I. 『BASIC KANJI BOOK』Vol.1 & 2の漢字を使った言葉です。

1. 火山（かざん）　□　2. 後半（こうはん）　□　3. 形成（けいせい）　□　4. 指す（さす）　□　5. 活動（かつどう）　□
6. 地下（ちか）　□　7. 有する（ゆうする）　□　8. 活火山（かっかざん）　□　9. 休火山（きゅうかざん）　□　10. 用語（ようご）　□
11. 海洋（かいよう）　□　12. 別（べつ）　□　13. 離れる（はなれる）　□　14. 集中（しゅうちゅう）　□　15. 前者（ぜんしゃ）　□
16. 後者（こうしゃ）　□　17. 太平洋（たいへいよう）　□　18. 成り立ち（なりたち）　□　19. 場合（ばあい）　□　20. 語る（かたる）　□

＿＿／20＝＿＿%

II. 『INTERMEDIATE KANJI BOOK』Vol.1の漢字を使った言葉です。

1. 通常（つうじょう）　□　2. 第四紀（だいよんき）　□　3. 過去（かこ）　□　4. 普通（ふつう）　□　5. 気象庁（きしょうちょう）　□
　　L4　　　　　　　　L5　　　　　　　　L8　　　　　　　　L5　　　　　　　　L8 L1
6. 予想（よそう）　□　7. 定義（ていぎ）　□　8. 基づく（もとづく）　□　9. 富士山（ふじさん）　□　10. 世界的（せかいてき）　□
　　L5　　　　　　　　R1　　　　　　　　L9　　　　　　　　L4 L6　　　　　　　L1 L1
11. 収束（しゅうそく）　□　12. 付近（ふきん）　□　13. 海底（かいてい）　□　14. 取り囲む（とりかこむ）　□　15. ご存じ（ぞんじ）　□
　　L2 R2　　　　　　　R1　　　　　　　　L5　　　　　　　　L5　　　　　　　　L7

＿＿／15＝＿＿%

III. 前の課で勉強した漢字です。

1. 現在（げんざい）　□　2. 熱源（ねつげん）　□　3. 存在（そんざい）　□　4. 地域的（ちいきてき）　□　5. 境界（きょうかい）　□
　　3課　　　　　　　　6課　　　　　　　　3課　　　　　　　　3課　　　　　　　　3課
6. 互いに（たがいに）　□　7. 特徴づける（とくちょうづける）　□　8. 陸域（りくいき）　□　9. 大陸（たいりく）　□　10. 環太平洋（かんたいへいよう）□
　　4課　　　　　　　　1課　　　　　　　　5課3課　　　　　　　5課　　　　　　　　3課

＿＿／10＝＿＿%

IV. この課で勉強する言葉です。

1. 温泉（おんせん）　□　2. 一般に（いっぱんに）　□　3. 噴煙（ふんえん）　□　4. 噴火（ふんか）　□　5. 噴気（ふんき）　□
6. 昔（むかし）　□　7. 仲間（なかま）　□　8. 偏る（かたよる）　□　9. 分布（ぶんぷ）　□　10. 潜り込む（もぐりこむ）□
11. 発散（はっさん）　□　12. 海溝（かいこう）　□　13. 凹地形（おうちけい）　□　14. 地溝帯（ちこうたい）　□　15. 抜き（ぬき）　□
[16] 凹凸（おうとつ）　□　[17] 最高峰（さいこうほう）　□　[18] 浸食（しんしょく）　□　[19] 傾斜（けいしゃ）　□　[20] 山脈（さんみゃく）　□
[21] 谷（たに）　□　[22] 氷河（ひょうが）　□　[23] 池（いけ）　□　[24] 溶岩（ようがん）　□　＿＿／24＝＿＿%

V. ここでは勉強しませんが、後でおぼえましょう。

1. 含む（ふくむ）　□　2. 正真正銘（しょうしんしょうめい）□　3. 2枚（まい）　□　4. 海嶺（かいれい）　□

**7**

 要点

①地形を表す漢字

以下の漢字は地形を表す場合によく使われるものです。
地理上の場所を示す固有名詞としてもよく使われます。


A．一般的な地形
　　～地：基本的な地形を示す漢字
　　　　地形：陸地　　平地　　山地　　盆地　　台地　　高地
　　　　　　　低地　　凹地　　湿地
　　　　地名：日高山地　　甲府盆地　　ギアナ高地　　北シベリア低地


　　　また、土地をどのように使っているかを表す漢字熟語には、以下のようなもの
　　がある。
　　　　　畑地　　耕地　　農地　　牧草地　　住宅地　　商業地


B．平たんな場所
　a．～野：平らで広い場所
　　　　地形：平野　　原野　　山野
　　　　地名：関東平野　　大阪平野　　十勝平野


　b．～原：平らで広い地形
　　　　地形：高原　　草原　　平原
　　　　地名：志賀高原　　デカン高原　　東ヨーロッパ平原　　フランス平原
　　　　cf.　以下のものは、日常的な場所を表すのに使う。
　　　　　　　原っぱ　　野原


C．凹凸のある地形
　a．山～：平地より高くそびえる土地
　　　　山の多い地形を表す言葉：山地　　山脈　　山岳地帯
　　　　山の部分を表す言葉　　：山頂　　山腹　　山麓

　　　地名：ほとんどの山は「～山」の形になる。「～山脈」は一般に使われるが、
　　　　　　「～連山」「～山地」は日本の地形以外にはほとんど使われない。
　　　　　富士山　　筑波山　　ケニア山　　エベレスト山
　　　　　日高山脈　　三国山脈　　出羽山地　　秩父連山

　　　　　ヒマラヤ山脈　　　ロッキー山脈

b．〜峰：「山」の意味で使う場合、高く険しいイメージがある。
　　　　　地名に「連峰」を使うこともあるが、「山地」「連山」と同じく日本の
　　　　　地名に限られる。
　　　　地形：最高峰　　　連峰
　　　　地名：喜望峰　　　霧ヶ峰　　　高千穂の峰

c．〜谷：地形を表す場合には「コク」、地名では「たに」や「や」と読むこと
　　　　　が多い。
　　　　地形：峡谷　　　渓谷　　　Ｕ字谷
　　　　地名：王家の谷　　　大涌谷　　　黒部渓谷　　　渋谷　　　世田谷　　　熊谷

D．水に関係する地形
a．海／洋
　　例）　海洋　　海岸　　海峡　　海溝　　海嶺　　海流

　　地名：「海」と「洋」が用いられる。
　　　〜海：地中海　　　日本海　　　紅海　　　オホーツク海
　　　〜洋：太平洋　　　大西洋　　　インド洋　　　南氷洋

b．川／河
　　例）　川岸　　川底
　　　　　大河　　　氷河　　　運河　　　山河
　　　　河岸段丘
　　地名：利根川　　　ナイル川　　　ミシシッピ川
　　　　黄河
　　　　cf．中国南部の川の名前には「〜江」が使われることが多い。
　　　　　　　長江　　　珠江など

c．湖／沼／池／泉
　湖：湖水　　湖畔　　琵琶湖　　エリー湖
　沼：湖沼地帯　　五色沼
　池：貯水池　　溜池
　泉：温泉　　鉱泉　　源泉　　硫黄泉

**7**

d. 〜流：水だけでなく、「流れるもの」を表す。
　　　海に関するもの　：海流　　寒流　　暖流
　　　川に関するもの　：急流　　激流　　濁流
　　　その他流れるもの：溶岩流　　泥流　　火砕流

e. その他
　　　氷：氷河　　氷山

E. 土地の高さ
　　　傾斜している地形　：斜面　　坂道
　　　地面の高さ　　　　：標高　　海抜
　　　地図上の線　　　　：赤道　　北回帰線　◆➡　南回帰線　　国境
　　　その他　　　　　　：浸食　　凹凸

②火山関係の漢字

a. 火〜：直接火山に関係するもの
　　　火山〜：火山　　火山帯　　火山灰
　　　火口〜：火口　　火口丘

b. 噴〜：火山から出てくるもの
　　　噴火スル　　噴出スル　　噴煙　　噴気

c. 〜岩　：岩石や石の種類を示す
　　　火山の石　：火山岩　　火成岩　　溶岩
　　　その他の石：砂岩　　堆積岩　　変成岩

--- 第7課の学習漢字 ---

泉　般　噴　煙　昔　仲　偏　布　潜　込　散
溝　抜　凹　凸　峰　浸　傾　斜　脈　谷　氷
河　池　溶　　　　　　　　　　　　　　　　**25**

（索引p.294〜299）

練 習

【練習1】 次の地図記号は何を意味するか、下から選びなさい。

例
 公園
_____

1. ⊗
_____

2. ─⊗～川
_____

3. ⊗
_____

4. 文
_____

5. ⌗
_____

6. 开
_____

7. 卍
_____

8. ♨
_____

| | | | | | | |
|---|---|---|---|---|---|---|
| 大学 | 高等学校 | 公園 | 温泉 | 神社 | 寺 | 教会 |
| 水力発電所 | 火力発電所 | 地熱発電所 | 油田 | 水田 | | |

9. **スイス**
SWITZERLAND
- - - - - - - - - - - - - - -
_____

10. えき
□■■■■■
_____

11. えき
├□┼┼┼┼┼┼┼
_____

12. えき
──□────
_____

13. えき
- -□- - - - -
_____

14. ▬▬▬▬▬▬
_____

15. ═══════
_____

16. ▲
4527(m)
_____

17. ◎
1312(m)
_____

18.
_____

| | | | | |
|---|---|---|---|---|
| 新幹線 | 鉄道（JR線） | JR以外の私鉄 | 地下鉄 | 山頂 (さんちょう) |
| 等高線 | 国境 | 高速道路 | 有料道路 | 氷河　運河　標高 |

**7**

【練習２】　それぞれの｛　｝の中から適切なものを選びなさい。

1．富士山は｛　山頂　山腹　山脈　｝付近に雪を抱き、長い裾野(すその)を広げる、美しい山である。

2．富士山は、｛　凹凸　傾斜　標高　｝3776メートルを誇(ほこ)る、日本の｛　喜望峰　最高峰　連峰　｝である。

3．富士山は現在は｛　噴煙　噴火　噴出　｝を上げていないが、いつ｛　噴煙　噴火　噴出　｝してもおかしくない活火山である。

4．1991年に九州の普賢岳(ふげんだけ)という山が｛　噴出　噴気　噴火　｝した。その際に、火口から流れ出た｛　溶岩　砂岩　火成岩　｝が｛　山頂(さんちょう)　山腹(さんぷく)　山麓(さんろく)　｝の土砂と混ざって｛　海流　火砕流(かさいりゅう)　泥流(でいりゅう)　｝となって、ふもとの町に流れた。このため、百数十人が亡(な)くなった。

5．日本は南北に細長い島国であり、川の｛　源流　起源　水源　｝から河口までの距離が短く、大雨のときなど｛　浸水　洪水(こうずい)　満水　｝が起こりやすい。

【練習３】　文中の＿＿＿＿に下の｛　｝から最も適切な熟語を選んで入れ、読みを書きなさい。

1．物語＿＿＿＿にわたって独特な雰囲気(ふんいき)に満ちている。
　　　　　｛　一般　諸般　全般　先般　｝
2．人類の＿＿＿＿はアフリカ大陸にあると言われている。
　　　　　｛　源泉　源流　起源　根源　｝
3．友達のけんかの＿＿＿＿に入って、逆(ぎゃく)になぐられた。
　　　　　｛　仲裁　仲介　伯仲　仲人　｝
4．たまったストレスはどこかで＿＿＿＿しないと、爆発(ばくはつ)するよ。
　　　　　｛　解散　散開　発散　散乱　｝
5．現在の行政体制の＿＿＿＿的な改革のために、省庁再編を行った。
　　　　　｛　根本　根元　抜本　抜群　｝
6．６月の大規模な噴火の後、山は白い＿＿＿＿をあげている。
　　　　　｛　噴気　噴煙　噴石　噴水　｝
7．＿＿＿＿の事情を考え、今回はこのような決定になりました。
　　　　　｛　全般　一般　諸般　今般　｝

8．問題が一気に＿＿＿＿＿＿し、場内は騒然となった。
　　　　　　｜　噴火　　噴出　　噴射　　出噴　｜

9．ナイル川の＿＿＿＿＿＿がどこにあるのか、長い間議論されてきた。
　　　　　　｜　源泉　　源流　　起源　　水源　｜

10．地球の＿＿＿＿＿＿部分は全体の約３割にすぎない。
　　　　　　｜　陸域　　陸地　　大陸　　陸部　｜

11．あの人についてよくないうわさが、＿＿＿＿＿＿しているらしい。
　　　　　　｜　分布　　散布　　流布　　普及　｜

12．あの国の指導者はある思想に＿＿＿＿＿＿していて、国民の不満が高まっている。
　　　　　　｜　偏見　　偏向　　傾向　　傾倒　｜

13．海底に沈んでいる船の中で＿＿＿＿＿＿夫が宝を探している。
　　　　　　｜　潜行　　潜伏　　潜水　　潜在　｜

14．今年は雨が降らなかったため、＿＿＿＿＿＿の水が例年より少なくなっている。
　　　　　　｜　貯水泉　貯水池　貯水谷　貯水溝　｜

15．あの人の話はいつも＿＿＿＿＿＿がなくて、わかりにくい。
　　　　　　｜　脈絡　　脈拍　　動脈　　文脈　｜

16．お世話になった方に心を＿＿＿＿＿＿、お礼の手紙を書いた。
　　　　　　｜　潜めて　偏って　抜いて　込めて　｜

**【練習４】**　次の漢字と同じ音読みの漢字をできるだけたくさん思い出してみましょう。周りの日本人にも聞いてみてください。同じ音符を持つ漢字は□で囲みましょう。

例）般　→　反 坂 板 飯 版 販 ｜ 半 判 伴 畔 ｜ 犯 範 班 藩

１．池　　　　２．潜　　　　３．溝　　　　４．浸　　　　５．河

６．溶　　　　７．氷　　　　８．煙　　　　９．噴　　　　10．仲

11．布　　　　12．散　　　　13．抜　　　　14．峰　　　　15．傾

16．斜　　　　17．泉　　　　18．脈　　　　19．谷　　　　20．昔

21．偏　　　　22．凹　　　　23．凸

**7**

1．「草津白根山」に関する以下の文を読み、質問に答えてみましょう。

## 草津白根山の成り立ち

草津白根山は日本の中央部では最も火山が密集している地域にある。しかしスキー場や温泉など観光地も多く、自動車道路が通じているので簡単に火口の近くまで行けるし、溶岩流地形や噴気孔など生々しい火山活動の跡を間近に見ることができる。

現在では白根山のあたりは草木が1本もない荒涼たる景色が広がっているが、以前は、鬱蒼とした森林であったらしい。白い岩と火山灰が混ざりあった地層は、1828年以降に断続的に起こった爆発の産物である。

草津白根山は平らな頂上を持つ富士山と同じ成層火山で、場所によって200㍍を超す軽石質の土台の上に溶岩流が何層も積み重なって形造られている。

頂上には幾つもの噴火の跡があって、これを「火砕丘」という。小さな池のような湯釜、涸釜、水釜は、この火砕丘群の中心部にできた爆烈火口に水がたまったもので

ある。湯釜はたまった水が地下からの熱で文字通りお湯になっていて、湖底から湧き出した硫黄のために不透明な明るい水色をした水面が美しい。ほかにも多くの火口跡と見られる半円形の急な崖が空中写真による観察で認められ、それらの火口からの噴出物が積み重なることによって山頂部の複合火砕丘群が造られたと考えられている。

本白根山も火砕丘のひとつで10個近くの火口がある複合火砕丘群であるが、近年噴火がないので緑も多くなっている。

白根山は元々あった大きな山が水蒸気爆発の繰り返しで吹き飛ばされたものと推定されている。(写真は火口湖のひとつ鏡池)

(磯貝猛『諸国名山案内[第4巻]上信越』山と渓谷社　p.119)

＊噴気孔（ふんきこう）：【地学】火山で、気体やガスをふき出すあな
　荒涼（こうりょう）たる：あれはてて、さびしいようす
　鬱蒼（うっそう）とした：木がたくさんあるようす
　火山灰（かざんばい）【地学】火山からふき出された、細かな砂つぶ
　爆発（ばくはつ）：大きな音や光を出して、激しい勢いで破裂すること
　　　　　　　　　ここでは、火山が噴火すること
　火砕丘（かさいきゅう）：火山の噴火のあとでできた丘（おか）
　湯釜（ゆがま）・涸釜（かれがま）・水釜（みずがま）：池の名前
　湧（わ）き出す：あとからあとからたくさん出てくる
　硫黄（いおう）：【化学】燃やすと、青白いほのおをあげる黄色い結晶（けっしょう）
　　　　　　　　　火山地帯でとれ、火薬・マッチ・医薬品などの原料となる
　不透明（ふとうめい）な：すきとおっていないこと
　崖（がけ）：山や岸がかべのように険しくきりたっているところ
　鏡池（かがみいけ）：池の名前

（1）草津白根山では何を見ることができますか。

（2）草津白根山はどんな火山ですか。

（3）「火砕丘」とは何ですか。

（4）湯釜はどんな池ですか。

（5）白根山はどうやって作られましたか。


2．あなたの国（町・地方）にはどんな地形がありますか。代表的な地形の名前をあ
　　げて、それについて簡単に説明してみましょう。

　　　例）　　代表的な＿山＿：　　　富士山
　　　　　　　説明：　　富士山は日本の最高峰です。標高は3776メートルで東京の西にあります。富
　　　　　　　　　　　　士山の裾野には樹海と呼ばれる森林が広がり、そこに入ると二度と出てこら
　　　　　　　　　　　　れないと言われています。また、富士山は火山なので、周囲には温泉が多く
　　　　　　　　　　　　見られます。富士山の東には関東平野が、南には箱根山地が広がり、その先
　　　　　　　　　　　　には太平洋があります。

　　　　　　　代表的な＿＿＿＿＿：

　　　　　　　説明：


3．次の漢字を辞書で調べて、最もよく使われると思う熟語を選び、例のように文を
　　作りなさい。

**7**

　　　例）谷　→　渓谷：中津川渓谷へハイキングに行った。

| 1．噴 | 2．昔 | 3．仲 | 4．偏 | 5．布 |
|---|---|---|---|---|
| 6．散 | 7．氷 | 8．浸 | 9．溶 | 10．潜 |
| 11．溝 | 12．凸 | 13．河 | 14．池 | 15．泉 |
| 16．峰 | 17．脈 | 18．傾 | 19．煙 | 20．抜 |
| 21．斜 | 22．凹 | 23．般 | 24．込 | |

## コラム3　日本の地名1

　日本は、1都1道2府43県、合わせて47の都道府県に分かれています。47の都道府県は、北海道地方、東北地方、関東地方、中部地方、近畿(きんき)地方、中国地方、四国地方、九州地方のように、地域ブロックに分けられます。また、中部地方をさらに中部・東海・北陸に分けたり、山梨(やまなし)県・長野県・新潟(にいがた)県を関東地方と一緒にまとめて関東甲信越(こうしんえつ)地方と呼んだりするように、目的に合わせた分け方をすることもあります。

　テレビ・新聞のニュースや天気予報など、日本全国のほかに、自分の住む生活圏(けん)についてより詳(くわ)しい情報があると便利なものは、全国版と地方版、都道府県版などに分けて報じられたりします。旅先などでテレビや新聞を見ると、ふだん見慣れたものとは全く違う地域の情報が見られ、新鮮(しんせん)な感じがします。

[学習漢字] 玉　奈　宮　浜　岡　熊　鹿　阪　松

【練習1】次の県名を読んでみましょう。その県は、何地方にあるでしょうか。
　　1．埼玉県　　2．奈良県　　3．神奈川県
　　4．宮城県　　5．静岡県

【練習2】次の都市は、都道府県庁の所在地です。どの都道府県ですか。
　　1．横浜市　　2．盛岡市　　3．大阪市
　　4．松江市　　5．神戸市

【練習3】都道府県名には、「山、川、島」など地形に関する漢字が使われているものがいくつもあります。次の四つの県名に含まれる漢字には、どんな共通点があるでしょうか。
　　1．熊本県
　　2．鹿児島県
　　3．群馬県
　　4．鳥取県

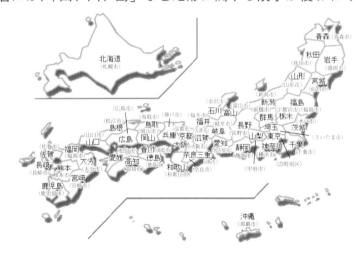

## 第8課
# 景気とは何か

下の文章を読んでみましょう。

　「景気がいい」「景気が悪い」と、普段何気なく使っている言葉だが、実際にはどういうメカニズムで景気がいい、悪いというのだろうか。

　経済は、「個人」「企業」「政府」という三つの経済主体からなっているが、そのどれか一つだけが景気がいいということはありえない。

　景気が悪いと、消費者は支出を抑えるようになり、モノが売れなくなる。企業は値下げをしなければならず、当然、企業の利益率は下がる。

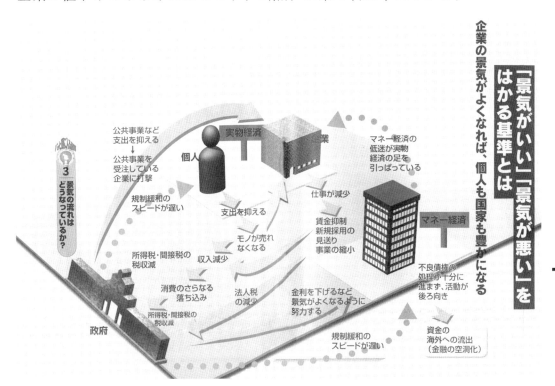

8

89

　企業は利益を出すために、労働者の賃金を下げたり、採用を控えたり、新規事業への進出を見合わせたりする。そうなると個人の家計はますます苦しくなり、消費はいっそう落ち込む。政府も税収入が減るので、公共事業などへの支出を抑制する。すると、国からの仕事を受注している企業の業績が落ち、さらに景気は冷え込む。

　景気が悪化すると、政府は金利を下げるなどして、景気をよくするよう努力する。この金融政策などによって、企業が金融機関から、お金を借りやすくするわけだ。

　情報通信やクレジットの発達もあって、今日はマネー経済が、実物経済に及ぼす影響は大きい。マネー経済で中心的役割を果たす金融機関の活動が鈍ると、経済全体が停滞する。

　バブル経済崩壊後、日本経済が長い間平成不況で苦しんできたのも、金融機関の不良債権処理が長引き、活動が後ろ向きになっていたからだ。

　また、政府の規制緩和のスピードが遅く、家計や企業に対して適切な投資機会や資金調達手段が用意されていないということもある。そのため、内外の資金が海外に流出しており、金融の空洞化を招いているのである。

　政府は、この日本経済の長期低迷を打破し、1200兆円を超える個人金融資産の有効活用を目指した、一連の金融制度大改革（日本版ビッグバン）を実行に移そうとしている。1998年4月からの外国為替取引の自由化を始め、さまざまな規制緩和、貿易の自由化などが推し進められているが、まだ十分とはいえない。

（高木勝監修『パッと頭に入る経済常識』実業之日本社 p.14〜15）

【問題】　前の文中に使われていた言葉です。読んでみましょう。読み方がわから
ないものには、○をつけてください。

| 1. 景気 | 2. 普段 | 3. 何気なく | 4. 実際 | 5. 個人 |
|---|---|---|---|---|
| 6. 企業 | 7. 政府 | 8. 消費者 | 9. 支出 | 10. 抑える |
| 11. 値下げ | 12. 当然 | 13. 利益率 | 14. 労働者 | 15. 賃金 |
| 16. 採用 | 17. 控える | 18. 新規事業 | 19. 落ち込む | 20. 税収入 |
| 21. 抑制 | 22. 受注 | 23. 業績 | 24. 悪化 | 25. 金利 |
| 26. 努力 | 27. 金融 | 28. 政策 | 29. 機関 | 30. 情報 |
| 31. 発達 | 32. 今日 | 33. 及ぼす | 34. 影響 | 35. 役割 |
| 36. 活動 | 37. 鈍る | 38. 停滞 | 39. 崩壊 | 40. 不況 |
| 41. 不良 | 42. 債権 | 43. 処理 | 44. 長引く | 45. 規制 |
| 46. 緩和 | 47. 投資 | 48. 機会 | 49. 資金 | 50. 調達 |
| 51. 手段 | 52. 流出 | 53. 空洞化 | 54. 招く | 55. 低迷 |
| 56. 打破 | 57. 1200兆円 | 58. 超える | 59. 資産 | 60. 有効 |
| 61. 活用 | 62. 目指す | 63. 制度 | 64. 大改革 | 65. 日本版 |
| 66. 為替 | 67. 取引 | 68. 自由化 | 69. 貿易 | 70. 推し進める |

次のページの【確認】のところを見て、読みをチェックしましょう。

|  | I.BKB | II.IKB | III.前課 | IV.本課 | 全体 |
|---|---|---|---|---|---|
| a. 読みを正しく知っている言葉 | ____% | ____% | ____% | ____% | ____% |
| b. 意味は知っているが、読みが不正確な言葉 | ____% | ____% | ____% | ____% | ____% |
| c. よく知らない言葉 | ____% | ____% | ____% | ____% | ____% |

I. の言葉があまり読めなかった人は、BKB Vol.1&2を復習しましょう。

II. の言葉があまり読めなかった人は、IKB Vol.1を復習しましょう。

III. の言葉が読めなかった人は、この本の前の課を復習しましょう。

IV. の言葉が読めなかった人は、この課でしっかり勉強しましょう。

IV. の言葉がよく読めた人も、その漢字の別の読み方や使い方などを勉強
しましょう。

**8**

【確認】　正しく読めたら、□にチェックしましょう。

I．『BASIC KANJI BOOK』Vol.1 & 2の漢字を使った言葉です。

1．何気なく□　2．個人　□　3．政府　□　4．消費者　□　5．受注　□
6．悪化　□　7．金利　□　8．機関　□　9．情報　□　10．今日　□
11．活動　□　12．不良　□　13．長引く　□　14．投資　□　15．機会　□
16．資金　□　17．流出　□　18．資産　□　19．有効　□　20．活用　□
21．目指す　□　22．制度　□　23．取引　□　24．自由化　□

＿＿／24＝＿＿％

II．『INTERMEDIATE KANJI BOOK』Vol.1の漢字を使った言葉です。

1．普段　□　2．実際　□　3．企業　□　4．支出　□　5．値下げ　□
　　L5 L10　　　　L2　　　　　L10　　　　　L2　　　　　L6
6．当然　□　7．税収入　□　8．努力　□　9．発達　□　10．役割　□
　　L5　　　　L6 L2　　　　L9　　　　　　L10　　　　　L8
11．調達　□　12．手段　□　13．招く　□　14．超える　□　15．大改革　□
　　L10　　　　　L10　　　　　R2　　　　　L6　　　　　L3 L9

＿＿／15＝＿＿％

III．前の課で習った言葉です。

1．採用　□　2．新規事業□　3．落ち込む□　4．業績　□　5．政策　□
　　2課　　　　6課　　　　　7課　　　　　2課　　　　　3課
6．及ぼす　□　7．影響　□　8．崩壊　□　9．不況　□　10．規制　□
　　4課　　　　3課3課　　　6課6課　　　　5課　　　　　6課
11．緩和　□　12．推し進める□
　　3課　　　　5課

＿＿／12＝＿＿％

IV．この課で勉強する言葉です。

1．景気　□　2．抑える　□　3．利益率　□　4．労働者　□　5．賃金　□
6．控える　□　7．抑制　□　8．金融　□　9．鈍る　□　10．停滞　□
11．債権　□　12．処理　□　13．空洞化　□　14．低迷　□　15．打破　□
16．1200兆円□　17．日本版　□　18．為替　□　19．貿易　□　[20]5億円　□
[21]財政　□

＿＿／21＝＿＿％

## 要点

①反対の概念を表す経済関連語

A．対になる漢字とその熟語

次のような漢字があります。反対語がない場合（×）もあります。動詞の熟語では、助詞に注意しましょう。

| | | | |
|---|---|---|---|
| 大／小 | 影響が 大きい | ⟺ | 影響が 小さい |
| | 大規模 | ⟺ | 小規模 |
| | 〜が／を 拡大する | ⟺ | 〜が／を 縮小する |
| 高／低 | 失業率が 高い | ⟺ | 失業率が 低い |
| | 期待が 高まる | ⟺ | × |
| | 株価が 高騰する | ⟺ | 株価が 下落／低落する |
| | 高成長 | ⟺ | 低成長 |
| | 高金利 | ⟺ | 低金利 |
| 強／弱 | 圧力が 強い | ⟺ | 圧力が 弱い |
| | 反発が 強まる | ⟺ | 反発が 弱まる |
| | 〜を 強化する | ⟺ | × |
| | 〜強 | ⟺ | 〜弱　（例　20人強、20人弱） |
| 長／短 | 期間が 長い | ⟺ | 期間が 短い |
| | 長期 | ⟺ | 短期 |
| | 〜を 延長する | ⟺ | 〜を 短縮する |
| 前／後 | 前向きな | ⟺ | 後ろ向きな |
| | 〜が 前進する | ⟺ | 〜が 後退する |
| 内／外 | 内部 | ⟺ | 外部 |
| | 内需 | ⟺ | 外需 |
| | 国内 | ⟺ | 国外／海外／外国 |
| 良／悪 | 景気が いい | ⟺ | 景気が 悪い |
| | 良性 | ⟺ | 悪性 |
| | 良質 | ⟺ | 悪質 |
| 好／不 | 好景気 | ⟺ | 不景気 |
| | 好況 | ⟺ | 不況 |
| | 好調 | ⟺ | 不調 |
| | 好評 | ⟺ | 不評 |
| 好／悪 | 好影響 | ⟺ | 悪影響 |
| | 〜が 好転する | ⟺ | 〜が 悪化する |

8

|  | | | |
|---|---|---|---|
| 優／不 | 優良 | ⟷ | 不良 |
| 有／無 | 有益な | ⟷ | 無益な |
|  | 有効な | ⟷ | 無効な |
|  | 有人 | ⟷ | 無人 |
| 有／不 | 有利な | ⟷ | 不利な |
| 入／出 | 収入 | ⟷ | 支出 |
|  | 歳入 | ⟷ | 歳出 |
|  | 〜が 流入する | ⟷ | 〜が 流出する |
|  | 〜を 輸入する | ⟷ | 〜を 輸出する |
|  | 〜を 借り入れる | ⟷ | 〜を 貸し出す |

## B．変化・推移を表す漢字とその熟語

|  | | | |
|---|---|---|---|
| 上／下 | 物価が 上がる | ⟷ | 物価が 下がる |
|  | 価格を 上げる | ⟷ | 価格を 下げる |
|  | 値上げ | ⟷ | 値下げ |
|  | 〜を 引き上げる | ⟷ | 〜を 引き下げる |
|  | 〜を 上回る | ⟷ | 〜を 下回る |
|  | 〜が 上向く | ⟷ | × |
|  | 〜が 上昇する | ⟷ | 〜が 低下／下落／下降する |
|  | 〜が 向上する | ⟷ | 〜が 低下する |
| 増／減 | 〜が 増える | ⟷ | 〜が 減る |
|  | 〜を 増やす | ⟷ | 〜を 減らす |
|  | 〜が 増加する | ⟷ | 〜が 減少する |
|  | 〜が／を 増進する | ⟷ | 〜が／を 減退する |
|  | 〜を 増額する | ⟷ | 〜を 減額する |
|  | 増税する | ⟷ | 減税する |
|  | 負担増 | ⟷ | 負担減 |
| 加／減 | 〜を 加える | ⟷ | 〜を 減らす |
|  | 〜が／を 加速する | ⟷ | 〜が／を 減速する |
|  | 〜を 追加する | ⟷ | 〜を 削減（さくげん）する |
| 動／止 | 〜が／を 作動する | ⟷ | 〜が／を 停止する |
| 進／停 | 〜が 進行する | ⟷ | 〜が 停滞（ていたい）する |
| 促／抑 | 〜を 促進（そくしん）する | ⟷ | 〜を 抑制（よくせい）する |

## C．否定の接辞

形容詞などに否定の接辞をつけ、否定的な言葉を作ります。

|  | | | |
|---|---|---|---|
| 不 | 健全な | ⟷ | 不健全な |
|  | 公平な | ⟷ | 不公平な |
|  | 自由な | ⟷ | 不自由な |

|  | 安定した | ⇔ | 不安定な |
|---|---|---|---|
|  | 透明な | ⇔ | 不透明な |
| 無 | 計画的な | ⇔ | 無計画な |
|  | 理解のある | ⇔ | 無理解な |
|  | 条件付き | ⇔ | 無条件 |
|  | 担保 | ⇔ | 無担保 |
| 非 | 効率的 | ⇔ | 非効率的 |
|  | 現実的 | ⇔ | 非現実的 |
|  | 製造業 | ⇔ | 非製造業 |
| 未 | 解決した | ⇔ | 未解決の |
|  | 公開した | ⇔ | 未公開の |

## Ｄ．その他の対になる言葉

| 黒字 | ⇔ | 赤字 |
|---|---|---|
| 安全性 | ⇔ | 危険性 |
| 生産者 | ⇔ | 消費者 |
| 資本家 | ⇔ | 労働者 |
| 開放的 | ⇔ | 閉鎖的 |
| 利益 | ⇔ | 損失／損害 |
| 需要 | ⇔ | 供給 |

## ②経済の変化および推移に関する漢字語

　経済の変化および推移に関する漢字には、基本的な漢字を使って作られるものが多くあります。

### Ａ．「変」を使った言葉
　　変わる　　変える　　変化する　　変動する　　急変する　　激変する

### Ｂ．「動」を使った言葉
　　動く　　動かす　　動き　　変動する　　流動する

**8**

### Ｃ．「悪くなる」という意味の言葉
　　悪化する：景気が　悪化する
　　落ち込む：消費が　落ち込む
　　冷え込む：景気が　冷え込む
　　後退する：景気が　後退する
　　低迷する：経済が　低迷する

D．「良くなる」という意味の言葉
　　好転する：景気が　好転する
　　回復する：景気が　回復する
　　上　向　く：景気が　上向く

E．「ゆるやかになる／する・おだやかになる／する」の意味の言葉
　　緩和する：規制を／基準を　緩和する
　　　　　　　緊張が／混雑が　緩和する
　　弛緩する：筋肉が／精神が　弛緩する
　　融和する：対立を　融和する
　　　　　　　地域住民の融和を　促す

F．変化を表す接尾辞「化」を使った言葉
　　自由化する：貿易を　自由化する
　　機械化する：工場を　機械化する
　　空洞化する：金融が　空洞化する
　　情報化する：社会が　情報化する
　　多極化する：国際情勢が　多極化する

### ③漢字熟語の共起性(2)

　以下の例のように、よく使われる名詞と動詞の組み合わせがあります。新しい言葉を覚えるときは、どんな言葉といっしょに使えるか考えて覚えましょう。×のついているものは、使われない言い方です。

例）　景気が　変動する　　　　×景気が　変わる
　　　　　　　回復する　　　　　景気が　良くなる
　　　　　　　後退する　　　　　　　　　悪くなる
　　　　　　　上昇する　　　　　　　　　上向く
　　　　　　　低迷する　　　　　　　　　落ち込む
　　　　　　　悪化する　　　　　　　　　冷え込む
　　　　　　　好転する　　　　　　　　　持ち直す

　　　影響を　与える／及ぼす　×影響を　あげる
　　　　　　　受ける　　　　　×影響を　もらう

　　　役割を　果たす　　　　　×役割を　する

―― 第8課の学習漢字 ――

| 景 | 抑 | 益 | 労 | 賃 | 控 | 融 | 鈍 | 滞 | 債 | 処 |
|---|---|---|---|---|---|---|---|---|---|---|
| 洞 | 迷 | 破 | 兆 | 版 | 為 | 貿 | 易 | 億 | 財 | |

**21**

（索引p.299〜303）

練 習

【練習1】 次の□に下から選んで適切な漢字を入れなさい。同じ漢字を2回使う場合もあります。

1. 景気が□ければ、個人のモノを買う意欲は□まり、企業の利益も□

昇し、いずれは賃金も□がる。

｜ 上　高　良　長 ｜

2. 供給が需要を超えると、次第にモノは売れなくなり、景気は□滞する。

企業は投資を縮□するようになり、賃金を□制する。

｜ 小　下　低　落　抑　停 ｜

3. 基本的には、景気はこの一定の法則に従って□動していくわけだ

が、□景気と□景気の波が□きくなりすぎると、経済に□影響

を及ぼす。

｜ 大　不　好　悪　変 ｜

4. 今日では、さまざまな要因も重なって、景気は良くなったり□くなった

りするが、□況→□退→□況→回復→□況というサイクルは一般

に「景気循環」と呼ばれている。

｜ 不　好　悪　後 ｜

5. □景気時には企業は設備投資を拡□させるので、金融機関からの借り

入れも□え、金利も□昇する。賃金も□がるが、やがて企業は経営

が圧迫され、設備投資を□らす。そうすると、需要が□退し、□況

になるが、やがて金利が□下し、個人も貯蓄より消費にお金を回すよう

になって、景気は回復する。

｜ 大　不　低　後　減　増　好　上 ｜

**8**

【練習2】　次の（　）の中に下から動詞を選んで適切な形にして入れなさい。
　　　　　　　答えは一つとは限りません。

例）今日ではマネー経済が急（　成長して　）おり、金融機関の役割が（　増大
　　して　）いる。

> 増大する　　拡大する　　成長する　　上昇する　　回復する

1．日本のコスト構造は、多くの面で先進諸外国に比べて割高になっている。
　　この高コスト体質が、日本経済の非効率化を（　　　　　）、国際競争力の
　　低下を（　　　　　）いる。

> 及ぶ　　及ぼす　　招く　　　受ける　　　もたらす

2．日本の財政状況は急速に（　　　　　）いる。そのために、国の予算の２割近
　　くが国債費に充てられており、財政の起動的な運営を難しくしている。それ
　　ばかりか、財政赤字の（　　　　　）は、将来の世代に負担を先送りすること
　　になる。市場の信頼も（　　　　　）し、国債発行の（　　　　　）は金利の上
　　昇を（　　　　　）、資金循環にも支障をきたすなど日本の将来に深刻な影を
　　（　　　　　）いる。

> 落ちる　　　落とす　　　停滞する　　　低下する　　　低迷する　　　悪化する
> 果たす　　　招く　　　　増加する　　　増大する　　　回復する　　　好転する

3．日本の閉鎖的な金融システムのために、長い間、国民は多様な投資手段
　　が（　　　　　）られず、ひたすら土地に投資し、ついには何のリスクヘッジ
　　（危険回避）手段も（　　　　　）られないままバブル経済に巻き込まれた。

> 進める　　　抑える　　　与える　　　受ける　　　とる

4．経済は企業の活動だけでなく、我々の生活に密接に（　　　　　）いる。その
　　中では、個人や政府も大きな役割を（　　　　　）いる。

> 鈍る　　　関する　　　かかわる　　　もたらす　　　果たす

5．1997年の『経済白書』では、「景気は（　　　　　）のテンポが一時的にゆる
　　やかになっているものの、この傾向は持続する」と指摘されている。しかし、
　　一向に景気が（　　　　　）いるという実感がない。

> 変動する　　　回復する　　　持ち直す　　　上向く　　　上昇する

6．インフレが（　　　　）と、物価が（　　　　　）、お金の価値は下がり続ける。そのため、金融当局は、公定歩合を上げるなど、インフレを（　　　　）とする。公定歩合が上がれば、民間の銀行の貸出金利も（　　　　）、企業などの資金借入れも（　　　　）ことになる。物価が高くなり、物が売れなくなると、企業の活動は（　　　　）、収益も減少することになる。このため、コストを削減するため、賃金カットやリストラなどが行われる。その結果、大量の失業者が街にあふれ、政情不安を招き、さらにインフレが（　　　　）。当然、海外との貿易にも大きな影響を（　　　　）ため、国の経済そのものがマヒしてしまう。

| | | | | | |
|---|---|---|---|---|---|
| 上向く | 鈍る | 及ぶ | 及ぼす | 進む | 進める |
| 上昇する | 増大する | 拡大する | 回復する | 好転する | 成長する |
| 抑制する | 落ち込む | 低下する | 停滞する | | |

【練習3】　文中の＿＿＿＿に下の｛　｝から最も適切な熟語を選びなさい。

1．景気が停滞すると、企業は投資を控え、賃金を＿＿＿＿＿＿するようになる。
　　｜　弛緩　緩和　抑圧　抑制　｜
2．ミクロ経済とは、一般の個人や企業の活動が経済に与える＿＿＿＿＿を分析していこうというものである。
　　｜　業績　影響　利益　景気　｜
3．マクロ経済は、国の＿＿＿＿＿や物価の上昇など、集計的な視点で経済を見ていこうというものだ。
　　｜　業績　景気　賃金　利益　｜
4．大型店の出店を禁じていた法律の改正によって、規制が＿＿＿＿＿された結果スーパーの業績が伸び、中小の店が吸収されつつある。
　　｜　処理　抑制　緩和　採用　｜
5．不況で＿＿＿＿＿が大幅にカットされることになった。
　　｜　利益　労働　賃金　金融　｜
6．景気変動の波が大きくなり過ぎる場合は、政府が介入して、様々な＿＿＿＿＿を行うことが求められる。
　　｜　採用　緩和　政策　貿易　｜
7．3兆円にのぼる不良＿＿＿＿＿が原因で、その銀行の合併は見送られた。
　　｜　業績　賃金　利益　債権　｜
8．＿＿＿＿＿機関というのは、銀行や保険会社、信用金庫、証券会社などを指す。
　　｜　貿易　金融　業績　労働　｜

**8**

9．大企業でも、社員の新規＿＿＿＿＿＿を控える傾向にあるらしい。
　　　｜ 処理　対処　採集　採用 ｜

10．ガット（GATT）は、「関税および＿＿＿＿＿＿に関する一般協定」の略称で、戦後の世界経済の発展に大きく寄与してきた。
　　　｜ 貿易　政策　金融　労働 ｜

11．困難な状況を＿＿＿＿＿＿するために、全員が協力した。
　　　｜ 打破　走破　破滅　破壊 ｜

12．その本の＿＿＿＿＿＿が来月出ることになった。
　　　｜ 現代版　改訂版　凸版　出版 ｜

【練習4】 次の漢字と同じ音読みの漢字をできるだけたくさん思い出してみましょう。周りの日本人にも聞いてみてください。同じ音符を持つ漢字は□で囲みましょう。

例）債 → 才 歳 再 最 妻 災 ┃祭 際┃ ┃裁 栽 載┃
　　　　　 ┃菜 採 彩┃ 催

1．控 →　　　　　2．益 →　　　　　3．滞 →

4．迷 →　　　　　5．版 →　　　　　6．破 →

7．景 →　　　　　8．財 →　　　　　9．為 →

10．処 →　　　　11．億 →　　　　12．兆 →

13．賃 →　　　　14．洞 →　　　　15．鈍 →

16．貿 →　　　　17．融 →　　　　18．抑 →

19．労 →　　　　20．易 →

1．この新聞記事（1998年12月10日「毎日新聞」朝刊）を読み、後ろの設問に答えてみましょう。

# 背水の日債銀

## 合併見送り

## 巨額不良債権がネックに

## 局面、極めて厳しく

中央信託銀行と日本債券信用銀行の合併が見送りになった最大の障害は、日債銀の巨額の不良債権にある。銀行界の大勢に逆行して規模拡大を目指す中央信託にも、「丸のみの合併」という選択肢は危険が大きすぎた。日債銀の再建を支援してきた金融当局も、今回は一転して冷淡な姿勢に出た。日債銀には、年間利益の数倍の不良債権処理が経営負担としてのしかかっており、合併の道が遠ざかった結果、経営は厳しい状況に立たされそうだ。

関係者によると、日債銀の東郷重興頭取が中央信託の遠藤荘三社長に会い、合併を持ちかけたのは11月中旬。すでに日債銀首脳は10月末の段階で「単体での生き残りは無理かもしれない」と語っていた。金融監督庁による一斉検査などを通じ、債務超過に陥りかねない極めて厳格な不良債権処理を当局が要求してくるとの印象を持ったためだ。

しかし、日債銀の不良債権は、合併を具体的に検討するうえで「重いものがある」（中央信託役員）。99年3月末の不良債権予想額（新基準）は、総与信額の4割近い3兆2000億円。巨額の公的資金で処理可能でも、将来は公的資金を返済しなくてならず、合併銀行の重い経営負担になっていく。

ク処理など、手持ちのカードを使い切った状態。一方で、抜本的な不良債権処理のために必要な公的資金は1兆円近くに達するとみられ、劇的な対策との組み合わせでなければ、受け入れてもらえそうにない規模だった。合併は「経営は一新され公的資金はムダにならない」という裏付けに欠かせないものだったとも言える。

合併打診は、公的資金の申請とも密接なつながりがあった。日債銀は9月中間決算発表で、大半の大手銀行が申請見込み額の明らかにする中で、「申請するかどうかを含め慎重に検討中」と言葉を濁した。

公的資金申請は、抜本的なリストラや前向き戦略とのセットが不可欠だ。とこ ろが、日債銀は、すでにリ...成せ、日債銀...

また、「会長、頭取が大...

**ことば**

**サービサー**　債権回収を専門に行う会社。債権回収の代行は、弁護士に限られていたが「債権管理回収業に関する特別措置法」（サービサー法）が成立し、参入が可能になった。資本金5億円以上の株式会社で、取締役に弁護士が1人以上いることが条件。米国では、1990年代初めの貯蓄貸付組合（S&L）の不良債権処理に大きく貢献した。サービサー法は来年2月をめどに施行され、実際にサービサー業務を始めるのは4月以降になる見込み。現在、金融機関や信販会社など三十数社程度が参入の意思

8

（前ページの記事の下に続く）

る当局の冷淡さも、中央信託の経営判断を左右した。監督庁や日銀は、合併した場合の展望についても、懐疑的な見方をほのめかし、首相官邸にトップを呼びつけた長銀問題での対応との違いを際立たせた。

日債銀は、今期の不良債権処理に伴う損失を約7000億円と見込むが、監督庁が処理額の上積みを求める可能性もある。また、「合併見送り」を10日以降の市場がどう評価するか、正念場に立たされたと言える。

【福本　容子】

（１）下の（　　）に適当な漢字語を入れて、要約文を作りなさい。

　　　（　　　　　　　　　　　　　　　）と（　　　　　　　　　　　　　）の
　　合併が見送りになった原因は、（　　　　　　　　　　　　　）にあった。

（２）「サービサー法」というのは何か、説明しなさい。

（３）記事の内容に合っているものには○、違っているものには×をつけなさい。
　　１．（　　）中央信託銀行は、11月中旬に日債銀に合併を持ちかけた。
　　２．（　　）日本債券信用銀行は、巨額の不良債権を処理しなければならない。
　　３．（　　）「日債銀」というのは、日本債券信用銀行の略称である。
　　４．（　　）1999年3月末の中央信託銀行の不良債権予想額は、3兆2千億円
　　　　　　　である。
　　５．（　　）金融監督庁や日本銀行は、中央信託と日債銀が合併した場合の展
　　　　　　　望について、楽観的な見方をしている。

２．次の表現を漢字で書きなさい。
　　１．けいきが　ていめいする　　　　２．がいこくかわせとりひき

　　３．ゆうしを　うける　　　　　　　４．ろうどうきじゅんほう

　　５．りえきりつが　さがる　　　　　６．ししゅつを　よくせいする

７．けいざいぜんたいが　ていたいする 8．ふりょうさいけんを　しょりする

9．よんちょうごせんおくえんの　ふさい10．きんゆうの　くうどうかを　まねく

11．ぼうえきあかじを　かいしょうする12．ろうどうしゃの　ちんぎんを　カットする

３．次の下線の漢字語の読み方を書きなさい。

１．財政的な理由から正社員の採用を控える。

２．彼は、反応は鈍いが、洞察力に優れている。

３．どうしても笑いを抑えることができなかった。

４．この国は、貿易によって何兆円もの利益をあげている。

５．景気が回復する兆しが見えないので、企業は賃金の抑制や、事業の縮小を行

　うなどして、苦労している。

４．次の漢字を使った最もよく使われると思う言葉を選び、文を作りなさい。

　例）兆　→　３兆円：政府は３兆円の減税を計画している。
（ちょうえん）

|     |     |     |     |
|-----|-----|-----|-----|
| １．処 | ２．控 | ３．易 | ４．洞 |
| ５．鈍 | ６．滞 | ７．債 | ８．景 |
| ９．益 | 10．迷 | 11．破 | 12．労 |
| 13．賃 | 14．貿 | 15．抑 | 16．財 |
| 17．版 | 18．為 | 19．億 | 20．融 |

**8**

# 日本の地名2

　地名や人名の漢字は、特別な読み方をするものが多くあります。都道府県にも、鳥取（とっとり）、神奈川（かながわ）、大分（おおいた）など、普通の音訓（おんくん）とは異なる読み方をするものがあります。また、羽田（はねだ／はた）、川内（せんだい／かわうち）のように、同じ字でも違う読み方をしたり、我孫子（あびこ）、早稲田（わせだ）のような、それぞれの漢字の音訓からは想像しにくい読み方も少なくありません。特に、沖縄の地名（北谷（ちゃたん）、玉城（たまぐすく）など）や、アイヌ語の地名に漢字をあてたものが多い北海道の地名（稚内（わっかない）、長万部（おしゃまんべ）など）には特殊な読み方が数多く見られます。こうした地名の読み方は、日本人にとってもその地名を知らなければ読めないということが多いのです。ですから、めずらしい地名の読み方を話題にして、その土地の人と話がはずむこともあります。

　また、都道府県制になる前の古い地名にも、大和（やまと）、武蔵（むさし）、陸奥（むつ）などのように特殊な読み方が多くあります。古い地名は「越後（えちご）平野」「出羽（でわ）山地」「相模（さがみ）湾」「甲州（こうしゅう）街道」など広い地域を表す言葉や幹線道路の名前に使われたり、「阿波（あわ）踊り」「加賀友禅（ゆうぜん）」「伊勢（いせ）えび」「薩摩（さつま）いも」「讃岐（さぬき）うどん」など伝統芸能・工芸や食べ物などの名前として残っていたりします。

[学習漢字] 羽　沖　縄　湾　賀　草　香　徳

【練習1】地名の漢字の読み方は、音読み、訓読み、特殊なものなど、さまざまです。読んでみましょう。
　1．草加（そうか）／草津（くさつ）
　2．水戸（みと）／神戸（こうべ）／八戸（はちのへ）
　3．米沢（よねざわ）／米原（まいばら）／久留米（くるめ）
　4．富士（ふじ）／富山（とやま）／富田（とみた）／
　　　富田林（とんだばやし）
　5．豊島（としま／てしま）／豊田（とよた）／豊後高田（ぶんごたかだ）

【練習2】次の地名はなんと読むでしょうか。読み方をa.〜e.から選んでください。
　1．信濃（　　）2．常陸（　　）3．近江（　　）
　4．安房（　　）5．出雲（　　）
　｜a．あわ　b．ひたち　c．おうみ　d．いずも　e．しなの｜

【練習3】次の言葉に使われる古い地名は、現在のどのあたりのことでしょうか。a.〜e.から選んでください。
　1．阿波踊り　2．加賀友禅　3．伊勢えび　4．薩摩いも　5．讃岐うどん
　｜a．石川県　b．香川県　c．鹿児島県　d．徳島県　e．三重県｜

力だめし

下の文章を読んでみましょう。

　銀行や保険会社などの金融機関は資金の仲介役として、貨幣経済での重要な役割を受け持っています。ここでは、その働きを見てみましょう。

　『入門の入門　経済のしくみ』*1によれば、「貯蓄とはそもそも収入から支出を差し引いて残った部分、つまり使わずに貯めておくお金のこと」です。貯蓄の多くは銀行や郵便局に預けられたり、生命保険の保険料となったりします。また、株式や債券を買って増やすこともあります。こうすれば、ただ自分の家の金庫にしまっておいた場合に比べ、利子や配当がつくことによって、利益を得ることができるからです。

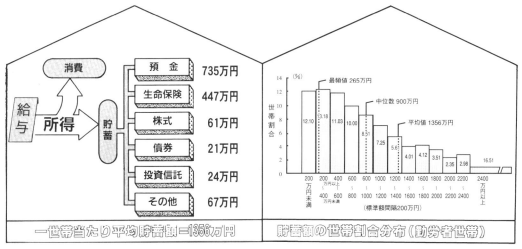

＊総務省財蓄動向調査（2000年）より

　一方、企業はその経済活動の途中で、一時的に資金が足りなくなったり、設備を拡大するために必要な資金が自己資本だけでは足りなくなったりすることがあります。こうしたとき、企業は何らかの形で資金を調達する必要が起こります。このようにして、需要と供給の関係が成り立ち、銀行が資金の仲介を果たすことになります。

　銀行は、個人や企業が貯蓄として預けたお金を、お金が必要な企業や個人に貸し付けます。この際、銀行にお金を預けた側は、銀行にお金を貸し付けたことになります

**9**

から、その貸借料として預金金利を受け取り、銀行にお金を借りた側は、銀行に利息を払うことになります。金利は、契約期間中に金利が変動するかどうかによって、固定金利と変動金利とに分けられます。バブル景気といわれたころには、顧客に巨額の貸し付けが行なわれましたが、バブル崩壊とともに銀行は大きな損失を出しました。その後、金融監督庁が発足し、抜本的な金融改革が進められています。

　さて、銀行には大別して二種類あります。中央銀行と一般の銀行です。中央銀行は主に次の三つの役割を果たします。一つは発券銀行として、国の経済状況を見ながら、貨幣（主に紙幣）の発行量を決め、発行することです。二つ目は、銀行の銀行として、通常の銀行からの預金の受け付けや貸し付けなどを行うことです。この時の金利は公定歩合と呼ばれ、中央銀行は景気の動向を見ながら金利を上げ下げします。これらの動きを通じて、中央銀行は国内に流通する通貨を調節しているのです。一般銀行は、中央銀行の自分達に対する取引の姿勢から中央銀行の政策意図をくみ取り、その意図を反映させて個人や企業と取引を行います*2。つまり、公定歩合は一般銀行の金利に大きな影響を与えることになります。三つ目の役割は、政府の銀行として、税金などの歳入金を預金として受け入れ、歳出金の支払いにあてることです。

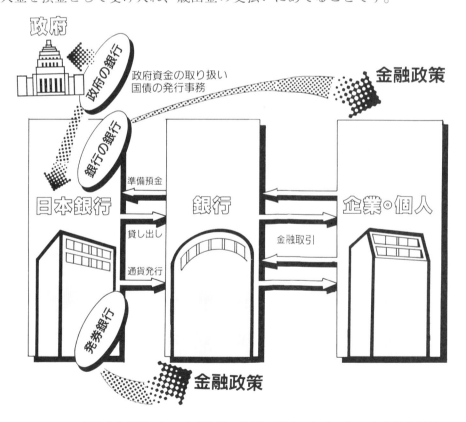

（*1 大和総研（1990）『入門の入門　経済のしくみ』日本実業出版社 p.42〜43）
（*2 同上 p.136〜137）

**【問題】** 前の文中に使われていた言葉です。読んでみましょう。読み方がわからないものには、○をつけてください。

1. 金融　　2. 機関　　3. 果たす　　4. 役割　　5. 銀行
6. 保険　　7. 資金　　8. 仲介役　　9. 貨幣　　10. 経済
11. 入門　　12. 貯蓄　　13. 収入　　14. 支出　　15. 差し引く
16. 貯める　17. 郵便局　18. 預ける　19. 生命　　20. 株式
21. 債券　　22. 金庫　　23. 比べる　24. 利子　　25. 配当
26. 利益　　27. 得る　　28. 企業　　29. 途中　　30. 足りる
31. 設備　　32. 拡大　　33. 自己　　34. 資本　　35. 調達
36. 需要　　37. 供給　　38. 関係　　39. 成り立つ　40. 個人
41. 貸し付ける　42. この際　43. 〜側　　44. 貸借料　45. 預金
46. 金利　　47. 利息　　48. 払う　　49. 契約　　50. 景気
51. 顧客　　52. 巨額　　53. 崩壊　　54. 損失　　55. 監督庁
56. 発足　　57. 抜本的　58. 改革　　59. 大別　　60. 二種類
61. 中央　　62. 一般　　63. 発券　　64. 状況　　65. 紙幣
66. 発行量　67. 通常　　68. 公定歩合　69. 動向　70. 流通
71. 通貨　　72. 調節　　73. 自分達　74. 取引　　75. 姿勢
76. 政策　　77. 意図　　78. 反映　　79. 影響　　80. 与える
81. 政府　　82. 税金　　83. 歳入金　84. 歳出金　85. 支払い

---

次のページの【確認】のところを見て、読みをチェックしましょう。

|  | I.BKB | II.IKB | III.前課 | IV.本課 | 全体 |
|---|---|---|---|---|---|
| a. 読みを正しく知っている言葉 | ＿＿% | ＿＿% | ＿＿% | ＿＿% | ＿＿% |
| b. 意味は知っているが、読みが不正確な言葉 | ＿＿% | ＿＿% | ＿＿% | ＿＿% | ＿＿% |
| c. よく知らない言葉 | ＿＿% | ＿＿% | ＿＿% | ＿＿% | ＿＿% |

I. の言葉があまり読めなかった人は、BKB Vol.1&2を復習しましょう。
II. の言葉があまり読めなかった人は、IKB Vol.1を復習しましょう。
III. の言葉が読めなかった人は、この本の前の課を復習しましょう。
IV. の言葉が読めなかった人は、この課でしっかり勉強しましょう。
IV. の言葉がよく読めた人も、その漢字の別の読み方や使い方などを勉強しましょう。

9

【確認】 正しく読めたら、□にチェックしましょう。

Ⅰ．『BASIC KANJI BOOK』Vol.1 & 2の漢字を使った言葉です。
1. 機関 □　2. 果たす □　3. 銀行 □　4. 資金 □　5. 経済 □
6. 入門 □　7. 比べる □　8. 利子 □　9. 配当 □　10. 得る □
11. 足りる □　12. 設備 □　13. 資本 □　14. 成り立つ □　15. 個人 □
16. 貸し付ける□　17. 貸借料 □　18. 金利 □　19. 払う □　20. 発足 □
21. 大別 □　22. 公定歩合□　23. 動向 □　24. 流通 □　25. 取引 □
26. 意図 □　27. 反映 □　28. 政府 □　　　　　　　　＿＿／28＝＿％

Ⅱ．『INTERMEDIATE KANJI BOOK』Vol.1の漢字を使った言葉です。
1. 役割 □　2. 保険 □　3. 収入 □　4. 支出 □　5. 郵便局 □
　L8　　　　L4　　　　L2　　　　L2　　　　L1
6. 企業 □　7. 拡大 □　8. 自己 □　9. 調達 □　10. 関係 □
　L10　　　L2　　　　R1　　　　L10　　　L1
11. この際 □　12. ～側 □　13. 改革 □　14. 中央 □　15. 発券 □
　L2　　　　R2　　　　L3L9　　　R1　　　　L6
16. 発行量 □　17. 通常 □　18. 通貨 □　19. 自分達 □　20. 税金 □
　L2　　　　L4　　　　R1　　　　L10　　　L6
21. 歳入金 □　22. 歳出金 □　23. 支払い □　　　　　　＿＿／23＝＿％
　L8　　　　L8　　　　L2

Ⅲ．前の課で勉強した言葉です。
1. 金融 □　2. 仲介役 □　3. 生命 □　4. 債券 □　5. 利益 □
　8課　　　7課1課　　　6課　　　8課　　　8課
6. 需要 □　7. 景気 □　8. 崩壊 □　9. 抜本的 □　10. 一般 □
　4課　　　8課　　　6課6課　　　7課　　　7課
11. 状況 □　12. 姿勢 □　13. 政策 □　14. 影響 □　15. 与える □
　3課5課　　　5課5課　　　3課　　　3課3課　　　3課
　　　　　　　　　　　　　　　　　　　　　　　　　　　＿＿／15＝＿％

Ⅳ．この課で勉強する言葉です。
1. 貨幣 □　2. 貯蓄 □　3. 差し引く□　4. 貯める □　5. 預ける □
6. 株式 □　7. 金庫 □　8. 途中 □　9. 供給 □　10. 預金 □
11. 利息 □　12. 契約 □　13. 顧客 □　14. 巨額 □　15. 損失 □
16. 監督庁 □　17. 二種類 □　18. 紙幣 □　19. 調節 □　[20]引き締め□
[21]貢献 □　[22]信託 □　[23]障害 □　　　　　　　＿＿／23＝＿％

**要点**

①経済および金融の分野でよく使われる漢字

経済や金融などに関する専門語には、以下のような基本的な漢字を使って作られるものが多くあります。

A．「貝」をもつ漢字

「貝」が含まれる漢字は、お金に関係があります。

→ 買 貸 費 資 貿 賃 貨 販 財 貯 贈 購

a．費：費用

～費 → 経費　工費　学費　食費　旅費　会費
　　　　生活費　光熱費　交通費　経常費　／　消費する

b．資：資本　資産　資金

～資 → 出資する　融資する　投資する　投資信託（しんたく）
　　　　増資　減資　外資

c．貨：貨幣（かへい）

通貨 → 国際通貨制度　通貨統合　通貨危機
～貨 → 金貨　銀貨　銅貨　硬貨　外貨

d．財：経済学、経済理論などで「財産」「資本」「お金がある場所」を表す

～財 → 経済財／自由財　公共財／消費財　第一財／第二財
　　　　財産の意味　→　私財　借財　家財　文化財
財～ → 財力　財政　財務　財源　財団

e．貿：貿易 → 自由貿易　保護貿易　加工貿易
　　　　　　　貿易会社　貿易商　貿易赤字

f．貯：貯金（ちょきん）　郵便貯金　貯蓄（ちょちく）

g．賃：賃金

～賃 → 工賃　労賃　家賃　運賃
賃～ → 賃貸　賃借

**9**

    h．販：販売　→　通信販売　訪問販売　自動販売機
          ～販　→　市販する　信販　通販

B．金融に関する漢字
  a．債：債権　債券
      ～債　→　国債／公債／地方債／公社債／社債　外債　負債
             不良債権　債務　債務者　債権者

  b．利：利子　利息（りそく）　利率　利回り　金利　元利　高利　低利　複利
      利益　利潤（りじゅん）　利権　利害　有利な　不利な

  c．株（かぶけん）：株券
      ～株　→　大型株／小型株／銀行株　新株　持株（もちかぶ）
      株～　→　株主（かぶぬし）　株式　株式会社

  d．融：金融　→　金融機関　金融監督庁（かんとくちょう）　金融取引　金融引き締め（ひきし）
             金融緩和　金融公庫（こうこ）
             融資する　融通する

## ②金融の分野でよく使われる言葉

A．需給（じゅきゅう）に関する言葉
    需要　⬅➡　供給　［需給関係］
      需要：内需　外需　特需　軍需

B．値段価格に関する言葉
    価格：定価　物価　地価　株価　有価証券
        安価　⬅➡　高価
    株価（かぶか）：高値（たかね）　⬅➡　安値（やすね）　史上最高値　終わり値

C．貯蓄（ちょちく）に関する言葉
    預金する／貯金する
      貯金［郵便局］：普通貯金　定期貯金　定額貯金
      預金（よきん）［銀　行］：普通預金　定期預金　当座預金
    投資する
      投資：株式投資　設備投資　財政投資
         投資信託（しんたく）　投資家

D．金利関係に関する言葉

　　　金利：資金の貸借によって生じる利子またはその利子率

　　　　　　　　　　　低金利　　⬅➡　　高金利

　　　利子・利息：資金の賃貸・賃借料

　　　利率・利回り：資金の賃貸・賃借料の元本に対する比率

　　　単利：元金を基準に毎年利息を計算する方法

　　　複利：毎年の利息を元金に組み入れて利息を計算する方法

　　　公定歩合：中央銀行が市中金融機関に対して資金貸し付けや手形割引をする

　　　　　　　　　際に適用される金利　公定利率（official bank rate）


E．景気に関する言葉

　　　好景気　⬅➡　　不景気

　　　好況　　⬅➡　　不況　恐慌


③特殊な読みの用語と略語

金融関係の用語の中には、読み方が特殊なものや訓読みの語が少なくありません。


A．読み方で意味が異なる漢字語彙

　　　市場（しじょう）：売り手と買い手の間で商品などが取り引きされる場

　　　　　　　　　　　　株式市場　労働市場　金融市場　中央卸売市場　市場経済

　　　市場（いちば）　：人々が物を持ち寄って、屋台などで商品を売る場所

　　　　　　　　　　　　日常的な「買物をする場所」、マーケット

　　　　　　　　　　　　青空市場　○○町の市場　魚市場　青物市場


B．読み方が特殊な、あるいは読み間違えやすい漢字語彙

　　　為替（かわせ）：為替レート　為替相場　外国為替市場

　　　相場（そうば）：為替相場　円相場

　　　上場（じょうじょう）

　　　小売値（こうりね）　　　　卸値（おろしね）

　　　高値（たかね）　　⬅➡　　安値（やすね）

　　　円高（えんだか）　⬅➡　　円安（えんやす）

　　　手形（てがた）：不渡り手形

　　　底入れ（そこいれ）：景気の底入れ

　　　引締め（ひきしめ）：金融の引締め

　　　貸付（かしつけ）　：長期貸付　短期貸付

　　　歩合（ぶあい）　　：公定歩合

**9**

### ④形声文字の音符(2)

　形声文字の音符と同じ形でも、音符でないもの（×印）もあります。また、もとは同じ音を表したと思われる音符でも、現在の読みは違っているもの（＊印）もありますから、注意しましょう。

```
 1. 戸 ［コ］    ： 戸数  雇用  顧客
 2. 章 ［ショウ］ ： 文章  障害  表彰
 3. 巨 ［キョ］   ： 巨額  拒否  距離
 4. 兄 ［キョウ］ ： 兄弟  状況  競争
 5. 工 ［コウ］   ： 工事  貢献  成功      ×差額
 6. 予 ［ヨ］     ： 予定  預金          ＊野球
 7. 宅 ［タク］   ： 自宅  信託
 8. 畜 ［チク］   ： 牧畜  貯蓄
 9. 共 ［キョウ］ ： 共通  供給          ＊洪水
10. 監 ［カン］   ： 監督  年鑑
11. 丁 ［チョウ］ ： 県庁  山頂  町民  ＊貯金
    ［テイ］   ： 亭主  訂正  停止
```

※コラム9（p.217〜218）に形声文字のまとめがあります。参照して下さい。

―――　第9課の学習漢字　―――

幣　貯　蓄　差　預　株　庫　途　給　息　契
顧　巨　損　監　督　種　節　締　貢　献　託
障

**23**

（索引p.304〜308）

練 習

【練習1】 □の中に適切な漢字を下から選んで入れなさい。

| 貯 債 株 財 資 券 利 需 値 価 預 融 |

1．政府が国□を発行する。

2．金□を上げ下げする。

3．証□を大切に保管する。

4．将来性(しょうらいせい)のある企業に投□する。

5．年に1回□主総会が開かれる。

6．日常生活で直接消費される財貨を消費□という。

7．郵便□金をおろす。

8．株□の変動が大きい。

【練習2】 次の□に「貝」がつく適切な漢字を入れなさい。同じ漢字を何回か使う
場合もあります。

1．国際金融機関というのは、国際通□秩序(ちつじょ)の安定や世界経済の発展のため

　に、利害調整や融□援助をする国際機関である。国際収支が悪化した国

　の□金繰(く)りの短期的な支援を目的とするIMFと、経済発展のための中長期

　的な融□を主とする世界銀行が代表的なものである。

2．当時の内閣(ないかく)は、税収の落ち込みによる赤字の拡大にもかかわらず本格的な行

　政改革を先送りし、それでいながら消□税率を5％に引き上げたことに

　よって、□政に関して国民の支持を失った。

9

3．変動相場制（floating-exchange rate system）というのは、為替相場の決定を市

場に任す通□制度である。利点は、政府の介入なしに絶えず価格による

市場調整が行われるために各種の国際収支をめぐる難問が回避されること、

為替投機に対して相場が自由に変動することにより市場を安定させること、

国内・他国の経済政策の変更に対して隔離させる効果を持つことである。欠

点は、□易、外国投□への為替リスク、為替相場の不確実性である。

しかし、これらの欠点の指摘に対しては、変動相場制は本来不安定ではない、

為替リスクはカバー可能などとする反論もある。

【練習３】 下線の言葉と反対の言葉を書きなさい。

1．需要　　　　　　⇔　（　　　　　　）
2．好景気にわく　　⇔　（　　　　　　）になる
3．利益を生む　　　⇔　（　　　　　　）を出す
4．安値を更新する　⇔　（　　　　　　）を更新する
5．歳入金　　　　　⇔　（　　　　　　）

【練習４】 次の下線の漢字の読みが同じであれば○、違う場合には×をつけなさい。

1．予約　／　預金　（　　）　　2．共有　／　供給　（　　）
3．景気　／　影響　（　　）　　4．自宅　／　委託　（　　）
5．中立　／　仲介　（　　）　　6．巨大　／　拒否　（　　）
7．解雇　／　回顧　（　　）　　8．文章　／　保障　（　　）
9．文化庁／　貯蓄　（　　）　　10．正月　／　証券　（　　）
11．途中　／　余震　（　　）　　12．種類　／　重大　（　　）
13．金庫　／　連絡　（　　）　　14．監督　／　鑑賞　（　　）
15．差額　／　左折　（　　）　　16．貢献　／　項目　（　　）

**【練習５】**　｛　｝の中から適切な言葉を選んで（　）に入れなさい。

1．土地の価格、すなわち（　　　　　）が上がったため、不動産取引が活発化
したことから始まった（　　　　　）をバブル景気という。
　　｛　物価　地価　値段　好況　不況　需要　｝

2．一般に日本経済は（　　　　　）中心の経済と言われ、そのため諸外国か
ら（　　　　　）促進を求められている。
　　｛　内需　外需　国債　外債　供給　監督　｝

3．（　　　　　）の変動によって経済全体の（　　　　　）と供給の調整が行
なわれ、景気変動の安定化が図られる。
　　｛　利息　金利　利回り　必要　需要　内需　｝

4．中央銀行は、政府の銀行として、税金などの（　　　　　）金を預金として
受け入れ、（　　　　　）金の支払いにあてている。
　　｛　収入　歳入　支出　歳出　資本　｝

5．日銀が（　　　　　）を引き下げたことで、日本経済は超（　　　　　）時
代に入った。
　　｛　金利　利子　公定歩合　低金利　高金利　｝

6．ノンバンクとは、（　　　　　）を受け入れず、銀行などの他の金融機関か
ら（　　　　　）を調達しそれを個人や企業に貸し出すことで利益をあげて
いる金融機関である。
　　｛　資金　資産　投資　預金　貯蓄　｝

7．外国（　　　　　）管理法が改正されて、内外の資本取引が自由化され、外
国の金融機関に口座を開くことや、（　　　　　）預金や外債投資などを行
うことが可能になり、資金形成の選択肢が増えた。
　　｛　相場　為替　通貨　外貨　貨幣　｝

8．銀行などが（　　　　　）に貸したお金が返ってこないため、その銀行など
の経営が悪化していることを不良（　　　　　）問題という。
　　｛　企業　個人　債権　債券　債務　｝

**【練習６】**　文中の＿＿＿に下の｛　｝から最も適切な熟語を選び、その読みも書
きなさい。

1．新しい設備を入れるため、銀行から２千万の＿＿＿＿を受けることにした。
　　｛　贈与　融資　融通　貸与　｝

2．車を購入するお金を一部、両親に＿＿＿＿してもらった。
　　｛　借入　貸借　融資　融通　｝

3．政府の抜本的な経済＿＿＿＿によって、物価が安定した。
　　｛　画策　対策　模索　思索　｝

**9**

4．この店は外国人の＿＿＿＿＿が多いことで有名だ。
　　　　｜ 観客　顧客　乗客　来客 ｜

5．彼は株取引に失敗し、＿＿＿＿＿の損失を被った。
　　　　｜ 巨額　巨大　高額　広大 ｜

6．企業は利益をあげるだけでなく、社会に＿＿＿＿＿することも大切だ。
　　　　｜ 供給　献身　貢献　提供 ｜

7．屋内の温度はすべてコンピュータで自動的に＿＿＿＿＿されている。
　　　　｜ 制限　節約　調整　調節 ｜

8．大地震に備えて各家庭では食料などの＿＿＿＿＿をする必要がある。
　　　　｜ 蓄財　蓄積　貯蓄　備蓄 ｜

9．彼は数多くの＿＿＿＿＿を乗り越えて、長年の夢を実現させた。
　　　　｜ 障害　傷害　支障　不都合 ｜

10．この施設は、介護業務を民間の業者に＿＿＿＿＿している。
　　　　｜ 委託　契約　信託　約束 ｜

11．仕事は１年間の＿＿＿＿＿だが、その後２年は延長できるらしい。
　　　　｜ 契約　公約　条約　予約 ｜

12．与党内で対立する意見を＿＿＿＿＿してから、本会議に出す。
　　　　｜ 協調　調整　調節　調和 ｜

13．エベレスト登頂成功の連絡を最後に、彼は＿＿＿＿＿を絶った。
　　　　｜ 安息　近況　消息　状況 ｜

14．暴走族に対する＿＿＿＿＿が強化された。
　　　　｜ 締め切り　締め付け　取り締まり　引き締め ｜

15．＿＿＿＿＿なければ、住所と電話番号をお書きください。
　　　　｜ 差し押さえ　差し替え　差し引き　差し支え ｜

【練習７】　次の漢字を使った最もよく使われると思う熟語を考えてみましょう。
　　　　　　周りの日本人にも聞いてみてください。

例）貢 → 貢献　　　株 → 株式
　1．差 →　　　　2．貯 →　　　　3．蓄 →
　4．庫 →　　　　5．預 →　　　　6．契 →
　7．途 →　　　　8．給 →　　　　9．息 →
　10．種 →　　　11．節 →　　　12．幣 →
　13．託 →　　　14．障 →　　　15．顧 →
　16．巨 →　　　17．損 →　　　18．監 →
　19．督 →　　　20．献 →　　　21．締 →

# 課題

1．下の<A><B>を読んで、後ろの質問に答えてみましょう。

<A>

**■様々な要因の影響を受ける株価・地価**

　株式や土地などの資産は、それを保有することによって配当や地代などの形で収益を得ることができます。収益をもたらす元本の価格である株価や地価は、配当の原資である企業の利益や地代の将来にわたる予想水準によって大きな影響を受けます。

　しかし、株式や土地の取引においては、こうした企業の利益や地代から予想される価格とはかけ離れた価格の上昇を見込んだ投機的な取引需要も少なくありません。したがって、株価や地価については、景気動向や企業収益動向だけでなく、戦争や政変といった社会的・政治的な出来事など、様々な要因の影響を受けているといえます。

**■金利の上昇は株価・地価の下げ要因**

　それでは、株価や地価と金利はどのような関係にあるのでしょうか。結論からいえば、一般的に金利が上がると株価や地価は下がり、金利が下がると株価や地価は上がります。

　金融当局がインフレ防止のために金融引締め政策に転換し、市場金利が上昇すると、企業にとっては資金調達コストが上昇する分、採算性の観点から企業活動が抑制されます。場合によっては業績が悪化します。また、企業の余剰資金も、株式や債権・不動産などへの投資資金ではなく原材料費や労務費などの運転資金などにあてられるようになります。

　他方、個人投資家の資金も金利が高ければ金融機関への預金など、株式よりもより安全で確実な資産に向かうとみられます。これらの結果、株式に対する需要が減少すれば、株価が下がるのは当然といえます。

<B>

図2　安全資産の割合が高い家計の金融資金
（勤労者世帯）

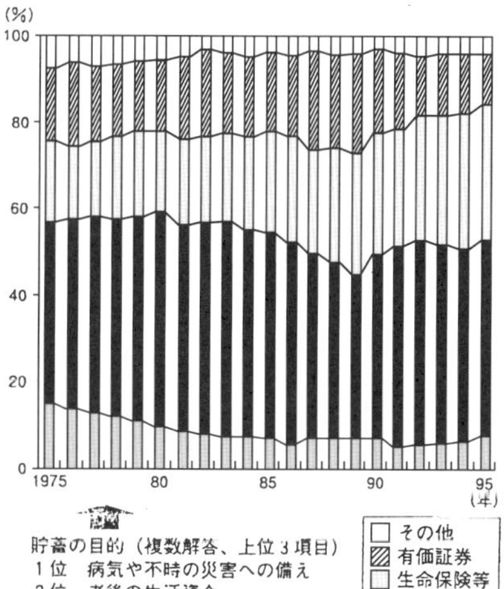
(%)
100
80
60
40
20
0
1975
80
85
90
95
(年)
貯蓄の目的（複数解答、上位３項目）
１位　病気や不時の災害への備え
２位　老後の生活資金
３位　子供の教育資金
その他
有価証券
生命保険等
定期性預金
通貨性預金

（注）その他は金投資口座・金貯蓄口座をさす。
（資料）総務庁「貯蓄動向調査」各年版。
貯蓄広報中央委員会「貯蓄と消費に関する世論調査」1996年版

図1　勤労者世帯の金融資産、負債残高の推移

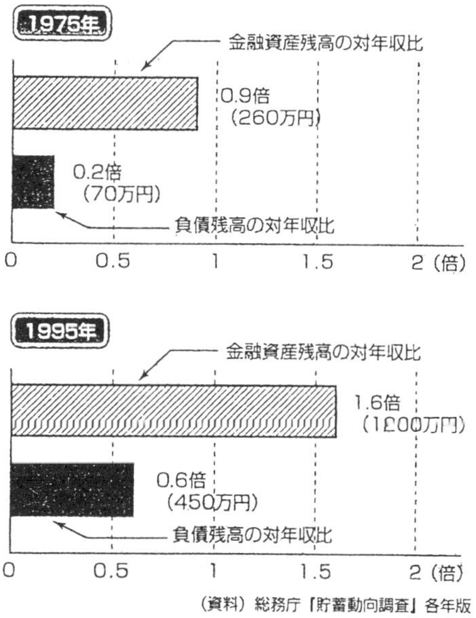
1975年
金融資産残高の対年収比
0.9倍
（260万円）
0.2倍
（70万円）
負債残高の対年収比
0
0.5
1
1.5
2（倍）
1995年
金融資産残高の対年収比
1.6倍
（1200万円）
0.6倍
（450万円）
負債残高の対年収比
0
0.5
1
1.5
2（倍）

（資料）総務庁「貯蓄動向調査」各年版

（富士総合研究所『入門の金融金利のしくみ』日本実業出版社　p.90, p.106～107）

＜A＞

（1）（　）に適当な漢字語を入れなさい。

1.（　　　　　　）が上がると、（　　　　　　　）が下がる。

2.（　　　　　　）が上昇すると（　　　　　）が抑制され、（　　　　）が悪化する。

（2）株価や地価の変動に影響を与える要因には、どのようなものがありますか。

＜B＞

（3）（　）に適当な漢字語を入れなさい。

1. 勤労者世帯の１世帯当たり平均でみると、95年の（　　　　　　　）高は1260万、（　　　　　　）高は450万であった。75年に比べ、どちらも規模が大きくなっている。

2. 勤労者世帯が保有する金融資産の種類別構成比をみると、（　　　　　　）の割合が最も高く、95年は45％を占めている。また、（　　　　　　）が31％を占めている。その一方、株式や債券などの（　　　　　　）は、89年は23％を占めていたが、株価の下落等により、95年は11％に（　　　　　　）している。金利の低い（　　　　　　）の割合は長期的にみると低下傾向にあり、金利選好意識が高まっている様子もみられる。

3.（　　　　　　）の目的としては、「病気や不時の災害への備え」や「老後の（　　　　　）」などの回答が多くあげられている。

2. 次の漢字を使った最もよく使われると思う言葉を選び、文を作りなさい。

例）兆　→　３兆円：政府は３兆円の減税を計画している。

| | | | |
|---|---|---|---|
| 1. 幣 | 2. 差 | 3. 貯 | 4. 蓄 |
| 5. 庫 | 6. 預 | 7. 株 | 8. 途 |
| 9. 給 | 10. 息 | 11. 契 | 12. 顧 |
| 13. 巨 | 14. 損 | 15. 監 | 16. 督 |
| 17. 種 | 18. 節 | 19. 締 | 20. 貢 |
| 21. 献 | 22. 託 | 23. 障 | |

力だめし

## 第10課
# 大 名 旅 行

### カネがかかった大名行列

　カネを存分にかけてする豪勢な旅行を「大名[1] 旅行」という。ところが、大名はけっしてそんなぜいたくな旅行などしないし、できなかった。平和な江戸時代[2]、大名がする旅行といえば参勤交代の旅だが、およそ「大名旅行」とはほど遠かった。

　「参勤」というのは、大名が将軍[3] に臣従することを態度で表すために、江戸城[4] まで挨拶に伺うことで、最初は自発的に行われ、家康[5] も鷹狩り[6] に名を借りてわざわざ出迎えたり、また屋敷地[7] や刀剣[8] などを下賜[9] して、その心がけをねぎらった。

　このため忠誠心を競うように先を争って大名たちは参府[10] し、しかも大名がこのときとばかりわが家の勢威[11] を示そうと、華美な大行列を繰り出した。幕府はその行きすぎを抑えるため、1615年（元和[12] 一）の「武家諸法度[13]」で「百万石[14] 以下二十万石以上の大名は二十騎[15] 以下。十万石以下の大名はこの数を参考に分相応[16] の騎馬数で参府」するようにさとしている。

　ところが、三代将軍家光[17] の1635年（寛永[18] 十二）に「武家諸法度」が改訂されると、参勤交代は大名の義務となった。大名を二つのグループに分け、交互に一年ずつ江戸と領国[19] に住むように定め、一方で大名の妻子は人質[20] の意味もあって、江戸に住まわせることにした。例外として、御三家[21] 水戸藩主[22] はつねに在府、関八州[23] の大名は半年ごとの在府・在国、対馬の宗氏[24] は三年ごとの参府であった。

　一般の大名にとっては、今年国元[25] から江戸に行けば、来年は江戸から国元へもどらなければならない。毎年、大名行列を繰り出しているわけで、これは諸藩にとっては、大きなカネ食い虫で藩財政を火の車にした。

（淡野史良『数字で読むおもしろ日本史』日本文芸社　p.50〜51）

大名行列（江戸時代末）➡P.131

（平成7年度版『中学社会　歴史的分野　絵　p.19』日本書籍　東京国立博物館所蔵）

**10**

〈本文のための注〉

1) **大名**　　　一万石（「石」については14)を見よ）以上の領地を将軍（「将軍」については3)を見よ）から与えられた者。

2) **江戸時代**　1603-1868　江戸（東京）に幕府があった時代。

3) **将軍**　　　征夷大将軍の略で、天皇から任命された幕府の長の職。

4) **江戸城**　　江戸時代に将軍の居住していた城で、江戸にあった。

5) **家康**　　　徳川家康（1543-1616）江戸幕府の初代将軍。

6) **鷹狩り**　　訓練した鷹を使って鳥や小さい動物を捕まえること。

7) **屋敷地**　　家を建てるために区切った土地。

8) **刀剣**　　　刀や剣の総称。

9) **下賜**　　　天皇や将軍など、身分の高い人がくださること。

10) **参府**　　　江戸時代、諸国の大名が江戸に出て、幕府に仕えたこと。

11) **勢威**　　　人を抑えつけて従わせる強い勢力。

12) **元和**　　　年号（1615-1623）

13) **武家諸法度**　江戸幕府が大名統制のために出した基本法。大名が幕府の許可なく結婚することを禁止するなどした。そして、この法に背けば、大名の家を取りつぶすなどの罰を与えた。

14) **〜石**　　　田や畑でとれたもの（主に米）の数量。一石の米は約150kgで、石高は米で与えられた武士の給料の高を表す。

15) **〜騎**　　　人が乗った馬を数える語。

16) **分相応**　　生活や待遇などがその人の身分などにふさわしいこと。

17) **家光**　　　徳川家光（1604-1651）在位1623-1651　江戸幕府三代将軍の名前。

18) **寛永**　　　年号（1624-1644）

19) **領国**　　　領地として所有している国土。

20) **人質**　　　約束を守る保証として相手に渡す人間、または要求を通すために捕えておく相手側の人間。

21) **御三家**　　初代将軍家康の子を祖とする大名家。尾張（愛知）、紀伊（和歌山）、水戸（茨城）の三家。

22) **藩主**　　　藩は江戸時代大名が支配した領地、人民、統制機構の総称。藩主はその一番上の人。

23) **関八州**　　関東地方にある八つの国。

24) **対馬の宗氏**　対馬は、現在長崎県の一部となっている島。宗という一族が治めていた。

25) **国元**　　　領地のこと。

【問題】　前の文中に使われていた言葉です。読んでみましょう。読み方がわから
ないものには、○をつけてください。

　1．大名　　　2．行列　　　3．存分　　　4．豪勢　　　5．平和
　6．江戸　　　7．時代　　　8．参勤　　　9．交代　　　10．旅
11．ほど遠い　12．将軍　　　13．臣従　　　14．態度　　　15．表す
16．江戸城　　17．挨拶　　　18．伺う　　　19．最初　　　20．自発的
21．家康　　　22．鷹狩り　　23．出迎える　24．屋敷地　　25．刀剣
26．下賜　　　27．心がけ　　28．忠誠心　　29．競う　　　30．先を争う
31．参府　　　32．わが家　　33．勢威　　　34．示す　　　35．華美
36．大行列　　37．繰り出す　38．幕府　　　39．行きすぎ　40．抑える
41．武家　　　42．諸法度　　43．百万石　　44．二十騎　　45．数
46．参考　　　47．分相応　　48．騎馬数　　49．三代　　　50．家光
51．改訂　　　52．義務　　　53．交互　　　54．領国　　　55．定める
56．妻子　　　57．人質　　　58．例外　　　59．御三家　　60．水戸
61．藩主　　　62．在府　　　63．関八州　　64．在国　　　65．対馬
66．宗氏　　　67．一般　　　68．国元　　　69．諸藩　　　70．カネ食い虫
71．財政　　　72．火の車

次のページの【確認】のところを見て、読みをチェックしましょう。

|  | I.BKB | II.IKB | III.前課 | IV.本課 | 全体 |
|---|---|---|---|---|---|
| a．読みを正しく知っている言葉 | ＿＿＿％ | ＿＿＿％ | ＿＿＿％ | ＿＿＿％ | ＿＿％ |
| b．意味は知っているが、読みが不正確な言葉 | ＿＿＿％ | ＿＿＿％ | ＿＿＿％ | ＿＿＿％ | ＿＿％ |
| c．よく知らない言葉 | ＿＿＿％ | ＿＿＿％ | ＿＿＿％ | ＿＿＿％ | ＿＿％ |

　I．の言葉があまり読めなかった人は、BKB Vol.1&2を復習しましょう。
　II．の言葉があまり読めなかった人は、IKB Vol.1を復習しましょう。
　III．の言葉が読めなかった人は、この本の前の課を復習しましょう。
　IV．の言葉が読めなかった人は、この課でしっかり勉強しましょう。
　IV．の言葉がよく読めた人も、その漢字の別の読み方や使い方などを勉強
　　しましょう。

**10**

【確認】　正しく読めたら、☐にチェックしましょう。

I.『BASIC KANJI BOOK』Vol.1 & 2の漢字を使った言葉です。
  1. 大名　☐　　2. 平和　☐　　3. 時代　☐　　4. 交代　☐　　5. 旅　☐
  6. ほど遠い☐　7. 表す　☐　　8. 最初　☐　　9. 自発的☐　　10. 心がけ☐
  11. わが家　☐　12. 行きすぎ☐　13. 百万石　☐　14. 数　☐　　15. 三代　☐
  16. 定める　☐　17. 妻子　☐　　18. 人質　☐　　19. 対馬　☐　　20. 国元　☐
  21. 火の車　☐　　　　　　　　　　　　　　　　　　　　　　　＿＿／21＝＿＿％

II.『INTERMEDIATE KANJI BOOK』Vol.1の漢字を使った言葉です。
  1. 行列　☐　　2. 存分　☐　　3. 参勤　☐　　4. 家康　☐　　5. 先を争う☐
     R2　　　　　　L7　　　　　　L2 L9　　　　　L4　　　　　　L2
  6. 参府　☐　　7. 示す　☐　　8. 大行列　☐　9. 諸法度　☐　10. 参考　☐
     L2　　　　　　L7　　　　　　R2　　　　　　L6　　　　　　　L2
  11. 分相応　☐　12. 改訂　☐　　13. 義務　☐　　14. 例外　☐　　15. 関八州　☐
     L3　　　　　　L3L3　　　　　R1 L9　　　　　L10　　　　　　L1
  　　　　　　　　　　　　　　　　　　　　　　　　　　　　　　　＿＿／15＝＿＿％

III. この本の前の課で勉強した漢字を使った言葉です。
  1. 態度　☐　　2. 競う　☐　　3. 抑える　☐　　4. 家光　☐　　5. 交互　☐
     2課　　　　　1課　　　　　　8課　　　　　　4課　　　　　　4課
  6. 御三家　☐　7. 水戸　☐　　8. 在府　☐　　9. 在国　☐　　10. 一般　☐
     5課　　　　　6課　　　　　　3課　　　　　　3課　　　　　　7課
  11. 財政　☐　　　　　　　　　　　　　　　　　　　　　　　　＿＿／11＝＿＿％
     8課

IV. この課で勉強する言葉です。
  1. 豪勢　☐　　2. 江戸　☐　　3. 将軍　☐　　4. 臣従　☐　　5. 江戸城　☐
  6. 伺う　☐　　7. 出迎える☐　8. 屋敷地　☐　9. 刀剣　☐　　10. 忠誠心　☐
  11. 勢威　☐　12. 華美　☐　　13. 幕府　☐　　14. 武家　☐　　15. 二十騎　☐
  16. 騎馬数　☐　17. 領国　☐　18. 藩主　☐　　19. 宗氏　☐　　20. 諸藩　☐
  [21] 許可　☐　[22] 背く　☐　　　　　　　　　　　　　　　　＿＿／22＝＿＿％

V. ここでは勉強しませんが、後でおぼえましょう。
  1. 挨拶　☐　　2. 鷹狩り　☐　3. 下賜　☐　　4. 繰り出す☐　5. カネ食い虫☐

# 要点

## ①日本の時代区分

*時代区分については諸説がある。
ここでは『日本の歴史と世界－中学校社会科　歴史的分野』清水書院によった。

縄文（じょうもん）　　　　　紀元前約1万年前～紀元前3世紀
　　↓
弥生（やよい）　　　　　　　紀元前3世紀～紀元3世紀
　　↓
古墳（こふん）　　　　　　　紀元3世紀～710年
　　│飛鳥（あすか）
　　│白鳳（はくほう）
　　↓
奈良（なら）　　　　　　　　710年～794年
　　↓
平安（へいあん）　　　　　　794年～1192年
　　↓
鎌倉（かまくら）　　　　　　1192年～1333年
　　↓
室町（むろまち）　　　　　　1333年～1573年
　　│南北朝（なんぼくちょう）
　　│戦国（せんごく）
　　↓
安土桃山（あづちももやま）　1573年～1600年
　　↓
江戸（えど）　　　　　　　　1600年～1868年
　　↓
明治（めいじ）　　　　　　　1868年～1912年
　　↓
大正（たいしょう）　　　　　1912年～1926年
　　↓
昭和（しょうわ）　　　　　　1926年～1989年
　　↓
平成（へいせい）　　　　　　1989年～

**青岸渡寺**　西国三十三カ所第一番札所であり、古代の信仰の場である。（和歌山県東牟婁郡那智勝浦町）

**姫路城**　桃山文化を伝える代表的な城。石垣の下から天守閣の最上部まで約46m。（兵庫県姫路市）

**10**

②江戸時代の職制

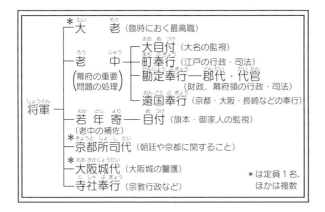

③同音の語彙

　音読みの漢字語には、同じ読みで全く異なる意味を表す語が多くあります。ワープロの漢字変換機能を使って、調べてみましょう。

キ
キカン：期間　基幹　機関　帰還　気管　器官　既刊　季刊　帰館
キコウ：気候　機構　紀行　奇行　寄港　気孔　貴校
キシュ：機種　騎手　機首　旗手
キセイ：規正　寄生　規制　帰省　気勢　既成　奇声　既製

コウ
コウカ　　：効果　高価　硬貨　校歌　降下　工科　硬化
コウジョウ：厚情　工場　向上　口上　交情　恒常
コウテイ　：肯定　工程　行程　公定　校庭　高低
コウドウ　：行動　講堂　公道

ゴウ
ゴウセイ　：豪勢　合成
フゴウ　　：富豪　符号　符合

シ
シジ　　　：指示　師事　支持　私事
シコウ　　：施行　伺候　指向　試行　思考
シショウ　：支障　師匠　死傷
シジョウ　：誌上　市場　私情　史上　試乗　至上　詩情

| カシ | : | 歌詞 | 可視 | 下肢 | 下賜 | 華氏 | 仮死 | 菓子 |
| シュウシ | : | 収支 | 宗旨 | 終始 | 終止 | 修士 | | |
| ケンシ | : | 剣士 | 犬歯 | 検死 | | | | |
| シメイ | : | 氏名 | 使命 | 指名 | 指命 | | | |
| シゾク | : | 士族 | 氏族 | | | | | |
| シコウ | : | 伺候 | 思考 | 試行 | 指向 | 施行 | 志向 | |

## ショウ

| ショウカ | : | 消火 | 消化 | 商家 | 昇華 | | | |
| ショウガイ | : | 傷害 | 障害 | 生涯 | | | | |
| ショウコウ | : | 商工 | 将校 | 昇降 | 小康 | 焼香 | 症候 | 商港 | 消光 |
| ショウメイ | : | 証明 | 照明 | 正銘 | | | | |
| カイショウ | : | 解消 | 改称 | 快勝 | | | | |
| ゲンショウ | : | 現象 | 減少 | | | | | |
| シショウ | : | 支障 | 師匠 | 死傷 | | | | |
| シュショウ | : | 主将 | 首相 | 殊勝 | | | | |
| タイショウ | : | 対象 | 対称 | 対照 | 対症 | 大勝 | 大将 | 大正 |
| ブショウ | : | 武将 | 不精＝無精 | | | | | |
| ホショウ | : | 保証 | 保障 | 補償 | | | | |
| メイショウ | : | 名将 | 名称 | 名勝 | | | | |

## ジョウ

| コジョウ | : | 古城 | 湖上 | | | | |
| カイジョウ | : | 開城 | 会場 | 開場 | 海上 | 階上 | 回状 |

## シン

| シンケン | : | 真剣 | 親権 | | |
| チュウシン | : | 忠臣 | 中心 | 注進 | 中震 |

---

第10課の学習漢字

豪　江　将　臣　従　城　伺　迎　敷　刀　剣
忠　誠　威　華　幕　武　騎　領　藩　氏　許
背

**23**

（索引p.309〜313）

**10**

練　習

【練習１】　次の□に、適切な字を[　　　]から選んで入れなさい。

A.

| 工 功 貢 江 交 校 郊 効 講 構 購 溝 肯 航 硬 行 降 厚 |
| --- |

1．この学校では□外での活動についても厳しい規則が設けられている。
　　　　　　　　　　　　　　　　　　　　　　　　　　　　　　　［コウガイ］

2．中国の中央部を東へ流れて海にそそぐ大河を「長□」という。
　　　　　　　　　　　　　　　　　　　　　　　　（たいが）　　　［チョウコウ］

3．飛行機は着陸態勢に入り、ゆっくり□下し始めた。　　　　　　［コウカ］

4．人間社会が次第に悪い方向に向かっていると思っている人が多いが、私は人

　　類の未来を□定的に見ている。　　　　　　　　　　　　　　　［コウテイ］

5．製品が消費者の手に渡るまでの流通機□は極めて複雑だと言われている。
　　　　　　　　　　　　　　　　　　　　　　　　　　　　　　　［キコウ］

6．この度は、皆様から格別の御□情を賜り、感謝にたえません。
　　　　　　　　　　（みなさま）　　　　　（たまわ）　（かんしゃ）　　　　［コウジョウ］

B.

| 小 少 省 召 招 紹 照 正 証 症 称 将 象 障 傷 商 消 昇 |
| --- |

1．陸軍や海軍の将校の中で最も位の高い者を大□と言う。　　　［タイショウ］

2．原文と訳文を対□しながら平安時代の古典を読み進めた。　　［タイショウ］

3．この神社は平安時代の建築です。正面から見ると左右対□で、バランス

　　がとれて安定した感じがします。　　　　　　　　　　　　　［タイショウ］

4．知人に□介してもらい、京都の古い寺を訪れた。　　　　　　［ショウカイ］

5．容疑者の少年には彼の無罪を□明するものが何もなかった。［ショウメイ］
　　　　　　　　　　　　　　（むざい）

6．退職後は手話を覚えて、聴覚に□害のある人のお手伝いをするつもりだ。
　　　　　　　　　　　　　（ちょうかく）　　　　　　　　　　　　　　［ショウガイ］

C.

| 子 | 私 | 止 | 史 | 思 | 始 | 試 | 旨 | 指 | 士 | 仕 | 志 | 誌 | 司 | 詞 | 伺 |
|---|---|---|---|---|---|---|---|---|---|---|---|---|---|---|---|
| 氏 | 紙 | 市 | 姉 | 支 | 肢 | 次 | 資 | 姿 | 施 | 示 | 詩 | 至 | | | |

1. 最悪の状況の中で、将軍は数人の士官に次々と事態を打開するための□示を

　与えた。　　　　　　　　　　　　　　　　　　　　　　　　　［シジ］

2. 新しい法案が議会で可決され、来年度から□行の運びとなった。［シコウ］

3. ここに住所と□名、電話番号をご記入下さい。　　　　　　　［シメイ］

4. 老人は車椅子の生活が長く、下□が弱くなり、歩行が難しくなった。
　　　　　　　　　　　　　　　　　　　　　　　　　　　　　［カシ］

5. 町長はゴミ焼却場の建設に終□一貫して反対している。　　［シュウシ］

D.

| 己 | 記 | 紀 | 起 | 奇 | 寄 | 騎 | 基 | 期 | 規 | 帰 | 希 | 機 | 器 | 貴 | 喜 |
|---|---|---|---|---|---|---|---|---|---|---|---|---|---|---|---|

1. 業界では消費者とのトラブルを避けるため、誤解を招くようなコマーシャル

　は流さないように自主的に□制している。　　　　　　　　　［キセイ］

2. この時期は、お盆に□省する客で、新幹線も飛行機も満席状態だ。

　　　　　　　　　　　　　　　　　　　　　　　　　　　　　［キセイ］

3. この長く厳しい経済不況から抜け出すためには、鉄鋼・エネルギー産業な

　どの□幹産業がキーになるという考えがある。　　　　　　　［キカン］

4. 診断の結果、祖父は暴飲暴食が原因で消化□官が非常に弱っていること

　が分かった。　　　　　　　　　　　　　　　　　　　　　　［キカン］

5. 競馬の□手のことを「ジョッキー」と呼ぶ。　　　　　　　　［キシュ］

**10**

E.

| 成 | 盛 | 誠 | 青 | 晴 | 静 | 情 | 精 | 清 | 正 | 政 | 整 | 生 | 性 | 姓 | 勢 |
| 制 | 製 | 声 | 省 | 世 | 歳 | 西 |

1. 即日開票の結果、午後9時には総選挙の大□が判明し、保守党が敗れた

ことが確実になった。　　　　　　　　　　　　　　　　　　　　［タイセイ］

2. 彼は一見、生意気そうに見えるが、□心□意、ことに当たる性格だ。

［セイシン］［セイイ］

3. 当日は雨模様であったが、思ったより出席者が多く、□会だった。

［セイカイ］

4. 軍縮問題を話し合っていた両国の代表は、会議終了後次のような共同□明

を発表した。　　　　　　　　　　　　　　　　　　　　　　　［セイメイ］

5. 新人賞を受賞したこの詩は、優れた表現が多く、作者の豊かな感□のひ

らめきがうかがえる。　　　　　　　　　　　　　　　　　　　［カンセイ］

【練習2】　次の文章を読み、｛ ｝から適切な語を選んで○をつけなさい。

1. 短大時代の友人の結婚式は、一様に｜ 豪華に　華美に　豪勢に ｜流れた
ものが多かった。しかし、先日行われた氏家さんたちの式は、質素だが、心
温まるものだった。

2. 几分通り出来上がった新しい駅前支店の内装は、色は地味だが良質の建材を
ふんだんに使い、なかなか｜ 豪華な　華美な　豪勢な ｜見栄えのする仕
上がりになっている。

3. 人事課の金子さんは、冬休みはハワイ、夏休みはカナディアン・ロッキーだ
そうだ。独身貴族の特権か、｜ 豪華な　華美な　豪勢な ｜ことで、うら
やましい。

4. 小学校の理科の時間に、先生が地震が起こるメカニズムを｜ 豪快に　痛快
に　軽快に　明快に ｜説明してくれた。そのことが、地質学を専門に選ん
だ理由かもしれない。

5．カーニバルの夜、バンドの演奏する ｜ 豪快な　痛快な　軽快な　明快な ｜ サンバのリズムに乗って老いも若きも楽しげに踊り出した。

6．彼は周囲のつまらない非難や中傷を ｜ 豪快に　軽快に　全快に　明快に ｜ 笑い飛ばし、気に留める様子は全くなかった。

7．河野君の ｜ 豪快な　痛快な　軽快な　愉快（ゆかい）な ｜ 批評は、世間をあっと言わせた。

【練習３】　次の文を読んで、￣￣￣￣の中から適切な動詞を選んで、（　）に正しい形にして入れなさい。入れられる動詞は一つとは限りません。

1．

| 持つ　　言う　　開く　　従える　　整える　　破る　　置く |
| --- |

［江戸幕府の成立］　家康は1600年（慶長（けいちょう）5）に石田光成らを関ヶ原（せきがはら）（岐阜（ぎふ）県）の戦いで（　　　　　　）のち、全国の大名を（　　　　　　）、1603年には天皇（てんのう）より征夷大（せいいたい）将軍（しょうぐん）に任じられて、江戸（東京）に江戸幕府を（　　　　　　）。こののち260余年におよぶ徳川（とくがわ）氏による幕府政治の時代を江戸時代と（　　　　　　）。

　江戸時代のしくみは3代将軍家光のころまでに（　　　　　）、将軍の下に老中・若年寄などが（　　　　　）。将軍は約400万石の領地（天領）を（　　　　　）、江戸・大阪・京都などの都市や、鉱山（こうざん）・港町などの重要な場所を直接支配し、ほかの大名とはくらべようがないほどの経済力を（　　　　　）。また旗本（はたもと）・御家人（ごけにん）など直属の家臣団を（　　　　　）、強力な軍事力を（　　　　　　）。

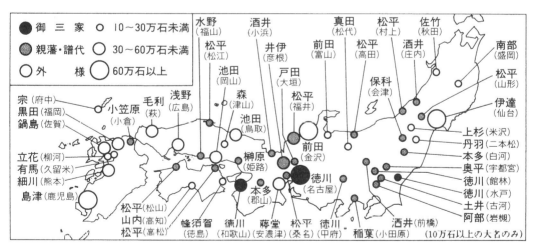

(平成7年度版『中学社会　歴史的分野』日本書籍　p.131)

2.

| 治める　取り締まる　従う　定める　与える　置く　言う　行う　呼ぶ |
| --- |

[大名の統制]　将軍から１万石以上の領地を（　　　　　）者を大名と（　　　　　）。幕府はこれらの大名の統制に心をくばった。徳川一門（親藩）や、古くから徳川氏に（　　　　　）きた大名（譜代）は、関東から近畿にいたる重要な地に配置され、関ヶ原の戦い以後に徳川氏に（　　　　　）大名（外様）は、東北・四国・九州など江戸から遠い地に（　　　　　）。幕府はまた、大名を（　　　　　）ために「武家諸法度」という法令を（　　　　　）。

　大名がその領地や家臣、農民などを（　　　　　）機構を「藩」と（　　　　　）。各藩の政治はそれぞれ独自に（　　　　　）が、常に幕府のきびしい監視下に（　　　　）いた。こうした幕府と藩による政治のしくみを幕藩体制と（　　　　）いる。

3.

| 禁止する　定める　要する　命じる　築く　設ける　背く　迎える |
| --- |

[武家諸法度]　幕府は、大名がかってに城を（　　　　　）ことや、幕府の許可なしに結婚することなどを（　　　　　）。また参勤交代の制度を（　　　　　）、大名は１年おきに江戸と領国に住むように（　　　　　）、妻子は人質として江戸に住むように（　　　　　）。参勤交代や幕府から（　　　　　）土木工事の請け負いなどは、多額の出費を（　　　　　）ため、大名の財政は苦しいことが多かった。この法度に（　　　　）大名は、よそへ配置がえされたり、領地を没収されたりした。

【練習４】　次の下線の漢字に注意して、読んでみましょう。

1．誠実な　　　　成功する　　　　盛大な　　　　＊江戸城
2．忠義　　　　　中心　　　　　　仲裁する
3．真剣な　　　　試験　　　　　　危険な
　　　　　　　　倹約する　　　　検査する
4．長江　　　　　工業　　　　　　紅茶　　　　　項目
　　　　　　　　専攻　　　　　　成功　　　　　貢献
5．伺候する　　　司法　　　　　　動詞　　　　　飼育する
6．騎馬　　　　　奇異な　　　　　寄付する
7．領主　　　　　律令　　　　　　＊命令／零度／年齢

8．<u>幕</u>府　　　　　砂<u>漠</u>　　　　＊お歳<u>暮</u>
9．<u>幕</u>府　　　　　<u>付</u>属する　　　<u>符</u>号
10．<u>氏</u>名　　　　　<u>紙</u>面
11．<u>臣</u>従する　　　<u>縦</u>横
12．<u>将</u>来　　　　　<u>奨</u>学金

【練習５】　文中の＿＿＿＿に下の｛　｝から最も適切な熟語を選び、その読みも書きなさい。

1．私の夢は＿＿＿＿＿な<ruby>客船<rt>きゃくせん</rt></ruby>で世界を回ることだ。
　　　　｛　豪遊　豪華　強豪　富豪　｝
2．実力のない上司ほど、部下に＿＿＿＿＿的な態度をとる。
　　　　｛　威力　脅威　威圧　猛威　｝
3．彼は今、重要な仕事に＿＿＿＿＿している。
　　　　｛　従事　従属　服従　臣従　｝
4．不義理をしていてその人に会いにくい気持ちを表すとき、「＿＿＿＿＿が高い」と言う。
　　　　｛　敷居　敷布　敷石　座敷　｝
5．そのホテルは不便な所にあるので、駅まで＿＿＿＿＿バスを出している。
　　　　｛　歓迎　送迎　迎合　迎賓　｝
6．将軍から＿＿＿＿＿した<ruby>刀剣<rt></rt></ruby>を<ruby>床<rt>とこ</rt></ruby>の<ruby>間<rt>ま</rt></ruby>に<ruby>飾<rt>かざ</rt></ruby>っている。
　　　　｛　要領　占領　横領　拝領　｝

【練習６】　漢字のＡの部分とＢの部分を組み合わせて、漢字をできるだけたくさん作ってみましょう。

Ａ：イ　シ　言　糸　馬　土　令　扌　中　北　彳　食　氵
Ｂ：エ　午　司　頁　成　卬　攵　木　心　大　可　月　辶　刂　寽

例１．中＋心　　　→　　忠
例２．言＋司　　　→　　詞
例３．馬＋大＋可　→　　騎

# 課題

1. 次の文章を読んで、後ろの質問に答えてみましょう。

**HISTORY of JAPAN**

| | |
|---|---|
| 1600 | 関ケ原の戦い |
| 1603 | 徳川家康、征夷大将軍となる |
| 1612 | キリスト教の禁止 |
| 1614 | 大坂冬の陣 |
| 1615 | 大坂夏の陣 |
| | 武家諸法度制定 |
| 1637 | 島原の乱 |
| 1639 | ポルトガルの来航禁止 |
| 1641 | 鎖国体制が完成する |
| 1685 | 生類憐みの令がだされる |
| 1716 | 享保の改革始まる |
| 1721 | 目安箱を評定所に設置する |
| 1758 | 宝暦事件 |
| 1767 | 明和事件 |
| 1772 | 田沼意次が老中となる |
| 1783 | 天明の大飢餓 |
| 1787 | 打ちこわしが起こる |
| | 松平定信の寛政の改革始まる |
| 1841 | 水野忠邦の天保の改革始まる |

＊百姓一揆（ひゃくしょういっき）
吉宗（よしむね）
享保（きょうほ）
家斉（いえなり）
寛政（かんせい）
水野忠邦（みずのただくに）
天保（てんぽう）
年貢（ねんぐ）
薩摩（さつま）
長州（ちょうしゅう）

ました。また、人々の生活が向上しているにもかかわらず農民だけは貧しく、……幕府に対する不満が高まりました。各地で起こった百姓一揆や打ちこわしは、幕府への不満の現れです。

このように幕府は、貨幣経済が進展している一方で封建的な農村支配を行なうという矛盾をはらんでいたのです。

幕府は財政問題を解決し人々からの不信を回復するために、大規模な政治改革を実施します。8代将軍吉宗による享保の改革、11代将軍家斉による寛政の改革、老中水野忠邦による天保の改革がそれです。しかし、農民への年貢を増やしたり、商業を規制したりといった一面的な改革に過ぎず、結局成果をあげることはできませんでした。

天保の改革のころ各藩も改革を実施しましたが、その中で薩摩、長州など一部の藩が改革に成功していました。これらは次第に経済力、軍事力を蓄え、のちに幕府打倒の強力な勢力となるのです。

# 江戸時代は本当に安定していたのか

＊清（中国）

出島

備中鍬

千歯扱

灌漑

鋳造

元禄

歌舞伎

浄瑠璃

浮世絵

　江戸幕府による統治機構は非常に強力なものでした。幕府内は将軍による独裁体制をしいて厳しく統制しました。地方では、各藩をそれぞれ大名に管理させ、参勤交代などよって地方勢力が強大化するのを防ぎました。

　外交的には、キリスト教による封建制の動揺を恐れて、鎖国政策をとりました。国交はわずかにオランダと清（中国）に限り、来航ができるのも長崎の出島だけでした。

　また士農工商という身分秩序も徹底されました。幕府の財政を安定させるため、特に農民の統制が厳しくなされています。農民は苦しい生活を強いられましたが、農業は大幅に発達することになりました。備中鍬・千歯扱といった農具が作られ、水車の普及などによって灌漑も盛んに行なわれるようになりました。

　農業の発達によって食糧供給が安定すると、他の産業も活発化しました。特に工業の発達は商品生産をうながし、全国規模の商業を実現します。商業の中心として江戸と大坂が栄え、大坂は「天下の台所」とよばれました。この

ほか各地に城下町や門前町などが発生しています。

　商業が全国に広がると、貨幣経済も普及していきました。幕府は貨幣の鋳造を一手におこない、貨幣制度を確立しました。大坂・京都を中心とした元禄文化、江戸を中心とした化政文化は、歌舞伎や浄瑠璃、浮世絵などを生み出しています。

　また経済の発達によって庶民の生活を向上させたこの時代、文化は大いに成長しました。両替商という金融機関もこの頃登場しています。

　このように、江戸幕府の政治によって経済は発達し、生活は向上しました。しかしその結果経済問題も起こっています。18世紀になると、生活支出の増大などから幕府も各藩も財政難に陥り

（加来耕三監修『90分でわかる日本史の読み方』（1993）かんき出版　p.120〜121）

**10**

（１）江戸時代、経済はどのように発達したのでしょうか。

（２）幕府の財政難はどうして起こったのでしょうか。

（３）幕府の支配の矛盾（むじゅん）というのは、どのような矛盾でしょうか。

（４）幕府の改革はどのようなものでしたか。

（５）何が幕府を倒す力になったのですか。

２．次の表現を漢字を使って書きなさい。
　　１．えどじだいの　ざいせいもんだい　　２．だいみょうが　はんを　かんりする

　　３．ばくふの　けんいを　まもる　　　　４．しょうぐんから　とうけんを　いただく

　　５．かくちに　じょうかまちが　できる　６．やしきに　はんしゅを　むかえる

　　７．「ぶけしょはっと」を　かいていする　８．ごうせいで　かびな　ぎょうれつを　する

　　９．りょうごくに　かえる　　　　　　　10．ちゅうせいしんを　しめす

３．次の漢字を使った、最もよく使われると思う言葉を選び、文を作りなさい。

　　　　例）勢　→　勢力（せいりょく）：武家が勢力を伸ばす。

　　　　１．背　　　２．許　　　３．氏　　　４．騎

　　　　５．領　　　６．藩　　　７．威　　　８．伺

　　　　９．幕　　10．忠　　11．臣　　12．刀

　　13．豪　　14．敷　　15．誠　　16．従

　　17．剣　　18．華　　19．武　　20．江

　　21．城　　22．将　　23．迎

4．次の時代には、a.～g.のどのスタイルの着物が使われていたでしょうか。

1．奈良時代（710～794）

2．平安時代（794～1192）

3．鎌倉時代・室町時代（1192～1573）

4．江戸時代（1600～1868）

（絵の出典：『地図・図解・年表　日本史』山川出版社 p.103
『例解新国語辞典第2版』三省堂 p.187
『高校日本史』山川出版社 p.35）

5．江戸時代の生活を理解するために、次の言葉の意味を辞書で調べてみましょう。

1．士農工商

2．百姓一揆

**10**

## コラム5　　　　　日本人の姓

　日本人の姓には、植物や動物、地形など自然を表わす漢字が多く使われています。例えば、植物の漢字では「藤」「松」「竹」など、地形を表す字では、「田」「山」「岡」「坂」「崎」「浦」などです。

　他にもおめでたい意味や尊い意味を表す「吉」「賀」「宮」や、位置関係を表す「上」「内」「本」などもあり、これらの字の組み合わせで、実に様々な姓が作られています。

　下記は、日本に多い姓の40位までのリストです。読んでみましょう。

1．鈴木　2．佐藤　3．田中　4．山本　5．渡辺　6．高橋　7．小林
8．中村　9．伊藤　10．斉藤　11．加藤　12．山田　13．吉田　14．佐々木
15．井上　16．木村　17．松本　18．清水　19．林　20．山口　21．長谷川
22．小川　23．中島　24．山崎　25．橋本　26．森　27．池田　28．石川
29．内田　30．岡田　31．青木　32．金子　33．近藤　34．阿部　35．和田
36．太田　37．小島　38．島田　39．遠藤　40．田村

圧倒的に多いのは漢字二字の姓です。次の姓のうち、いくつ読めますか。

福田　　大塚　　三浦　　片山　　宮本　　武田　　竹内　　矢野
村上　　菊池　　丸山　　広瀬　　増田　　桜井　　豊田　　服部
酒井　　坂本　　土屋　　大沢　　杉山　　三宅　　河野　　馬場

　他にも、「浜」「岸」「関」など漢字一字の姓や、「大久保」や「長谷川」などのように三字の姓もあります。周囲の人の姓を集めて、どのような字が使われているか調べてみましょう。

[学習漢字] 鈴　藤　伊　吉　清　崎　塚　浦　沢

【練習1】姓によく使われる字の中にはいろいろな読み方をするものがあります。
　　　　　違いに注意して、読んでみましょう。

1．田：　田口　田原　横田　清田　久保田　本田　沢田　塚田　吉田
2．上：　上田　上野　上原　井上　川上　村上　坂上　浦上
3．小：　小林　小山　小池　小松　小泉　小川　小野　小沢
4．藤：　藤井　藤原　佐藤　伊藤　武藤　後藤　近藤　安藤

【練習2】同じ読み方で字の違う姓もあります。読んでみましょう。

1．渡辺　渡部　2．伊藤　伊東　3．阿部　安倍　4．大田　太田
5．矢部　谷部　6．元木　本木　7．河上　川上　8．小島　児島
9．酒井　堺　10．庄司　東海林

## 第11課
# 健 康 診 断

力だめし

下の文章を読んでみましょう。

**健康診断**　とくに病気や異常があるとは思っていない者に対し、健康状態や、気づかずにいる疾病の有無を調べるために行う診察や検査をいう。健康を維持するためには、疾病・異常を早期に発見し、早期に治療することが必要であり、自覚症状や他覚症状が出てからでは、手遅れになるおそれもある。このため、自発的に医療機関を訪れて受ける個人的なもののほかに、国民全体の健康維持のために行政的に行われるものがあり、定期健康診断などとよばれている。（中略）

　労働基準法によって衛生上問題のおこりうる職場の従業員は、年二回以上の健康診断が必要とされている。また客に接触する業種の業者は、伝染病等に関する健康診断を受けなければならないことがそれぞれの業法に定められている。また、学校では、学校保健法によって児童・生徒、学生、職員の健康診断が定められている。老人には、老人福祉法によって健康診断を受けるべきことが規定されている。さらに妊婦や乳幼児については、母子健康法によってそれぞれ健康診査が行われている。ここにいう健康診査は、健康診断に保健指導を組み合わせた活動のことである。（中略）

　このほか、自治体が独自に予算を計上して対人保健サービスとして実施する乳児検診、成人病検診、癌検診などもある。また、個人が自発的に医療機関を訪れる健康診断で、短期間の入院をして総合的な検査を行うものは、人間ドックなどとよばれている。

　健康診断の検査項目は対象と主目的によって異なるが、小児の場合は、内科的な診察のほか身体計測（身長、体重など）、視力・聴力の簡易検査、歯科

診察、運動機能等の発達検査、それに貧血検査、尿検査、心電図検査などが行われる。成人では、血圧、脈拍、血液化学、肺・胃のX線検査、尿検査、便の検査などが重要になってくる。また、これらの実施の方式としては、医療機関や検査センターなどを個人別に訪れる個別健康診断と、指定された会場へ日時を決めて多人数を呼び集めて行う集団検診とがある。

　以上のような健康診断・検査の結果、さらに精密な診察・検査や治療を要することになれば、専門医療機関等への紹介が行われ、今後の生活上の注意などが必要であれば、医師、保健婦、栄養士、心理相談員等によって保健指導、健康相談が行われる。（以下略）

（『日本大百科全書　8』小学館　1986）


＊付記：看護婦、助産婦、保健婦などは、最近では看護師、助産師、保健師と言われ
　　　　るようになりました。

【問題】　前の文中に使われていた言葉です。読んでみましょう。読み方がわからないものには、○をつけてください。

1. 健康　　　2. 診断　　　3. 異常　　　4. 状態　　　5. 疾病
6. 有無　　　7. 診察　　　8. 検査　　　9. 維持　　　10. 早期
11. 治療　　12. 自覚　　13. 症状　　14. 手遅れ　　15. 自発的
16. 医療　　17. 労働　　18. 基準法　　19. 衛生上　　20. 職場
21. 従業員　22. 接触　　23. 業種　　24. 伝染病等　25. 業法
26. 定める　27. 保健法　28. 児童　　29. 生徒　　30. 職員
31. 福祉法　32. 規定　　33. 妊婦　　34. 乳幼児　　35. 診査
36. 指導　　37. 自治体　38. 独自　　39. 予算　　40. 計上
41. 検診　　42. 成人病　43. 総合的　44. 項目　　45. 対象
46. 主目的　47. 異なる　48. 小児　　49. 内科的　50. 身体
51. 計測　　52. 身長　　53. 体重　　54. 視力　　55. 聴力
56. 簡易　　57. 歯科　　58. 機能　　59. 発達　　60. 貧血
61. 尿　　　62. 心電図　63. 血圧　　64. 脈拍　　65. 血液
66. 肺　　　67. 胃　　　68. 方式　　69. 指定　　70. 集団
71. 精密　　72. 紹介　　73. 医師　　74. 保健婦　75. 栄養士

次のページの【確認】のところを見て、読みをチェックしましょう。

| | I.BKB | II.IKB | III.前課 | IV.本課 | 全体 |
|---|---|---|---|---|---|
| a. 読みを正しく知っている言葉 | ＿＿% | ＿＿% | ＿＿% | ＿＿% | ＿＿% |
| b. 意味は知っているが、読みが不正確な言葉 | ＿＿% | ＿＿% | ＿＿% | ＿＿% | ＿＿% |
| c. よく知らない言葉 | ＿＿% | ＿＿% | ＿＿% | ＿＿% | ＿＿% |

I.　の言葉があまり読めなかった人は、BKB Vol.1&2を復習しましょう。
II.　の言葉があまり読めなかった人は、IKB Vol.1を復習しましょう。
III.　の言葉が読めなかった人は、この本の前の課を復習しましょう。
IV.　の言葉が読めなかった人は、この課でしっかり勉強しましょう。
IV.　の言葉がよく読めた人も、その漢字の別の読み方や使い方などを勉強しましょう。

【確認】　正しく読めたら、□にチェックしましょう。

I．『BASIC KANJI BOOK』Vol.1 & 2の漢字を使った言葉です。
　　1．有無　　□　　2．早期　　□　　3．自覚　　□　　4．手遅れ　□　　5．自発的　□
　　6．業法　　□　　7．定める　□　　8．自治体　□　　9．予算　　□　　10．計上　　□
　　11．成人病　□　　12．主目的　□　　13．内科的　□　　14．体重　　□　　15．歯科　　□
　　16．心電図　□　　17．方式　　□　　18．指定　　□　　　　　　　　　　／18＝__％

II．『INTERMEDIATE KANJI BOOK』Vol.1の漢字を使った言葉です。
　　1．健康　　□　　2．異常　　□　　3．治療　　□　　4．医療　　□　　5．基準法　□
　　　L4 L4　　　　　L4 L4　　　　　L3　　　　　　　L3　　　　　　　L9
　　6．職場　　□　　7．保健法　□　　8．職員　　□　　9．独自　　□　　10．総合的　□
　　　L3　　　　　　L5 L4　　　　　L3　　　　　　　L1　　　　　　　L6
　　11．対象　　□　　12．異なる　□　　13．計測　　□　　14．視力　　□　　15．機能　　□
　　　L8　　　　　　L4　　　　　　L9　　　　　　　L7　　　　　　　L2
　　16．発達　　□　　17．集団　　□　　18．医師　　□　　　　　　　　　　／18＝__％
　　　L10　　　　　　L6　　　　　　L6

III．前の課で勉強した漢字の言葉です。
　　1．状態　　□　　2．検査　　□　　3．維持　　□　　4．労働　　□　　5．従業員　□
　　　3課 2課　　　　3課　　　　　　5課　　　　　　8課　　　　　　10課
　　6．業種　　□　　7．生徒　　□　　8．規定　　□　　9．指導　　□　　10．身体　　□
　　　9課　　　　　　6課　　　　　　6課　　　　　　2課　　　　　　1課
　　11．身長　　□　　12．簡易　　□　　13．脈拍　　□　　14．精密　　□　　15．紹介　　□
　　　1課　　　　　　8課　　　　　　7課　　　　　　3課　　　　　　1課
　　　　　　　　　　　　　　　　　　　　　　　　　　　　　　　　　　　／15＝__％

IV．この課で勉強する言葉です。
　　1．診断　　□　　2．疾病　　□　　3．診察　　□　　4．症状　　□　　5．接触　　□
　　6．児童　　□　　7．妊婦　　□　　8．乳幼児　□　　9．診査　　□　　10．検診　　□
　　11．項目　　□　　12．小児　　□　　13．聴力　　□　　14．貧血　　□　　15．尿　　　□
　　16．血圧　　□　　17．血液　　□　　18．肺　　　□　　19．胃　　　□　　20．保健婦　□
　　[21]腸　　　□　　[22]心臓　　□　　[23]肝臓　　□　　[24]脳波　　□　　[25]骨折　　□
　　[26]筋肉　　□　　[27]腹痛　　□　　[28]疾患　　□　　[29]症候群　□　　　　／29＝__％

V．ここでは勉強しませんが、後でおぼえましょう。
　　1．衛生上　□　　2．伝染病等□　　3．福祉法　□　　4．栄養士　□　　5．看護師　□

## ①身体の部分を表す漢字

### A.「月（にくづき）」がある漢字

次の漢字の中にある「月」は「肉」の意味を表す部首で、「にくづき」と呼ばれ、体に関係のある漢字に使われます。（→IKB Vol.1 p.74）

a. 漢字の左側の部分に「月」があるもの

| | |
|---|---|
| 脳（ノウ） | 膜（マク） |
| 腕（うで・ワン） | 脚（あし・キャク） |
| 胸（むね・キョウ） | 肺（ハイ） |
| 腹（はら・フク） | 胴（ドウ） |
| 腰（こし・ヨウ） | 腸（チョウ） |
| 肝（きも・カン） | 臓（ゾウ） |
| 脈（ミャク） | |

b. 漢字の下の部分に「月」があるもの

| | |
|---|---|
| 背（せ・ハイ） | 骨（ほね・コツ） |
| 肩（かた・ケン） | 胃（イ） |

c. その他の部分に「月」があるもの

| | |
|---|---|
| 筋（すじ・キン） | 能（ノウ） |

### B.「頁（おおがい）」がある漢字

| | |
|---|---|
| 頭（あたま・ズ・トウ） | 顔（かお・ガン） |
| 額（ひたい・ガク） | |

### C．その他、身体部分を表す部首を持つ漢字

| | | | | | | | | |
|---|---|---|---|---|---|---|---|---|
| 手 | → | 指 | 拍 | 技 | 接 | 振 | 折 | 抜　採　… |
| 足 | → | 距 | 踏 | 踊 | 路 | … | | |
| 目 | → | 眼 | 睡 | 眠 | … | | | |
| 口 | → | 吐 | 吸 | 呼 | 吹 | 喫 | … | |
| 耳 | → | 取 | 職 | 恥 | 聴 | … | | |

脳

肩

肺

心臓

腕

肝臓

胃

小腸

大腸

直腸

脚

②病気や疾病を表す漢字

A．「疒」（やまいだれ）を持つ漢字

　　　病　痛　疲　疾　療　症　癌　痢

B．病気や症状を表す漢字
　a．病気
　　　・〜病（びょう）：肺病　心臓病　肝臓病　精神病　眼病　伝染病
　　　　　　　　　　　　糖尿病　白血病　血友病　歯周病
　　　・〜症（しょう）：心身症　狭心症　感染症　夜尿症
　　　　　　　　　　　　花粉症　老人性痴呆症　骨粗しょう症　後遺症
　　　・〜疾患（しっかん）：心臓疾患　肺疾患　胸部疾患

　b．痛み
　　　・〜痛（つう）：頭痛　胸痛　胃痛　腹痛　腰痛　神経痛　筋肉痛
　　　　　　　　　　　生理痛　鈍痛　激痛

　c．熱や痛みを伴う病気
　　　・〜炎（えん）：肺炎　胃炎　肝炎　気管支炎　虫垂炎　関節炎
　　　　　　　　　　　鼻炎　口内炎　中耳炎　結膜炎　脳膜炎

　d．その他
　　　・〜癌（がん）＝悪性の腫瘍　＊ふつう「ガン」または「がん」と書く。
　　　　：肺ガン　乳ガン　胃ガン　食道ガン　大腸ガン　肝臓ガン
　　　　すい臓ガン　子宮ガン
　　　・〜症候群（しょうこうぐん）＝〜シンドローム
　　　　：吸収不良症候群　後天性免疫不全症候群—エイズ＝AIDS

③医療関係の漢字と漢字語

A．医療関係の仕事・職業

　　　医師　外科医　内科医　歯科医　精神科医　産婦人科医
　　　看護師　介護師　保健師　助産師　栄養士
　　　作業療法士（セラピスト）　心理相談員（カウンセラー）

**B．医療を受ける人**

患者 新生児 乳児 幼児 小児 成人 妊婦 老人

**C．検査関係の言葉**

**11**

視力検査 聴力検査 血液検査 尿検査 心電図検査

血圧測定 脈拍測定 身長測定 体重測定

**D．治療関係の動詞**

診察する 検査する 治療する 注射する 手術する

投薬する 入院する 通院する リハビリを行う

**E．類義語の使い分け**

| | 診察 | 診断 | 検診 | 検査 | 診療 | 治療 | 医療 |
|---|---|---|---|---|---|---|---|
| 〜する | ○ | ○ | ○ | ○ | ○ | ○ | × |
| 〜を下す | × | ○ | × | × | × | × | × |
| 〜を誤る | × | ○ | × | △ | △ | ○ | × |
| 〜を受ける | ○ | × | ○ | ○ | ○ | ○ | × |
| 定期〜 | × | × | ○ | ○ | × | △ | × |
| 〜設備 | × | × | ○ | ○ | △ | △ | ○ |
| 〜器具 | △ | △ | × | ○ | ○ | ○ | ○ |
| 〜薬 | × | × | × | ○ | × | ○ | × |

---

第11課の学習漢字

診 疾 察 症 触 児 童 妊 婦 乳 幼
項 聴 尿 血 液 肺 胃 腸 臓 肝 脳
筋 骨 腹 患 候

**27**

（索引p.314〜320）

*143*

練 習

**【練習1】** □の中に身体の部分を表す適切な漢字を入れなさい。

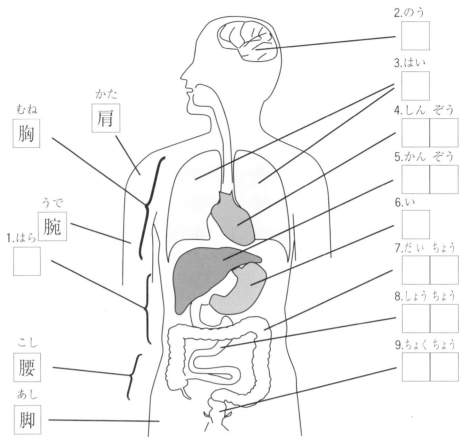

2.のう

3.はい

4.しん ぞう

5.かん ぞう

6.い

7.だい ちょう

8.しょう ちょう

9.ちょく ちょう

むね
胸

かた
肩

うで
腕

1.はら

こし
腰

あし
脚

**【練習2】** □の中に適切な漢字を入れなさい。

| 病 | 疾 | 痛 | 疲 | 痢 | 療 | 症 |
|---|---|---|---|---|---|---|

1．今日は1日コンピュータの画面を見て、目が□れた。

2．歯の治□に通っている。

3．頭が□くて、会社を休んだ。

4．妹は町の□院に勤めている。

5．医者はカルテに□状を記録した。

6．□労回復のためには、よく眠ることが大切だ。

7．□病の有無を検査する。

8．昨夜から腹□がひどくて、下□もしている。

【練習3】　□の中に適切な漢字または漢字語を入れなさい。

| 病　　症　　疾患　　痛　　炎　　癌<sub>がん</sub>　　症候群 |
| --- |

1．この温泉は神経□に効くと言われている。

2．風邪<sub>かぜ</sub>をこじらせて、肺□になってしまった。

3．交通事故の後遺<sub>こうい</sub>□で、首が痛い。

4．祖母は先月、胃□<sub>そば</sub>の手術をしたが、順調に回復している。

5．日本では、血友□の患者が汚染<sub>おせん</sub>された血液製剤を投与されて、後天性

　　免疫不全<sub>めんえき</sub>□□□に感染<sub>かんせん</sub>した場合を、「薬害エイズ」と呼んでいる。

6．子供の「夜尿□」で悩<sub>なや</sub>んでいる親の相談にのっている。

7．検査の結果、心臓に□□があることが判明した。

8．□にかかると治療費がかさむため、「□保険」に加入する人が増えてい

　　る。

【練習4】　次の□□は医療検査に関係のある漢字語です。（　）の中に適切な言
　　　　　　葉を選んで入れなさい。答えは一つだけとは限りません。

| 記録　　検査　　検診　　診察　　診断　　診査 |
| --- |
| 推定　　測定　　治療　　反応　　採血　　実施 |

1．地方自治体は、住民の健康診断を定期的に（　　　　　　）している。

2．身長や体重を（　　　　　）して、検査票に（　　　　　）した。

3．病気の原因はウィルスではないかと（　　　　　）されている。

4．新米の看護師なので、まだ（　　　　　）がうまくできない。

5．聴診器を胸に当てて、（　　　　　）する。

6．病気の（　　　　　）をするために半年入院した。

7．医師は患者が癌であるという（　　　　　）を下した。

8．その液体は、薬品に強く（　　　　　）した。

9．健康のため、保健所で集団（　　　　　）を受ける。

10．過労と（　　　　　）され、ビタミン剤を注射された。

11．自宅で血圧と脈拍が（　　　　　）できる医療器具が販売されている。

12．健康診断に保健指導を組み合わせた活動を「健康（　　　　　）」という。

【練習5】「みる」と「きく」という感覚を表す漢字には、いろいろなものがあります。□の中に適切な漢字を、□□から選んで入れなさい。

「みる」という意味の漢字　　見・診・看・観・察・視

1．病人を見守る　　…□病する・□護する・□護師

2．見る感覚　　…□覚・□力・近□・遠□

3．病状を調べる　　…□療する・□断する・検□する

4．調べて、考える　　…観□する・考□する・□知する

5．見る、考える　　…□学する・意□・所□・□解

6．見る、見方　　…□測する・客□的な・主□的な・

　　楽□的な・悲□的な・人生□

「きく」という意味の漢字　　聞・聴

1．聞く、聞いて知る　　…見□する・伝□・新□

2．注意して聞く　　…□講する・視□する・□診器

　　□覚・□力・難□

146

【練習６】　文中の_____に下の｛ ｝から最も適切な熟語を選び、その読みを書きなさい。

1．祖父は動けないので、医者に_____してもらっている。
　　　｛ 打診　往診　診断　検診 ｝
2．喉が_____を起こしているから、薬をつけておきましょう。
　　　｛ 重症　軽症　炎症　症状 ｝
3．人間ドックの場合は、検査の_____がだいたい決まっている。
　　　｛ 事項　条項　要項　項目 ｝
4．あの人は_____が高いわりに、体重が軽い。
　　　｛ 身体　身長　独身　出身 ｝
5．定期検診で異常が見つかったので、_____検査を受けた。
　　　｛ 親密　精密　厳密　秘密 ｝
6．生後１年ぐらいまでの赤ちゃんを_____という。
　　　｛ 児童　幼児　乳児　小児 ｝
7．やせるために毎日_____運動を20回やっている。
　　　｛ 腹筋　空腹　筋骨　骨格 ｝
8．彼女は血管が細いので、なかなか_____できない。
　　　｛ 採血　出血　血液　流血 ｝
9．_____障害者とコミュニケーションするために、手話を習っている。
　　　｛ 聴力　聴覚　聴診　難聴 ｝
10．病院では、ウィルスを持っている人間に_____する機会が多い。
　　　｛ 感触　触診　接触　触発 ｝
11．_____中の女性は、風邪をひいてもむやみに薬を飲んではいけない。
　　　｛ 主婦　妊婦　妊娠　出産 ｝
12．近日中に、必ず医師の_____を受けてください。
　　　｛ 検診　打診　診察　医療 ｝

【練習７】　次の漢字と同じ音読みの漢字をできるだけたくさん思い出しましょう。例のように、同じ音符があったら、□□で囲んでみましょう。

　　例）身 → 心 申 神 信 真 進 身 親 新 寝
　　　　　　　 辰 唇 振 震 娠

1．症　　2．腸　　3．脳　　4．肝　　5．筋
6．項　　7．乳　　8．児　　9．察　　10．聴
11．婦　12．胃　13．臓　14．液　15．肺
16．尿　17．妊　18．診　19．腹　20．童
21．骨　22．血　23．疾　24．触　25．幼
26．患　27．候

# 課題

1．下の文章を読んで、後ろの質問に答えてみましょう。

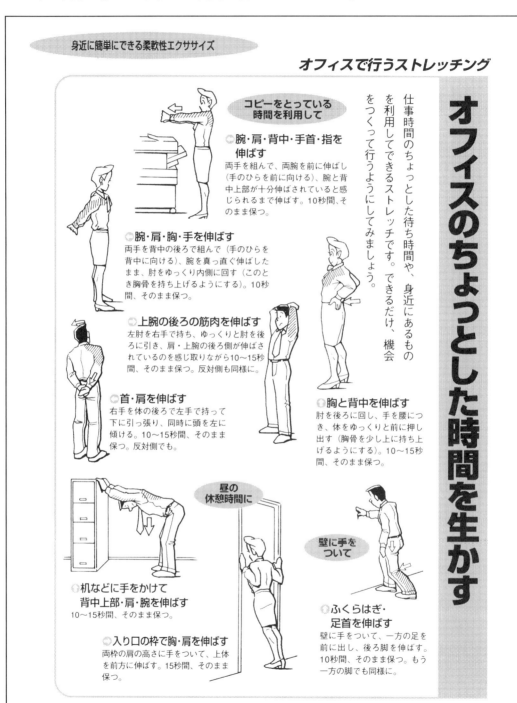

（森永製菓健康事業部発行『忙しい人のための簡単にできる10分間
トレーニングがわかる！』　p.125）

（1）文中にある次の言葉は何と読むでしょうか。下線の漢字は学習漢字外ですが、
　　　読みを下から選んでみましょう。

1．腕　　2．肩　　3．背中　　4．手首　　5．指　　　6．胸
7．肘　　8．胸骨　9．上腕　10．筋肉　11．腰　　　12．脚
13．伸ばす14．組む　15．保つ　16．回す　17．引っ張る18．傾ける

**11**

| | | | | | | | |
|---|---|---|---|---|---|---|---|
| あし | ひざ | ひじ | ゆび | くび | かた | うで | はら |
| こし | ほね | むね | てくび | あしくび | せなか | きんにく | |
| じょうわん | きょうこつ | | くむ | ひっぱる | のばす | まわす | |
| かたむける | | たもつ | もつ | | | | |

（2）次のうちで、「オフィスでできるストレッチ」に当たるものには○を、そう
　　　でないものには×をつけなさい。

1．（　　）両手を組んで、手のひらを前に向けて両腕を前に伸ばし、腕と背中
　　　　　　上部を十分伸ばす。
2．（　　）両手を背中の後ろで組み、手のひらを背中に向けて腕を真っ直ぐ伸
　　　　　　ばしたまま、肘をゆっくり外側に回す。
3．（　　）上腕の後ろの筋肉を伸ばすため、左肩を右手で持ち、ゆっくりと
　　　　　　後ろに引く。
4．（　　）首や肩を伸ばすため、体の後ろで左手で右手を持って下に引っ張り、
　　　　　　同時に頭を右に傾ける。
5．（　　）肘を後ろに回し、両手を腰につけて、ゆっくりと前に押し出すと、
　　　　　　胸と背中を伸ばすことができる。
6．（　　）入り口の枠（わく）の肩の高さに両手をついて、上体を前方に伸ばすと、胸
　　　　　　と肩を伸ばすことができる。
7．（　　）壁（かべ）に手をついて一方の足を前に出し、後ろ脚を伸ばすと、腰を伸ば
　　　　　　すことができる。

2．次の表現を漢字を使って書きなさい。

1．ふっきんうんどう　　　　　8．かんきのうに　いじょうが　ある
2．せいみつけんさ　　　　　　9．にゅうじけんしんを　じっしする
3．しんりょうじょ　　　　　10．けんこうしんだんの　にょうけんさ
4．しんさつしつ　　　　　　11．のうしの　はんていを　する
5．ふくざつこっせつ　　　　12．しちょうかくきょういく
6．ふくぶしっかん　　　　　13．けつえきがたを　しらべる
7．じかくしょうじょう　　　14．いちょうと　しんぞうと　はい

３．次の下線の漢字の読み方を書きなさい。

　　１．町の診療所で、視力と聴力の検査を受ける。

　　２．血清中のたんぱく成分の状態を調べ、肝機能障害があるかどうかを診断する。

　　３．自覚症状はなかったが、脳波には異常が見られた。

　　４．小児科の医者による乳幼児の集団検診が実施された。

　　５．疾病の有無を触診だけで判断することはできない。

　　６．児童相談所で子供の夜尿症についていろいろ相談した。

　　７．妊娠中、看護師から貴重なアドバイスを受けた。

　　８．胃腸はじょうぶだが、肺に疾患があると言われた。

４．次の漢字を使った最もよく使われると思う言葉を選び、文を作りなさい。

　　例）状　→　状態：健康状態を調べる。

| | | |
|---|---|---|
| １．候 | ２．腹 | ３．腸 |
| ４．臓 | ５．肺 | ６．脳 |
| ７．肝 | ８．筋 | ９．胃 |
| 10．骨 | 11．乳 | 12．項 |
| 13．液 | 14．聴 | 15．患 |
| 16．診 | 17．血 | 18．察 |
| 19．触 | 20．症 | 21．疾 |
| 22．尿 | 23．婦 | 24．妊 |
| 25．幼 | 26．児 | 27．童 |

# 第12課
# エネルギーと栄養素

下の文章を読んでみましょう。

## ATPの役割

### エネルギーの主役ＡＴＰ

　生きているもののエネルギーはアデノシン三リン酸（略称ＡＴＰ）という物質が主役になります。歩く時には筋肉が収縮しますが、筋肉はＡＴＰを使って、収縮し、力をだします。また動物の体温を保つのにもエネルギーが必要です。人間の体温をいつも36.5度くらいに保つための熱をＡＴＰが生産しているのです。ほかにも、蛍のだす光とか、電気うなぎの電気なども生体のエネルギーでＡＴＰが発生させます。

### ＡＴＰの作られ方

　さて、筋肉が収縮すると、そこにあるＡＴＰはなくなりますが、ミリ秒の単位でＡＴＰは補給されます。言いかえれば、歩いているときに使われる筋肉でＡＴＰが作りだされるルートについて考えてみます。

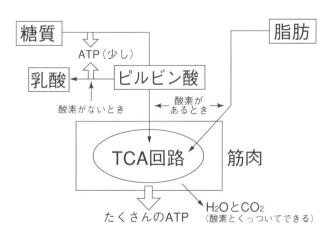

図3　糖質と脂肪からATPのできるルート

　食べ物の中で、糖質（炭水化物）、脂肪が主なエネルギー源であるということは聞いたことがあるでしょう。糖質は穀物で、ごはんやうどん、パンやスパゲッティなどに、脂肪は動物の脂や植物の油に含まれています。これらの食品が直接ＡＴＰというエネルギー源になるのではなく、消化さ

れ、吸収された糖質や脂肪が分解され、酸素と結びついて水と二酸化炭素に
なる過程で、ＡＴＰが作られます（図３）。ＡＴＰというエネルギーを得るの
に、どうしても必要なものが食べ物と酸素ということになります。

（池田克紀編著『ウォーキングの本』岩波ジュニア選書275　p.46～47）

---

### アデノシン三リン酸（ＡＴＰ）[adenosine triphosphate]

　生物のエネルギー源となる物質で、生体のエネルギー通貨といわれる。細
菌類、アメーバから人間に至るまですべての動植物の細胞に広く共通して存
在し、エネルギーの転換に働く。アデニンとリボースが結合したアデノシン
に３個のリン酸が結びついたもので、２番目と３番目のリン酸結合が切れた
とき多くのエネルギーが出るので、その結合のことを高エネルギーリン酸結
合（high-energy phosphate bond）という。細胞内では３番目のリン酸結合が切
れて、ＡＴＰがＡＤＰ（アデノシン二リン酸）になるときに放出されるエネ
ルギーを運動、物質の合成、発光、発音などに用いる。

（『情報・知識 imidas 1999』集英社　p.1026）

---

＊付記：集英社の『情報・知識imidas』は毎年、新しい版が発行されています。ほか
　　　　にも現代用語の解説書が数多く発行されていますので、読解練習のためには、
　　　　最新の記事を探してみてください。

**【問題】** 前の文中に使われていた言葉です。読んでみましょう。読み方がわからないものには、○をつけてください。

1. 栄養素　　2. 役割　　　3. 主役　　　4. 三リン酸　5. 略称

6. 物質　　　7. 筋肉　　　8. 収縮　　　9. 体温　　　10. 保つ

11. 人間　　12. 熱　　　13. 生産　　　14. 光　　　　15. 電気

16. 生体　　17. 発生　　18. ミリ秒　　19. 単位　　　20. 補給

21. 糖質　　22. 炭水化物　23. 脂肪　　24. エネルギー源　25. 穀物

26. 植物　　27. 油　　　　28. 含む　　29. 直接　　　30. 消化

31. 回路　　32. 乳酸　　33. 吸収　　34. 分解　　　35. 酸素

36. 結びつく　37. 二酸化炭素　38. 過程　　39. 得る　　　40. 通貨

41. 細菌類　42. 至る　　43. 細胞　　44. 共通　　　45. 存在

46. 転換　　47. 結合　　48. 3個　　49. 放出　　　50. 合成

51. 発光　　47. 発音

次のページの【確認】のところを見て、読みをチェックしましょう。

|  | I.BKB | II.IKB | III.前課 | IV.本課 | 全体 |
|---|---|---|---|---|---|
| a. 読みを正しく知っている言葉 | ＿＿％ | ＿＿％ | ＿＿％ | ＿＿％ | ＿＿％ |
| b. 意味は知っているが、読みが不正確な言葉 | ＿＿％ | ＿＿％ | ＿＿％ | ＿＿％ | ＿＿％ |
| c. よく知らない言葉 | ＿＿％ | ＿＿％ | ＿＿％ | ＿＿％ | ＿＿％ |

I. の言葉があまり読めなかった人は、BKB Vol.1&2を復習しましょう。

II. の言葉があまり読めなかった人は、IKB Vol.1を復習しましょう。

III. の言葉が読めなかった人は、この本の前の課を復習しましょう。

IV. の言葉が読めなかった人は、この課でしっかり勉強しましょう。

IV. の言葉がよく読めた人も、その漢字の別の読み方や使い方などを勉強しましょう。

【確認】 正しく読めたら、□にチェックしましょう。

I. 『BASIC KANJI BOOK』Vol.1 & 2の漢字を使った言葉です。

1. 物質 □　2. 体温 □　3. 人間 □　4. 熱 □　5. 生産 □
6. 電気 □　7. 生体 □　8. 発生 □　9. 単位 □　10. 油 □
11. 直接 □　12. 消化 □　13. 回路 □　14. 結びつく □　15. 得る □
16. 共通 □　17. 結合 □　18. 3個 □　19. 放出 □　20. 合成 □
21. 発音 □　　　　　　　　　　　　　　　　　　＿／21＝＿%

II. 『INTERMEDIATE KANJI BOOK』Vol.1の漢字を使った言葉です。

1. 役割 □　2. 主役 □　3. 収縮 □　4. 保つ □　5. 分解 □
　 L8　　　 L8　　　 L2 L2　　　 L5　　　　 L3
6. 通貨 □　7. 転換 □　　　　　　　　　　　　　＿／7＝＿%
　 R1　　　 L9

III. 前の課で勉強した言葉です。

1. 略称 □　2. 筋肉 □　3. 光 □　4. 補給 □　5. エネルギー源 □
　 4課　　　 11課　　　 4課　　　 5課　　　　　　　　 6課
6. 過程 □　7. 存在 □　8. 発光 □　　　　　　　＿／8＝＿%
　 5課　　　 3課　　　 4課

IV. この課で勉強する言葉です。

1. 栄養素 □　2. 三リン酸 □　3. ミリ秒 □　4. 糖質 □　5. 炭水化物 □
6. 脂肪 □　7. 穀物 □　8. 植物 □　9. 含む □　10. 乳酸 □
11. 吸収 □　12. 酸素 □　13. 二酸化炭素 □　14. 細菌類 □　15. 細胞 □
[16] 塩素 □　[17] 窒素 □　[18] 硫酸 □　[19] 乳化剤 □　[20] 砂糖 □
[21] 繊維 □　[22] 殺菌 □　[23] 滅菌 □　[24] 抗菌 □　＿／24＝＿%

V. ここでは勉強しませんが、後で覚えましょう。

1. 至る □

## 要点

### ①化学および栄養学の漢字と熟語

　化学や栄養学に関係する熟語には、<-素><-酸><-塩><-化><-質><-糖>
<-剤>などがよく使われます。また栄養学や食品衛生学では、<-菌>もよく使われ
ます。

A．<-素>　元素名（特に原子番号の若いものに用います）

　　　水素　すいそ　　（H : hydrogen）
　　　酸素　さんそ　　（O : oxygen）
　　　炭素　たんそ　　（C : carbon）
　　　塩素　えんそ　　（Cl : chlorine）
　　　窒素　ちっそ　　（N : nitrogen）
　　　ホウ素　ほうそ　　（B : boron）

B．<-酸>　酸の名前（⟷アルカリ／塩基）

　　　炭酸　　　　たんさん　　　　（carbonic acid）
　　　塩酸　　　　えんさん　　　　（hydrochloric acid）
　　　硫酸　　　　りゅうさん　　　（sulfuric acid）
　　　乳酸　　　　にゅうさん　　　（lactic acid）
　　　脂肪酸　　　しぼうさん　　　（fatty acid）
　　　アミノ酸　　アミノさん　　　（amino acid）
　　　クエン酸　　クエンさん　　　（citric acid）
　　　リン酸　　　リンさん　　　　（phosphoric acid）

C．<-塩>

　　a．塩基（base alkali）

　　　　ケイ酸塩　ケイさんえん　　　（silicate）
　　　　硝酸塩　　しょうさんえん　　（nitrate）

　　b．塩化〜（-chloride）

　　　　塩化ナトリウム　えんかナトリウム　（NaCl）
　　　　塩化鉄　　　　　えんかてつ　　　　（$FeCl_3$）
　　　　塩化銀　　　　　えんかぎん　　　　（AgCl）
　　　　塩化カルシウム　えんかカルシウム　（$CaCl_2$）
　　　　塩化ビニル　　　えんかビニル　　　（Vinyl Chloride）

　　　c．塩（salt）の種類

　　　　　食塩　　　しょくえん　　　（table salt）

　　　　　岩塩　　　がんえん　　　　（rock salt）

　　　　　食塩水　　しょくえんすい（solution of salt）

D．＜-化＞

　　a．化合物（chemical compounds）（分子式の後ろの部分の名前を「-化」の前に置く）

　　　　一酸化炭素（CO）　　　　　　水酸化ナトリウム（NaOH）

　　　　二酸化炭素（$CO_2$）　　　　　塩化水素（HCl）

　　　　酸化鉄（FeO）　　　　　　　過酸化水素（$H_2O_2$）

　　b．物質の状態（「〜の状態になる」）

　　　　乳化（emulsify/emulsified）　　固化（solify/solified）

　　　　液化（liquefy/liquefied）　　　気化（vapor/vaporize）

E．＜-質＞　栄養素

　　　　たんぱく質（protein）　　　　糖質（glucide）＝炭水化物（carbohydrate）

　　　　脂質（lipid）　　　　　　　　繊維質（fiber）

F．＜-糖＞

　　　　砂糖（sugar）　　　　　　　　オリゴ糖（oligosaccharide）

　　　　果糖（fructose）　　　　　　　ブドウ糖（glucose）

　　　　単糖（mono-saccharide）　　　多糖（polysaccharide）

G．＜-剤＞　薬品名

　　　　栄養剤（nutritional supplement）防腐剤（antiseptic）

　　　　乳化剤（opacifier/opalizer）　抗ヒスタミン剤（anti-histamine）

　　　　酸化剤（oxidizing agent）　　漂白剤（bleaching agent）

H．＜-菌＞　菌の名前や菌への対策などに使う

　　a．菌の名前

　　　　乳酸菌（lactic acid bacteria）

　　　　サルモネラ菌（salmonella）

　　　　大腸菌（colon bacillus）

　　b．菌への対策

　　　　殺菌する（to sterilize）

　　　　滅菌する（to sterilize）

　　　　抗菌（antibacterial）

## ②同じ漢字を使った類義語

　同じ漢字を使った熟語の中には類義語が多くあります。動詞の場合は、「何が／何を」の部分にどんな言葉をとるかに気をつけて、使い分けを覚えましょう。

```
吸　　呼吸する：　　　　　　　　　　　（自然に空気／酸素等を体内にとりこむ）
　　　吸入する：気体状の薬品等を〜　　（人為的に／意識的に吸いこむ）
　　　吸引する：ゴミ／物質等を〜　　　（そうじ機などの機械で吸いとる）
　　　吸収する：栄養／エネルギー等を〜（消化器官などから体内にとりこむ）
　　　　　　　　知識等を〜　　　　　　（頭脳で）
```

　辞書には「サ変動詞」「〜する」などと記載されていても、実際には動詞として使われるより、複合語の一部として使われるほうが多いものもあります。

```
植　　植民：他国に民を送り、その土地を支配すること
　　　　　　　　植民地／植民政策
　　　植林：多数の木を山などに植えること　　　植林する　植林地
　　　植樹：（記念のために）木を植えること　植樹する　植樹祭
　　　移植：a　植物を他の場所に移し植えること
　　　　　　　　植物を移植する　　植物移植
　　　　　　b　生物の器官や組織の一部を別の個体に移しかえること
　　　　　　　　臓器を移植する　　臓器移植
```

```
名詞になる例
脂／油　油脂：生物が作り出すあぶら
　　　　樹脂：植物、特に樹木の作り出すあぶら
　　　　皮脂：皮膚を保護するために作り出されるあぶら
　　　　植物油：食用のあぶらで、大豆、オリーブ、菜種などから取れるもの
　　　　石油：炭化水素を主成分とする、天然に産出する液状の混合物
　　　　　　　　原油を精製して、揮発油、灯油、軽油、重油などに分ける
　　※　普通、食用油は「〜油（あぶら）」という読み方をする。
```

## ③分野によって異なる反対語

　専門分野によって反対語が異なる場合があります。

```
分離する　⟷　┌結合する　原子が結合して分子となる【物理】
　　　　　　　└統合する　組織と組織を統合する【社会科学】
```

分解する　⟷　{　合成する　フェノールとホルマリンを合成させてプラスチックを作る【化学】

組立てる　部品を組立てて機械を作る【工学】

吸収する　⟷　{　発散する　腸で栄養分を吸収する【栄養学】

汗をかいて熱を発散させる【生理学】

放出する　エネルギーを吸収する【物理】

エネルギーを放出する【物理】

収縮する　⟷　{　膨張する　物質が収縮する／物質が膨張する【物理】

弛緩する　筋肉が収縮する／筋肉が弛緩する【生理学】

───　第12課の学習漢字　───

| 栄 | 酸 | 秒 | 糖 | 炭 | 脂 | 肪 | 穀 | 植 | 含 | 吸 |
| 菌 | 胞 | 塩 | 窒 | 硫 | 剤 | 砂 | 繊 | 殺 | 滅 | 抗 |

**22**

（索引p.320〜324）

練 習

【練習1】 つぎの1～5の□には、番号ごとに共通の漢字が入ります。□の中に適切な漢字を入れなさい。

1．酸□・水□・炭□□・窒□

2．酸□・中□・アルカリ□

3．たんぱく□・糖□・脂□

4．栄養□・安定□・酸化□

5．牛□・母□・濃縮□・脱脂粉□

【練習2】 次の言葉を読み、意味を考えて、線で結びなさい。

1．乳酸菌 ・　　　　　　　　・ oxidizing agent
2．食物繊維 ・　　　　　　　　・ fatty acid
3．過酸化水素 ・　　　　　　　　・ lactic acid bacteria
4．硫化水素 ・　　　　　　　　・ NaCl
5．三酸化硫黄 ・　　　　　　　　・ $H_2O_2$
6．塩化ナトリウム ・　　　　　　　　・ dietary fiber
7．酸化剤 ・　　　　　　　　・ $H_2S$
8．脂肪酸 ・　　　　　　　　・ $SO_3$

【練習3】 下線の漢字の言葉に注意して、文を読んでみましょう。

1．地球の温度はここ20年間に0.3度上がりました。温暖化の主役は二酸化炭素だと言われています。

2．酸性雨の影響も深刻です。酸性雨は、工場や自動車などから出るさまざまなガス類のうち、チッソ酸化物とイオウ酸化物による汚染(おせん)です。

3．酸性雨が降ると、土からは栄養分が失われます。木や草花などの植物は弱くなり、やがて枯(か)れてしまいます。

【練習4】　次の（　）に入れるのに適切な語を｛　｝から選びなさい。

1．大気中の二酸化炭素は、地表から（　　　）される赤外線の一部を吸収して、
　　気温を上昇させる。　　　　　　　　　　　　　　　　｜　発散　放出　｜

2．空気などの気体を加熱すると膨張し、冷却すると（　　　）する。
　　　　　　　　　　　　　　　　　　　　　　　　　　　｜　収縮　縮小　｜

3．米などの食品によって（　　　）される炭水化物は、体内でエネルギー源と
　　なる。　　　　　　　　　　　　　　　　　　　　　　｜　吸収　摂取　｜

4．歩くときに筋肉はＡＴＰを使って（　　　）し、力を出す。
　　　　　　　　　　　　　　　　　　　　　　　　　　　｜　収縮　緊張　｜

5．体内に吸収された栄養が（　　　）され、酸素と結合して水と二酸化炭素に
　　なる。　　　　　　　　　　　　　　　　　　　　　　｜　分解　分離　｜

6．ポリエチレンはエチレンに触媒を加え、圧力をかけ、加熱して（　　　）さ
　　れたものである。　　　　　　　　　　　　　　　　　｜　結合　生成　｜

7．アンモニアは気化しやすく、窒素や水素に容易に（　　　）される。
　　　　　　　　　　　　　　　　　　　　　　　　　　　｜　分離　分解　｜

8．動植物の排出物に含まれた窒素化合物は、微生物によって分解され、窒素と
　　して空気中に（　　　）される。　　　　　　　　　　｜　放出　排出　｜

9．酸素と水素が（　　　）すると水になる。　　　　　　｜　合成　結合　｜

10．洗剤には石油などを原料として化学的に（　　　）されて作られたものと動
　　植物の油脂で作られたものとがある。　　　　　　　　｜　合成　結合　｜

【練習5】　文中の＿＿＿＿＿に下の｛　｝から一番適切な熟語を選び、その読みを
　　　　　　書きなさい。

1．母の容態が急に悪化し、＿＿＿＿困難におちいった。
　　　　　　　｜　吸収　吸入　吸引　呼吸　｜

2．あの信用金庫は業績が悪化し、大手銀行に＿＿＿＿合併された。
　　　　　　　｜　吸収　吸入　吸引　呼吸　｜

3．ここは、千年以上前に＿＿＿＿した都である。
　　　　　　　｜　光栄　繁栄　栄光　栄冠　｜

4．最近疲れやすいので、＿＿＿＿剤を注射してもらった。
　　　　　　　｜　栄養　養分　養生　繁栄　｜

5．昔の植物の＿＿＿＿が固まったものが琥珀(amber)である。
　　　　　　　｜　油脂　樹脂　皮脂　脂質　｜

6．「急がば回れ」というのは＿＿＿＿のある言葉だ。
　　　　　　　｜　包含　含有　含蓄　含有量　｜

7．脳死した人から肝臓を＿＿＿＿＿してもらった。
｜　植樹　植林　植民　移植　｜

8．最近の文房具には＿＿＿＿＿作用があるものが多い。
｜　抗菌　殺菌　細菌　雑菌　｜

9．夏になると＿＿＿＿＿が浮き上がって化粧がくずれやすい。
｜　油脂　樹脂　皮脂　脂質　｜

10．高校を卒業する記念にみんなで校庭に出て＿＿＿＿＿を行った。
｜　植樹　植林　植民　移植　｜

11．赤ちゃんにミルクをあげる時は、最初に熱湯で＿＿＿＿＿する。
｜　抗菌　殺菌　滅菌　全滅　｜

12．彼らは最後まで軍事政権に対する＿＿＿＿＿運動をやめなかった。
｜　抗力　抗争　反抗　抵抗　｜

**【練習６】** ＿＿＿の中から一番適切な動詞を選び、適切な形に変えて（　　）に書きなさい。

| 吸収する　補給する　呼吸する　発生する　消費する　蓄積する |
|---|
| 消化する　生産する　収縮する　分解する　吸う　補う　含む　保つ |

1．長時間の運動では、適切に水分を（　　　　　）ことが大切だ。
2．酸素を多く（　　　　　）血液が肺から動脈を通って体中に送られる。
3．人間は１分間に200mlの牛乳パック分くらいの量の酸素を（　　　　　）いる。
4．血液の中に脂肪が多く（　　　　　）ようになると、いわゆる動脈硬化といわれる状態になってしまう。
5．ビタミンDはカルシウムの（　　　　　）を助ける。
6．人間の体は体温を一定の範囲に（　　　　　）おかなければならないので、暑いときには汗をかいて体温を下げようとする。
7．足の筋肉を（　　　　　）、その力を利用して、われわれは歩いている。

**【練習７】** 下線の漢字には共通の音符が含まれています。例のように、音符を抜き出し、その音を［　　］にカタカナで書きなさい。

例）造花　　通貨　　文化　　　　　→　化 ［ カ ］
1．砂糖　　唐人　　　　　　　　　→　＿ ［　　］
2．脂肪　　主旨　　　　　　　　　→　＿ ［　　］
3．脂肪　　冷房　　予防　　妨害　　→　＿ ［　　］
4．呼吸　　追及　　学級　　　　　→　＿ ［　　］

5．胞子　　包装　　　　　　　　→ ＿［　　　］
6．硫酸　　流域　　　　　　　　→ ＿［　　　］

【練習８】　次の漢字と同じ音読みの漢字をできるだけ思い出してみましょう。周り
　　　　　の日本人にも聞いてみてください。同じ音符を持つ漢字は☐で囲みま
　　　　　しょう。

　　　　例）養 → 用　曜　葉　容　要　腰　陽　羊　洋　様

　　1．栄　　　　2．酸　　　　3．脂　　　　4．菌
　　5．炭　　　　6．糖　　　　7．塩　　　　8．植
　　9．含　　　10．吸　　　11．硫　　　12．剤
　13．砂　　　14．窒　　　15．繊　　　16．殺
　17．秒　　　18．肪　　　19．胞　　　20．滅
　21．抗　　　22．穀

1．下の文章を読んで、後ろの質問に答えてみましょう。

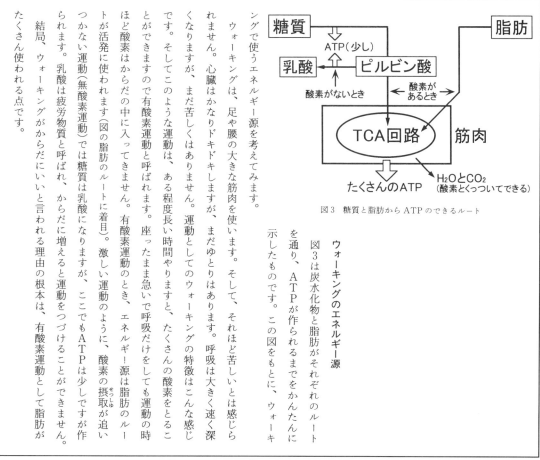

糖質　脂肪

ATP（少し）

乳酸　ピルビン酸

酸素がないとき　←酸素があるとき→

TCA回路　筋肉

たくさんのATP　$H_2O$と$CO_2$（酸素とくっついてできる）

図3　糖質と脂肪から ATP のできるルート

**ウォーキングのエネルギー源**

図3は炭水化物と脂肪がそれぞれのルートを通り、ATPが作られるまでをかんたんに示したものです。この図をもとに、ウォーキングで使うエネルギー源を考えてみます。

ウォーキングは、足や腰の大きな筋肉を使います。そして、それほど苦しいとは感じられません。心臓はかなりドキドキしますが、まだゆとりはあります。運動としてのウォーキングの特徴はこんな感じです。そしてこのような運動は、ある程度長い時間やりますと、たくさんの酸素をとることができますので有酸素運動と呼ばれます。座ったまま急いで呼吸だけをしても運動の時ほど酸素はからだの中に入ってきません。有酸素運動のとき、エネルギー源は脂肪のルートが活発に使われます（図の脂肪のルートに着目）。激しい運動のように、酸素の摂取が追いつかない運動（無酸素運動）では糖質は乳酸になりますが、ここでもATPは少しですが作られます。乳酸は疲労物質と呼ばれ、からだに増えると運動をつづけることができません。

結局、ウォーキングがからだにいいと言われる理由の根本は、有酸素運動として脂肪がたくさん使われる点です。

（池田克紀編著『ウォーキングの本』岩波ジュニア選書275　p.47～48）

（1）運動としてのウォーキングの特徴はどんなものですか。


（2）ウォーキングのような運動は何運動と呼ばれますか。


（3）無酸素運動と有酸素運動の違いは何ですか。


（4）なぜウォーキングは体にいいと言われるのですか。

からだの中に貯蔵されているエネルギー源

糖質と脂肪は主なエネルギー源となり、ATPを作るのを助けるものですが、これらはからだの中に蓄えられています。糖質は食べ物では炭水化物、あるいはでんぷんと呼ばれますが、からだの中で貯蔵されるときはグリコーゲンと呼ばれ、肝臓や筋肉に多く貯蔵されます。からだ全体で一五〇〜二五〇グラムくらいと言われています。

一方、脂肪はたくさん貯蔵されます。人間の体重の一五〜二五％くらいが脂肪ですから、重さにして五キログラムから、多い人で一五キログラムも脂肪をからだに付けて生活していることになります。脂肪が多すぎると歩くのにも、じゃまになります。ウォーキングで脂肪がエネルギー源として使われますので、からだの脂肪を減らすのにも適しています。

（5）糖質が体の中で貯蔵されるときは、何と呼ばれますか。

（6）糖質は体のどこに多く貯蔵されますか。

（7）人間の体の中には、糖質と脂肪とどちらの方が多く貯蔵されていますか。

（8）ウォーキングのエネルギー源として何が使われますか。

2．次の表現を漢字を使って書きなさい。

1．にさんかたんそ　　　　　　2．にゅうさんきん

3．さいぼうの　はたらきを　たすける　4．えいようを　ほきゅうする

5．こくもつに　ふくまれている　6．しぼうを　きゅうしゅうする

7．しょくぶつの　さいぼう　　8．さっちゅうざいで　むしを　ころす

9．えんさんと　りゅうさん　　10．さいきん兵器で　じんるいが　めつぼうする

11．ちっそかごうぶつ　　　　12．とうぶんが　ぶんかいする　かてい

13．100メートルを　9びょうで　はしる　14．コーヒーに　さとうを　いれる

3．次の漢字を使った最もよく使われると思う言葉を選び、文を作りなさい。

例）兆 → ３兆円：政府は３兆円の減税を計画している。

1．酸 →　　　　2．胞 →　　　　3．抗 →

4．栄 →　　　　5．殺 →　　　　6．菌 →

7．砂 →　　　　8．秒 →　　　　9．肪 →

10．剤 →　　　11．糖 →　　　12．脂 →

13．炭 →　　　14．硫 →　　　15．吸 →

16．含 →　　　17．窒 →　　　18．塩 →

19．植 →　　　20．穀 →　　　21．滅 →

22．繊 →

**12**

4．製品に書かれている成分表などから、物質や栄養素の名前を抜き出して、その読み方を書きましょう。

例）牛乳

| 種類別名称 | **乳飲料** |
|---|---|
| 商品名 | すっきり飲めるCa＋鉄低脂肪（シーエープラス） |
| 無脂乳固形分 | 8.0% |
| 乳脂肪分 | 0.7% |
| 原材料名 | 乳製品、生乳（50％未満）、ホエーチーズ、炭酸カルシウム、乳化剤（大豆を含む）、ピロリン酸鉄、ビタミンD、ビタミンB12 |
| 内容量 | 1000ml |
| 賞味期限 | 上部に記載 |
| 保存方法 | 要冷蔵10℃以下 |
| 開封後の取扱 | 開封後は、賞味期限にかかわらず、できるだけ早めにお飲みください。 |
| 製造者 | 日本ミルクコミュニティ(株) 東京都・・・・・・・・・・・・・・・・・・・・・製造所固有の記号は上部の日付け印字右側に英数字3文字で記載 |

公正

| 栄養成分 | | 100ml当たり | |
|---|---|---|---|
| エネルギー | 38kcal | カルシウム | 175mg |
| たんぱく質 | 3.0g | 鉄 | 1.9mg |
| 脂質 | 0.6g | ビタミンD | 1.25μg |
| 炭水化物 | 5.1g | ビタミンB12 | 0.50μg |
| ナトリウム | 46mg | | |

商品名：　すっきり飲めるCa＋鉄低脂肪

種　類：　乳飲料（にゅういんりょう）

原材料：　脱脂乳（　　　　　　　）

_____

_____

_____

栄養成分：

_____

_____

# 日本人の名前

　昔、男の名前には「太郎」「次郎」など「〜郎」のつくものや、「和彦」「昭彦」など「〜彦」のつくものが多く、また女の名前には「良子」「雅子」など「〜子」のつくものが多く見られました。しかし、ここ百年ほどの名前の流行には、次のような傾向が見られます。

【男性の名前】

1．一字の名前が増えている。例「博」「弘」「隆」「純」
2．「〜郎」のつく名前が最近減少の傾向にある。例「一郎」「二郎」「三郎」
3．「〜オ」のつく名前が一時増えたが、また減少の傾向にある。
　　例「一夫」「和男」「秀雄」「隆生」

【女性の名前】

1．「〜子」のつく名前は一時増えたが、最近減少の傾向にある。
　　例「和子」「秀子」「智子」「恵子」「弘子」「美智子」「千恵子」
2．2拍の名前が増えている。例「由美」「絵美」「美香」「由香」

また、名前に使われる漢字にはいろいろな読み方があります。

| 一 | いち　かず | | | 美 | よし　み |
|---|---|---|---|---|---|
| 弘 | ひろ　ひろし　ひろむ | | | 恵 | けい　え　めぐみ |
| 隆 | りゅう　たか　たかし | | | 和 | かず　わ |
| 智 | とも　さと　さとる　さとし　ち | | | | |

[学習漢字] 郎　彦　博　弘　隆　秀　智　恵

【練習1】次の名前は同じ読み方をします。読んでみましょう。

　1．弘　洋　博　寛　宏　　2．純　準　順　潤　淳
　3．武　剛　猛　健　　　　4．誠　真　信　慎
　5．隆　孝　敬　卓　　　　6．明　昭　晃　彰
　7．賢　健　憲　謙　　　　8．佳子　良子　芳子　美子
　9．敬子　恵子　景子　佳子　10．弘子　寛子　浩子　宏子
　11．美智子　美知子　道子　12．貴子　孝子　隆子　多佳子
　13．友紀子　由紀子　由貴子　有希子　雪子

【練習2】次の名前を読んでみましょう。読み方は一つとは限りません。

　1．鈴木一郎　2．高橋和彦　3．伊藤秀夫　4．山崎恵一
　5．三浦智美　6．大塚恵　7．沢田真理　8．吉田博之
　9．小島秀子　10．清水智弘　11．久保田隆明　12．大沢隆二
　13．渡部春恵　14．山本恵理子　15．佐々木美和子

【練習3】日本人の名前を集めてみましょう。珍しい名前を見つけたら、クラスで紹介してください。

# 気体の分子

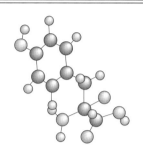

下の文章を読んでみましょう。

## 物質の三態

　純物質は温度と圧力により固体、液体、気体の三つの「状態」をとる。固体はきまった形と体積をもち、その典型である結晶では構成粒子（原子、分子、イオンなど）が三次元的に規則正しく配列している。しかし、ガラスのような無定形固体では構成粒子の規則的な配列は見られない。これに対して気体はきまった形も体積ももたず、各分子は自由に動きまわり、膨張して限りなく広がろうとする。液体は気体と固体の中間の状態で、きまった形をもたず流動性を示す。液体が気体に変化する現象を「気化」という。液体の気化と逆の現象が気体の「液化」である。固体が液体に変化する現象を「融解」、その逆を「凝固」という。一定の圧力のもとでは、固体と液体が平衡状態にある温度は一定であり、これを固体の融点または液体の凝固点という。固体が液体を経ずに直接気体に変化する現象を「昇華」という。

（『情報・知識 imidas 1999』集英社　p.1012〜1013）

## 気体分子のスピード

　私達の地球を取り巻いている空気の組成をみると、大部分は窒素分子（$N_2$）と酸素分子（$O_2$）で、窒素は全体積の約4/5、酸素は約1/5を占め、その他にごく少量のアルゴン（Ar）、炭酸ガス（$CO_2$）、水素（$H_2$）、ヘリウム（He）などが含まれている。

　そしてこれらの気体分子はものすごい速さで空気中をいろんな方向に飛び回っている。物質、特に気体の性質を示す場合、温度と圧力を決めておく必要がある。

　25℃、1気圧の時の窒素分子などの速度を表1にあげる。

表1　1気圧，25℃の時の気体分子の平均速度

| 気体分子 | 速度(m/s) |
|---|---|
| 炭酸ガス($CO_2$) | 378 |
| 酸　素($O_2$) | 443 |
| 窒　素($N_2$) | 474 |
| 水蒸気($H_2O$) | 590 |
| 水　素($H_2$) | 1768 |
| ロケットの地球脱出速度 | 11200 |

　表をみると、気体分子は一秒間に数百メートルの速度で動いている。秒速ではわかりにくいので、時速になおしてみると、酸素分子は時速1,595km、一番軽い水素分子では時速6,365kmの速度を持っている。これらの比較を図１に示してある。水素分子の速度はライフル銃から飛び出す弾丸の速度と同じくらいである。

　さてロケットが地球から脱出するために必要な速度は秒速11.2kmである。表１の中でいちばん速く動いている水素分子でも地球からの脱出速度よりはるかに遅い。しかし表１の値はある平均値であって、実際には脱出速度の速さで動いている水素分子も存在する。そのため、水素分子とかヘリウム分子のような軽い気体

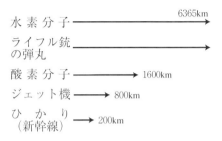

図1　気体分子や乗物などの時速の比較

はたえず地球から宇宙に向かって飛び出している。計算によると水素やヘリウムは地球からの補給がないと、10億年で消え失せてしまうということである。

（上平　恒『水とはなにか』講談社ブルーバックス p.12〜13）

　このように見てくると、気体はものすごい速さで拡散しているように思えるかもしれない。しかし、分子はお互いに関係なく勝手な方向に運動しているので、少し動いただけでも、すぐに他の分子と衝突して、運動の方向が変わってしまう。そのため、ある一定方向に移動する速さ（拡張速度）は、分子の実際の速さに比べて非常に遅い。したがって、気体としては、それほど速くは広がらないのである。

【問題】　前の文中に使われていた言葉です。読んでみましょう。読み方がわからないものには、○をつけてください。

1. 三態　　　2. 純物質　　3. 圧力　　　4. 固体　　　5. 液体
6. 状態　　　7. 体積　　　8. 典型　　　9. 結晶　　　10. 構成
11. 粒子　　　12. 三次元　　13. 規則　　　14. 配列　　　15. 無定形
16. 各分子　　17. 膨張　　　18. 限りなく　19. 流動性　　20. 示す
21. 現象　　　22. 逆　　　　23. 融解　　　24. 凝固　　　25. 平衡
26. 融点　　　27. 経ずに　　28. 昇華　　　29. 私達　　　30. 地球
31. 取り巻く　32. 組成　　　33. 窒素　　　34. 酸素　　　35. 約4/5
36. 占める　　37. その他　　38. 少量　　　39. 炭酸　　　40. 水素
41. 含まれる　42. 方向　　　43. 性質　　　44. 場合　　　45. 一秒間
46. 比較　　　47. ライフル銃 48. 弾丸　　　49. 脱出　　　50. 値
51. 平均値　　52. 実際　　　53. 存在　　　54. 宇宙　　　55. 計算
56. 補給　　　57. 10億年　　58. 消え失せる 59. 拡散　　　60. お互い
61. 関係　　　62. 勝手　　　63. 衝突　　　64. 移動　　　65. 比べる
66. 非常　　　67. 水蒸気　　68. 新幹線

13

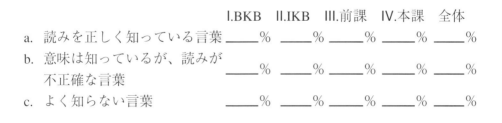

次のページの【確認】のところを見て、読みをチェックしましょう。

| | I.BKB | II.IKB | III.前課 | IV.本課 | 全体 |
|---|---|---|---|---|---|
| a. 読みを正しく知っている言葉 | ___% | ___% | ___% | ___% | ___% |
| b. 意味は知っているが、読みが不正確な言葉 | ___% | ___% | ___% | ___% | ___% |
| c. よく知らない言葉 | ___% | ___% | ___% | ___% | ___% |

I. の言葉があまり読めなかった人は、BKB Vol.1&2を復習しましょう。
II. の言葉があまり読めなかった人は、IKB Vol.1を復習しましょう。
III. の言葉が読めなかった人は、この本の前の課を復習しましょう。
IV. の言葉が読めなかった人は、この課でしっかり勉強しましょう。
IV. の言葉がよく読めた人も、その漢字の別の読み方や使い方などを勉強しましょう。

【確認】　正しく読めたら、□にチェックしましょう。

Ⅰ.『BASIC KANJI BOOK』Vol.1 & 2の漢字を使った言葉です。
1.三次元 □　　2.無定形 □　　3.流動性 □　　4.経ずに □　　5.組成 □
6.約4/5 □　　7.方向 □　　8.性質 □　　9.場合 □　　10.比較 □
11.脱出 □　　12.消え失せる□　13.移動 □　　14.比べる □　＿＿／14＝＿%

Ⅱ.『INTERMEDIATE KANJI BOOK』Vol.1の漢字を使った言葉です。
1.純物質 □　　2.圧力 □　　3.固体 □　　4.構成 □　　5.配列 □
　L2　　　　　　L2　　　　　　L5　　　　　　R2　　　　　　R2
6.各分子 □　　7.限りなく□　8.示す □　　9.現象 □　　10.私達 □
　L6　　　　　　L5　　　　　　L7　　　　　　L8　　　　　　L10
11.地球 □　　12.占める □　13.少量 □　　14.水素 □　　15.値 □
　L5　　　　　　L8　　　　　　L2　　　　　　L8　　　　　　L6
16.平均値 □　　17.実際 □　　18.計算 □　　19.関係 □　　20.勝手 □
　L4L6　　　　　　L2　　　　　　L7　　　　　　L1　　　　　　L2
21.非常 □　　　　　　　　　　　　　　　　　　　　　　　＿＿／21＝＿%
　L4

Ⅲ.前の課で勉強した漢字の言葉です。
1.三態 □　　2.液体 □　　3.状態 □　　4.体積 □　　5.規則 □
　2課　　　　　11課　　　　　3課2課　　　　1課　　　　　6課
6.融解 □　　7.融点 □　　8.昇華 □　　9.窒素 □　　10.酸素 □
　8課　　　　　8課　　　　　10課　　　　　12課　　　　　12課
11.その他 □　12.炭酸 □　　13.含まれる□　14.一秒間 □　　15.存在 □
　1課　　　　　12課12課　　　12課　　　　　12課　　　　　3課
16.補給 □　　17.10億年 □　18.拡散 □　　19.お互い □　　20.新幹線 □
　5課　　　　　8課　　　　　7課　　　　　4課　　　　　3課
　　　　　　　　　　　　　　　　　　　　　　　　　　　　＿＿／20＝＿%

Ⅳ.この課で勉強する言葉です。
1.典型 □　　2.結晶 □　　3.粒子 □　　4.膨張 □　　5.逆 □
6.凝固 □　　7.平衡 □　　8.取り巻く□　9.ライフル銃□　10.弾丸 □
11.宇宙 □　　12.衝突 □　　13.水蒸気 □　[14]亜鉛 □　　[15]零度 □
[16]硫黄 □　[17]角度 □　[18]距離 □　　[19]半径 □　　[20]底辺 □
　　　　　　　　　　　　　　　　　　　　　　　　　　　　＿＿／20＝＿%

①物質の名前を表す漢字

　　物質の名前（元素や化合物の名前）は、漢字で表されるものと、カタカナで表されるものがあります。漢字で表される場合は、下のように決まった漢字が使われます。

A．〜子：物質の小さな単位を表す

　原子（元素の単体）　　例）H，Ne，Oなど

　分子（元素がいくつか結びついたもの）　　例）$H_2O$，$CO_2$など

　粒子（物質を構成する小さな単位）
　りゅうし

　素子（電気回路などで、その回路を作り上げている一つ一つの部品）

　光子（光の粒子）

　陽子（原子核にある＋の電荷を持つ粒子）

　電子（原子核の周りを回る−の電荷を持つ粒子）

　中性子（原子核にある、電気的に中性の粒子）

B．〜素：元素の名前

　　元素の名前を漢字語で表す場合、金属を除いて、ほとんどすべてにこの漢字がつきます。（12課の要点①A（p.155）を参照）

C．金属名

　　金属名は以下のものが漢字で表記されます。

　　　　鉄（Fe）　　銅（Cu）　　銀（Ag）　　白金（Pt）　　金（Au）
　　　　　　　　　　　　なまり　　あえん
　　　　水銀（Hg）　　鉛（Pb）　　亜鉛（Zn）

D．〜物

　有機物　organic matter　　　化合物　　　chemical compounds

　無機物　minerals　　　　　　炭水化物　carbo-hydrate

　酸化物　oxide　　　　　　　　水酸化物　hydroxide

E．〜体：物質の状態を表す

　単体　simple substance　　　同位体　isotope　　　同素体　allotrope

　固体　solid　　　　　　　　　液体　liquid　　　　気体　gas

13

②数学で使われる漢字

A．加減乗除の計算
　　「＋」「－」「÷」「×」などは以下のような漢字を用いて表します。
　a．足し算／加算（a＋b＝c　→　a足すbはc）
　　　また、この答えであるcを「和」と呼びます。
　b．引き算／減算（a－b＝c　→　a引くbはc）
　　　また、この答えであるcを「差」と呼びます。
　c．掛け算／積算（a×b＝c　→　a掛けるbはc）
　　　このcを「積」と呼びます。
　　　掛け算で求めることのできる値は「〜積」を使った漢字語で表されます。
　　　例）　面積　体積　容積　など
　d．割り算（a÷b＝c　→　a割るbはc）
　　　このcを「商」と呼びます。
　e．数学の動詞
　　　定義する　to define
　　　方程式が成り立つ　the equation is formed
　　　方程式を解く　to solve an equation
　　　因数に分解する　to solve into factors
　　　展開する　to expand
　　　移項する　to transpose
　　　消去する　to eliminate
　　　代入する　to substitute
　　　置き換える　to replace
　　　微分する　to differentiate
　　　積分する　to integrate

B．式の名前
　　接尾辞「〜式」を用いて表すことが出来ます。
　　例）数式　　　　　　　a＋b＝c
　　　　化学式（分子式）　$NaSO_4$
　　　　化学反応式　　　　$2NaOH＋CO_2→Na_2CO_3＋H_2O$
　　　　方程式　　　　　　y＝2x＋a
　　　　等式　　　　　　　a＝b
　　　　不等式　　　　　　a＞b

C．数に関することば
　a．〜数
　　　「〜数」という言葉でいろいろな数を表します。
　　　例）　関数　係数　変数　指数　小数　分数　逆数など

b．～値<sub>ち</sub>

計算やグラフなどから求められる数の場合、「～値」を用います。

例）　平均値　絶対値<sub>ぜったい</sub>　極大値　極小値　最大値　最小値など

c．～点<sub>てん</sub>

特に温度については「～点」を用います。

例）　沸点<sub>ふってん</sub>　融点　溶解点　凝固点<sub>ぎょうこ</sub>など

D．図形に使われることば

a．円<sub>えん</sub>　　　　　　b．三角形<sub>さんかくけい</sub>　　　　　c．四角形<sub>しかくけい</sub>

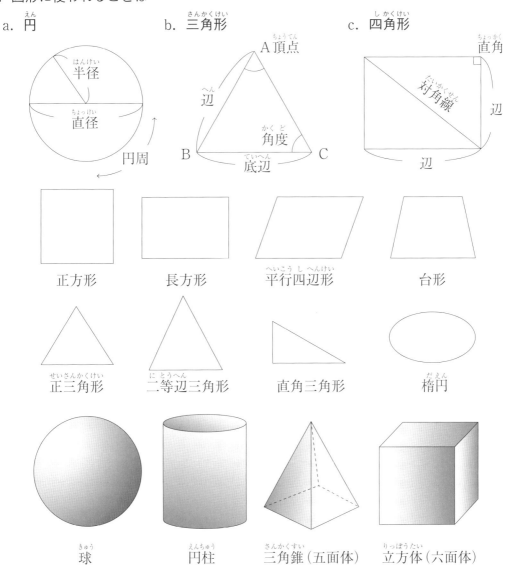

13

半径<sub>はんけい</sub>　直径<sub>ちょっけい</sub>　円周

A頂点<sub>ちょうてん</sub>　辺<sub>へん</sub>　角度<sub>かくど</sub>　B　底辺<sub>ていへん</sub>　C

直角<sub>ちょっかく</sub>　対角線<sub>たいかくせん</sub>　辺　辺

正方形　　　　長方形　　　　平行四辺形<sub>へいこうしへんけい</sub>　　　台形

正三角形<sub>せいさんかくけい</sub>　二等辺三角形<sub>にとうへん</sub>　直角三角形<sub>ちょっかく</sub>　楕円<sub>だえん</sub>

球<sub>きゅう</sub>　　円柱<sub>えんちゅう</sub>　　三角錐（五面体）<sub>さんかくすい</sub>　立方体（六面体）<sub>りっぽうたい</sub>

③単位に使われる漢字

a.　～速

速さを表す単位は「（基本となる時間）＋速」で表すことができます。

例）　（距離）m／sec.　→　秒速～m　　　（距離）m／min.　→　分速～m

（距離）km／h.　→　時速～km

※読み方は、「秒速～メートル」また「～メートル毎秒」という言い方もあります。

b.　～力

力を表す単位は「（力の性質）＋力」で表すことができます。

圧力　→　圧（pressure）＋力　　　重力　→　重（weight）＋力

引力　→　引（pull）＋力　　　　磁力　→　磁（magnetic）＋力

c.　～量

量を表す単位は「（物質）＋量」で表します。

例）質量　原子量　分子量

d.　～度

「（表したい性質）＋度」で表されるものもあります。

温度　←　温かい＋度　　　　　　速度　←　速い＋度

硬度　←　硬い＋度　　　　　　　感度　←　感じる＋度

角度　←　角（の大きさ）＋度　　光度　←　光（の強さ）＋度

※「～度」は数量にも使います。　零度、1度、2度、3度…

---

### 第13課の学習漢字

典　晶　粒　膨　逆　凝　衡　巻　銃　丸　宇

宙　衝　突　蒸　亜　鉛　零　黄　角　距　径

辺

**23**

（索引 p.325～329）

練 習

【練習 1】 次の分子式を日本語名と結びなさい。

例） NaCl                  ・水酸化カリウム
  1．CuCl₂ ・             ・二酸化硫黄
  2．SO₂  ・             ・硫化鉄
  3．Zn（OH）₂・           ・硫酸
  4．KOH ・             ・硫酸ナトリウム
  5．FeS  ・             ・塩化銅
  6．H₂SO₄ ・            塩化ナトリウム
  7．NaOH ・            ・水酸化ナトリウム
  8．NaSO₄ ・           ・水酸化亜鉛

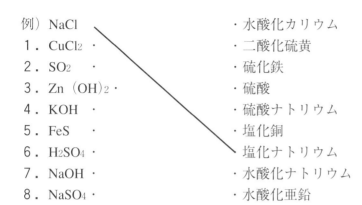

【練習 2】 次の記号や式を読みなさい。

例）１００m/min.  →  分速１００メートル
  1．８０km/h.              2．３００km/sec.
  3．５９m/sec.             4．６００mile/sec.
  5．１５mile/min.          6．２０cm/min.
  7．$2x+y$                8．４０÷８＝５

【練習 3】 □にどんな漢字が入るでしょうか。下から選んで入れなさい。

┌─────────────────────────────────────────┐
│  数 物 子 体 力 素 点 角 量 値 度 積 速  │
└─────────────────────────────────────────┘

1．一種類の元□□からできている物質を単□□、複数の元□□からなる物質
  を化合□□という。

2．分□□を構成する原□□の種類と数が等しく構造が異なる物質は、たがい
  に異性□□（isomer）であるという。

3．水の沸□□は、従来100℃と定義されていたが、1990年１月より99.974℃に
  変わった。

4．原◻核を作っている陽◻の数は同じであるが、中性◻の数が違うた

めに質◻が異なる元素どうしを同位◻［アイソトープ］（isotope）とい

う。たとえば、重水素は水素の同位◻である。

5．純物質は、温◻と圧◻により、固◻、液◻、気◻の３つの状

態をとる。固◻は、きまった形と体◻をもち、その典型である結晶で

は、構成粒◻［原◻、分◻、イオンなど］が３次元的に規則正しく

配列している。

【練習４】 次の（ ）の中に適切な言葉を、下から選んで書きなさい。

> 水酸化　炭酸　塩化　酸化　化学反応式　方程式　分子式
> 凝固点　固体　液体　気体　単体　同位体　同素体　収縮
> 拡散　高度　硬度　温度　炭素　水素　酸素　時速
> 秒速　分速　数値　平均値　最大値　最小値

1．$2NaOH + CO_2 \rightarrow Na_2CO_3 + H_2O$ という（　　　　）は、二つの（　　　　）ナトリウムと二酸化（　　　　）から（　　　　）ナトリウムと水が出来ることを示している。

2．$2\alpha + 2\alpha\beta + 2\beta = (\alpha + \beta)^2$ のような数式は（　　　　）と呼ばれる。

3．水は沸騰すると、（　　　　）から（　　　　）に変わる。

4．気体が広がっていく速さは（　　　　）速度と呼ばれる。$H_2O$ はおよそ分速590メートル（590m/min.）で広がっていく。

5．物質の中で（　　　　）が最も高いのはダイヤモンドである。ダイヤモンドは（　　　　）から出来ていて、炭の（　　　　）（allotrope）である。

6．私たちが料理に使う塩は、NaClという（　　　　）で表され、化学の分野では（　　　　）ナトリウムと呼ばれる。

7．下のグラフのaの値を（　　　　）、bの値を（　　　　）と呼ぶ。

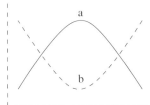

【練習5】 文中の＿＿＿＿に下の｛　｝から一番適切な熟語を選び、その読みを書きなさい。

1．ライフル銃の＿＿＿＿の速度を測る。
　　｜ 弾圧　弾力　弾丸　丸薬 ｜

2．不況になると、＿＿＿＿企業が次々と倒産する。
　　｜ 零細　零度　零下　零点 ｜

3．対立する二つ以上の国や勢力の間に設けられた中立地帯のことを＿＿＿＿地帯という。
　　｜ 折衝　緩衝　衝突　衝動 ｜

4．彼女は陽気で＿＿＿＿的なラテン系の性格だ。
　　｜ 平衡　均衡　典型　出典 ｜

5．車がトラックと＿＿＿＿して横転し、高速道路が通行できなくなった。
　　｜ 衝動　衝突　折衝　緩衝 ｜

6．ヘリコプターで農薬を＿＿＿＿するので、家の窓を閉めてください。
　　｜ 拡散　散布　散水　発散 ｜

7．食塩は、電解質の水＿＿＿＿を作る。
　　｜ 溶質　溶液　溶解　溶接 ｜

8．彼は難関を＿＿＿＿して、司法試験に合格した。
　　｜ 突進　突入　突撃　突破 ｜

9．空気は温めると＿＿＿＿する。
　　｜ 膨張　凝固　衝突　溶解 ｜

10．我々を＿＿＿＿＿＿宇宙には一定の法則がある。
　　｜ 取り巻く　取り囲む　取り入れる　取り込む ｜

11．池や川などの水が＿＿＿＿して上空の雲になり、また雨を降らす。
　　｜ 凝固　蒸発　膨張　溶解 ｜

12．彼は人に欠点を指摘されると、すぐ＿＿＿＿する。
　　｜ 逆転　逆上　逆行　逆接 ｜

13．水を熱して出てきた蒸気を冷やし、＿＿＿＿水を作る。
　　｜ 蒸気　蒸留　蒸発　蒸生 ｜

14．若いころから＿＿＿＿を現わす人もいれば、晩年になってから評価される人もいる。
　　｜ 互角　内角　直角　頭角 ｜

13

【練習６】 下線の漢字には共通の音符（おんぷ）が含まれています。例のように音符を_____
に抜き出し、その音をカタカナで ［ ］ に書きなさい。

例：規<u>則</u>　　測定　　　　　→　則 ［ソク］
1．半<u>径</u>　　<u>軽</u>快　　　　　→　__ ［　　］
2．<u>銃</u>弾　　<u>充</u>実　　　　　→　__ ［　　］
3．<u>零</u>度　　命<u>令</u>　　<u>冷</u>房　→　__ ［　　］
4．亜<u>鉛</u>　　<u>沿</u>岸　　　　　→　__ ［　　］
5．<u>溶</u>解　　内<u>容</u>　　　　　→　__ ［　　］
6．<u>距</u>離　　<u>巨</u>大　　　　　→　__ ［　　］
7．<u>硫</u>黄　　<u>横</u>断　　　　　→　__ ［　　］

【練習７】 次の漢字と同じ音読みの漢字をできるだけたくさん思い出してみましょ
う。周りの日本人にも聞いてみてください。同じ音符を持つ漢字は▢▢
で囲みましょう。

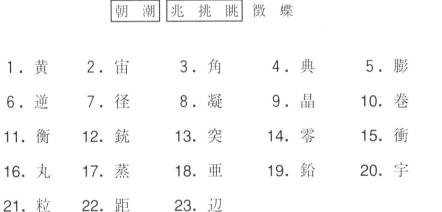

例）聴 → 腸 ▢長 張 帳▢ ▢丁 庁 町 頂▢ 超 ▢調 彫▢ 鳥
　　　▢朝 潮▢ ▢兆 挑 眺▢ 徴 蝶

1．黄　　2．宙　　3．角　　4．典　　5．膨

6．逆　　7．径　　8．凝　　9．晶　　10．巻

11．衡　　12．銃　　13．突　　14．零　　15．衝

16．丸　　17．蒸　　18．亜　　19．鉛　　20．宇

21．粒　　22．距　　23．辺

1. 下の文章を読んで、後ろの質問に答えてみましょう。

第三章　水溶液の構造

0.98Å　1.38Å
$Na^+$　$H_2O$（−／＋）

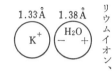

1.33Å　1.38Å
$K^+$　$H_2O$（−／＋）

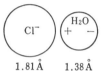

1.81Å　1.38Å
$Cl^-$　$H_2O$（＋／−）

図23　陽イオンと陰イオンのそばの水分子の向き

水溶液としてもう一つぜひとも取り上げなければならないのは、食塩のような電解質の水溶液である。食塩を水に溶かすと、プラスの電気をもったナトリウムイオン（$Na^+$）とマイナスの電気をもった塩素イオン（$Cl^-$）に分れる（これを解離という）。動植物に含まれる主なカチオン（プラスの電気をもったイオン、陽イオンともいう）としては、水素イオン（$H^+$）ナトリウムイオン（$Na^+$）、カリウムイオン（$K^+$）、その他少量のカルシウムイオン（$Ca^{2+}$）、マグネシウムイオン（$Mg^{2+}$）がある。またアニオン（マイナスの電気をもったイオン、陰イオンともいう）としては、塩素イオン（$Cl^-$）、重炭酸イオン（$HCO_3^-$）、それから少量の硫酸イオン（$SO_4^{2-}$）および燐酸イオン（$HPO_4^{2-}$）があげられる。

イオンは生物の体内にも存在する。

これまでのべてきたように、アルコールや糖と水分子が作用する際の主な力は、水素結合であった。イオンとの作用の場合には、水分子の二重性格のもう一つの側面である双極子としての働きが主体になる。

双極子は小さな磁針に似た性質をもっている。たとえば強い棒磁石のN極に磁針を近づけると、磁針はそのS極を棒磁石のN極に向けて静止するだろう。今、棒磁石のN極のかわりにナトリウムイオン、磁針のかわりに水分子を考えると、水分子はナトリウムイオンの方に、S極に相当する部分を向けるであろう。

すなわち、水分子は小さな棒の両端に、プラスの電気とマイナスの電気をもった双極子としての性質を示すので、ナトリウムイオンのそばではマイナスの電気の方を向け、塩素イオンのそばではプラスの電気の方を向ける。図23に、ナトリウムイオン、カリウムイオンおよび塩素イオンのそばの水分子の向きを示す。ただし、図では水分子を棒状でなく、円として描いてある。この方が実際に近いのである。

（上平恒『水とはなにか』講談社ブルーバックス　p.84〜85）

（1）（　）に適当な漢字語を入れて、要約文を作りなさい。

　　ここでは、食塩のような（　　　　　　　　　）の（　　　　　　　　　　　）を取り上げる。食塩を水に溶かすと、（　　　　　　　　　　　　　　）と（　　　　　　　　　　　）に分かれるが、このような（　　　　　　　　　）は生物の体内にも存在する。水分子が（　　　　　　　　　）と作用する場合には、双極子としての働きが主体となる。

（2）双極子としての性質というのはどんなものですか。




（3）電解質の水溶液について、本文の内容と合っているものには○、そうでないものには×をつけなさい。
1.（　　　）水分子は、棒より円として描いたほうが実際に近い。
2.（　　　）食塩を水に溶かしたとき、その水溶液は電気を通す性質を持つ。
3.（　　　）水分子がイオンと作用する際には、水素結合の力が主体となる。
4.（　　　）ナトリウムイオンは「陰イオン」、塩素イオンは「陽イオン」である。
5.（　　　）水分子は磁石の針に似た性質を持っており、陽イオンに対してはマイナスの電気の方を向け、陰イオンに対してはプラスの電気の方を向ける。

2．下の説明を読み、（　）に下から適切な言葉を選んで入れてみましょう。（同じ言葉が何回か使われる場合があります。）

| 酸素　炭素　炭酸　元素　分子　原子　陽子　電子　粒子 |
| 化合物　有機　無機　同位体　補う　含む　含まれる　含める |

（1）有機化学というのは、有機（　　　　　）を研究する化学の一部門で、（　　　　　）化学に対立する。元来は、生物界から得られる化合物を有機化合物と呼び、有機化合物は生物の生命力によってのみ作られると考えられてきた。しかし、1828年にドイツのF.ウェーラーが無機化合物から尿素を合成することに成功してから、有機化合物が次々と合成されるようになり、この見解は否定され、有機化合物は（　　　　　）化合物の別名となった。
　　ただし、二酸化（　　　　　）など少数の簡単な化合物は、古くからの習慣によって、無機化合物の中に（　　　　　）。
　　有機化合物に（　　　　　）主な（　　　　　）は、炭素、水素、酸素、窒素、硫黄、リン、ハロゲンなどであるが、最近は金属を（　　　　　）有機化合物の研究も盛んになった。

（2）原子は、物質を構成する最小の単位（　　　　　）で、atomは「分割できないもの」という意味のギリシャ語に出来ている。原子は、原子核とその周

囲を回る負の電気をもつ（　　　　　）からなり、核は正の電気をもつ
（　　　　　）と電気的には中性の中性子からなる。
　　元素の性質は、この（　　　　　）の数［原子番号］で決まる。同じ元素
に属する原子でも、中性子の数の違いから質量数［陽子数と中性子数の和］
の異なるものを（　　　　　）［アイソトープ］と呼ぶ。

3．次の表現を漢字で書きなさい。
　1．たいようを　とりまく　うちゅう　　2．いおうや　あえんが　ふくまれる
　3．れいどいかの　おんど　　　　　　　4．けっしょうを　こうせいする　りゅうし
　5．じゅうに　だんがんを　こめる　　　6．すいじょうきが　ぼうちょうする
　7．きいろい　なまりの　にんぎょう　　8．にとうへんさんかくけい
　9．ちきゅうからの　きょりを　はかる　10．はんけいが　ごセンチの　えん
　11．きたいの　ぶんしが　しょうとつする　12．てんけいてきな　つきの　かたちは　まるい
　13．とつぜん　ぎゃくの　むきに　なる　14．こたいと　えきたいの　へいこうじょうたい

**13**

4．次の下線の漢字の読み方を書きなさい。
　1．宇宙から見れば、太陽も地球も米粒のようなものだ。
　2．その百科事典は、上巻と下巻に分かれている。
　3．シートベルトは、衝突時の衝撃をやわらげる働きをする。
　4．硫黄は黄色、硫酸銅は青色の結晶である。
　5．あそこの角を右に曲がると、白亜の城が見える。
　6．鉛筆で直径10センチの円と小さな三角形を描いた。
　7．銀行の辺りで突然、銃声がしたので、目を凝らした。

5．次の漢字を使った最もよく使われると思う言葉を選び、文を作りなさい。

　例）散　→　拡散：核の拡散を防ぐための条約を結ぶ。

　1．凝　→　　　　　2．衡　→　　　　　3．零　→

　4．巻　→　　　　　5．宙　→　　　　　6．銃　→

　7．丸　→　　　　　8．蒸　→　　　　　9．亜　→

　10．角　→　　　　11．黄　→　　　　12．鉛　→

　13．距　→　　　　14．径　→　　　　15．辺　→

　16．宇　→　　　　17．衝　→　　　　18．逆　→

　19．典　→　　　　20．晶　→　　　　21．粒　→

　22．膨　→　　　　23．突　→

# 形の似た漢字

　漢字の中には、形が似ていて間違えやすいものがあります。ほとんどの場合、意味や読み方に共通点はありませんが、形声音符が同じ場合には、音読みが同じになる場合もあります。

　（1）漢字の一部分（部首や形声音符など）が同じで間違えやすいもの

　　　例）　季（キ）　　　　　　　　／委（イ）　　　　　／秀（シュウ）

　　　　　　礼（レイ）　　　　　　　／札（サツ）

　　　　　　描（えが-く／ビョウ）　／猫（ねこ／ビョウ）

　　　　　　刑（ケイ）　　　　　　　／刊（カン）

　　　　　　遺（イ）　　　　　　　　／遣（ケン）

　　　　　　積（セキ）　　　　　　　／績（セキ）　　　　／責（セキ）

　　　　　　阪（さか／ハン）　　　　／板（いた／ハン）／坂（さか／ハン）

　（2）点の位置・有無が違うだけのもの

　　　例）　大（おお）きい　／太（ふと）い　　　／犬（いぬ）

　　　　　　王（オウ）　　　／主（おも）な　　　／玉（たま）

　この他にも似ている漢字はいろいろあります。自分でも探してみましょう。

## ［学習漢字］　季　猫　刊　遺　遣　板　坂　犬

**【練習1】** 下線の部分に注意して読んでみましょう。

　1．委員会は季節ごとに一番優秀な人を選んで発表している。

　2．札幌で親切にしてもらった人に、お礼として一万円札をあげた。

　3．私の両親は大阪の坂が多い場所で建築用の板を作っている。

　4．彼女は積極的な性格で、責任感が強く、成績もよい。

　5．あの画家は猫を描いた絵で有名になった。

　6．外国へ派遣されていた社員が亡くなり、遺体が本国へ運ばれてきた。

　7．刑事事件を起こした人の自叙伝(じじょでん)が刊行された。

　8．太い引き綱(ひづな)で大きい犬を散歩に連れていった。

　9．あの人は物理が専門で、この間博士号を取った。

　10．子供のころ、主人である王様のために美しい玉を取ってきた男の話を読んだ。

**【練習2】** ｛　｝の中から適切な漢字を選びなさい。

　1．暑い ｛a 委　b 秀　c 季｝ 節になると、｛a 犬　b 大　c 太｝ や ｛a 描　b 猫｝ は元気がなくなる。

　2．父の ｛a 遺　b 遣｝ 書が見つからなかったので、家中探したところ、床(ゆか) ｛a 坂　b 板　c 阪｝ の下にあった。

　3．学校の新聞に成績優 ｛a 秀　b 委　c 季｝ 者の名前が発表された。

　4．西暦2000年を記念して、新しい二千円 ｛a 札　b 礼｝ が発行された。

　5．新しい雑誌が創 ｛a 刊　b 刑｝ された。

# 環 境 問 題

力だめし

### 人間の活動が自然に与える影響

　人間がその活動によってつくりだしているエネルギーは、太陽放射の10000分の1程度であり、自然のエネルギーに比べてはきわめて小さい。しかし、都市のような地域では集中して発生しているため、自然のエネルギー循環にかなりの影響をあたえている。また、直接にエネルギーを発生しなくても、人間の活動の結果が自然のエネルギー循環の流れを変えて、気候などに影響をあたえることもある。

【都市域の影響】人口集中のはげしい都市域では人為的なエネルギーの発生量が大きく、また、建築物や道路などのため土壌からの水分の蒸発も抑制される。このため、太陽の放射エネルギーのうち、蒸発に使われるべき分（23%）の多くの量が空気の加熱に使われるようになる。これらの原因で、都市域は周辺部より気温が高くなり、同時に湿度が減少する。また、人間活動の影響は自然を大きく変化させていく（図88）。

**14**

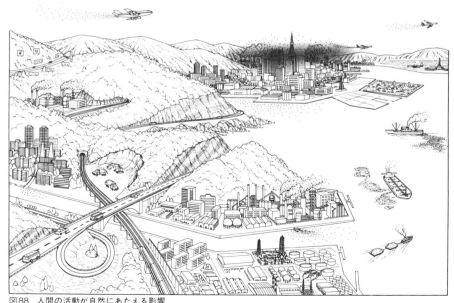

図88　人間の活動が自然にあたえる影響

**【二酸化炭素による影響】**人間の活動が地球全体のエネルギー循環におよぼす影響のなかでもっとも大きなものは、二酸化炭素$CO_2$の大量発生のよるものである。大気中に約0.03％ふくまれている二酸化炭素は、温室効果によって地表面の温度を保つのに大きな役割をはたしている。

　ところで、現代の人類による化石燃料の大量消費のために、大気中の二酸化炭素は年々増加の傾向にあることが観測されている。このまま化石燃料消費の増加がつづけば、21世紀なかばには、二酸化炭素の濃度は現在の２倍になるという予想もある。（中略）このような二酸化炭素の急激な増加は、気温の上昇ばかりではなく、世界各地の気候も変化させ、場所によっては乾燥化させ、農業生産などにも影響するものと懸念されている。

　人間の活動が半乾燥地帯の生態系を破壊して砂漠化をうながしていることも指摘され、問題化している。わたくしたちも自然の一員であり、自然との調和を考えていかねばならない。

（阿部龍蔵・毛利秀雄ほか10名『理科Ｉ　改訂版［物理・地学編］』三省堂　p.93〜94）

## 大気へ放出される環境ホルモン

　処分場に山積みにされた廃棄物にはさまざまなものが含まれる。最近、とくに目につくようになったのがプラスチック製品だ。有機塩素系のビニールでコーティングされた製品も数多く目につく。

　いまや私たちの身の回りには、プラスチック製品がいたるところにある。たとえばいい例が学校給食だ。以前はアルミニウムの器がほとんどだったが、いまや食器もハシもプラスチック製なのである。そしてこのプラスチック製の食器には、ビスフェノールＡなどの環境ホルモン物質が含有されていることが多い。

　合成化学物質を含有した廃棄物を燃やせば、さまざまな有毒化学物質が環境中に放出されることになる。ダイオキシンやPCB、ビスフェノールＡ、フタル酸エステル、そして、環境ホルモン物質として認定された何種類もの有毒物質が、煙と一緒に大気に放出され、水に溶けこみ、魚や植物を汚染することになる。

　環境中に拡散した汚染物質は、やがてさまざまな経路を通じ生物体にとりこまれることになる。河川や海辺に生息する魚介類は、餌となるプランクトンをとるために、一日に大変な量の海水を体内にとりこんでいる。そのために体内に蓄積される汚染物質の量が一桁違うのだ。

　数千倍から数万倍に濃縮され生体に蓄積された汚染物質は、環境に悪影響を与えるばかりでなく、人体に甚大な健康被害を与えつづけることになる。これまで日本社会で環境中に放出された汚染物質の量は、桁はずれな量であるにちがいない。

（志村岳編著1999『図解ひと目でわかる「環境ホルモン」ハンドブック』
講談社＋α文庫　p.303〜304）

【問題】　前の文中に使われていた言葉です。読んでみましょう。読み方がわからないものには、○をつけてください。

| | | | | |
|---|---|---|---|---|
| 1．環境 | 2．人間 | 3．活動 | 4．自然 | 5．影響 |
| 6．太陽 | 7．放射 | 8．程度 | 9．比べる | 10．都市 |
| 11．地域 | 12．集中 | 13．発生 | 14．循環 | 15．直接 |
| 16．結果 | 17．気候 | 18．人為的 | 19．発生量 | 20．建築物 |
| 21．道路 | 22．土壌 | 23．蒸発 | 24．抑制 | 25．加熱 |
| 26．原因 | 27．周辺部 | 28．気温 | 29．湿度 | 30．二酸化炭素 |
| 31．地球 | 32．大量 | 33．大気中 | 34．温室効果 | 35．地表面 |
| 36．保つ | 37．役割 | 38．現代 | 39．人類 | 40．化石燃料 |
| 41．消費 | 42．傾向 | 43．観測 | 44．世紀 | 45．濃度 |
| 46．2倍 | 47．予想 | 48．上昇 | 49．世界各地 | 50．乾燥化 |
| 51．懸念 | 52．半乾燥地帯 | 53．生態系 | 54．破壊 | 55．砂漠化 |
| 56．指摘 | 57．調和 | 58．放出 | 59．処分場 | 60．山積み |
| 61．廃棄物 | 62．含まれる | 63．製品 | 64．塩素系 | 65．身の回り |
| 66．例 | 67．給食 | 68．器 | 69．食器 | 70．物質 |
| 71．含有 | 72．合成 | 73．燃やす | 74．有毒 | 75．フタル酸 |
| 76．認定 | 77．種類 | 78．煙 | 79．一緒 | 80．溶ける |
| 81．魚 | 82．植物 | 83．汚染 | 84．拡散 | 85．経路 |
| 86．生物体 | 87．河川 | 88．海辺 | 89．生息 | 90．魚介類 |
| 91．餌 | 92．蓄積 | 93．一桁 | 94．濃縮 | 95．生体 |
| 96．与える | 97．人体 | 98．甚大 | 99．健康 | 100．被害 |

**14**

次のページの【確認】のところを見て、読みをチェックしましょう。

| | I.BKB | II.IKB | III.前課 | IV.本課 | 全体 |
|---|---|---|---|---|---|
| a．読みを正しく知っている言葉 | ＿＿％ | ＿＿％ | ＿＿％ | ＿＿％ | ＿＿％ |
| b．意味は知っているが、読みが不正確な言葉 | ＿＿％ | ＿＿％ | ＿＿％ | ＿＿％ | ＿＿％ |
| c．よく知らない言葉 | ＿＿％ | ＿＿％ | ＿＿％ | ＿＿％ | ＿＿％ |

I. の言葉があまり読めなかった人は、BKB Vol.1&2を復習しましょう。

II. の言葉があまり読めなかった人は、IKB Vol.1を復習しましょう。

III. の言葉が読めなかった人は、この本の前の課を復習しましょう。

【確認】　正しく読めたら、☐にチェックしましょう。

I.『BASIC KANJI BOOK』Vol.1 & 2の漢字を使った言葉です。

1. 人間（にんげん）　☐　　2. 活動（かつどう）　☐　　3. 比べる（くらべる）　☐　　4. 都市（とし）　☐　　5. 集中（しゅうちゅう）　☐
6. 発生（はっせい）　☐　　7. 直接（ちょくせつ）　☐　　8. 結果（けっか）　☐　　9. 道路（どうろ）　☐　　10. 加熱（かねつ）　☐
11. 気温（きおん）　☐　　12. 大気中（たいきちゅう）　☐　　13. 温室効果（おんしつこうか）☐　　14. 地表面（ちひょうめん）　☐　　15. 現代（げんだい）　☐
16. 人類（じんるい）　☐　　17. 消費（しょうひ）　☐　　18. 調和（ちょうわ）　☐　　19. 放出（ほうしゅつ）　☐　　20. 器（うつわ）　☐
21. 食器（しょっき）　☐　　22. 物質（ぶっしつ）　☐　　23. 合成（ごうせい）　☐　　24. 魚（さかな）　☐　　25. 経路（けいろ）　☐
26. 生物体（せいぶつたい）　☐　　27. 生体（せいたい）　☐　　28. 人体（じんたい）　☐　　　　　　　　　　＿＿／28＝＿＿%

II.『INTERMEDIATE KANJI BOOK』Vol.1の漢字を使った言葉です。

1. 自然（しぜん）　☐　　2. 発生量（はっせいりょう）　☐　　3. 建築物（けんちくぶつ）　☐　　4. 原因（げんいん）　☐　　5. 周辺部（しゅうへんぶ）　☐
　　L5　　　　　　　　　　　L2　　　　　　　　　　L7　　　　　　　　　　L10　　　　　　　　　L5
6. 地球（ちきゅう）　☐　　7. 大量（たいりょう）　☐　　8. 保つ（たもつ）　☐　　9. 役割（やくわり）　☐　　10. 観測（かんそく）　☐
　　L5　　　　　　　　　　　L2　　　　　　　　　　L5　　　　　　　　　　L8　　　　　　　　　L7 L9
11. 世紀（せいき）　☐　　12. 濃度（のうど）　☐　　13. 2倍（ばい）　☐　　14. 予想（よそう）　☐　　15. 上昇（じょうしょう）　☐
　　L1 L5　　　　　　　　　L1　　　　　　　　　　L7　　　　　　　　　　L5　　　　　　　　　L2
16. 世界各地（せかいかくち）☐　　17. 製品（せいひん）　☐　　18. 例（れい）　☐　　19. 認定（にんてい）　☐　　20. 濃縮（のうしゅく）　☐
　　L1L1L6　　　　　　　　　L3　　　　　　　　　　L10　　　　　　　　　L7　　　　　　　　　L1L2
21. 健康（けんこう）　☐　　22. 被害（ひがい）　☐　　　　　　　　　　　　　　　　　　　　　　　　　　＿＿／22＝＿＿%
　　L4L4　　　　　　　　　　R2L5

III. 前の課で勉強した言葉です。

1. 環境（かんきょう）　☐　　2. 影響（えいきょう）　☐　　3. 太陽（たいよう）　☐　　4. 程度（ていど）　☐　　5. 地域（ちいき）　☐
　　3課3課　　　　　　　　　3課3課　　　　　　　　　1課　　　　　　　　　　5課　　　　　　　　　3課
6. 気候（きこう）　☐　　7. 人為的（じんいてき）　☐　　8. 蒸発（じょうはつ）　☐　　9. 抑制（よくせい）　☐　　10. 二酸化炭素（にさんかたんそ）☐
　　11課　　　　　　　　　　8課　　　　　　　　　　13課　　　　　　　　　8課　　　　　　　　　12課12課
11. 傾向（けいこう）　☐　　12. 生態系（せいたいけい）　☐　　13. 破壊（はかい）　☐　　14. 指摘（してき）　☐　　15. 処分場（しょぶんじょう）　☐
　　7課　　　　　　　　　　　3課　　　　　　　　　　8課6課　　　　　　　　6課　　　　　　　　　8課
16. 山積み（やまづみ）　☐　　17. 含まれる（ふくまれる）☐　　18. 塩素系（えんそけい）　☐　　19. 身の回り（みのまわり）☐　　20. 給食（きゅうしょく）　☐
　　1課　　　　　　　　　　　12課　　　　　　　　　12課 3課　　　　　　　1課　　　　　　　　　9課
21. 含有（がんゆう）　☐　　22. フタル酸（さん）☐　　23. 種類（しゅるい）　☐　　24. 煙（けむり）　☐　　25. 溶ける（とける）　☐
　　12課　　　　　　　　　　12課　　　　　　　　　9課　　　　　　　　　　7課　　　　　　　　　7課

26. 植物　□　27. 拡散　□　28. 河川　□　29. 海辺　□　30. 生息　□
12課　　　　　　7課　　　　　　7課　　　　　　13課　　　　　　9課

31. 魚介類　□　32. 蓄積　□　33. 与える　□　　　　　　　＿＿／33＝＿％
1課　　　　　　9課1課　　　　3課

IV. この課で勉強する言葉です。

1. 放射　□　2. 循環　□　3. 土壌　□　4. 湿度　□　5. 化石燃料□

6. 乾燥化　□　7. 懸念　□　8. 半乾燥地帯□　9. 砂漠化　□　10. 廃棄物　□

11. 燃やす　□　12. 有毒　□　13. 一緒　□　14. 汚染　□　[15] 浄化　□

[16] 排煙　□　[17] 浮遊　□　[18] 汚濁　□　[19] 繁殖　□　[20] 連鎖　□

[21] 沈殿　□　　　　　　　　　　　　　　　　　　　　　　＿＿／21＝＿％

V. ここでは勉強しませんが、後でおぼえましょう。

14

1. 餌　□　2. 一桁　□　3. 甚大　□

**要点**

①環境問題の語彙

A．汚染のプロセス

　有毒な化学合成物質やポリ塩化ビフェニール（PCB）のように自然浄化ができない物質が排出されたりすると、大気、水、土壌の汚染が進み、生態系に影響を与える。

| 大気 | 水 | 土壌 |
|---|---|---|
| 工場・自動車からの排煙 | 工場排水・生活排水 | 工場排水・農薬 |
| （二酸化硫黄・窒素酸化物） | （リンや窒素） | （銅、ひ素、カドミウム） |
| ⇩ | ⇩ | ⇩ |
| 大気を浮遊　⇨酸性雨 | 水質汚濁 | 地下水や農作物を汚染 |
| ⇩ | 水中の有機物が増える | |
| 地表から放射される | ⇩ | |
| 赤外線を吸収 | 有機物を栄養素とする | |
| ⇩ | 微生物の繁殖 | |
| 温室効果 | ⇩ | |
| | 富栄養化 | |

大気、呼吸、水、食物連鎖で生物に有害物質が蓄積される＝生物濃縮
⇩

公害病
イタイイタイ病　患者が「痛い、痛い」と訴えたところから命名。まずカドミウムの慢性中毒から腎臓障害が起こり、カルシウム不足が誘因となり、骨軟化症が生じる。
水俣病　　　　　熊本県水俣湾で発生。有機水銀が原因で、四肢の感覚障害、運動失調、発語、目、耳などの障害が発生。

B．反対語の対

　専門用語の反対語は普通とは異なるものもあります。

溶ける⬅➡固まる　　　　　　　　乾く⬅➡湿る／濡れる
浮く⬅➡沈む　　　　　　　　　　濁る⬅➡澄む
汚染する⬅➡浄化する　　　　　　繁殖する⬅➡絶滅する
生息する⬅➡死滅する／絶滅する　追加する／添加する⬅➡削減する
悪化する⬅➡好転する　　　　　　拡散する⬅➡凝縮する／凝集する
分解する⬅➡合成する　　　　　　蓄積する⬅➡消耗する

排出する⬌吸入する　　　　浮遊する⬌沈殿する
乾燥する⬌湿潤な

## ②漢語と和語

　専門書には「大気中に放出される」「体内に蓄積される」など、話し言葉ではあまり使わない漢語の動詞がたくさん使われています。ふだん話すときには「大気中に出される」「体の中にたまる」などというように、和語が使われる場合もありますが、専門の発表などでは漢語も多く用いられます。

　　例）含有する：ある成分を中に含み持つ
　　　　廃棄する：不用なものを捨てる
　　　　汚染する：汚す／汚れる
　　　　浄化する：きれいにする
　　　　拡散する：広く散らばる
　　　　生息する：生物がある場所に住んでいる／生活する
　　　　繁殖する：動植物が数を増やす／動物の数が増える
　　　　感染する：病気がうつる／近くのものの様子に染まる
　　　　溶解する：溶ける／溶かす
　　　　浮遊する：水面や空中などに浮かびただよう
　　　　沈殿する：液体に混ざっているものが底に沈んでたまる
　　　　放射する：四方八方に放出する／広がる
　　　　循環する：ぐるっとひと回りしてもとにかえることを何度もくり返す
　　　　排出する：中にたまった不要なものを外へ出す
　　　　乾燥する：水分や湿気がなくなる

## ③同じ漢字を使った熟語の使い分け

　同じ漢字を使った熟語には意味が似ているものがあります。それらの熟語にどのような意味の違いがあるか、またどのように使い分けをしたらよいか考えてみましょう。

　　例）・廃止する　　（今まで行ってきたものを）やめる　　　　義務教育制度の廃止
　　　　　撤廃する　　（それまでの制度や法規を）完全に廃止する　年齢制限の撤廃
　　　　　　c.f.　廃棄する　不用なものとして捨てる　　　　古い条約の廃棄
　　　　　　　　　廃絶する　根絶やしにする　　　　　　　　核戦争の廃絶
　　　　・破棄する　書類など具体的なものを処分する　　　　原稿を破棄する
　　　　　　　　　　法律・判決・約束などを取り消す　　　　前判決を破棄する
　　　　　　c.f.　遺棄する　捨ててはいけないものを捨てる　避難民が遺棄した道具
　　　　　　　　　放棄する　権利や責任を意志的に捨てる　養育権を放棄する

・感染する　病原体が体内に入ること（病気になる側から）　結核に感染する
　伝染する　病原体が他に移って同じ症状を起こすこと（病気の側から）　はしかが伝染する

　　　c.f.　波及する　だんだんと影響のおよぶ範囲が広がる　経済界に波及する
　　　　　　伝播する　広く伝わる　　　　　　　　　　　　　技術が伝播する

・排除する　不要なものまたはじゃまなものを取り除く　障害物を排除する
　排斥する　人や生産品などを嫌い退ける　　　　　　　不法労働者を排斥する
　　　c.f.　排他　　　異質なものを退け、受け入れない　排他的なグループ
　　　　　　除去する　じゃまなものを取り去る　　　　　雑草を除去する
　　　　　　駆除する　有害な生物を取り除く　　　　　　害虫を駆除する

・繁盛する　にぎわい栄える（商売に使う）　　　　　　魚屋が繁盛する
　繁栄する　栄える／発展する　　　　　　　　　　　　都市が繁栄する
　　　c.f.　隆盛　　　ますます盛んになる　　　　　　自由主義の隆盛
　　　　　　旺盛な　　活動力が満ちあふれて強い　　　旺盛な向学心

・封鎖する　閉じてふさいでしまう　　　　　　　　　　道路を封鎖する
　閉鎖する　開いていたものを閉じ、その機能を停止する　学級を閉鎖する
　　　c.f.　閉塞する　閉じふさぐ　　　　　　　　　　気管が閉塞する
　　　　　　完封する　相手の活動を完全に抑える　　　新人投手が完封した

---

第14課の学習漢字

| 射 | 循 | 壌 | 湿 | 燃 | 乾 | 燥 | 懸 | 漠 | 廃 | 棄 |
| 毒 | 緒 | 染 | 浄 | 排 | 浮 | 濁 | 繁 | 殖 | 鎖 | 沈 |
| 殿 | | | | | | | | | | **23** |

（索引p.330〜334）

練 習

【練習1】 環境問題に関連する漢字語彙を覚えましょう。〔 〕の中から適切な漢字を選んで、開いているところに入れなさい。

〔 環境　排水　物質　放射　汚染　循環 〕

1.

2.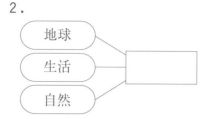

**14**

3.

4.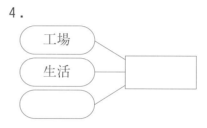

5.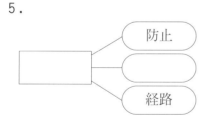

6.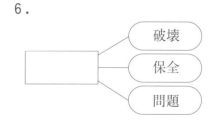

【練習2】 専門の言葉に言い替えてみましょう。

1．含む　　　→　　合成化学物質を_____する。
2．汚れる　　→　　大気が_____される。
3．捨てる　　→　　不用品を_____する。
4．分ける　　→　　可燃物と不燃物とに_____する。
5．うつる　　→　　インフルエンザが_____する
6．散らばる　→　　汚染物質が環境中に_____する
7．溶ける　　→　　物質が液体に_____する
8．生きる　　→　　地球上に_____する動物
9．たまる　　→　　汚染物質が生態に_____される

10. 出る　　　　　→　物質が燃焼して有毒ガスが＿＿＿＿＿する
11. 濁る　　　　　→　工場排水で川の水質が＿＿＿＿＿する
12. どんどん増える　→　微生物が＿＿＿＿＿する
13. 浮いている　　→　窒素酸化物が大気中に＿＿＿＿＿する

【練習３】　次の（　）に下から適切な言葉を選び、適切な形に変えて入れなさい。

| 含む　　含める　　溶ける　　溶かす　　浮く |
| 浮かす　　燃える　　燃やす　　濁る　　濁す |

1. 体内で食べ物を（　　　　　）、エネルギーに変換する。
2. 流入した土砂で川の水が（　　　　　）。
3. 水面に油が（　　　　　）いる。
4. 砂糖は水に（　　　　　）。
5. このビールは４％のアルコール分を（　　　　　）いる。

【練習４】　次の下線の言葉を読み、反対の意味の言葉を（　）に入れなさい。

1. 工場からの排水を浄化する　⬌　（　　　　　）された工場排水。
2. ヘドロが川底に沈殿する　⬌　プランクトンが水中に（　　　　）する。
3. パンダを人工的に繁殖させる　⬌　数少ない天然記念物が（　　　）した。
4. エネルギーを体内に蓄積する　⬌　暑くてエネルギーを（　　　　）する。
5. 川に白魚が生息する　⬌　水質汚濁が進み、ついにその川の魚が（　　　）
　　　　　　した。

【練習５】　｛　｝の中から適切な語を選んで（　）に入れなさい。

1　｛　廃棄　廃絶　撤廃　廃止　｝
　1. 職場の男女差別を（　　　　　）する。
　2. 核兵器の（　　　　）を訴える。
　3. 消費税の（　　　　）を求める。
　4. 旧式の工場用機械を（　　　　）する。

2　｛　破棄　遺棄　放棄　廃棄　｝
　1. 古い貿易条約を（　　　　）する。
　2. 不平等条約の（　　　　）を目指す。
　3. 動物の死体を公園に（　　　　）する。
　4. やむをえない理由で柔道の試合を（　　　　）する。

3 ｛ 伝播 伝染 感染 波及 ｝

1．ウイルスに （　　　　　） する。

2．他国の紛争の影響が我が国にも （　　　　　） する。

3．コレラが （　　　　　） して、死亡者が多数出た。

4．農耕技術が日本に （　　　　　） した。

4 ｛ 排除 排斥 排他 駆除 ｝

1．外国人を受け入れない （　　　　　） 的な体質の会社が多い。

2．春に木や草につく害虫を （　　　　　） するために農薬を散布する。

3．外国製品の （　　　　　） 運動が起こり、それが暴動に発展した。

4．小中学校の校内暴力を （　　　　　） しようと教師と親が運動を始めた。

5 ｛ 繁栄 旺盛 繁盛 隆盛 ｝

1．不景気にもかかわらず商売は （　　　　　） している。

2．あの少年は体は小さいが食欲が実に （　　　　　） だ。

3．革新的な市長の下で、その市は今までにないほどの （　　　　　） をきわめた。

4．自由主義が経済の （　　　　　） をもたらした。

6 ｛ 閉鎖 閉塞 封鎖 完封 ｝

1．解決できない社会問題が山積し、60年代は （　　　　　） 状態だった。

2．投手が絶好調で、相手チームに一本も打たせず （　　　　　） 勝ちした。

3．インフルエンザが大流行し欠席が多いので、小学校は 2 ～ 3 日の学級 （　　　　　） を検討している。

4．革命軍が空港を （　　　　　） したため、要人は各自チャーターしたヘリコプターで海外に脱出した。

7 ｛ 沈殿 沈下 沈没 沈滞 ｝

1．暴風雨で漁船が難破し、やがて （　　　　　） してしまった。

2．当時この国は内乱が激しく、経済は （　　　　　） していた。

3．川底に （　　　　　） したヘドロからガスが発生しているらしい。

4．地下水のくみ上げにより都市部の地盤が （　　　　　） し始めた。

14

【練習6】　次の語の説明文を１．～６．から選び、（　）にその語を書き入れなさい。

| 食物連鎖　　　酸性雨　　　砂漠化　　　環境保全　　　自然浄化　　　温室効果 |

１．生活排水や工場排水は川、湖、内海に流れ、水質を悪化（＝水質汚濁）させる。しかし、排水に含まれる有毒な二酸化硫黄・窒素酸化物等の物質（＝有機物）は、水中で微生物によって分解され無害な無機物になる。　　　　　　　（　　　　　　　）

２．二酸化硫黄や窒素酸化物が大気中を浮遊するうちに酸化され、雲にとりこまれて硫酸や硝酸に変化して、酸性の雨を降らせる。これにより、湖沼が酸性になって魚介類が死滅したり、森林が枯れたりする。　　　　　　　　　　　（　　　　　　　）

３．大気中の二酸化炭素は、地表から放射される赤外線の一部を吸収して、気温を上昇させる。大気中の二酸化炭素の濃度が増え続けると、この大気が熱をためこむ現象によって、気温は現在より上昇し、その結果、北極や南極の氷が解けて海面が上昇したり、気候が変動したりする。

（　　　　　　　）

４．自然界には、微生物が小魚に食べられ、小魚が大魚に食べられるといったような循環がある。環境ホルモンのような脂に溶けやすい物質は、その循環が進むにつれて生物体内に蓄積される濃度が高くなっていく。そのため、環境中にはわずかな濃度だった物質が、大きな魚やかもめ、あざらしといった循環の上位に位置する動物の体内では、もとの何万倍もの濃度に達し、生殖異常などを誘発することがある。　　　　　　　　　　　　　　　　　　　　　　　（　　　　　　　）

５．我が国では、近年、この取り組みが様々なところで始まっている。例えば、エネルギー効率の高い生産設備や技術の開発、森林の保全や都市の緑化につとめ、大都市への人口や経済の過度の集中を防止することなどについて、政府レベルでの取り組みが行われている。また、ゴミの量を削減すること、物の再利用を考えること、冷暖房の温度の適正化につとめることなどを、キャンペーンによって国民に訴えることも行われている。　　　　　　　　　　　　（　　　　　　　）

６．乾燥半乾燥および乾性半湿潤地域において、地面からの蒸発散量が降水量より多いために土壌水分を失った土壌が荒廃すること。現象としては、水や風による地表面の浸食、水資源の減少、自然植生の長期的な退行、土壌の塩化アルカリ化による生産力の減退や破壊などが見られる。　　　　　　　　　　（　　　　　　　）

**【練習7】** 文中の＿＿＿＿＿に下の｛ ｝から一番適切な熟語を選び、その読みを
書きなさい。

1．日本の夏は気温が高いだけでなく＿＿＿＿＿が多いので、大変過ごしにくい。
　　　　｛ 湿度　湿気　多湿　陰湿 ｝
2．太陽の光が窓ガラスに＿＿＿＿＿して、まぶしい。
　　　　｛ 噴射　放射　発射　反射 ｝
3．この車は、ガソリン１リットルで７キロしか走れないので、＿＿＿＿＿が悪い。
　　　　｛ 燃料　燃費　燃焼　可燃 ｝
4．環境ホルモンは、人体に悪影響を及ぼす＿＿＿＿＿がある。
　　　　｛ 懸案　懸命　懸念　懸賞 ｝
5．彼は将来に絶望（ぜつぼう）して、＿＿＿＿＿自殺を図った。
　　　　｛ 毒薬　毒舌　服毒　中毒 ｝
6．彼女の実家は、室町時代から続いている＿＿＿＿＿正しい家柄（いえがら）だ。
　　　　｛ 内緒　由緒　情緒　一緒 ｝

**14**

**【練習8】** 次の漢字と同じ音読みの漢字をできるだけたくさん思い出してみましょ
う。同じ音符（おんぷ）を持つ漢字は□で囲みましょう。

例）河→ 化 貨 課 火 科 家 価 可 歌 加

| | | |
|---|---|---|
| 1．染　→ | 2．棄　→ | 3．浄　→ |
| 4．殖　→ | 5．燃　→ | 6．浮　→ |
| 7．射　→ | 8．壌　→ | 9．沈　→ |
| 10．繁　→ | 11．濁　→ | 12．排　→ |
| 13．湿　→ | 14．乾　→ | 15．廃　→ |
| 16．毒　→ | 17．緒　→ | 18．殿　→ |
| 19．鎖　→ | 20．懸　→ | 21．循　→ |
| 22．燥　→ | 23．漠　→ | |

# あなたのエコ
## 5段階チェックで

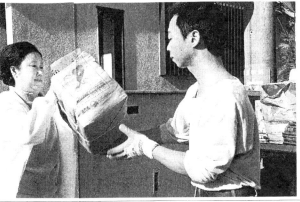

古新聞をリサイクルに出す。廃棄物の減量と温暖化防止の両面で効果がある＝東京都世田谷区砧で

### あなたの環境配慮は何点？　（高月教授のエコポイント簡易テスト）

| 行動パターン | 実行度 a | b | c | d | e |
|---|---|---|---|---|---|
| ①新聞・雑誌をリサイクルに出している | 15.1 | 11.3 | 7.6 | 3.8 | 0 |
| ②買い物袋を持参している | 10.1 | 7.6 | 5.1 | 2.5 | 0 |
| ③服で調節して冷暖房をできるだけ控えている | 7.3 | 5.5 | 3.7 | 1.8 | 0 |
| ④マイカーを避けて公共交通を利用している | 19.1 | 14.3 | 9.6 | 4.8 | 0 |
| ⑤油をふき取ってから皿を洗っている | 12.4 | 9.3 | 6.2 | 3.1 | 0 |
| ⑥塩ビ系プラスチックを購入しないようにしている | 12.9 | 9.7 | 6.5 | 3.2 | 0 |
| ⑦合成洗剤ではなく、せっけんを使っている | 6.1 | 4.6 | 3.1 | 1.5 | 0 |
| ⑧車のバッテリーや電池類を適正処理している | 10.5 | 7.9 | 5.3 | 2.6 | 0 |
| ⑨早寝・早起きに心がけている | 4.2 | 3.2 | 2.1 | 1.1 | 0 |
| ⑩たばこを吸わないようにしている | 2.3 | 1.7 | 1.2 | 0.6 | 0 |

≪注≫「いつも取り組んでいる」はa、「だいたい取り組んでいる」はb、「ときどき取り組んでいる」はc、「取り組んでいることもある」はd、「まったく取り組んでいない」はeの得点。10項目の合計得点があなたのエコポイント（100点満点）

高月さんは、環境負荷を減らす二十五の行動について「いつも取り組んでいる」から「まったく取り組んでいない」まで五段階で答えてもらい、得点の合計で個人の暮らし方を評価する「エコロジーテスト」をつくった。

そのうちの十項目の簡易版が表だ。

①の「新聞・雑誌をリサイクルに出している」について、「だいたい取り組んでいる」なら二・三、「まったく取り組んでいない」ならゼロといった具合。十項目の合計があなたの「エコポイント」（環境度）で、満点は一〇〇点。

高月さんは「五〇点を超えればまずまずだが、環境にやさしい人（エコロジスト）を自負するには六〇点以上はほしい」という。

一口に環境問題といっても、地球温暖化もあれば水質汚濁もある。温暖化防止をめざし、毎月の電気やガス、ガソリン消費量などから各家庭の二酸化炭素（CO₂）量を計算する「環境家計簿」のように、個別の問題で影響の大小を出す試みはあったが、エコポイントは地球温暖化と廃棄物、水質汚濁、大気汚染、有害

量と比べた。温暖化と廃棄物ではどちらがどれだけ重要かといっ

みを与え、十項目の配点を決めた。

この結果、十項目では④

「自分の暮らしがわかるエコロジー・テスト」（講談社）に掲載されている。

1．これは、1999年2月1日の「朝日新聞」の朝刊の記事です。これを読んで次の質問に答えてみましょう。

## ロジー度は？

### 生活見直そう

#### 重みづけして総合判断　「脱マイカー」効果抜群

環境問題に関心はあるけれど、日々の暮らしを変えるところまではいかない。そんな意識と行動のずれを埋めるきっかけにと、京都大学の高月紘教授（衛生工学）は、どれだけ環境保護につながる生活をしているかを数字で示す「エコポイント」を考案した。地球温暖化から水質汚濁まで、五種類の環境影響を総合的にとらえ、数字で評価する試みだ。

化学物質の五つを総合して「環境へのやさしさ」を表した。たとえば、⑨「早寝・早起き」は温暖化と大気汚染の二つに対して効果がある。照明を使う時間を一時間短くすると、節電効果で$CO_2$と窒素酸化物（$NO_x$）の排出が減るからだ。この排出減少量をほかの項目の$CO_2$や$NO_x$の削減

五つの問題の間の重みづけも必要になる。これについては、国立環境研究所で二十人余の専門家が合宿して、さまざまな問題の重要度を探った研究がある。この研究に参加した高月さんは、その成果を援用して地球温暖化に二・四、廃棄物に一・九、水質汚濁に一・六、有害化学物質に三・〇の重

の「脱マイカー」が一番配点が高くなった。温暖化防止と大気汚染防止の両面で、十項目中最高の効果につながるためだ。高月さんは「エコポイントで、自分の生活のどんな点がどの程度環境に影響を与えているか具体的に知ってもらい、暮らし方を見直してもらえれば」という。著書

みづけして、五つの問題の間の重みづけも必要になる。これに点が高くなった。温暖化防止と大気汚染防止の両面で、十項目中最高の効果につながるためだ。一、大気汚染に二・四、廃棄物に一・九、水質汚濁に一・六、有害化学物質に三・〇の重み、二十五項目のテストは著書

---

（1）「エコポイント」を別の言葉で言うと、何と言うか、本文中の言葉で答えなさい。
（　　　　　　　　　　　　　　　）

（2）（　　）に適切な漢字語を入れて、要約文を作りなさい。

　　京都大学の高月教授は、（　　　　　　　　）、
　（　　　　　　　　　）、（　　　　　　　　　）、
　（　　　　　　　　　）、（　　　　　　　　　）、
　という5種類の環境影響を総合的にとら
　え、数字で評価する試みを発表した。
　　この5種類の中では（　　　　　　　）
　に一番多く重みを与え、個人の暮らしで
　行われる10項目の（　　　　　　　）を減
　らす行動の配点を決めた。
　　その結果、10項目の中で最も配点が高く
　なったのは「（　　　　　　　）」とい
　う項目である。

（3）エコポイント簡易テストについて、正しいものには〇、間違っているものには×をつけなさい。

1．（　　）地球温暖化と廃棄物とでは、廃棄物の方が環境影響が大きいと評価されている。
2．（　　）このテストの満点は100点である。
3．（　　）このテストで60点以上とらなければ、「環境にやさしい人（エコロジスト）」とは言えない。
4．（　　）「早寝・早起きを心がけている」という行動は、地球温暖化防止と大気汚染防止の二つに対して効果がある。
5．（　　）「マイカーを避けて公共交通を利用している」という行動は、地球温暖化防止や大気汚染防止に対して効果がある。

14

2.「エコポイント簡易テスト」をやってみましょう。

　　1）合計何点でしたか。あなたは「エコロジスト」と言えますか。

　　2）項目によって配点が違うのはなぜですか。

3．下の文の（　）に下から適切な言葉を選んで入れてみましょう。（同じ言葉が何回か使われる場合があります。）

| 地球 | 海辺 | 生態 | 生息 | 環境 | 被害 | 有害 |
|------|------|------|------|------|------|------|
| 蓄積 | 汚染 | 含めて | 与えて | 廃れて | 燃やす | 燃える |
| 悪影響 | 温暖化 | 配給量 | 酸化物 | 廃棄物 | 可燃物 | 処分場 |

（1）古新聞や古雑誌をリサイクルに出すのは、（　　　　）の減量と（　　　　）防止の両面で効果がある。

（2）自分の生活のどんな行動が、どの程度、（　　　　）に影響を（　　　　）いるかを具体的に知る必要がある。

（3）合成洗剤を使うと、河川の水質（　　　　）の原因になる。

（4）塩ビ系プラスチックを（　　　　）と、（　　　　）化学物質が発生するので、そういう製品は購入しないようにしている。

（5）（　　　　）物質が、さまざまな経路を通じて河川や（　　　　）に（　　　　）する魚介類などの体内に取り込まれ、（　　　　）すると、それを食べる人間の健康にも（　　　　）を及ぼすことになる。

4．次の表現を漢字で書きなさい。

　　1．けんしょうきんを　だす　　　2．すいしつおだくの　げんいん

　　3．しょくもつれんさ　　　　　　4．はいきぶつを　しょりする

　　5．びせいぶつの　はんしょく　　6．ねんりょうの　ほきゅう

　　7．ほうしゃのうおせん　　　　　8．くるまの　はいきガスを　じょうかする

　　9．けつえきの　じゅんかんが　わるくなる

　　10．かんそうちいきで　さばくかが　すすむ

11. じしんで　じばんが　ちんかする

12. たいきに　ふゆうする　ゆうどくぶっしつ

13. こだいじんは　しんでんに　のうさくもつを　そなえた

14. がっこうきゅうしょくを　はいしする

5．次の文を読み、下線の漢字の読み方を書きなさい。

1．乾燥した気候に慣れた人間にとって、この湿度の高さは耐え難い。

2．調査の結果、周辺の土壌が汚染されている問題が浮上した。

3．浮き沈みの激しい人生だったが、今は店も繁盛している。

4．懸案となっていた排気ガス規制の問題がようやく解決した。

5．産業廃棄物の処分場建設に反対する住民は、ゴミを燃やすときに出る有毒な
煙の問題を訴えている。

6．ロケットの発射実験は、燃料もれ事故により失敗した。

7．この循環バスは、繁華街を通って、宮殿まで行き、また駅前にもどってくる
から、一緒に乗りましょう。

8．将来に対して漠然とした不安や焦燥感を持つ若者が多い。

**14**

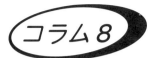

# 事件・事故の漢字

毎日、いろいろな事件や事故が起こっています。新聞の社会面でよく目にする漢字語を読んでみましょう。

事件／犯罪 ⇨ 刑事事件　強盗　殺人　傷害　放火　汚職
　　　　　　V：〜ヲ通報する　〜ヲ捜査する　〜ヲ〜ノ容疑デ逮捕する
　　　　　　　　事情ヲ聴取する　犯行ヲ認める　容疑ヲ否認する
　　　　　　　　（検察へ）〜ヲ書類送検する　〜ヲ起訴する

事件 ⇨ 自殺　幼児虐待
　　　　V：（事件の真相）ヲ究明する／追求する

事故 ⇨ 交通事故（衝突・追突）　列車事故　航空機事故　海難事故
　　　　V：転落する　脱線する　爆発する
　　　　　　遭難する　死亡する　即死する　行方不明になる
　　　　　　〜ヲ捜索する　〜ヲ保護する

[学習漢字] 件　罪　刑　盗　捜　逮　訴　追

【練習1】（　）の中に「事件」または「事故」を入れなさい。
　　1．漁船とタンカーの衝突（　　　　　　　　）
　　2．3歳男児が父親の虐待を受けて死亡した（　　　　　　　　　）
　　3．1月に連続発生した放火（　　　　　　　）
　　4．ホームから線路への転落（　　　　　　　）

【練習2】{　}の中からもっとも適当な動詞を選んで入れなさい。
　　1．容疑者は犯行を（　　　　　　　）。
　　2．逃走する犯人の車を（　　　　　　　）。
　　3．男を強盗殺人罪で（　　　　　　）。
　　4．代議士の汚職事件を（　　　　　　　）。
　　{　逮捕した　捜査した　追跡した　聴取した　否認した　追求した　}

【練習3】読んでみましょう。
　　　　　事故・不祥事　昨年は162件　海保
　　海上保安庁で昨年中に職員が起こした事故・不祥事の件数が計162件にのぼることが、同庁の内部調査でわかった。過去10年平均の128件を大きく上回る。中でも刑事事件や捜査上のミスといった「犯罪・非違（社会的信用を失う）行為」が22件と、過去10年平均の4倍近い増加ぶりが目立つ。ほとんどは公表せず秘密裏に処理していた。（2001年4月5日　朝日新聞夕刊）

## 第15課
## 内閣の役目と議院内閣制

力だめし

下の文章を読んでみましょう。

### 1 内閣は何をするところか

日本の権力は、立法、行政、司法の三権に分かれています。三権を担当するのが、立法権は国会、司法権は裁判所であり、行政権は内閣です。

内閣は、内閣総理大臣と国務大臣をあわせて21人以内で組織されています。[注] 国の行政機関である省や庁に担当の大臣を置いて行政機関を統括しているのです。

内閣は憲法によって、内閣総理大臣と国務大臣は文民でなければならないこと、国務大臣の過半数は国会議員でなければならないことの2つが規定されています。また、内閣は国会に対して、連帯して責任を負うことになっています。

さらに、憲法では、一般的な行政事務のほかに、国会を通った法律の執行や外交関係の処理、条約の締結、予算案の国会提出、政令の制定などが「内閣の職務」として定められています。もう一つ、内閣の仕事で大事なことは、「天皇の国事行為」への助言と承認です。天皇の国事行為とは、国会の召集や衆議院解散、外国の大使・公使の接受などです。

### 2 議院内閣制とは

議院内閣制とは、日本やイギリスなどのように、内閣が議会（国会）の信任、支持に基づいて存在し、議会に対して責任を負う一方で、内閣は議会を解散できるなど、内閣と議会との間に均衡関係が成り立っている制度のことです。

（注）2001年1月6日実施の省庁再編で国務大臣の数は最大17人となりました。

15

　議院内閣制のもとでは、内閣総理大臣は、議会、とくに下院（日本では衆議院）での多数党または多数の政治勢力の代表が任命され、内閣が組織されるという「政党内閣制」の形を取ります。

　一方、アメリカのような大統領制では、大統領と連邦議会の議員はそれぞれ全く別個に国民から選ばれます。そして、大統領の下に国務長官など各行政の長官が置かれていて、個別に大統領を補佐する仕組みになっています。

　大統領は下院の解散権を持たず、下院も大統領の不信任決議ができません。また、大統領や長官は連邦議会の議員を兼ねることもできず、大統領は法律の提出権も持っていません。立法権は議会にだけあります。

（老川祥一編『やさしい政党と内閣のはなし』要約　法学書院　p. 2 ～ 6）

**【問題】**　前の文中に使われていた言葉です。読んでみましょう。読み方がわからないものには、○をつけてください。

1. 内閣　　　2. 権力　　　3. 立法　　　4. 行政　　　5. 司法
6. 三権　　　7. 担当　　　8. 国会　　　9. 裁判所　　10. 総理大臣
11. 国務大臣　12. 以内　　　13. 組織　　　14. 機関　　　15. 省
16. 庁　　　　17. 置く　　　18. 統括　　　19. 憲法　　　20. 文民
21. 過半数　　22. 国会議員　23. 規定　　　24. 対する　　25. 連帯
26. 責任　　　27. 負う　　　28. 一般的　　29. 行政事務　30. 法律
31. 執行　　　32. 外交関係　33. 処理　　　34. 条約　　　35. 締結
36. 予算案　　37. 提出　　　38. 政令　　　39. 制定　　　40. 職務
41. 定める　　42. 天皇　　　43. 国事行為　44. 助言　　　45. 承認
46. 召集　　　47. 衆議院　　48. 解散　　　49. 接受　　　50. 信任
51. 支持　　　52. 基づく　　53. 存在　　　54. 均衡関係　55. 多数党
56. 政治勢力　57. 代表　　　58. 任命　　　59. 政党　　　60. 大統領
61. 連邦議会　62. 全く　　　63. 別個　　　64. 選ぶ　　　65. 個別
66. 補佐　　　67. 不信任決議　68. 兼ねる

**15**

---

次のページの【確認】のところを見て、読みをチェックしましょう。

|  | I.BKB | II.IKB | III.前課 | IV.本課 | 全体 |
|---|---|---|---|---|---|
| a. 読みを正しく知っている言葉 | ____% | ____% | ____% | ____% | ____% |
| b. 意味は知っているが、読みが不正確な言葉 | ____% | ____% | ____% | ____% | ____% |
| c. よく知らない言葉 | ____% | ____% | ____% | ____% | ____% |

I. の言葉があまり読めなかった人は、BKB Vol.1&2を復習しましょう。

II. の言葉があまり読めなかった人は、IKB Vol.1を復習しましょう。

III. の言葉が読めなかった人は、この本の前の課を復習しましょう。

IV. の言葉が読めなかった人は、この課でしっかり勉強しましょう。

IV. の言葉がよく読めた人も、その漢字の別の読み方や使い方などを勉強しましょう。

【確認】　正しく読めたら、☐にチェックしましょう。

Ⅰ.『BASIC KANJI BOOK』Vol.1＆2の漢字を使った言葉です。

1. 立法　☐　　2. 行政　☐　　3. 国会　☐　　4. 以内　☐　　5. 機関　☐
6. 置く　☐　　7. 文民　☐　　8. 過半数　☐　　9. 国会議員 ☐　10. 対する　☐
11. 予算案 ☐　12. 制定　☐　13. 定める ☐　14. 接受　☐　15. 代表　☐
16. 全く　☐　17. 別個　☐　18. 選ぶ　☐　19. 個別　☐　＿＿／19＝＿％

Ⅱ.『INTERMEDIATE KANJI BOOK』Vol.1の漢字を使った言葉です。

1. 担当　☐　　2. 組織　☐　　3. 省　☐　　4. 庁　☐　　5. 連帯　☐
　L3　　　　　　L9　　　　　　L1　　　　　L1　　　　　L6
6. 負う　☐　　7. 行政事務 ☐　8. 外交関係 ☐　9. 職務　☐　10. 助言　☐
　L2　　　　　　L9　　　　　　L1　　　　　L3 L9　　　　L3
11. 召集　☐　12. 信任　☐　13. 支持　☐　14. 基づく ☐　15. 不信任決議 ☐
　R2　　　　　　L7　　　　　　L2　　　　　L9　　　　　L7
　　　　　　　　　　　　　　　　　　　　　　　　　　　　　　＿＿／15＝＿％

Ⅲ. 前の課で勉強した言葉です。

1. 権力　☐　　2. 三権　☐　　3. 総理大臣 ☐　4. 国務大臣 ☐　5. 規定　☐
　2課　　　　　　2課　　　　　　10課　　　　　10課　　　　　6課
6. 責任　☐　　7. 一般的 ☐　　8. 処理　☐　　9. 条約　☐　10. 締結　☐
　1課　　　　　　7課　　　　　　8課　　　　　6課　　　　　9課
11. 提出　☐　12. 国事行為 ☐　13. 衆議院 ☐　14. 解散　☐　15. 存在　☐
　2課　　　　　　8課　　　　　　4課　　　　　7課　　　　　3課
16. 均衡関係 ☐　17. 政治勢力 ☐　18. 任命　☐　19. 大統領 ☐　＿＿／19＝＿％
　13課　　　　　　5課　　　　　　6課　　　　　4課10課

Ⅳ. この課で勉強する言葉です。

1. 内閣　☐　　2. 司法　☐　　3. 裁判所 ☐　　4. 統括　☐　　5. 憲法　☐
6. 法律　☐　　7. 執行　☐　　8. 政令　☐　　9. 天皇　☐　10. 承認　☐
11. 多数党 ☐　12. 政党　☐　13. 連邦会議 ☐　14. 補佐　☐　15. 兼ねる ☐
[16] 閣僚　☐　[17] 委員会 ☐　[18] 選挙　☐　[19] 官房　☐　[20] 審査　☐
[21] 方針　☐　　　　　　　　　　　　　　　　　　　　　　　＿＿／21＝＿％

## 要点

### ①漢字による複合語と省略形

　漢字語をいくつか組み合わせて、新しい言葉をつくることができます。新しくできた言葉が長すぎる場合、もとになった漢字語の最初の漢字をとって、省略することがあります。

<table>
<tr><td>漢字語を組み合わせた新しい言葉</td><td>→</td><td>省略形</td></tr>
<tr><td>地方＋裁判所　　＝　地方裁判所</td><td>→</td><td>地裁</td></tr>
<tr><td>高等＋裁判所　　＝　高等裁判所</td><td>→</td><td>高裁</td></tr>
<tr><td>最高＋裁判所　　＝　最高裁判所</td><td>→</td><td>最高裁</td></tr>
<tr><td>国際＋連合　　　＝　国際連合</td><td>→</td><td>国連</td></tr>
<tr><td>都市＋銀行　　　＝　都市銀行</td><td>→</td><td>都銀</td></tr>
<tr><td>独占＋禁止＋法　＝　独占禁止法</td><td>→</td><td>独禁法</td></tr>
<tr><td>選挙＋管理＋委員会＝　選挙管理委員会</td><td>→</td><td>選管</td></tr>
<tr><td>臨時＋教育＋審議会＝　臨時教育審議会</td><td>→</td><td>臨教審</td></tr>
</table>

☆このような省略形は、特に会社や組織、法律の名前などで使われます。

### ②政治および法律に関する漢字・漢字語

　政治や法律などに関する漢字語は、基本になる言葉に含まれる漢字を使って作られることがよくあります。その漢字語の構成を見れば、だいたいの意味を予測することができるでしょう。

A．法律に関する漢字・漢字語

　　a.　憲　＝　憲法（基本の言葉）
　　　　違憲：違反＋憲法　　＝　憲法に違反する
　　　　改憲：憲法＋改める　＝　憲法を改める
　　　　護憲：憲法＋まもる　＝　憲法をまもる（守る）
　　　　立憲：憲法＋立てる　＝　憲法を立てる（作る）

15

205

b. 法 ＝ 法律（基本の言葉）

　　　　立法：法律＋立てる　＝　法律を立てる（作る）
　　　　司法：法律＋司る　　＝　法律を司る
　　　　法定：法律＋定める　＝　法律で定める
　　　　法人：法律＋人　　　＝　法律上、個人と同じ資格の組織
　　　　法治：法律＋治める　＝　法律で治める

c. 則 ＝ 規則（基本の言葉）

　　　　党則：党＋規則　　　＝　党の規則
　　　　社則：会社＋規則　　＝　会社の規則
　　　　校則：学校＋規則　　＝　学校の規則
　　　　学則：大学＋規則　　＝　大学の規則
　　　　会則：会＋規則　　　＝　会の規則

d. 令 ＝ 命令（基本の言葉）

　　　　政令：政府＋命令　　＝　政府の命令
　　　　法令：法律＋命令　　＝　法律および命令

## Ｂ． 政府・内閣・政治に関する漢字・漢字語

a. 閣 ＝ 内閣（基本の言葉）

　　　　組閣：内閣＋組織　　　＝　内閣を組織する
　　　　入閣：内閣＋入る　　　＝　内閣に入る
　　　　閣議：内閣＋会議　　　＝　内閣の会議
　　　　閣僚：内閣＋僚（＝員）＝　内閣の一員

b. 政 ＝ 政府・政治（基本の言葉）

　　　　政令：政府＋命令　　　＝　政府の命令
　　　　政策：政治＋策　　　　＝　政治の方策／政府・政党の方策
　　　　政権：政治＋権力　　　＝　政治の権力
　　　　政界：政治＋世界　　　＝　政治の世界
　　　　政党：政治＋党　　　　＝　政治の党
　　　　政略：政治＋方略　　　＝　政治の方略

c. 党 ＝ 政党（基本の言葉）

　　　　結党：結ぶ＋政党　　　＝　政党を結ぶ（結成する）
　　　　解党：解く＋政党　　　＝　政党を解く（解散する）

　　　離党　：離れる＋政党　＝　政党を離れる
　　　党員　：政党＋員　　　＝　政党の一員
　　　第一党：第一＋政党　　＝　第一の政党
　　　第二党：第二＋政党　　＝　第二の政党
　　　与党　：関与＋政党　　＝　政権に関与している政党
　　　野党　：外野＋政党　　＝　政権の外野にいる政党

d. 議

　　　議院＝国会の組織：衆議院　参議院　上院　下院
　　　議会＝国の会議＝国会
　　　　　　　　　　＊県議会　市議会　町議会　村議会
　　　議員＝国会の一員＝国会議員
　　　　　　　　　　＊県議会議員→県議
　　　　　　　　　　＊都議会議員→都議
　　　　　　　　　　＊市議会議員→市議
　　　　　　　　　　＊町議会議員→町議
　　　　　　　　　　＊村議会議員→村議
　　　議席＝議員の席
　　　議題＝会議で話し合う問題
　　　議事＝会議で話し合う事
　　　議案＝会議に出される案

15

＊基本的には、地方自治体の議会も「議会」と呼びますが、単に「議会・議員」といった場合には国会を指すことが多く、地方自治体の場合には、その前に「都・道・府・県」や「市・町・村」をつけて都議会・市議会のように表現します。

### ③政治および法律関係の類義語

受け身の形で使うときには、助詞に注意しましょう。
　　　定　め　る：憲法／法律／規則／方針／態度など　を　定める
　　　　　　　　　方針／態度など　が　（憲法、法律などに）定められている
　　　制定する：憲法／法律／政令など　を　制定する
　　　　　　　　　〜が　制定される
　　　規定する：憲法／法律／政令など　で　〜を　規定する
　　　　　　　　　〜が　規定される
　　　結　　ぶ：契約／協定など　を　結ぶ
　　　　　　　　　〜が　結ばれる
　　　締結する：条約を　締結する
　　　　　　　　　〜が　締結される

### ④漢字熟語の共起性(3)

　次の言い方は、よく使われる漢字語の組み合わせです。政治・法律<sup>ほうりつ</sup>関係以外でも、このような組み合わせはよくあります。(×のような和語を用いた表現はほとんど使われません)

例)　内閣<sup>ないかく</sup>を組織する（＝組閣する）　　×内閣を作る
　　　国会を召集する　　　　　　　　　　×国会を集める
　　　　　　　　　　　　　　　　　　　×国会議員を集める

　　　衆議院を解散する　　　　　　　　　×衆議院を終わる
　　　内閣が総辞職する　　　　　　　　　×内閣が全員辞める
　　　総理大臣に任命する　　　　　　　　×総理大臣を任せる

―― 第15課の学習漢字 ――

| 閣 | 司 | 裁 | 括 | 憲 | 律 | 執 | 令 | 皇 | 承 |
|---|---|---|---|---|---|---|---|---|---|
| 党 | 邦 | 佐 | 兼 | 僚 | 委 | 挙 | 房 | 審 | 針 |

**20**

（索引p.335～339）

練 習

【練習1】 次の言葉を読んで、省略形にしなさい。

1．道路交通法 → 道交法　　2．日本銀行　　　　→
3．科学研究費 →　　　　　4．地方銀行　　　　→
5．社会民主党 →　　　　　6．自由民主党　　　　→
7．信用金庫 →　　　　　　8．当選確実　　　　　→
9．厚生労働省 →　　　　　10．家庭裁判所　　　　→
11．農林水産省 →　　　　　12．選挙管理委員会　→
13．文部科学省 →　　　　　14．安全保障条約　　→

【練習2】 次の言葉の意味を考えなさい。

1．閣議：　内閣の会議　　　2．入閣：
3．議決：　　　　　　　　　4．党首：
5．離党：　　　　　　　　　6．改憲：
7．合憲：　　　　　　　　　8．学則：
9．商法：　　　　　　　　　10．道議：

**15**

【練習3】 次の言葉を読み、下線の漢字に共通する音符（おんぷ）を見つけなさい。

例）航空　　反抗　　　　：亢［コウ］

1．司法　　動詞　　　　　：＿［　　　］
2．統括　　生活　　　　　：＿［　　　］
3．承認　　忍耐　　　　　：＿［　　　］
4．補佐　　逮捕　　店舗　：＿［　　　］
5．天皇　　親王　　旺盛　：＿［　　　］
6．兼業　　嫌悪　　謙遜　：＿［　　　］
7．閣僚　　学寮　　明瞭　：＿［　　　］
8．内閣　　合格　　各自　：＿［　　　］
9．命令　　冷蔵　　零点　：＿［　　　］
10．官房　　防止　　妨害　　脂肪　　坊主　：＿［　　　］
c.f. 方向　　放送　　訪問　　芳香　　模倣　：＿［ホウ］

【練習４】　次の（　）の中に、￣￣￣￣から言葉を選び、適切な形にして入れなさい。
　　　　　　答えは一つとは限りません。

> 承認　統括　補佐　執行　審査　審議　任命　兼任
> 結ぶ　裁く　定める　命じる　兼ねる　挙げる

1．日本の憲法では、軍隊を持たないことを（　　　　　　）ている。
2．総選挙の後で、新しい総理大臣が（　　　　　　）た。
3．今年はまだ死刑は（　　　　　）ていない。
4．人間が人間を（　　　　　　）ことは難しい。
5．内閣は省や庁などの行政機関を（　　　　　　）ている。
6．わかりやすい例を（　　　　　　）て、説明した。
7．今度の国会で予算案が（　　　　　）ないと、大変なことになる。
8．日本の会社では、上司に（　　　　　）たことは絶対に行わなければならない。
9．副大統領は大統領を（　　　　　　）、有事の場合には大統領の代理を務めることもある職である。
10．厳正な（　　　　　　）の結果、あなたの作品が最優秀新人賞に選ばれました。
11．今晩は、プロジェクトの打ち上げと新入社員の歓迎会を（　　　　　）て、飲みに行こう。
12．次の選挙では、野党３党が政策協定を（　　　　　　）、与党と戦う意志を表明した。

【練習５】　（　）の中に適切な言葉を下から選んで入れ、読みを書きなさい。答えは一つとは限りません。

> 蔵相　　外相　　結党　　党大会　党首　　内閣　　閣僚　　閣議
> 組閣　　離党　　政党　　多党化　党員　　議員　　議会　　議院
> 入閣　　団結　　結成　　結合　　命令　　任命　　命名　　総理

1．昨日、民主党の（　　　　　）が開かれ、新しい（　　　　）を決める選挙が行われた。
2．総理大臣の辞職に伴い、（　　　　　）も総辞職した。その後、新しい総理大臣が決まり、新内閣の（　　　　　）を行った。その結果、田中氏の（　　　　　）が決まった。
3．内閣の（　　　　　）のようすが８年ぶりにマスコミに公開された。この会議では、（　　　　）を中心に大きな丸いテーブルに各（　　　　）が座っていた。

4．1994年、自民党を（　　　　　）した議員たちが、新しい政党を作った。また野党もいくつかの政党に分かれるなど、（　　　　　）が進んだ。

5．「（　　　　　）」というのは、政党や党派を作ることだが、「（　　　　　）」はさらに広くいろいろな場合に使われる。前者に対する言葉は「解党」で、後者に対する言葉は「解散」である。

**【練習６】** 文中の＿＿＿＿に下の｛ ｝から一番適切な熟語を選び、その読みを書きなさい。

1．生まれてきた子供に「太郎」と＿＿＿＿した。
　　｜ 命名　命令　命中　任命 ｜

2．彼は会長に就任することを快く＿＿＿＿してくれた。
　　｜ 承認　伝承　承諾　継承 ｜

3．つまらないことに＿＿＿＿してはいけない。
　　｜ 固執　確執　執拗　執念 ｜

4．暑いからといってあまり＿＿＿＿を強くしすぎると、身体によくない。
　　｜ 官房　厨房　暖房　冷房 ｜

5．国会では、十分＿＿＿＿してから採決してほしい。
　　｜ 審査　審議　審問　審判 ｜

6．彼が復帰するまでの間、私が彼の役職を＿＿＿＿しよう。
　　｜ 兼用　兼務　兼業　兼題 ｜

7．会議の終わりに、議長が議事内容を＿＿＿＿した。
　　｜ 一括　総括　統括　包括 ｜

8．連邦警察に身柄を拘束された犯人は＿＿＿＿所に送られた。
　　｜ 裁判　裁決　評判　評決 ｜

9．彼は同じ職場の＿＿＿＿からの信頼が厚い。
　　｜ 閣僚　同僚　官僚　幕僚 ｜

10．彼の仕事は大統領を＿＿＿＿することだ。
　　｜ 補充　補強　補佐　補習 ｜

11．政権を担当し、内閣を組織している政党を＿＿＿＿という。
　　｜ 野党　結党　徒党　与党 ｜

12．首相は、初めての施政＿＿＿＿演説を行った。
　　｜ 方向　方針　指針　針路 ｜

**15**

【練習7】 下の ☐ の中から適切な漢字を選び、☐ に入れなさい。

| 司 | 令 | 閣 | 邦 | 皇 | 承 | 憲 | 委 | 僚 | 党 |

1.（家系図）

2.（職場で）

【練習8】 次の文中の（ ）に入れるのに適当な漢字語を下から選んで入れなさい。
同じ数字のところには同じ言葉が使われます。

| 改革 | 統合 | 審査 | 実現 | 承認 | 設置 | 司法 | 司令 |
| 裁判 | 法律 | 役割 | 兼任 | 内閣 | 官房 | 閣僚 | 委員会 |

1. 今回の省庁再編では、国家公安（1.　　　）をはじめ公安審査委や中労委など
 8つの「行政（1.　　　）」が、金融庁に（2.　　　）される金融再生（1.　　　）
 を除き、すべてそのまま新体制に移行する。

2. 国家公安（1.　　　）については、1997年5月から8月にかけて、激しい議論
 があった。委員の1人が「この（1.　　　）はGHQ［連合国軍総（3.　　　）
 部］の占領下で警察権力を骨抜きにする意図で（4.　　　）された。週1回集
 まってお茶を飲んでいるだけで、重要な（5.　　　）を果たしていない。」と
 不要論を唱えたのだ。そこで、公安委が機能するよう、事務局に法務省、（6.　　　）
 所、弁護士会、市民団体出身など6人を送り込むという（7.　　　）案が検討
 されたが、警察庁の反対で（8.　　　）しなかった経緯がある。

3. 警察不祥事では、国家公安委員長と自治相との（9.　　　）が問題となり、委
 員長の専任（10.　　　）案も浮上した。ところが、小渕（11.　　　）では、
 省庁再編を先取りして、（10.　　　）数を18人に削減していたため、消極姿勢
 に終始した。

4. 省庁再編後は、（10.　　　）は最大17人まで置ける。これに対し、新省庁のう
 ち、法律で（10.　　　）を充てると決めているのは、国家公安委を含めても15。
 枠は2人余っており、国家公安委員長はわざわざ（9.　　　）などしなくても
 よくなりそうだ。

**【練習9】** 次の漢字と同じ音読みの漢字をできるだけたくさん思い出してみましょう。共通の音符を持つものは、□□□で囲んでください。

例）補 → 保 歩 | 捕 浦 舗 | 穂 帆

1．委          2．閣          3．括

4．挙          5．憲          6．兼

7．佐          8．裁          9．司

10．執         11．承         12．審

13．針         14．党         15．皇

16．邦         17．房         18．律

19．僚         20．令

**15**

# 権限と資金力集中

## 中央省庁の再編図

**省庁再編 ここがこう変わる**

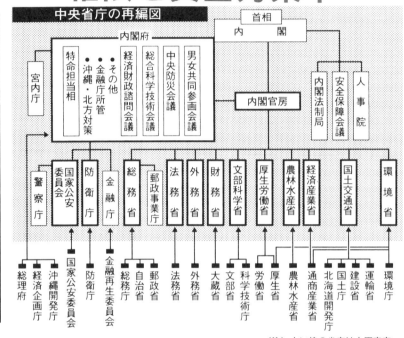

（注）太い枠の省庁は大臣官庁

## 国土交通 公共事業の8割

### 財務省

長い間、霞が関の頂点として影響力を誇示してきた大蔵省は、「財務省」に衣替えする。1998年に起きた大蔵省の接待汚職などを機に、主計局など財政部門と、銀行など金融部門の分離を求める声が政治サイドから高まり、曲折を経て金融部門が98年6月に金融監督庁（2000年7月から金融庁）として分離・独立している。

その意味で、すでに省庁再編の趣旨は先取りしているともいえ、今回は看板が変わるほか、組織や所管業務などに大きな変化はない。

ネルギー政策は資源エネルギー庁が担う。従来の産業政策から経済政策への関与を深める考えだ。産業界を担当する部門を縮小し、マクロ経済政策や通商政策などを重視する。

目指すのは、経済の構造改革を通じた新たな経済成長の実現だ。少子高齢化社会や環境問題など、経済成長を抑制すると見られる要素を、進展するIT（情報技術）などを利用し、成長要因に変えていく。そのためには、医療・福祉や司法制度、教育など、これまで経済とは縁遠いとされていた分野に対しても改革を要請していく。

●「MOF」守りきる●

財務省の英語名は「Ministry of Finance」（MOF）のまま変わらない。「大蔵」は、7世紀の律令制度にさかのぼる由緒ある名前。大蔵省の名称存続を図ったが、橋本龍太郎元首相が「律令国家に戻る」なら、兵部省や検非違使も魅力的と強烈に皮肉った。しかし、英語名は「世界的にも通貨や財政を扱う省は一般的な名前」（幹部）とMOFを守り切った。

1．次の新聞記事（「毎日新聞」2001年1月1日朝刊）を読み、質問に答えてみましょう。

### 総務 職員数30万人

**●何で郵政と一緒?●**

巨大過ぎて、省一体となった行政運営の課題が多い総務省。自治、総務、郵政の幹部職員の交流会合を見てきた自治省幹部は「何で郵政省と一緒なのか、いまだに分からない」と首をかしげる。当面は日常業務を観察し合うしかなく、大臣らトップの力量が問われそうだ。

**内閣府**

政策全般について企画・立案し、首相に提案したうえで、政策を実施する「ヘッドクォーター」として、首相を全面的にサポートする。企画立案部門に民間人ら100人以上の任期付き職員を採用し、政策の充実を図ることになる。

また、外局に宮内庁、国家公安委員会、防衛庁、金融庁を従えるほか、経済財政諮問、総合科学技術、中央防災、男女共同参画の4会議を傘下に置き、「内閣機能の強化」を進める。

最大の懸案は、経済財政諮問会議がスムーズに予算編成権を行使できるかだ。基本方針は同会議が決定し、財務省はあくまで内閣府の方針に沿った予算の査定や会計事務を担うのが新政府のシステムとなる。大蔵省が事実上支配する政府・与党の財政首脳会議は解散の方向となったが、財務省が背後で経済財政諮問会議をコントロールする可能性も出ている。

しかし首相官邸主導で経済運営や予算の基本方針について調査・審議するという趣旨から、内閣府に「経済財政諮問会議」が設置されることになり〈金融に続いて予算編成権〉までも奪われるのではないかと危機感を募らせている。

**総務省**

郵政事業庁の現業職員も含めると30万4422人（今年度定員）による霞が関最大の官庁。人員だけでなく、残高260兆円の郵貯資金を持つほか、22兆円の地方交付税交付金（2000年度）を地方自治体に交付するという権限もあって、霞が関の中で圧倒的な「資金力」を有する。さらに、有線、無線の情報通信事業者やテレビ局などの電波監理を握る。

それだけに、実務も多岐にわたり、主なものだけでも、行政評価・監察や地方自治体の行財政・税制の立案▽通信・放送行政の指揮、監督─と幅広い。

ただ、どこまで厳しく省の行政監察ができるかは未知数だ。

**経済産業省**

基本的に大きな組織変更はないが、科学技術庁に属していた原子力安全の審査部門が「原子力安全・保安院」として加わる。安全規制は同保安院が一元的に行い、エ

（1）新省庁体制への移行はいつ行われるのですか。

（2）省庁再編の前と後で、名称が変わらない省庁はどこか、四つあげなさい。

（3）内閣府が外局として従える省庁はどこですか。

**15**

（4）「総務省」は、どんな省庁が再編されたものですか。

（5）「大蔵省」の新しい名称は何ですか。

（6）「経済産業省」は、何を目指して再編されたのですか。

（7）省庁再編は、その後も続いています。現在の省庁の組織図、各省庁の名称などをインターネットで調べなさい。

２．次の表現を漢字で書きなさい。

　　　１．ぎいんないかくせい　　　　２．けんぽうだいきゅうじょう
　　　３．せんきょかんりいいんかい　４．れんぽうせいふ
　　　５．かんぼうちょうかん　　　　６．だいとうりょうほさかん
　　　７．しほうけんは　さいばんしょに　ある　　８．ぎょうせいきかんを　とうかつする
　　　９．ほうりつや　きそくを　かいせいする　10．とうしっこうぶの　めいれいに　したがう
　　11．てんのうが　かくりょうを　にんしょうする　12．しゅしょうが　がいしょうを　けんにんする

３．次の下線の漢字語の読み方を書きなさい。
　　　１．日本国憲法には、国民の３つの義務が規定されている。

　　　２．田中氏は、党執行部の怒りを買って、委員長を解任された。

　　　３．国務大臣は、行政機関を統括する重大な責任がある。

　　　４．司法試験の会場は、冷房が効きすぎて、寒かった。

　　　５．スポーツの試合では、審判の権限は絶対的なものだ。

　　　６．閣議で政府の新しい方針について審議を行い、了承した。


４．次の漢字を使った最もよく使われると思う言葉を選び、文を作りなさい。

　　例）臣　→　大臣：大臣のことを閣僚という。

　　　１．司　　　　　　２．裁　　　　　　３．党

　　　４．兼　　　　　　５．括　　　　　　６．邦

　　　７．僚　　　　　　８．憲　　　　　　９．委

　　10．執　　　　　　11．律　　　　　　12．挙

　　13．房　　　　　　14．審　　　　　　15．皇

　　16．令　　　　　　17．佐　　　　　　18．針

　　19．閣　　　　　　20．承

# 形声文字のまとめ

『BKB』Vol.1&2や『IKB』Vol.1&2で学習した漢字の中には同じ音符（おんぷ）を持つ形声文字がたくさんありますが、特に数が多いものを以下にまとめます。

| 音符 | [音] | 既習漢字 | 新出 | 未習漢字 | ＊例外 |
|---|---|---|---|---|---|
| 韋 | [イ] | 違 | | 緯 偉 | |
| 永 | [エイ] | 永 泳 | | 詠 | |
| 袁 | [エン] | 遠 園 | | 猿 | |
| 可 | [カ] | 可 何 荷 歌 | 河 | | |
| 化 | [カ] | 化 貨 | | 靴 | |
| 果 | [カ] | 果 課 | | 菓 | |
| 咼 | [カ] | 過 | | 渦 禍 | |
| 家 | [カ] | 家 | | 嫁 稼 | |
| 各 | [カク] | 各 客 | 格 閣 | | |
| | [ラク] | 落 絡 | | 酪 | ＊略路露 |
| 干 | [カン] | 干 幹 | 肝 管 | 刊 汗 | |
| 官 | [カン] | 官 館 | | 棺 忌 | |
| 己 | [キ] | 己 記 紀 | 起 | | |
| 其 | [キ] | 基 期 | | 旗 棋 | |
| 義 | [ギ] | 義 議 | 儀 | 犠 | |
| 及 | [キュウ] | 及 級 | 吸 | 汲 | |
| 求 | [キュウ] | 求 救 | 球 | | |
| 兄 | [キョウ] | 兄 況 | | | ＊党 |
| | [ケイ] | 兄 競 | | | |
| 圣 | [ケイ] | 軽 経 | 径 検 | 茎 倹 | |
| 僉 | [ケン] | 験 険 | 剣 | | |
| 古 | [コ] | 古 固 | 個 故 | 湖 枯 | |
| 五 | [ゴ] | 五 語 | | 悟 伍 | |
| 工 | [コウ] | 工 功 項 紅 | 攻 | 貢 絞 溝 巧 | |
| 交 | [コウ] | 交 効 郊 | | | |
| 冓 | [コウ] | 構 講 購 | | | |
| 左 | [サ] | 左 佐 | 差 | | |
| 采 | [サイ] | 菜 採 | | 彩 酢 | |
| 乍 | [サク] | 作 昨 | | 酢 詐 | |
| 司 | [シ] | 司 詞 | | 飼 伺 嗣 | |
| 旨 | [シ] | 旨 脂 指 | | | |
| 寺 | [ジ] | 寺 持 時 | | 侍 渚 | ＊待特 |
| 者 | [ショ] | 者 諸 暑 | 署 | 緒 渚 | |
| 正 | [ショウ] | 正 証 | 症 | 征 | |
| | [セイ] | 正 政 | 整 | | |
| 召 | [ショウ] | 召 招 紹 | 照 沼 昭 | 詔 彰 | |
| 章 | [ショウ] | 障 | 章 | 嬢 | 醸 |
| 襄 | [ジョウ] | 壌 | | 嬢 | 譲 |
| 申 | [シン] | 申 | 神 | 伸 紳 | |

15

217

| 音符 | [音] | 既習漢字 | 新出 | 未習漢字 | ＊例外 |
|---|---|---|---|---|---|
| 辰 | [シン] | 振 震 | | 娠 賑 唇 | |
| 生 | [セイ] | 生 性 | | 星 姓 牲 | |
| 青 | [セイ] | 青 晴 精 静 清 | 請 | | |
| 責 | [セキ] | 責 積 績 | | | |
| 且 | [ソ] | 組 | | 祖 阻 租 粗 狙 | |
| 曽 | [ソウ] | 曽 層 | | 僧 | |
| | [ゾウ] | 増 贈 | | 憎 | |
| 則 | [ソク] | 則 側 測 | | | |
| 中 | [チュウ] | 中 仲 忠 沖 | | 虫 | |
| 丁 | [チョウ] | 丁 町 庁 頂 | | | |
| | [テイ] | 丁 訂 停 帳 | | 亭 | |
| 長 | [チョウ] | 長 張 帳 | | 脹 | |
| 氏 | [テイ] | 低 底 | | 抵 邸 | |
| 商 | [テキ] | 適 敵 | | 滴 摘 嫡 | |
| 豆 | [トウ] | 豆 頭 登 | | 痘 燈 | |
| 同 | [ドウ] | 同 銅 胴 洞 | | 筒 | |
| 白 | [ハク] | 白 泊 拍 | 迫 | 伯 舶 | |
| 反 | [ハン] | 反 飯 版 販 阪 坂 | 板 | | |
| 半 | [ハン] | 半 判 | | 伴 畔 | |
| 皮 | [ヒ] | 皮 彼 被 疲 | | 披 | |
| 付 | [フ] | 付 府 符 | | 附 腑 腐 | |
| 冨 | [フク] | 福 副 | 幅 | | ＊富 |
| 復 | [フク] | 復 複 腹 | | 覆 | |
| 分 | [フン] | 分 雰 紛 | 粉 | | |
| 甫 | [ホ] | 補 捕 浦 | | 舗 | |
| 莫 | [ボ] | 模 | 暮 募 | 墓 慕 | |
| 方 | [ホウ] | 方 放 訪 | | 倣 芳 | |
| | [ボウ] | 防 妨 肪 | 房 | 坊 紡 傍 | |
| 包 | [ホウ] | 包 抱 胞 | 望 | 泡 砲 飽 | |
| 亡 | [ボウ] | 亡 忙 忘 | | 妄 | ＊盲 |
| 俞 | [ユ] | 輸 | | 愉 諭 癒 | |
| 羊 | [ヨウ] | 洋 養 様 | | 羊 | |
| 令 | [レイ] | 令 冷 零 | 鈴 齢 | | |
| 列 | [レツ] | 列 | | 裂 烈 | ＊例 |

**[学習漢字]** 齢 暮 募 請 迫 幅 攻 儀 章

**【練習】** 音符に注意しながら、次の言葉を読んでみましょう。

1. 招待 2. 紹介 3. 参照 4. 湖沼 5. 昭和 6. 指示 7. 脂肪
8. 正確 9. 政治 10. 整理 11. 征服 12. 正月 13. 証明 14. 症状
15. 命令 16. 冷蔵 17. 零下 18. 予鈴 19. 年齢 20. 行列 21. 分裂
22. 規模 23. 歳暮 24. 募集 25. 墓石 26. 補導 27. 逮捕 28. 舗道
29. 青年 30. 晴天 31. 精神 32. 安静 33. 清潔 34. 請求 35. 感情
36. 白鳥 37. 宿泊 38. 拍手 39. 迫力 40. 伯爵 41. 舶来 42. 金箔
43. 復習 44. 複数 45. 腹痛 46. 覆面 47. 幸福 48. 副業 49. 振幅
50. 工事 51. 紅茶 52. 項目 53. 成功 54. 精巧 55. 攻撃 56. 貢献
57. 義務 58. 議会 59. 儀式 60. 犠牲 61. 文章 62. 故障 63. 表彰

## 力だめし

下の文章を読んでみましょう。

### 核兵器とNPT

　核不拡散条約（NPT）は、1968年に米・英・ソなどが調印し成立した（発効は1970年、日本は1976年批准）。その後、加盟国は増加していき、東西対立体制から独自路線として核兵器を保有しているフランスと中国も、ソ連の崩壊後の1992年にこの条約を批准した。

　しかし、この条約は、成立以来「差別的な条約」であるという反発がある。それは、NPTが非核保有国の核開発および核取得を禁止しているのに対して、アメリカ、イギリス、フランス、旧ソ連、中国の核保有5大国には核兵器の削減はうたっていても、核兵器の全廃を最終目標に掲げているわけではない。つまり、すでに核兵器を保有している国々が他の国に核の脅威を与えることを前提にしたものであった。したがって、特に核兵器を開発しようという国は未加盟であるし、また、北朝鮮は、このような不満から1993年に脱退を表明したといえる（その後1994年に復帰を確約）。

　また、核実験に関しては、1993年から核実験の全面的禁止を目指す、包括的核実験禁止条約（CTBT）の作成にはいり、NPTの中でも、1996年までに確定することがうたわれた。

　しかし、核兵器を保有している国々が核兵器を完全に廃棄する見通しは立っていない。むしろ、核兵器の保有を、国際政治の舞台では、軍事的優位性や絶対性として活用し、発言力を確保しようという動きがあるのが現状である。

（ニュース解説室へようこそ！編集委員会『ニュース解説室へようこそ　2001年版』清水書院　p.210）

16

## 核不拡散条約（NPT）と核兵器をめぐる 5 年間の主な動き

1995. 5　NPTの無期限延長を採択
　　　　　中国が地下核実験の全面中止を発表
　　　 8　米国、英国が核実験の全面中止を発表
　　　 9　フランスが南太平洋で地下核実験を再開（96.1 に終結宣言）
　 96. 1　米上院が米ロの戦略核兵器の弾頭数を各3000－3500発に減らす
　　　　　第 2 次戦略兵器削減条約（STARTII）の批准を 3 年越しで承認
　　　 4　ロシアが核実験全面禁止支持を表明
　　　 7　国際司法裁判所が「核兵器は一般的には違法」の見解
　　　 9　爆発を伴う核実験を禁止する包括的核実験禁止条約（CTBT）を
　　　　　採択（インドなどは反対）
　 97. 7　米国が核爆発を伴わない未臨界核実験を開始
　　　11　ロシアが未臨界核実験の実施を発表
　 98. 5　インドが地下核実験　パキスタンも続いた
　　　 6　スウェーデン、南アフリカなど非核 8 カ国が、核保有国などに
　　　　　核廃絶の誓約を求める共同宣言
　 99. 7　中国が「中性子爆弾技術を保有している」と発表
　　　10　米上院がCTBT批准を否決
2000. 4　ロシア下院がSTARTII批准を承認

（「朝日新聞」2000年 4 月16日付より［年表］）

**【問題】**　前の文中に使われていた言葉です。読んでみましょう。読み方がわからないものには、○をつけてください。

| | | | | |
|---|---|---|---|---|
| 1．核兵器 | 2．禁止 | 3．条約 | 4．不拡散 | 5．調印 |
| 6．発効 | 7．批准 | 8．加盟国 | 9．東西 | 10．対立 |
| 11．体制 | 12．独自 | 13．路線 | 14．保有 | 15．崩壊 |
| 16．差別的 | 17．反発 | 18．非核保有 | 19．開発 | 20．取得 |
| 21．削減 | 22．全廃 | 23．目標 | 24．掲げる | 25．脅威 |
| 26．与える | 27．前提 | 28．未加盟 | 29．北朝鮮 | 30．不満 |
| 31．脱退 | 32．表明 | 33．復帰 | 34．確約 | 35．核実験 |
| 36．目指す | 37．包括的 | 38．確定 | 39．廃棄 | 40．見通し |
| 41．国際 | 42．舞台 | 43．軍事的 | 44．優位性 | 45．絶対性 |
| 46．発言力 | 47．確保 | 48．現状 | 49．無期限 | 50．延長 |
| 51．採択 | 52．中止 | 53．南太平洋 | 54．終結 | 55．宣言 |
| 56．上院 | 57．戦略 | 58．弾頭数 | 59．第2次 | 60．3年越し |
| 61．承認 | 62．支持 | 63．司法 | 64．裁判所 | 65．一般的 |
| 66．違法 | 67．見解 | 68．爆発 | 69．伴う | 70．未臨界 |
| 71．実施 | 72．廃絶 | 73．誓約 | 74．中性子 | 75．爆弾 |
| 76．技術 | 77．否決 | 78．下院 | | |

**16**

次のページの【確認】のところを見て、読みをチェックしましょう。

|  | I.BKB | II.IKB | III.前課 | IV.本課 | 全体 |
|---|---|---|---|---|---|
| a．読みを正しく知っている言葉 | ＿＿％ | ＿＿％ | ＿＿％ | ＿＿％ | ＿＿％ |
| b．意味は知っているが、読みが不正確な言葉 | ＿＿％ | ＿＿％ | ＿＿％ | ＿＿％ | ＿＿％ |
| c．よく知らない言葉 | ＿＿％ | ＿＿％ | ＿＿％ | ＿＿％ | ＿＿％ |

I． の言葉があまり読めなかった人は、BKB Vol.1&2を復習しましょう。

II． の言葉があまり読めなかった人は、IKB Vol.1を復習しましょう。

III． の言葉が読めなかった人は、この本の前の課を復習しましょう。

IV． の言葉が読めなかった人は、この課でしっかり勉強しましょう。

IV． の言葉がよく読めた人も、その漢字の別の読み方や使い方などを勉強しましょう。

【確認】　正しく読めたら、☐にチェックしましょう。

Ⅰ．『BASIC KANJI BOOK』Vol.1 & 2の漢字を使った言葉です。

1．発効 ☐　　2．東西 ☐　　3．対立 ☐　　4．体制 ☐　　5．路線 ☐
6．反発 ☐　　7．開発 ☐　　8．取得 ☐　　9．脱退 ☐　　10．表明 ☐
11．目指す ☐　12．見通し ☐　13．発言力 ☐　14．中止 ☐　15．南太平洋 ☐
16．終結 ☐　　17．上院 ☐　　18．第2次 ☐　19．違法 ☐　20．中性子 ☐
21．下院 ☐　　　　　　　　　　　　　　　　　　　　　　　　＿＿／21＝＿＿%

Ⅱ．『INTERMEDIATE KANJI BOOK』Vol.1の漢字を使った言葉です。

1．禁止 ☐　　2．調印 ☐　　3．独自 ☐　　4．保有 ☐　　5．不満 ☐
　　L7　　　　　L1　　　　　L1　　　　　L5　　　　　L6
6．復帰 ☐　　7．確約 ☐　　8．確定 ☐　　9．国際 ☐　　10．軍事的 ☐
　　R2　　　　　L4　　　　　L4　　　　　L2　　　　　L6
11．優位性 ☐　12．確保 ☐　　13．無期限 ☐　14．延長 ☐　15．戦略 ☐
　　L8　　　　　L4 L5　　　　　L5　　　　　L3　　　　　L2 L10
16．弾頭数 ☐　17．支持 ☐　　18．見解 ☐　　　　　　　　　＿＿／18＝＿＿%
　　L9　　　　　L2　　　　　L3

Ⅲ．前の課で勉強した言葉です。

1．条約 ☐　　2．不拡散 ☐　3．崩壊 ☐　　4．差別的 ☐　5．全廃 ☐
　　6課　　　　　7課　　　　　6課6課　　　　9課　　　　　14課
6．目標 ☐　　7．与える ☐　8．前提 ☐　　9．包括的 ☐　10．廃棄 ☐
　　3課　　　　　3課　　　　　2課　　　　　15課　　　　14課14課
11．現状 ☐　　12．採択 ☐　　13．承認 ☐　　14．司法 ☐　　15．裁判所 ☐
　　3課　　　　　2課2課　　　　15課　　　　15課　　　　15課2課
16．一般的 ☐　17．実施 ☐　　18．技術 ☐　　19．否決 ☐　　＿＿／19＝＿＿%
　　7課　　　　　2課　　　　　3課　　　　　1課

Ⅳ．この課で勉強する言葉です。

1．核兵器 ☐　2．批准 ☐　　3．加盟国 ☐　4．非核保有 ☐　5．削減 ☐
6．掲げる ☐　7．脅威 ☐　　8．未加盟 ☐　9．北朝鮮 ☐　10．核実験 ☐
11．舞台 ☐　　12．絶対性 ☐　13．宣言 ☐　　14．3年越し ☐　15．爆発 ☐
16．伴う ☐　　17．未臨界 ☐　18．廃絶 ☐　　19．誓約 ☐　　20．爆弾 ☐
[21]軍隊 ☐　[22]地雷 ☐　　[23]交渉 ☐　　[24]分裂 ☐　　[25]除外 ☐
[26]韓国 ☐　　　　　　　　　　　　　　　　　　　　　　　　＿＿／26＝＿＿%

**①漢字語の語構成**

新聞記事などに見られる、長い漢字語を辞書で調べる場合、適当なところで区切る必要があります。

**A．2字熟語を基本単位とする場合　■■＋■■＋■■…**

漢字熟語の基本単位は、2字熟語です。以下の例を見てみましょう。

例）　国連総会決議　→　国連　／　総会　／　決議
　　　　　　　　　　　＝　国連（国際連合）の総会で決議する（こと）
　　　対人地雷全面禁止条約採択
　　　　　→　対人　／　地雷　／　全面　／　禁止　／　条約　／　採択
　　　　　＝対人地雷を全面的に禁止する条約を採択する（こと）
　　　世論調査結果　→　世論　／　調査　／　結果
　　　　　　　　　　　＝　世論を調査した結果

**B．1字語がある場合　■＋■■＋…／…＋■■＋■**

漢字1字の単語を含む場合もあります。

例）　核兵器禁止条約　→　核　／　兵器　／　禁止　／　条約
　　　　　　　　　　　　＝　核を使った兵器を禁止する条約

　　　必要経費節約案　→　必要　／　経費　／　節約　／　案
　　　　　　　　　　　　＝　必要な経費を節約するための案

**C．接頭辞・接尾辞がある場合　□＋■■＋…／…■■＋□…**

熟語に接頭辞や接尾辞がつく場合もあります。接頭辞・接尾辞はふつう漢字1字です。

例）　最重要課題決議　→　最＋重要　／　課題　／　決議
　　　　　　　　　　　　＝　最も重要な課題を決議する（こと）
　　　大統領権強化　→　大統領＋権　／　強化
　　　　　　　　　　　＝　大統領の権限を強化する

16

### ②箇条書き文の形式

　新聞の見出しや箇条書きの文などでは、漢字熟語をつなげて臨時に1つの言葉にした表現、助詞や動詞などを省いた表現、名詞止めなどの表現がよく使われます。

例1）　米ソ、包括軍縮交渉、SDIを交渉から除外。
　→　米ソ（アメリカとソ連）は包括的な軍縮交渉で、SDIを交渉（の対象）から除外した。
例2）　パキスタン・シャリフ首相、国連総会一般演説で、インドに対し「核兵器、ミサイル開発の平等な相互自制」の意思の相互確認必要と指摘。
　→　パキスタンのシャリフ首相は、国連総会の一般演説で、インドに対して「核兵器およびミサイル開発について平等な相互自制を行う」という意思を相互に確認する必要があると指摘した。
例3）　アメリカ・ゴア副大統領とロシア・チェルノムイリジン首相、核兵器用プルトニウム生産工場3ヵ所をアメリカ支援で2000年までに民生転換で合意。
　→　アメリカのゴア副大統領とロシアのチェルノムイリジン首相は、核兵器用プルトニウムの生産工場3ヵ所をアメリカの支援で2000年までに民生転換することに合意した。

※日本と古くから交渉のある国の名前には漢字1字が当てられており、新聞記事などでは略字として使われる場合があります。以下の例の他にも、探してみましょう。

| 中国 | → | 中 | オーストラリア | → | 豪 |
|---|---|---|---|---|---|
| 韓国 | → | 韓 | ベトナム | → | 越 |
| 北朝鮮 | → | 朝 | インド | → | 印 |
| アメリカ | → | 米 | ロシア | → | 露 |
| フランス | → | 仏 | メキシコ | → | 墨 |
| ドイツ | → | 独 | カナダ | → | 加 |
| イギリス | → | 英 | スペイン | → | 西 |
| イタリア | → | 伊 | | | |

　ただし比較的新しく日本と関係を結んだ国の場合は、漢字は使われません。（例　南アフリカ→南ア、パキスタン→パ）
　最近では全体のバランスをとるという観点からすべてにカタカナを使用する場合も増えています。

### ③「核」関係の漢字・漢字語

a. 核軍縮に関する漢字・漢字語
　　軍拡⟷軍縮　　（拡大⟷縮小）
　　核拡散⟷核不拡散
　　核軍縮／核廃絶
　　核保有国⟷非核保有国
　　非核（兵器）地帯
　　核戦争　核戦力
　　非核三原則
　　反核運動＝核兵器（の保有／使用）に反対する運動

b. 核実験に関する漢字・漢字語
　　核爆弾　→　原爆＝原子爆弾　水爆＝水素爆弾　中性子爆弾
　　核弾頭
　　核実験　臨界核実験　核爆発
　　核分裂⟷核融合

c. 条約締結に関する漢字・漢字語
　　条約を　締結する／採択する／批准する
　　条約に　調印する／署名する
　　条約が　成立する／発効する
　　議会が　条約の批准を　承認する／否決する

　　NPTの　無期限延長　⟷　期限付き延長
　　批准の　無条件承認　⟷　条件付き承認

　　核不拡散条約（NPT　←　Nuclear Non-Proliferation Treaty）
　　包括的核実験禁止条約（CTBT　←　Comprehensive Nuclear Test Ban Treaty）
　　戦略兵器削減交渉（START　←　Strategic Arms Reduction Treaty）

**16**

―― 第16課の学習漢字 ――

核　兵　批　准　盟　削　掲　脅　鮮　舞　絶
宣　越　爆　伴　臨　誓　隊　雷　渉　裂　除
韓

**23**

（索引p.339〜344）

225

練　習

【練習1】　次の長い言葉は、どのように分けられるでしょうか。また、必要な言葉を補って、その意味を説明してみましょう。

　　　例）国連総会一般演説　→　国連　／　総会　／　一般　／　演説
　　　　　　　　　　　　　　　＝国際連合の総会における一般の演説

　　　1．早期交渉開始予定　　　　　　→
　　　2．核実験全面禁止条約　　　　　→
　　　3．国際司法裁判所　　　　　　　→
　　　4．非核兵器地帯創設　　　　　　→
　　　5．包括的核兵器禁止条約　　　　→
　　　6．原子力平和利用協力協定　　　→
　　　7．化学兵器用薬品貯蔵庫　　　　→
　　　8．被爆者救済条例採択表明　　　→
　　　9．親アラブ路線　　　　　　　　→
　　10．対台湾武器供与　　　　　　　→
　　11．親西側改革路線　　　　　　　→
　　12．在英イスラム教徒団体　　　　→
　　13．反政府勢力　　　　　　　　　→
　　14．政府間交渉　　　　　　　　　→

【練習2】　例のように言葉を補って、できるだけ省略しない文の形で言ってみましょう。

　　　例）包括的核実験禁止条約（CTBT）署名手続き開始から1周年。146カ国署名、日本含む7カ国批准済み。インド、パキスタン、北朝鮮の姿勢は変わらず。
　　→　包括的核実験禁止条約（CTBT）の署名手続きが開始されて（今日で）1周年である。146カ国が署名し、日本を含む7カ国が批准した。インド、パキスタン、北朝鮮の姿勢は変わっていない。

　　　1．インド24年ぶりに地下核実験、パキスタンが初の地下核実験
　　→
　　　2．ロシアが核実験全面禁止支持を表明
　　→
　　　3．国際司法裁判所が「核兵器は一般的には違法」の見解
　　→

4．国際原子力機関（IAEA）総会、中東での非核兵器地帯創設のための協議続行をIAEA事務局長に求める決議採択

→

【練習3】　下の　□□□　の中から言葉を選び、適切な形にして文を完成しなさい。答えは一つとは限りません。

1．彼は被爆者の一人として、つねに「反核」を（　　　　　）て発言してきた。
2．21世紀の今も世界のあちこちで地域紛争が（　　　　　）ない。
3．彼女は、お客に新しい生命保険を（　　　　　）ために、終始、笑顔を（　　　　　）なかった。
4．多くの人々が危険を犯して国境を（　　　　　）いった。
5．給与は高いが、危険の（　　　　　）仕事だ。

```
与える　脅かす　掲げる　越える　越す　絶える　絶つ
絶やす　伴う　除く　臨む　勧める　削る
```

6．彼は大学卒業後国際機関に就職し、いまや世界を（　　　　　）に活躍している。
7．45カ国の共同提案が総会で（　　　　　）された。
8．世界平和に逆行するような動きは（　　　　　）に許さない。
9．野党は消費税の（　　　　　）を要求している。
10．A国の度重なる核実験に多くの人々が（　　　　　）した。
11．議会は条約の早期（　　　　　）を可決した。
12．待遇改善について上司と（　　　　　）してみたが、結局否定的な回答しか得られなかった。

```
交渉　採決　採択　承認　誓約　絶対　抗議
宣言　提案　廃棄　批准　舞台　提出　廃止
```

**16**

【練習4】　文中の＿＿＿＿に下の｛　｝から一番適切な熟語を選び、その読みを書きなさい。

1．協議会では核実験の全面禁止を求める決議を圧倒的多数で＿＿＿＿＿した。
｛　採用　採取　採択　採決　｝
2．今度の実験は核＿＿＿＿＿を伴わないので、条約に違反しないという。
｛　爆破　爆風　爆弾　爆発　｝

３．第２次大戦後、世界の多くの国が国連に＿＿＿＿＿した。
　　　｜ 加盟　脱退　出席　復帰 ｜
４．核兵器禁止条約の交渉開始を求める決議案は＿＿＿＿＿された。
　　　｜ 否定　否決　否認　可否 ｜
５．核を持っている国を「核＿＿＿＿＿国」という。
　　　｜ 所持　所有　保持　保有 ｜
６．プルトニウムなど核＿＿＿＿＿性物質の連鎖反応が起きたら、恐ろしい。
　　　｜ 実験　分裂　燃料　融合 ｜
７．「＿＿＿＿＿」というのは、自分の権利を放棄することだ。
　　　｜ 棄権　特権　断絶　荒廃 ｜
８．A国の驚異的な経済成長は、周辺の国々に＿＿＿＿＿を与えている。
　　　｜ 威力　脅威　脅迫　権威 ｜
９．弟は高校を卒業したら、家を出て独立すると家族に＿＿＿＿＿した。
　　　｜ 誓約　宣言　宣誓　発言 ｜
10．３日間続いた大雨警報がようやく＿＿＿＿＿された。
　　　｜ 除外　解除　排除　除去 ｜
11．「軍縮」というのは、「＿＿＿＿縮小」の略である。
　　　｜ 軍隊　軍人　軍備　軍事 ｜

【練習５】　次の漢字と同じ音読みの漢字をできるだけたくさん思い出してみましょ
　　　　　　う。周りの日本人にも聞いてみてください。同じ音符を持つ漢字は
　　　　　　☐で囲んでください。

例）核 → 画　角　各　客　格　閣　覚　確　革　拡
　　　　　　較　隔　獲　穫　郭　殻

　1．越　　　2．批　　　3．脅　　　4．絶

　5．准　　　6．兵　　　7．盟　　　8．掲

　9．宣　　10．舞　　11．鮮　　12．伴

13．臨　　14．爆　　15．誓　　16．渉

17．除　　18．雷　　19．裂　　20．隊

21．削　　22．韓

**【練習６】** 下線の漢字に注意して読みましょう。

1. <u>兵</u>器 ／ 出<u>兵</u>　　　2. <u>除</u>外 ／ 掃<u>除</u>

3. 上<u>司</u> ／ 行<u>司</u>　　　4. 可<u>否</u> ／ 安<u>否</u>

5. <u>越</u>境 ／ 上<u>越</u>　　　6. <u>廃</u>絶 ／ 全<u>廃</u>

7. 行<u>列</u> ／ 分<u>裂</u>　　　8. <u>半</u>分 ／ <u>伴</u>奏

9. 開<u>発</u> ／ 反<u>発</u>　　　10. <u>大</u>国 ／ <u>大</u>臣

**【練習７】** 次の言葉を漢字で書きなさい。

1. こくれんかめいこく

2. ちゅうせいしばくだん

3. きょうどうせんげん

4. りんかいふくとしん

5. かくへいきさくげんこうしょうに　のぞむ

6. じょうやくの　ひじゅんを　しょうにんする

7. あざやかな　ぶたいいしょうを　きて、まう

8. かいはつに　ともなう　しぜんはかいの　きょうい

9. ぐんたいに　よる　じらいを　じょきょする　さぎょう

10. こうしょうけつれつの　ニュースが　しんぶんに　けいさいされる

**16**

◎opinion

## Q 日本はどうする

### A 「唯一の被爆国」だけではダメ。核軍縮へ向け具体的努力を。

広島、長崎の被爆体験を基に強力な原水爆禁止運動を展開してきた日本だが、国際的な核軍縮・核廃絶の動きの中では現在、残念ながら存在感が十分とは言いがたい。

諸外国からは、米国の「核の傘」の下にある日本は「準核保有国」と見られることもある。政府が核保有国に耳の痛い核軍縮提案をしてこなかったことが、影の薄さの大きな原因だ。

NPT体制は八方ふさがりにみえる。しかし、非核国や反核の非政府組織（NGO）は打開のアイデアを寄せ合っている。「核弾頭を一つずつ国際機関に登録できないか」「NPTとは別に核兵器禁止条約の交渉を始めてはどうか」「まず、核保有国に核兵器廃絶の誓約をさせる」…。日本にも、こうした提案と、実現へ向けた努力が求められている。

日本も昨夏、痛い核軍縮提案をしてこなかった核軍縮・核廃絶の提案が国際的な説得力を持つと言えそうだ。

政府が呼びかけた東京フォーラムで提言をまとめ、国連事務総長に提出した。「NPTに常設事務局をつくり核軍縮を進めよう」とか、「核不拡散や核軍縮に違反した国に対して効果がある国際的な仕組みを考えよう」とかという内容だ。誤発射による偶発的な核戦争を防ぐため、核兵器をすぐ発射できるままにしておくのはやめるよう核保有国に求めるとともに、米ロには「戦略核兵器を千発に減らすことで核兵器廃絶への一歩を」と呼びかけた。

自ら「核の傘」はもういらない」と自信をもって言える状況を作り出す。そのための努力をして初めて、日本発の核軍縮・核廃絶の提案が国際的な説得力を持つと言えそうだ。

1．次の文章は2000年 4 月16日の「朝日新聞」の記事です。読んで後ろの質問に答
　えてみましょう。

## Ｑ 核兵器持つ国は何をした

**Ａ** 自国の都合優先で、核軍縮・核廃絶にまじめに取り組んでいない。

オピニオン

九〇年代前半、東西冷戦の終結で核軍縮への期待が膨らみ、実際に米ロの核弾頭が減った。だがその後、北大西洋条約機構（ＮＡＴＯ）軍によるユーゴスラビア空爆などで米国とロシア・中国との溝が再び広がり、米ロ間の核兵器削減交渉など具体的な動きはほとんど止まってしまった。

湾岸戦争やユーゴ空爆で、米軍やＮＡＴＯ軍はハイテク化された通常兵器の圧倒的な力を見せつけた。潜在的な脅威を感じたロシアや中国は、核兵器頼みを強めている。

さらに、核軍拡を招きかねないのが、自国を攻撃するミサイルをミサイルで撃ち落とそうという米国の計画だ。ロシアや中国にしてみれば、米国やその同盟国がミサイル防衛を整えれば、相対的に自分たちの核戦力が弱められるように感じられるからだ。

米ロは未臨界核実験などで核兵器のシミュレーション技術を着実に高めている。その一方で、米議会は昨年ＣＴＢＴの批准を否決した。ロシア議会は十四日、米国との間の核兵器を削減する条約の批准をやっと承認した。しかし、条件付きだ。両国を始め核保有国は核軍縮の国際的な責任に十分答えず、国内向けの論理に終始している。

核実験をしたインド、パキスタンに対しても、両国との関係の維持や強化といった思惑から制裁の足並みはそろわず、核拡散阻止の強い意思は示されなかった。

16

（１）この新聞記事を読んでわかる範囲<sub>はんい</sub>で、表を完成させなさい。

（注：「CTBT」は「包括的核実験禁止条約」のこと）

|  | 被爆の有無 | 核の有無 | 核兵器・核軍縮に対する考え・態度 |
|---|---|---|---|
| アメリカ | 無 | 核保有 | 消極的。国際的な責任に十分答えず、むしろ核戦力を高めている。 |
| インド |  |  |  |
| 中国 |  |  |  |
| 日本 |  |  |  |
| パキスタン |  |  |  |
| ロシア |  |  |  |

（２）核兵器削減交渉などが進展していない背景には、どんなことがありますか。

（３）日本は、核軍縮に関してどんな提言をしていますか。

２．下線の漢字語に注意して、次の文を読んでみましょう。
1．国際的に<u>核軍縮</u>の動きが進む。
2．<u>核保有国</u>に核兵器<u>廃絶</u>の<u>誓約</u>をさせる。
3．<u>北大西洋条約機構軍</u>によるユーゴスラビア<u>空爆</u>が行われた。
4．<u>朝鮮民主主義人民共和国</u>は、<u>同盟国</u>と<u>条約</u>を結んだ。
5．<u>地雷全面禁止条約</u>に関する<u>交渉</u>は<u>決裂</u>してしまった。
6．議会の<u>承認</u>が得られず、<u>条約</u>の<u>批准</u>が遅れている。

３．次の漢字を使った最もよく使われると思う言葉を選び、文を作りなさい。

例）戦　→　戦争：戦争が終わっても、人々の心の傷は消えない。

| | | |
|---|---|---|
| １．絶 | ２．裂 | ３．越 |
| ４．核 | ５．准 | ６．盟 |
| ７．兵 | ８．削 | ９．掲 |
| 10．批 | 11．脅 | 12．鮮 |
| 13．舞 | 14．宣 | 15．爆 |
| 16．伴 | 17．臨 | 18．誓 |
| 19．隊 | 20．渉 | 21．除 |
| 22．韓 | 23．雷 | |

**16**

# ＜ 解 答 ＞

## 第1課 ━━━━━━━━━━━━━━━━━━━━━━━━━━━━━━

【練習1】 1．陽気　楽天家／的　寂しがり屋　2．責任感　独立心

3．自己中心的　4．警戒心　友好的　5．否定的

6．内気　恥ずかしがり屋　7．好奇心　積極的　あわて者

8．心配性　悲観的　楽天的／家　9．照れ屋／性　10．貧乏性　けちん坊

【練習2】 1．陽気な⬌陰気な　2．派手な⬌地味な　3．過激な⬌穏健な／温和な

4．誠実な⬌不誠実な　5．上品な⬌下品な

6．内気な⬌勝ち気な／社交的な　7．正直な⬌不正直な

8．真面目な⬌不真面目な　9．神経質な⬌無神経な／おおらかな

10．依存心が強い⬌独立心／自立心が強い　11．理性的⬌感情的

12．楽観的⬌悲観的　13．協力的⬌非協力的

14．社交的⬌非社交的／内向的／内気な　15．積極的⬌消極的

16．個性的⬌個性のない／普通の／平凡な　17．心配性⬌のんき／楽天家

18．無責任な⬌責任感の強い

【練習3】 1．両方　2．決断が早い（「気が短い」はマイナス評価）

3．意志が強くて（「強情」はマイナス評価）

4．けちん坊　倹約家（「けちん坊」はマイナス評価）

5．両方　6．優柔不断　慎重（「優柔不断」はマイナス評価）

7．内向的な（「陰気な」「暗い」はマイナス評価）　8．両方　9．両方

10．社交的（八方美人は、マイナス評価）

【練習4】 1．明るい　気が弱い　2．冷静沈着な　積極的に　陽気な

3．落ち着いている　あわて者で　好奇心が強く　4．明朗快活な

5．意志強固な　忍耐強さ

【練習5】 1．批評（ひひょう）　2．作詞（さくし）　3．介入（かいにゅう）

4．出身（しゅっしん）5．所属（しょぞく）6．供述（きょうじゅつ）

7．警戒（けいかい）　8．極限（きょくげん）9．奇妙（きみょう）

10．特徴（とくちょう）11．趣旨（しゅし）　12．無責任（むせきにん）

13．競争心（きょうそうしん）

【練習6】 1．～21．p.265～270の学習漢字索引を参照すること。

課題 1 ⑴①明るくて外向的な性格。積極性があり、常に前向きに考える人。

　　②引っ込み思案で内向的な性格。気が弱い面もあるが優しい人。

⑵⑶⑷は解答なし

2 1．主観的な意見　2．客観的な意見　3．積極的な人　4．消極的な人

5．陽気な性格　6．陰気な性格　7．肯定的な答え　8．否定的な答え

9．自己中心的な考え　10．趣味が多い　11．好奇心がある

12．責任感がある　13．競争心が強い　14．警戒心が強い

15．自己紹介の文を書いて下さい

16．性格を描写するための形容詞を覚えよう　17．所属と出身地を答える

18．自分自身について述べなさい　　19．他人の評価を気にする必要はない

20．警官にその男の特徴を聞かれた

（コラム1）

【練習】　1．昨年（さくねん）　2．前年（ぜんねん）　3．往年（おうねん）　4．後日（ごじつ）　5．翌日（よくじつ）　6．上旬（じょうじゅん）
　　　　　7．平成（へいせい）　昭和（しょうわ）

# 第2課 ─────────────────────────

【練習1】　1．（社員／意見）を　　（プログラマー／秘書（ひしょ））に

　　　　　2．（テスト／試験）を　3．（意見／論文／法案／宣言（せんげん））を

　　　　　4．（昆虫（こんちゅう）／植物（しょくぶつ）サンプル）を　5．（結果／合否／勝ち負け）を

　　　　　6．（結果／事実／事件の詳細（しょうさい））が　7．（善悪／商品）を

　　　　　8．（正誤／真偽（しんぎ）／善悪／時期）を　9．（証明書／パスポート）を

　　　　　10．（先生／上司）に　　（宿題／書類／報告書）を　11．（問題）を

　　　　　12．（他の会社／他の企業）と　13．（身分／仮説（かせつ）／数式）を

　　　　　14．（事件／無罪（むざい）／説）を　15．（原因／現場）を

　　　　　16．（結果／品質／身元）を　17．（物／科目／番号／答え）を

　　　　　18．（議員／議長／役員）を　19．（図書）を

　　　　　20．（商品／出荷物／果物）を　21．（自然／被害者／子供／迷子（まいご））を

　　　　　22．（動物）を　23．（老人／障害者）を　24．（重要人物／建物）を

　　　　　25．（学生／児童（じどう）／生徒（せいと））を　26．（非行少年／非行少女）を

　　　　　27．（客／車）を　28．（制度／資本／技術）を

　　　　　29．（商品／物資）を　30．（被告人／容疑者（ようぎ））が　　（事件／当時の様子）を

　　　　　31．（資金／技術／知識）を　32．（犯行）を

【練習2】　1．（同じ）○看護（かんご）する／○介護（かいご）する

　　　　　2．（異なる）○評判（ひょうばん）を得る　　○評判がよい　×評判する
　　　　　　　　　　　　○批判（ひはん）を浴（あ）びる　○批判が強い　○批判する

　　　　　3．（同じ）○施設（しせつ）がある　×施設する／○設備（せつび）がある　×設備する

　　　　　4．（同じ）○提示（ていじ）する／○提供（ていきょう）する

　　　　　5．（同じ）○権利（けんり）がある　○権利を持つ　×権利する／○権限（けんげん）がある
　　　　　　○権限を持つ　×権限する

　　　　　6．（異なる）△恐怖（きょうふ）する　○恐怖を感じる／○恐縮（きょうしゅく）する

236

7．（異なる）○証拠がある　○証拠をみつける　×証拠する／○証言を行う　○証言する

8．（異なる）○貪欲な人　○貪欲に求める／○意欲がある　×意欲な

9．（同じ）○保証する／○保護する

10．（異なる）○取材を行う　○取材を拒否する　○取材する／○題材を決める　○題材を探す　×題材する

11．（同じ）○選択する／○採択する　12．（同じ）○指導する／○補導する

【練習3】 1．厳しい⟷甘い／優しい／緩い　2．悪人⟷善人　3．義務⟷権利

4．需要⟷供給　5．強欲な⟷無欲な　6．性善説⟷性悪説

7．苦戦する⟷善戦する／健闘する　8．中央集権⟷地方分権

【練習4】 1．権利（けんり）　　2．提供（ていきょう）　3．判断（はんだん）

4．証拠（しょうこ）　5．授業（じゅぎょう）　6．採択（さいたく）

7．紛失（ふんしつ）　8．慈善（じぜん）　9．導入（どうにゅう）

10．成績（せいせき）　11．保護（ほご）　　12．始末（しまつ）

13．選択（せんたく）　14．態度（たいど）　　15．提出（ていしゅつ）

【練習5】 1．しょうがつ　しょうじょう　ほしょう　　：正［ショウ］

2．ぜんい　　ごぜん　　しゅうぜん　　：善［ゼン］

3．ふんそう　ふんまつ　　ふんいき　　：分［フン］

4．はんぶん　どうはん　　はんだん　　：半［ハン］

5．きょうどう　きょうじゅん　きょうきゅう：共［キョウ］

6．せきにん　たいせき　　せいせき　　：責［セキ］

7．やさい　　しきさい　　さいたく　　：采［サイ］

8．ふきゅう　こきゅう　　しんきゅう　：及［キュウ］

9．しゅうまつ　まっちゃ　：末［マツ］

10．じゅけん　じゅぎょう：受［ジュ］

11．きょうざい　ざいさん　：才［ザイ］

12．にゅうよく　いよく　　：谷［ヨク］

13．どうろ　　どうにゅう：道［ドウ］

【練習6】 （参考例）訳　証　紛　級　績　紡　判　供　債
　　　　　　材　欲　吸　吹　財　則　授　採　択　提

課題 3 1．じゅぎょう　ひょうか　2．じゅぎょう　かいぜん

3．きまつ　じっし　4．きょうざい　5．きょうし　しどう

6．いよくてき　たいど　7．さいてん　せいせき　8．せんたく

9．けんげん　ほご　10．はんだん　ざいりょう　ていきょう

11．あまやかして　12．ふんそう　おそれ　13．ほしょう　14．がっきゅう

コラム2

【練習1】 1．けっこん　　4．はったつ　　5．はっぴょう　7．せっきょう

8．ざっし 　　10．ざっか 　　12．せってん 　　13．あっせい

16．てっきょう 　17．てっぱん 　18．じっけん 　19．じったい

21．そっせん 　　22．けってん 　24．けっせき 　25．れっき

26．りっぽう 　　27．りったい 　29．だっしゅつ 　31．だったい

32．けってい 　　33．けっしん 　35．ねっしん 　36．しゅっぴん

40．げっきゅう 　42．せっち 　　44．かっぱつ 　46．しっそ

47．ぶっしつ 　　49．ぶっか 　　51．べっしつ 　52．べっぷ

54．しっぱい 　　55．たっせい 　58．ひっし 　　61．ぶっきょう

【練習2】 1．いんさつ　2．さっしん　3．かいさつ　4．さっぽろ　5．すうさつ

6．さっし 　7．べっさつ 　8．たっぴつ 　9．ひっき 　10．ひつじゅん

11．ひっしゃ 12．きつえん 13．きっさてん

# 第3課 ——————————————————

【練習1】 1．そんざい（名詞／動詞）○存在に値する 　○存在する

2．ぎじゅつ（名詞）○技術を学ぶ 　○技術が発達する 　×技術する

3．みっちゃく（名詞／動詞）○密着型 　○密着する

4．けっか（名詞）○結果を出す 　×結果する

5．げんざい（名詞）○現在の 　○現在に至る 　×現在する

6．きろく（名詞／動詞）○記録をとる 　○記録する

7．こうしん（名詞／動詞）○更新の手続き 　○更新する

8．そうどう（名詞）○騒動を起こす 　×騒動する

9．こうそくか（名詞／動詞）○高速化を目指す 　○高速化する

10．そうおん 　　（名詞）○騒音をたてる 　○騒音を防ぐ 　×騒音する

11．ちいき 　　　（名詞）○地域に広まる 　×地域する

12．かんきょう（名詞）○環境を変える 　○環境がよくなる 　×環境する

13．えんがん 　　（名詞）○沿岸に近づく 　○沿岸を警備する 　×沿岸する

14．かんわ（名詞／動詞）○規制の緩和を行う 　○緩和する

15．かんよ（名詞／動詞）○～の関与を疑う 　○関与する

16．えいきょう（名詞／動詞）○影響を与える／及ぼす 　○影響する

17．こうがい 　　（名詞）○公害が発生する 　○公害を引き起こす
　　　　　　　　　　　　×公害する

18．たいさく 　　（名詞）○対策を立てる 　×対策する

19．たいけい 　　（名詞）○体系を確立する 　×体系する

20．みっしゅう（名詞／動詞）○～の密集地 　○密集する

21．きじゅん 　　（名詞）○基準を定める 　×基準する

22．もくひょう（名詞）○目標をたてる／達成する 　×目標する

23．はんきょう（名詞／動詞）○反響を起こす　○反響がある　○反響する

24．たっせい（名詞／動詞）○達成を目指す　○達成する

25．ちょうさ（名詞／動詞）○調査を行う　○調査する

26．じょうたい（名詞）○（〜という）状態になる　×状態する

27．がいとう（名詞）○街頭に立つ　○街頭で演説する　×街頭する

28．あくむ　（名詞）○悪夢を見る　○悪夢のようだ　×悪夢する

29．せいえん（名詞／動詞）○声援を送る　○声援する

30．えんぎ（名詞／動詞）○演技を見せる　○演技する

【練習2】1．与えた／及ぼした　2．出て　3．与えた／及ぼした　4．受けた
5．及んだ　6．変わった／変化した　7．壊す／破壊する　8．合わせて／適応して　9．整え／整備し　10．悪くなり／悪化し

【練習3】1．d, l　2．a, i　3．b, g　4．c, h　5．f, j

【練習4】a．1．授与　2．関与　3．投与　4．贈与
b．1．異状　2．現状　3．別状　4．実状　5．病状　6．症状
c．1．健在　2．点在　3．所在　4．混在　5．自在　6．存在
7．不在　8．実在

【練習5】1．営業中　500系　2．技術員／技術者　不可能　961型
3．高速化　悪影響

【練習6】1．かんきょう　へんかん　　　：景［カン］
2．きょうかい　ぼうえんきょう　：竟［キョウ］
3．きげん　げんいん　＊がんしょ：原［ゲン］
4．きろく　かんろく　＊りょくか／りょっか：録［ロク］
5．ひょうしき　そしき　＊しょくぎょう：戠［シキ］
6．ししゅつ　せんたくし　＊ぎし　：支［シ］
7．かんせん　かんこく　かんでんち：卓［カン］

【練習7】1．騒　2．幹　3．録　4．策　5．標　6．域　7．密
8．技　9．境　10．査

【練習8】（参考例）枝　杉　標　緑　緩　録　鉛　鏡　境　沿　漂　騒　技　援　幹　状　影

課題　1　(1) 1964年　(2) 新幹線の種類のこと
(3) 新幹線と飛行機の所要時間と料金をめぐる争い
(4) 新幹線の速度を上げることと騒音の問題には関係がある。速度を上げながら騒音を下げる研究は進められているが、実際には難しく、速度を下げない限り騒音も下がらないという意見もある。

2　1．ひょうほん　むちゅう　　　2．こえ　ろくおん　　3．かんじ
4．こっきょう　きょうぎじょう　5．そんざい　　　　　6．きみつ
7．たいけいてき　ちょうさ　　　8．しょうてんがい　さわがしい
9．きろく　たいさく　　　　　　10．かんじょうせん

3　1．科学技術の進歩について、街頭インタビューを受けた。
　　2．新幹線の沿線に住む人々の騒音問題を考える。
　　3．自然環境を守るためには、規制を緩和してはならない。
　　4．現在の状態から脱するための方策を論議する。
　　5．子供の頃の夢が、彼の進路に大きな影響を与えた。
　　6．この地域は人口密度が高く、都市化が進んでいる。
　　7．頭の中で、父の声が大きく響いた。

# 第4課

【練習1】1．双＋方向／通信（B）＝二つの方向で行う通信
　　　　　2．非＋対称／回線（B）＝対称ではない回線
　　　　　3．通信／事業＋者（C）＝通信の事業を行う者
　　　　　4．次＋世代／通信（B）＝次の世代の通信
　　　　　5．選択＋肢／問題（C）＝選択の肢（＝枝）のある問題
　　　　　6．家庭＋用／端末（C）＝家庭で使うための端末
　　　　　7．利用＋者／家庭（C）＝利用する者の家庭
　　　　　8．衛星／放送／設備（A）＝衛星を使った放送のための設備
　　　　　9．仮想／現実／空間（A）＝現実のように仮想された空間
　　　　10．超＋高速／通信＋網（B,C）＝非常に速い通信のネットワーク
　　　　11．音声／記録／装置（A）＝音声を記録するための装置
　　　　12．計算＋機／相互／接続（C）＝計算のための機械を相互に接続する
　　　　13．動＋画像／圧縮／技術（B）＝動く画像を圧縮する技術
　　　　14．信号／多重＋化／技術（C）＝信号を多重化する技術
　　　　15．光学＋式／動作／計測（C）＝工学的な方法で動作を計測する
　　　　16．情報／検索＋用／ソフト（C）＝情報を検索するためのソフト
　　　　17．視（覚）＋聴覚／教育／機器（D）＝視覚と聴覚を使う教育の機器
　　　　18．双＋方向／高速／データ／伝送（B）＝二つの方向へ高速でデータを
　　　　　　伝送する
　　　　19．国（立）＋公立／研究／機関／基盤／整備（D）＝国立と公立の研究
　　　　　　する機関の基盤を整備する
【練習2】1．仮想施設通信網　→　VPN
　　　　　2．符号分割多元接続方式　→　CDMA
　　　　　3．非同期転送モード　→　ATM
　　　　　4．非対称デジタル加入者回線　→　ADSL
　　　　　5．デジタル統合サービス網　→　ISDN
　　　　　6．波長分割多重方式　→　WDM
　　　　　7．時分割多元接続方式　→　TDMA

【練習3】 a．端末　b．通信網　c．登録　d．選択　e．検索　f．普及

【練習4】 1．統率（とうそつ）　　2．双方向（そうほうこう）　3．普及（ふきゅう）
　　　　　4．家庭（かてい）　　　5．需要（じゅよう）　　　　6．選択（せんたく）
　　　　　7．総称（そうしょう）　8．公衆（こうしゅう）　　　9．先端（せんたん）
　　　　10．駆動（くどう）　　　11．改装（かいそう）　　　　12．仮説（かせつ）

【練習5】 1．エイ　　→　永 泳 詠　英 映　栄　営　影　鋭
　　　　　2．カ　　　→　下　化 花 貨 靴　火　加 架　佳　価　夏　科
　　　　　　　　　　　　可　何　河　荷　歌　果 菓 課　家 嫁 稼　華
　　　　　　　　　　　　渦 過 禍　暇　寡　箇
　　　　　3．キュウ　→　九　究　久　吸　級　弓　丘　旧　休　求 救 球
　　　　　　　　　　　　泣　急　糾　宮　給　窮　朽
　　　　　4．ク　　　→　区　句　苦
　　　　　5．コウ　　→　口　公　工 功 巧 攻 項 江 紅 貢 控　甲
　　　　　　　　　　　　広 鉱 高 稿　更　硬　交 効 郊 校 絞　行　港
　　　　　　　　　　　　幸　厚　向　好　考　孝 酵　降　荒 慌　香　港
　　　　　　　　　　　　抗 坑 航 拘 恒 肯 康 候 洪 皇 黄 耕
　　　　　　　　　　　　構 溝 講 購　綱 鋼　興
　　　　　6．ゴ　　　→　五 語 悟　午　呉 娯 誤　後　碁　護
　　　　　7．サク　　→　作 昨 酢 搾　削　策　錯
　　　　　8．シ　　　→　士 仕 志 誌 子　支 枝　止 祉　雌　氏 紙
　　　　　　　　　　　　史　四　市 姉 師　矢　旨 指 脂　死　糸　至
　　　　　　　　　　　　司 伺 詞 飼 嗣　私　使　刺　始　姿 資 諮
　　　　　　　　　　　　思　施　視　紫　歯　試　詩　賜
　　　　　9．シュウ　→　収　囚　州 酬　舟　秀　周 週　宗　拾　秋 愁
　　　　　　　　　　　　臭　修　終　習　就　集　醜　襲
　　　　　10．ジュ　　→　寿　受 授　儒　樹
　　　　　11．ショウ　→　小　少 省 抄 渉　正 証 症　肖 消 硝　昇
　　　　　　　　　　　　召 招 紹 沼 昭 詔 照　承　松　将 奨　床
　　　　　　　　　　　　笑　唱　商　章 彰 障　訟　勝　晶　焼　象　傷
　　　　　　　　　　　　焦　詳　衝　賞 償　鐘　粧
　　　　　12．セイ　　→　正 政 征 整　生 性 姓 牲　世　西　声　省
　　　　　　　　　　　　青 晴 清 精 静 請　成　誠 盛　制 製　斉
　　　　　　　　　　　　勢　聖　誓 逝　婿
　　　　　13．ソウ　　→　壮 荘　早 草　争　走　相 想　霜　送　倉 創
　　　　　　　　　　　　捜　奏　挿　桑　掃　層 僧　曹 遭 槽　巣　窓
　　　　　　　　　　　　喪　総　操 燥 藻　騒
　　　　　14．ソウ　　→　13.「双」と同じ
　　　　　15．タン　　→　担 胆　単　炭　探　淡　短　嘆　誕　鍛　丹

16. テイ → 低 底 抵 邸 | 呈 程 | 廷 艇 弟 | 定 堤 提
　　　　　　丁 訂 亭 停 帝 締 貞 偵

17. トウ → 刀 冬 灯 当 投 | 豆 登 頭 闘 痘 | 到 倒
　　　　　　東 凍 棟 | 逃 桃 | 唐 糖 島 討 透 党 盗
　　　　　　陶 | 答 塔 搭 | 湯 等 筒 稲 踏 謄 騰

18. バン → 晩 番 蛮

19. モウ → 毛 | 盲 妄 | 耗 猛

20. シャ → 写 社 車 舎 | 者 煮 | 射 謝 赦 斜 遮

課題　1　(1) 速さが違う（ADSLの方が速い）また、使用する回線が違う
　　　　　(2) NTTと東京めたりっく（通信）との間でNTT回線の使用料と徴収方法を
　　　　　　　めぐる折衝が長引いたため
　　　　　(3) NTTと東京めたりっく（通信）
　　　　　(4) 光　庭　銅　捨　択　肢

　　　2　1．かんこうちか　2．さくいん　3．くどう
　　　　　4．こうしゅうえいせいじょう　5．だいとうりょう　ふくそう
　　　　　6．こうつうもう　7．ししゃごにゅう　8．ほし
　　　　　9．かてい　そうほう　きばん　10．こうしゅう　そうち　ふきゅう

　　　3　1．統合サービス網　　　　　　2．いくつかの選択肢を用意する
　　　　　3．光ファイバー　　　　　　　4．最先端情報の検索
　　　　　5．銅ケーブル　　　　　　　　6．双方の意見が対立する
　　　　　7．仮想現実　　　　　　　　　8．DSLアクセス基盤協議会
　　　　　9．左右対称　　　　　　　　10．必要な技術を取捨選択する
　　　　　11．衛星放送　　　　　　　　12．世界に先駆けて開始する
　　　　　13．相互理解を深める　　　　14．家庭用電化製品の普及
　　　　　15．需要と供給　　　　　　　16．広く民衆の支持を得る

# 第 5 課

【練習1】　1．ちゃ「くりくた」いせい　　2．てっ「ていちょ」うさ
　　　　　　3．ふ「くす」う　ひょ「うじ　4．ふ「くすうひょ」うじ
　　　　　　5．し「りょうせ」いきゅう　　6．せ「いぎょ　ふ「のう
　　　　　　7．た「んどくはんに」んせつ　8．ち「じょうちゅうきちゅう
　　　　　　9．こ「うどい「じそ」うち　　10．し「せいほせいシ」ステム

【練習2】　1．機 中　2．用 波　3．性　4．中／時　5．時　6．的

【練習3】　1．員 券　2．者 書　3．状 状／券　4．者　5．手 員
　　　　　　6．紙 状／書

【練習4】　1．はんこう　こうくう　2．とうじょうぐち　かんせいとう

　　　3．じひ　じしゃく　　　4．きょうだい　じょうきょう

　　　5．ぎせいご　ぎもん　　　6．れいぞうこ　ないぞう

　　　7．ていど　ぞうてい　　　8．ざいだん　ざいりょう

【練習5】1．狂わす　2．探って　3．拾った　4．恐れ　5．疑い

【練習6】1．欠航（けっこう）　　2．搭乗（とうじょう）　　3．影響（えいきょう）

　　　4．推論（すいろん）　　5．疑問（ぎもん）　　6．維持（いじ）

　　　7．内蔵（ないぞう）　　8．熱狂（ねっきょう）　　9．疑惑（ぎわく）

　　　10．狂喜（きょうき）　　11．探検（たんけん）　　12．食卓（しょくたく）

　　　13．離陸（りりく）　　14．実況（じっきょう）　　15．疑問（ぎもん）

　　　16．課程（かてい）　　17．推理（すいり）　　18．補正（ほせい）

　　　19．姿勢（しせい）　　20．振興（しんこう）

【練習7】1．～21．p.284～288の学習漢字索引を参照すること。

課題　1（1）パソコン、携帯電話、CDプレーヤー、ゲーム機器など

　　　（2）機内で使用が制限されているヘッドホンカセットで電磁波が出ておらず、AMラジオやゲーム機器なども電磁波が計器類に影響を与えるほどではなかったとしている。

　　　（3）一つは、東京農工大学の仁田周一教授によるもので、機内にある空調や照明のスイッチを入れたり切ったりしても電磁波は発生し、それが機内に張り巡らされた配線に影響を与えている可能性があるという指摘である。もう一つは、セイコーエプソンの篠崎厚志主任が唱える静電気説で、飛行中に換気のために機内に取り込む乾いた外気がカーペットや座席などあらゆる場所を帯電させ、これが放電した時に生じる電界が計器類の誤動作の引き金になるという見方である。

　　　（4）同じではない。乗客の電子機器から発生する電磁波が窓を通り抜けて機外にあるアンテナが受信、計器類に異常を起こさせるという主張である。

　　　　この反論の根拠は、機内配線には電磁波の侵入を防ぐシールド材料が巻き付けてあり、計器類のメモリーなども急激な電圧変化の影響がないようフィルターをつけて防いでいるということである。

　　　（5）携　犯　磁波　疑

　　2　1．こうくう　しんこう　2．いじ　3．しせい　ほせい

　　　4．でんじは　ひろう　5．しんはんにん　すいり

　　　6．けいたい　でんたく

　　3　1．携帯機器　2．計器を狂わす　3．電磁波を拾う

　　　4．犯人の疑いがある　5．航空機事故　6．影響を与える

　　　7．搭乗口　8．生命を維持する装置　9．状況

　　　10．推論の域を出ない　11．電卓内蔵　12．原因を探る

　　　13．離着陸時　14．被害の程度を調査する

# 第6課 ——————————————

【練習1】1．冷害（れいがい）　2．煙害（えんがい）　3．薬害（やくがい）　4．水害（すいがい）　5．震災（しんさい）　6．労災（ろうさい）

【練習2】2-1.1.出かける前に　カギの確認をしましょう。／カギを確認しましょう。

2.トイレ、風呂場（ふろば）、押入れは比較的安全です。

3.あわてずに適切な行動をとりましょう。

4.出口の確保が重要です。

5.飲酒運転は事故のもとです。

6.居住地（きょじゅうち）の自然環境を　知ることが大切です。／知りましょう。

7.災害時（さいがいじ）の心得が命（いのち）を守ります。

8.できるだけたくさんの水を用意しましょう。

9.避難（ひなん）経路・場所の確認を忘れずにしておきましょう。

10.ブロック塀（べい）や自動販売機などは　要注意です。／注意が必要です。

2-2.1.避難（ひなん）は自己防災（ぼうさい）組織などの指示に従う（したが）（こと）

2.火が出たら、すぐ消火（を）

3.家具類などの　転倒対策（てんとう）が肝心（かんじん）／転倒対策をしておく（こと）

4.けが人や病人が出たら、119番（に電話）

5.家の中の安全対策をチェック（しよう／すること）

6.応急救護の体制づくり（が大切）

7.痴漢（ちかん）が出たら、大声で助けを（求めよう／求めること）

8.風邪（かぜ）は万病のもと

9.心の健康は体の健康から（始まる）

10.駅前に自転車を　放置しないように／放置しないこと／放置するな

【練習3】[1]図（はか）ろう　[2]覚（さ）ます　[3]倒（たお）れる　[4]落（お）ちる　[5]被害（ひがい）
[6]壊（こわ）れる／崩（くず）れる　　[7]転倒（てんとう）　[8]動（うご）く　[9]耐（たい）[10]震性（しんせい）

【練習4】1．破壊（はかい）される　2．回避（かいひ）する　3．移動（いどう）する　4．接近（せっきん）して
5．避難（ひなん）して　6．転倒（てんとう）しない　7．崩落（ほうらく）する　8．倒壊（とうかい）した
9．発生（はっせい）し　10．指摘（してき）した　11．救護（きゅうご）した　12．防止（ぼうし）する

【練習5】1．倒産（とうさん）　　2．耐震（たいしん）　　3．被災（ひさい）
4．使命（しめい）　　5．逃避（とうひ）　　6．倒壊（とうかい）
7．条約（じょうやく）　8．避暑（ひしょ）　　9．微妙（びみょう）
10．寄付（きふ）　　11．同居（どうきょ）　12．余興（よきょう）

【練習6】1．とぐち／こせき　　2．いま／きょしつ　3．つなみ／のうは
4．てんとう／めんどう　5．きぼ／せいぼ　6．しんげん／げんいん
7．はちょう／はかい　8．きせい／きじゅつ／きしゅ
9．ひさい／ひろう　10．とうかい／とうちゃく
11．じしん／ふしん　12．してき／かいてき／すいてき

13. しゅう<u>は</u>　／おん<u>ぱ</u>　　　かん<u>ぱ</u>　　でん<u>ぱ</u>

14. し<u>はい</u>　／しん<u>ぱい</u>　　ぶん<u>ぱい</u>　ねん<u>ぱい</u>

15. しょう<u>はい</u>／ぜん<u>ぱい</u>　　かん<u>ぱい</u>　れん<u>ぱい</u>　しっ<u>ぱい</u>

16. けい<u>ひ</u>　／せん<u>ぴ</u>　　　かん<u>ぴ</u>　　ねん<u>ぴ</u>
　　　　　　　　　ざっ<u>ぴ</u>　　　じっ<u>ぴ</u>　　しゅっ<u>ぴ</u>

17. しょう<u>ひん</u>／しん<u>ぴん</u>　　げん<u>ぴん</u>　へん<u>ぴん</u>
　　　　　　　　　しゅっ<u>ぴん</u>　　ぜっ<u>ぴん</u>　いっ<u>ぴん</u>

18. ほう<u>ほう</u>　／けん<u>ぽう</u>　　せん<u>ぽう</u>　みん<u>ぽう</u>
　　　　　　　　　りっ<u>ぽう</u>　　ぶっ<u>ぽう</u>　せっ<u>ぽう</u>

19. まつ<u>び</u>　／まっ<u>き</u>　　　まっ<u>せき</u>　まっ<u>たん</u>　まっ<u>ぴつ</u>

20. あつ<u>りょく</u>／あっ<u>かん</u>　　あっ<u>せい</u>　あっ<u>とう</u>　あっ<u>ぱく</u>

21. かつ<u>じ</u>　／かっ<u>き</u>　　　かっ<u>せい</u>　かっ<u>ぱつ</u>

22. けつ<u>い</u>　／けっ<u>かい</u>　　けっ<u>しん</u>　けっ<u>てい</u>

23. はつ<u>げん</u>　／はっ<u>けん</u>　　はっ<u>そう</u>　はっ<u>たつ</u>　はっ<u>ぴょう</u>
　　　　　　　　　ほっ<u>そく</u>　　ほっ<u>たん</u>　ほっ<u>きにん</u>

24. べつ<u>めい</u>　／べっ<u>きょ</u>　　べっ<u>し</u>　　べっ<u>たく</u>　べっ<u>ぴょう</u>

25. りつ<u>あん</u>　／りっ<u>こく</u>　　りっ<u>しん</u>　りっ<u>たい</u>　りっ<u>ぱ</u>

課題　1　（1）災害　地震　非常　一次　二次　避難　震災

　　　（2）一次持ち出し品とは、地震のとき、避難に支障がない程度に持って
　　　　　逃げる現金などの貴重品。二次持ち出し品とは、揺れがおさまってか
　　　　　ら持ち出す品物で、3日分ぐらいの生活に必要な食料、飲料水、燃料
　　　　　などをいう。

　　2　1．大規模　　　2．震源地　　　3．条件　　4．転倒する　5．始末
　　　　6．戸を開ける　7．外へ逃げる　8．窓に近寄る　9．山が崩れる
　　　　10．命を守る　11．防災対策　　12．地震災害　　13．人命救助
　　　　14．避難場所　15．危険区域　　16．徒歩通学　　17．余震・微震・耐震
　　　　18．家屋倒壊　19．居住地　　　20．津波警報

# 第7課

【練習1】　1．火力発電所（かりょくはつでんしょ）　2．水力発電所（すいりょくはつでんしょ）　3．高等学校（こうとうがっこう）　4．大学（だいがく）　5．油田（ゆでん）
　　　　　　6．神社（じんじゃ）　　7．寺（てら）　　　　8．温泉（おんせん）
　　　　　　9．国境（こっきょう）　10．新幹線（しんかんせん）　11．JR以外の私鉄（いがいのしてつ）　12．鉄道（JR線）（てつどう　せん）
　　　　　　13．地下鉄（ちかてつ）　14．有料道路（ゆうりょうどうろ）　15．高速道路（こうそくどうろ）　16．山頂（さんちょう）
　　　　　　17．標高（ひょうこう）　18．等高線（とうこうせん）

【練習2】　1．山頂（さんちょう）　　2．標高（ひょうこう）　最高峰（さいこうほう）
　　　　　　3．噴煙（ふんえん）　噴火（ふんか）　　4．噴火（ふんか）
　　　　　　　溶岩（ようがん）　山腹（さんぷく）　火砕流（かさいりゅう）

5．水源（すいげん）　洪水（こうずい）

【練習3】1．全般（ぜんぱん）　　2．起源（きげん）　　3．仲裁（ちゅうさい）
4．発散（はっさん）　　5．抜本（ばっぽん）　　6．噴煙（ふんえん）
7．諸般（しょはん）　　8．噴出（ふんしゅつ）　9．源流（げんりゅう）
10．陸地（りくち）　　11．流布（るふ）　　12．傾倒（けいとう）
13．潜水（せんすい）　　14．貯水池（ちょすいち）　15．脈絡（みゃくらく）
16．込めて（こめて）

【練習4】1．チ　　→　地 知 痴 値 恥 致 遅 稚 置
2．セン　→　千 川 仙 占 先 洗 宣 泉 線 浅 践 銭
　　　　　　専 染 扇 栓 旋 船 戦 遷 選 薦 繊 鮮
3．コウ　→　**第4課【練習5】　8.「光」と同じ**
4．シン　→　心 森 進 申 伸 神 紳 臣 身 辛 侵 信
　　　　　　津 振 娠 震 唇 真 慎 針 深 新 薪 親
　　　　　　診 寝 審
5．カ　　→　**第4課【練習5】　2.「仮」と同じ**
6．ヨウ　→　幼 用 羊 洋 養 様 窯 要 腰 容 陽 揚
　　　　　　葉 揺 謡 踊 曜 庸 擁
7．ヒョウ→　表 俵 票 標 漂 評
8．エン　→　円 延 沿 鉛 炎 宴 援 園 遠 猿 塩 演 縁
9．フン　→　分 粉 紛 雰 墳 憤 奮
10．チュウ→　中 虫 沖 忠 宙 抽 注 柱 駐 昼 衷 鋳
11．フ　　→　不 夫 扶 父 付 府 附 符 腐 怖 負 赴
　　　　　　浮 婦 富 普 譜 敷 膚 賦
12．サン　→　三 山 参 惨 産 傘 散 算 酸 賛 桟 蚕
13．バツ　→　伐 閥 抜 罰
14．ホウ　→　方 芳 放 倣 訪 包 抱 泡 胞 砲 飽 邦
　　　　　　奉 俸 峰 縫 宝 法 崩 報 豊 褒
15．ケイ　→　兄 刑 形 型 系 係 軽 径 経 茎 契 計
　　　　　　恵 啓 掲 渓 蛍 敬 驚 景 傾 携 継 慶
　　　　　　憩 鶏
16．シャ　→　**第4課【練習5】　20.「捨」と同じ**
17．セン　→　2.「潜」と同じ
18．ミャク→　（脈のみ）
19．コク　→　告 酷 刻 国 黒 穀
20．セキ　→　夕 石 赤 斥 析 席 惜 籍 責 積 績 跡
21．ヘン　→　片 返 変 辺 遍 編
22．オウ　→　王 央 応 押 欧 殴 奥 黄 横 桜 翁
23．トツ　→　突

課題 1 (1) 生々しい火山活動の跡です。
(2) 平らな頂上を持つ富士山と同じ成層火山です。
(3) 噴火の跡のことです。
(4) 火砕丘群の中心部にできた爆裂火口に水がたまったものです。
(5) 元々あった大きな山が水蒸気爆発の繰り返しで吹き飛ばされてできたと推定されています。

コラム3
【練習1】 1．さいたまけん　2．ならけん　3．かながわけん　4．みやぎけん
　　　　 5．しずおかけん
【練習2】 1．よこはまし　2．もりおかし　3．おおさかし　4．まつえし
　　　　 5．こうべし
【練習3】 動物を表す漢字「熊」「鹿」「馬」「鳥」が含まれている。
　　　　 1．くまもとけん　2．かごしまけん　3．ぐんまけん　4．とっとりけん

# 第8課

【練習1】 1．良(ければ)　高(まり)　上(昇)　上(がる)
　　　　 2．停(滞)　(縮)小　抑(制)
　　　　 3．変(動)　不(景気)　好(景気)　大(きく)　悪(影響)
　　　　 4．悪(く)　好(況)　後(退)　不(況)　好(況)
　　　　 5．好(景気)　(拡)大　増(え)　上(昇)　上(がる)　減(らす)　後(退)　不(況)
　　　　 　　低(下)
【練習2】 1．もたらし／招き　招いて／もたらして
　　　　 2．悪化して　増加／増大　低下　増大／増加
　　　　 　　招き　落として　3．与え　と／与え
　　　　 4．かかわって　果たして　5．回復　上向いて／回復して
　　　　 6．進む　上昇し　抑制しよう　上昇し　落ち込む
　　　　 　　停滞し　進む　及ぼす
【練習3】 1．抑制（よくせい）　2．影響（えいきょう）　3．景気（けいき）
　　　　 4．緩和（かんわ）　5．賃金（ちんぎん）　6．政策（せいさく）
　　　　 7．債権（さいけん）　8．金融（きんゆう）　9．採用（さいよう）
　　　　 10．貿易（ぼうえき）　11．打破（だは）　12．改訂版（かいていばん）
【練習4】 1．コウ　→　第4課【練習5】　5．「光」と同じ
　　　　 2．エキ　→　駅　易　液　疫
　　　　 3．タイ　→　太　体　対　耐　待　怠　胎　退　帯　逮　替
　　　　 　　　　　　貸　袋　隊　態　泰
　　　　 4．メイ　→　名　銘　明　盟　命　鳴

　5．ハン　　→　反 飯 坂 板 販　半 伴 判 畔　般 搬
　　　　　　　　　班 範 犯 繁 藩 煩 頒 帆
　6．ハ　　　→　波 派 把 覇
　7．ケイ　　→　**第7課【練習4】　15.「傾」と同じ**
　8．ザイ　　→　在 材 剤 罪
　9．イ　　　→　以 衣 依 位 囲 医 委 威 胃 異 移 意
　　　　　　　　違 偉 緯 維 尉 慰 遺
　10．ショ　→　初 所 書 暑 署 諸 緒 庶
　11．オク　→　屋 憶
　12．チョウ→　丁 庁 町 頂 長 帳 張 脹 鳥 朝 潮 調
　　　　　　　　超 腸 挑 眺 跳 徴 懲 彫 釣 澄 弔
　13．チン　→　沈 珍 陳 鎮
　14．ドウ　→　同 胴 銅 動 働 堂 童 道 導
　15．ドン　→　曇
　16．ボウ　→　亡 忙 忘 望　防 坊 妨 肪 紡 房 傍 乏
　　　　　　　　冒 帽 棒 暴 膨 某 謀 剖
　17．ユウ　→　友 有 遊 勇 郵 裕 猶 雄 誘 憂 優 悠
　　　　　　　　幽
　18．ヨク　→　浴 欲 翌 翼
　19．ロウ　→　老 郎 廊 朗 浪 楼 漏
　20．エキ　→　2.「益」と同じ

課題　1　(1) 中央信託銀行　　日本債券信用銀行　　（日債銀の）巨額の不良債権
　　　　(2)「債権管理回収業に関する特別措置法」のことで、資本金5億円以上
　　　　　　の株式会社で、取締役に弁護士が1人以上いれば、債権回収を専門に行
　　　　　　うことができるという法律。
　　　　(3) 1．×　　2．○　　3．○　　4．○　　5．×
　　　2　1．景気が低迷する　　2．外国為替取(り)引(き)　　3．融資を受ける
　　　　　4．労働基準法　　　5．利益率が下がる　　　6．支出を抑制する
　　　　　7．経済全体が停滞する　　8．不良債権を処理する
　　　　　9．4兆5千億円の負債　　10．金融の空洞化を招く
　　　　11．貿易赤字を解消する　　12．労働者の賃金をカットする
　　　3　1．ざいせいてき　ひかえる
　　　　　2．にぶい　どうさつりょく
　　　　　3．おさえる
　　　　　4．ぼうえき　なんちょうえん　りえき
　　　　　5．けいき　きざし　　ちんぎん　　よくせい　　くろう

コラム4
【練習2】　1．e.しなの　2．b.ひたち　3．c.おうみ　4．a.あわ　5．d.いずも
【練習3】　1．d.徳島県　2．a.石川県　3．e.三重県　4．c.鹿児島県
　　　　　5．b.香川県

# 第9課

【練習1】　1．(国)債　　2．(金)利　3．(証)券　4．(投)資　5．株(主)

　　　　　　6．(消費)財　7．貯(金)　8．(株)価

【練習2】　1．(通)貨　融(資)　資(金)　(融)資　2．(消)費　財(政)

　　　　　　3．(通)貨　貿(易)　(投)資

【練習3】　1．需要（じゅよう）⟷供給（きょうきゅう）

　　　　　　2．好景気（こうけいき）⟷不景気（ふけいき）

　　　　　　3．利益（りえき）⟷損失（そんしつ）／損害（そんがい）

　　　　　　4．安値（やすね）⟷高値（たかね）

　　　　　　5．歳入金（さいにゅうきん）⟷歳出金（さいしゅつきん）

【練習4】　1．よやく／よきん（○）　　　　2．きょうゆう／きょうきゅう（○）

　　　　　　3．けいき／えいきょう（×）　　4．じたく／いたく（○）

　　　　　　5．ちゅうりつ／ちゅうかい（○）　6．きょだい／きょひ（○）

　　　　　　7．かいこ／かいこ（○）　　　　8．ぶんしょう／ほしょう（○）

　　　　　　9．ぶんかちょう／ちょちく（×）　10．しょうがつ／しょうけん（○）

　　　　　11．とちゅう／よしん（×）　　　12．しゅるい／じゅうだい（×）

　　　　　13．きんこ／れんらく（×）　　　14．かんとく／かんしょう（○）

　　　　　15．さがく／させつ（○）　　　　16．こうけん／こうもく（○）

【練習5】　1．地価（ちか）　好況（こうきょう）

　　　　　　2．外需（がいじゅ）　内需（ないじゅ）

　　　　　　3．金利（きんり）　需要（じゅよう）

　　　　　　4．歳入（さいにゅう）　歳出（さいしゅつ）

　　　　　　5．金利（きんり）　低金利（ていきんり）

　　　　　　6．預金（よきん）　資金（しきん）

　　　　　　7．為替（かわせ）　外貨（がいか）

　　　　　　8．企業（きぎょう）　債権（さいけん）

【練習6】　1．融資（ゆうし）　　　　2．融通（ゆうずう）　3．対策（たいさく）

　　　　　　4．顧客（こきゃく）　　　5．巨額（きょがく）　6．貢献（こうけん）

　　　　　　7．調節（ちょうせつ）　　8．備蓄（びちく）　　9．障害（しょうがい）

　　　　　10．委託（いたく）　　　　11．契約（けいやく）　12．調整（ちょうせい）

　　　　　13．消息（しょうそく）　　14．取り締まり（とりしまり）

　　　　　15．差し支え（さしつかえ）

【練習7】　1．〜21．p.304〜308の学習漢字索引を参照すること。

課題　1　＜A＞（1）　1．金利　株価や地価　　2．金利　企業活動　業績

　　　　　　　　　（2）　　景気動向　企業収益動向　戦争や政変など

　　　　　＜B＞（3）　1．金融資産残高　負債残高

　　　　　　　　　　　2．定期性預金　生命保険等　有価証券　減少

　　　　　　　　　　　　通貨性預金

　　　　　　　　　　　3．貯蓄　生活資金

# 第10課 ─────────────────────────────

【練習1】A. 1．校(外)　2．(長)江　3．降(下)　4．肯(定的)　5．(機)構
　　　　　　6．厚(情)

　　　　B. 1．(大)将　2．(対)照　3．(対)称　4．紹(介)　5．証(明)
　　　　　　6．障(害)

　　　　C. 1．指(示)　2．施(行)　3．氏(名)　4．(下)肢　5．(終)始

　　　　D. 1．規(制)　2．帰(省)　3．基(幹)　4．器(官)　5．(騎)手

　　　　E. 1．(大)勢　2．誠(心)誠(意)　3．盛(会)　4．声(明)　5．(感)性

【練習2】1．華美に　2．豪華な　3．豪勢な　4．明快に　5．軽快な
　　　　　6．豪快に　7．痛快な

【練習3】1．破って/破った　従え　開いた　言う　整えられ　置かれた
　　　　　　持ち　持った　従え　持った
　　　　2．与えられた　言う　従って　従った　置かれた　取り締まる
　　　　　　定めた　治める　言う　行われた　置かれて　呼んで
　　　　3．築く　禁止した　設け(て)　命じられ　定められた　命じられ
　　　　　　要する/要した　背いた

【練習4】1．せいじつな　せいこうする　せいだいな　*えどじょう
　　　　2．ちゅうぎ　ちゅうしん　ちゅうさいする
　　　　3．しんけんな　しけん　きけんな
　　　　　　けんやくする　けんさする
　　　　4．ちょうこう　こうぎょう　こうちゃ　こうもく
　　　　　　せんこう　せいこう　こうけん
　　　　5．しこうする　しほう　どうし　しいくする
　　　　6．きば　きいな　きふする
　　　　7．りょうしゅ　りつりょう　*めいれい/れいど/ねんれい
　　　　8．ばくふ　さばく　*おせいぼ
　　　　9．ばくふ　ふぞくする　ふごう
　　　　10．しめい　しめん
　　　　11．しんじゅうする　じゅうおう
　　　　12．しょうらい　しょうがくきん

【練習5】1．豪華（ごうか）　2．威圧（いあつ）　3．従事（じゅうじ）
　　　　　4．敷居（しきい）　5．送迎（そうげい）　6．拝領（はいりょう）

【練習6】(参考例) 伺　休　何　江　河　城　許　誠　詞
　　　　　　　　　　紅　騎　領　忠　背　従　剣　検　迎

課題　1　(1) 農業の発達によって食糧供給が安定すると、他の産業も活発化した。
　　　　　　　特に工業の発達は商品生産を促し、全国規模の商業を実現した。

商業が全国に広がると貨幣経済も普及した。

(2) 経済が発達し、生活が向上した。その結果、生活支出の増大などから、幕府は財政難に陥った。

(3) 貨幣経済が進展していたのに、一方で封建的な農村支配を行っていたこと。

(4) 農民への年貢を増やしたり、商業を規制したりといった一面的なもの。

(5) 一部の改革に成功していた藩（薩摩や長州）が蓄えた経済力や軍事力。

2　1．江戸時代の財政問題　　　2．大名が藩を管理する

3．幕府の権威を守る　　　　4．将軍から刀剣をいただく

5．各地に城下町ができる　　6．屋敷に藩主を迎える

7．「武家諸法度」を改定する　8．豪勢で華美な行列をする

9．領国に帰る　　　　　　　10．忠誠心を示す

4　1．奈良時代　c. e.　　　　2．平安時代　b. g.

3．鎌倉時代・室町時代　f.　4．江戸時代　a. d.

⬭コラム5

【練習1】1．たぐち　たはら／たわら　よこた　きよた　くぼた　ほんだ　さわだ　つかだ　よしだ

2．うえだ　うえの　うえはら　いのうえ　かわかみ　むらかみ　さかがみ　うらがみ

3．こばやし　こやま／おやま　こいけ　こまつ　こいずみ　おがわ　おの　おざわ

4．ふじい　ふじわら　さとう　いとう　むとう　　ごとう　こんどう　あんどう

【練習2】1．わたなべ　2．いとう　3．あべ　4．おおた　5．やべ

6．もとき　7．かわかみ　8．こじま　9．さかい　10．しょうじ

# 第11課

【練習1】1．腹　2．脳　3．肺　4．心臓　5．肝臓　6．胃　7．大腸

8．小腸　9．直腸

【練習2】1．疲れた　2．治療　3．痛くて　4．病院　5．症状

6．疲労　7．疾病　8．腹痛　下痢

【練習3】1．神経痛／神経病／神経症　2．肺炎／肺病　3．後遺症

4．胃癌／胃炎　5．血友病　後天性免疫不全症候群　6．夜尿症

7．疾患　8．癌　癌保険

【練習4】 1．実施　2．測定　記録　3．推定　4．採血　5．診察
　　　　　 6．治療　7．診断　　　　8．反応　9．検診　10．診断
　　　　　 11．測定　12．診査

【練習5】「みる」1．看：看病する　看護する　看護師
　　　　　　　　2．視：視覚　視力　近視　遠視
　　　　　　　　3．診：診療する　診断する　検診する
　　　　　　　　4．察：観察する　考察する　察知する
　　　　　　　　5．見：見学する　意見　所見　見解
　　　　　　　　6．観：観測する　客観的な　主観的な
　　　　　　　　　　　楽観的な　悲観的な　人生観
　　　　　「きく」1．聞：見聞する　伝聞　新聞
　　　　　　　　2．聴：聴講する　視聴する　聴診器　聴覚　聴力　難聴

【練習6】 1．往診（おうしん）　2．炎症（えんしょう）　3．項目（こうもく）
　　　　　 4．身長（しんちょう）5．精密（せいみつ）　6．乳児（にゅうじ）
　　　　　 7．腹筋（ふっきん）　8．採血（さいけつ）　9．聴覚（ちょうかく）
　　　　　 10．接触（せっしょく）11．妊娠（にんしん）　12．診察（しんさつ）

【練習7】 1．ショウ　→　第4課【練習5】　11．「称」と同じ
　　　　　 2．チョウ　→　第8課【練習4】　12．「兆」と同じ
　　　　　 3．ノウ　→　悩 農 濃 能 納
　　　　　 4．カン　→　干 幹 汗 寒 関 感 間 簡 完 貫 慣
　　　　　　　　　　　　官 管 館 棺 観 歓 勧 換 甘 環 還
　　　　　　　　　　　　緩 監 患
　　　　　 5．キン　→　近 金 均 禁 勤
　　　　　 6．コウ　→　第4課【練習5】　5．「光」と同じ
　　　　　 7．ニュウ　→　入 柔
　　　　　 8．ジ　→　時 寺 持 侍 地 治 事 次 自 辞 耳
　　　　　　　　　　　字 示 似 慈 磁
　　　　　 9．サツ　→　殺
　　　　　 10．チョウ　→　第8課【練習4】　12．「兆」と同じ
　　　　　 11．フ　→　第7課【練習4】　11．「布」と同じ
　　　　　 12．イ　→　第8課【練習4】　9．「為」と同じ
　　　　　 13．ゾウ　→　蔵 臓 造 像 象 増 贈 憎
　　　　　 14．エキ　→　第8課【練習4】　2．「益」と同じ
　　　　　 15．ハイ　→　背 廃 排 俳 輩 配 敗
　　　　　 16．ニョウ　→　なし
　　　　　 17．ニン　→　任 人 忍 認
　　　　　 18．シン　→　第7課【練習4】　4．「浸」と同じ

19. フク　　→　復 複 服 福 副 幅
20. ドウ　　→　第8課【練習4】　14.「洞」と同じ
21. コツ　　→　なし
22. ケツ　　→　結 欠 決 穴
23. シツ　　→　失 室 質 執 湿
24. ショク　→　色 食 職 織
25. ヨウ　　→　第7課【練習4】　6.「溶」と同じ
26. カン　　→　4.「肝」と同じ
27. コウ　　→　第4課【練習5】　5.「光」と同じ

課題 1 (1) 1. うで　2. かた　3. せなか　4. てくび　5. ゆび　6. むね
　　　　　7. ひじ　8. きょうこつ　9. じょうわん　10. きんにく
　　　　　11. こし　12. あし　13. のばす　14. くむ　15. たもつ
　　　　　16. まわす　17. ひっぱる　18. かたむける
　　　(2) 1.（○）2.（×）3.（×）4.（×）5.（○）6.（○）7.（×）
　　2 1. 腹筋運動　　2. 精密検査　　3. 診療所　4. 診察室
　　　　5. 複雑骨折　　6. 腹部疾患　　7. 自覚症状
　　　　8. 肝機能に異状がある　　9. 乳児検診を実施する
　　　　10. 健康診断の尿検査　　11. 脳死の判定をする
　　　　12. 視聴覚教育　　　　13. 血液型を調べる
　　　　14. 胃腸と心臓と肺
　　3 1. しんりょう　ちょうりょく　けんさ　2. けっせいちゅう　かんきのう　しんだん
　　　　3. しょうじょう　のうは　　4. しょうにか　にゅうようじ　けんしん
　　　　5. しっぺい　しょくしん　　6. じどう　やにょうしょう
　　　　7. にんしん　かんごし　　8. いちょう　はい　しっかん

# 第12課

【練習1】 1. 酸素・水素・炭素・窒素　2. 酸性・中性・アルカリ性
　　　　　3. たんぱく質・糖質・脂質　4. 栄養剤・安定剤・酸化剤
　　　　　5. 牛乳・母乳・濃縮乳・脱脂粉乳
【練習2】 1. 乳酸菌（にゅうさんきん）　lactic acid bacteria
　　　　　2. 食物繊維（しょくもつせんい）　dietary fiber
　　　　　3. 過酸化水素（かさんかすいそ）　$H_2O_2$
　　　　　4. 硫化水素（りゅうかすいそ）　$H_2S$
　　　　　5. 三酸化硫黄（さんさんかいおう）　$SO_3$
　　　　　6. 塩化ナトリウム（えんかナトリウム）　$NaCl$
　　　　　7. 酸化剤（さんかざい）　oxidizing agent

　　　　　　　　8．脂肪酸（しぼうさん）　　fatty acid
【練習3】　1．にさんかたんそ　　2．さんせいう　　さんかぶつ
　　　　　　　3．えいようぶん　　しょくぶつ
【練習4】　1．放出　　2．収縮　　3．摂取　　4．収縮　　5．分解
　　　　　　　6．生成　　7．分解　　8．放出　　9．結合　　10．合成
【練習5】　1．呼吸（こきゅう）　　　2．吸収（きゅうしゅう）
　　　　　　　3．繁栄（はんえい）　　　4．栄養（えいよう）
　　　　　　　5．樹脂（じゅし）　　　　6．含蓄（がんちく）
　　　　　　　7．移植（いしょく）　　　8．抗菌（こうきん）
　　　　　　　9．皮脂（ひし）　　　　　10．植樹（しょくじゅ）
　　　　　　　11．殺菌（さっきん）　　12．抵抗（ていこう）
【練習6】　1．補給する／補う　　2．含んだ　　3．吸って／消費して
　　　　　　　4．蓄積する／蓄積される　　5．消化　　6．保って　　7．収縮させ
【練習7】　1．さとう　　とうじん　　→　唐［トウ］
　　　　　　　2．しぼう　　しゅし　　→　旨［シ］
　　　　　　　3．しぼう　　れいぼう　　よぼう　　ぼうがい　　→　方［ボウ］
　　　　　　　4．こきゅう　ついきゅう　がっきゅう　　　　→　及［キュウ］
　　　　　　　5．ほうし　　ほうそう　　→　包［ホウ］
　　　　　　　6．りゅうさん　　りゅういき　→　㐬［リュウ］
【練習8】　1．エイ　　　→　第4課【練習5】　　1．「衛」と同じ
　　　　　　　2．サン　　　→　第7課【練習4】　10．「散」と同じ
　　　　　　　3．シ　　　　→　第4課【練習5】　　8．「肢」と同じ
　　　　　　　4．キン　　　→　第11課【練習7】　5．「筋」と同じ
　　　　　　　5．タン　　　→　第4課【練習5】　15．「端」と同じ
　　　　　　　6．トウ　　　→　第4課【練習5】　17．「統」と同じ
　　　　　　　7．エン　　　→　第7課【練習4】　　8．「煙」と同じ
　　　　　　　8．ショク　　→　第11課【練習7】　24．「触」と同じ
　　　　　　　9．ガン　　　→　岩　元　願 顔 頑
　　　　　　　10．キュウ　　→　第4課【練習5】　　3．「及」と同じ
　　　　　　　11．リュウ　　→　留　流 硫　粒
　　　　　　　12．ザイ　　　→　第8課【練習4】　　8．「財」と同じ
　　　　　　　13．サ　　　　→　茶　作 詐　左 佐 差　査　鎖　唆
　　　　　　　14．チツ　　　→　なし
　　　　　　　15．セン　　　→　第7課【練習4】　　2．「潜」と同じ
　　　　　　　16．サツ　　　→　第11課【練習7】　9．「察」と同じ
　　　　　　　17．ビョウ　　→　病　苗 猫 描
　　　　　　　18．ボウ　　　→　第8課【練習4】　16．「貿」と同じ
　　　　　　　19．ホウ　　　→　第7課【練習4】　14．「峰」と同じ

20．メツ　　　→　　なし

21．コウ　　　→　　第4課【練習5】　　5．「光」と同じ

22．コク　　　→　　第7課【練習4】　　19．「谷」と同じ

課題　1　(1)足や腰の大きな筋肉を使い、呼吸は大きく速く深くなるが苦しくはない
　　　　　　こと

　　　　(2)有酸素運動

　　　　(3)無酸素運動は酸素の摂取が追いつかないような激しい運動。有酸素運動
　　　　　　はたくさん酸素ををとる運動。

　　　　(4)有酸素運動として脂肪がたくさん使われるから。

　　　　(5)グリコゲン　　　(6)肝臓や筋肉

　　　　(7)脂肪（人間の体重の15〜25％）　　　(8)脂肪

　　2　1．二酸化炭素　　　　　　　2．乳酸菌

　　　　3．細胞の働きを助ける　　4．栄養を補給する

　　　　5．穀物に含まれている　　6．脂肪を吸収する

　　　　7．植物の細胞　　　　　　8．殺虫剤で虫を殺す

　　　　9．塩酸と硫酸　　　　　10．細菌兵器で人類が滅亡する

　　　11．窒素化合物　　　　　12．糖分が分解する過程

　　　13．100メートルを9秒で走る　14．コーヒーに砂糖を入れる

　　4　原材料：脱脂乳（だっしにゅう）　　脱脂濃縮乳（だっしのうしゅくにゅう）
　　　　　　　　生乳（せいにゅう）　　　脱乳粉乳（だつにゅうふんにゅう）
　　　　　　　　ホエーチーズ　ドロマイト　セルロース　貝（かい）カルシウム
　　　　　　　　安定剤（あんていざい）　増粘多糖類（ぞうねんたとうるい）
　　　　　　　　ビタミンD₃

　　　　栄養成分：たんぱく質（しつ）脂質（ししつ）
　　　　　　　　　　糖質（とうしつ）　など

コラム6

【練習1】　1．ひろし　2．じゅん　3．たけし　4．まこと　5．たかし

　　　　　6．あきら　7．けん　　8．よしこ　9．けいこ　10．ひろこ

　　　　11．みちこ　12．たかこ　13．ゆきこ

【練習2】　1．すずき　いちろう　2．たかはし　かずひこ 3．いとう　ひでお

　　　　　4．やまざき　けいいち 5．みうら　ともみ　　6．おおつか　めぐみ／けい

　　　　　7．さわだ　まり　　8．よしだ　ひろゆき　9．こじま　ひでこ

　　　　10．しみず　ともひろ　11．くぼた　たかあき　12．おおさわ　りゅうじ

　　　　13．わたなべ　はるえ　14．やまもと　えりこ　15．ささき　みわこ

# 第13課 ────────────────────────

【練習1】 1．塩化銅　2．二酸化硫黄　3．水酸化亜鉛　4．水酸化カリウム
　　　　　 5．硫化鉄　6．硫酸　7．水酸化ナトリウム　8．硫酸ナトリウム

【練習2】 1．時速80キロ　2．秒速300キロ　3．秒速59メートル
　　　　　 4．秒速600マイル　5．分速15マイル　6．分速20センチ
　　　　　 7．2エックス足すワイ（／2エックスプラスワイ）
　　　　　 8．40割る8は5（40割る8イコール5）

【練習3】 1．元素　単体　元素　化合物　2．分子　原子　異性体　3．沸点
　　　　　 4．原子核　陽子　中性子　質量　同位体　同位体　5．温度　圧力
　　　　　 固体　液体　気体　固体　体積　構成粒子　原子　分子

【練習4】 1．化学反応式　水酸化　炭素　炭酸　2．方程式　3．液体　気体
　　　　　 4．拡散　5．硬度　炭素　同素体　6．分子式　塩化　7．最大値
　　　　　 最小値

【練習5】 1．弾丸（だんがん）　　2．零細（れいさい）　　3．緩衝（かんしょう）
　　　　　 4．典型（てんけい）　　5．衝突（しょうとつ）6．散布（さんぷ）
　　　　　 7．溶液（ようえき）　　8．突破（とっぱ）　　9．膨脹（ぼうちょう）
　　　　　 10．取り巻く(とりまく)11．蒸発（じょうはつ）12．逆上（ぎゃくじょう）
　　　　　 13．蒸留(じょうりゅう)14．頭角（とうかく）

【練習6】 1．はんけい　　けいかい　　　　　　　　→圭［ケイ］
　　　　　 2．じゅうだん　じゅうじつ　　　　　　→充［ジュウ］
　　　　　 3．れいど　　めいれい　　　れいぼう　→令［レイ］
　　　　　 4．あえん　　　えんがん　　　　　　　→合［エン］
　　　　　 5．ようかい　　ないよう　　　　　　　→容［ヨウ］
　　　　　 6．きょり　　　きょだい　　　　　　　→巨［キョ］
　　　　　 7．いおう　　　おうだん　　　　　　　→黄［オウ］

【練習7】 1．オウ　　→　第7課【練習4】22.「凹」と同じ
　　　　　 2．チュウ　→　第7課【練習4】10.「仲」と同じ
　　　　　 3．カク　　→　各 格 閣 拡 革 画 核 殻 覚 較 隔 確
　　　　　 　　　　　　　　獲 穫 嚇
　　　　　 4．テン　　→　天 店 点 展 添 転
　　　　　 5．ボウ　　→　第8課【練習4】16.「貿」と同じ
　　　　　 6．ギャク　→　虐
　　　　　 7．ケイ　　→　第7課【練習4】15.「傾」と同じ
　　　　　 8．ギョウ　→　仰 暁 業
　　　　　 9．ショウ　→　第4課【練習5】11.「称」と同じ
　　　　　 10．カン　　→　第11課【練習7】4.「肝」と同じ

11. コウ　　→　第4課【練習5】5.「光」と同じ

12. ジュウ　→　十　汁　充　住　柔　重　従　縦　渋　獣

13. トツ　　→　凸

14. レイ　　→　令　冷　鈴　齢　礼　励　戻　例　霊　麗　隷

15. ショウ　→　9.「晶」、第4課【練習5】11.「称」と同じ

16. ガン　　→　第12課【練習8】9.「含」と同じ

17. ジョウ　→　上　丈　冗　乗　剰　常　情　場　状　城　浄　縄
　　　　　　　壌　譲　嬢　醸　畳　定　錠

18. ア　　　→　なし

19. エン　　→　第7課【練習4】8.「煙」と同じ

20. ウ　　　→　右　羽　雨

21. リュウ　→　第12課【練習8】11.「硫」と同じ

22. キョ　　→　巨　拒　去　居　拠　挙　虚　許

23. ヘン　　→　第7課【練習4】21.「偏」と同じ

---

課題　1　(1) 電解質　水溶液　ナトリウム(NA⁺)イオン　塩素(Cl⁻)イオン
　　　　　　イオン　イオン
　　　　(2) 小さな磁針に似た性質、すなわち小さな棒の両端にプラスの電気とマイ
　　　　　　ナスの電気をもった性質
　　　　(3) 1.（○）　2.（○）　3.（×）　4.（×）　5.（○）

　　2　(1) 化合物　　無機　　炭素　　炭素　　含める／含まれる
　　　　　　含まれる　元素　　含めた
　　　　(2) 粒子　　電子　　陽子　　陽子　　同位体

　　3　1．太陽を取り巻く宇宙　　2．硫黄や亜鉛が含まれる
　　　　3．零度以下の温度　　　4．結晶を構成する粒子
　　　　5．銃に弾丸を込める　　6．水蒸気が膨張する
　　　　7．黄色い鉛の人形　　　8．二等辺三角形
　　　　9．地球からの距離を測る　10．半径が5センチの円
　　　　11．気体の分子が衝突する　12．典型的な月の形は丸い
　　　　13．突然逆の向きになる　　14．固体と液体の平衡状態

　　4　1．うちゅう　こめつぶ　　2．ひゃっかじてん　じょうかん　げかん
　　　　3．しょうとつじ　しょうげき
　　　　4．いおう　きいろ　りゅうさんどう　けっしょう
　　　　5．かど　はくあ　　6．えんぴつ　ちょっけい　さんかくけい
　　　　7．あたり　とつぜん　じゅうせい　こらした

コラム7

【練習1】1．委員会　季節　優秀　2．札幌　お礼　一万円札　3．大阪　坂　板

4．積極的　責任感　成績　5．猫　描いた　6．派遣　遺体

7．刑事　刊行　8．太い　大きい　犬　9．専門　博士

10．主人　王様　玉

【練習2】1．c季　a犬　b猫　2．a遺　b板　3．a秀　4．a札　5．a刊

# 第14課 ——————————————————————————

【練習1】1．環境－汚染／物質－循環　2．－環境　3．汚染－物質

4．環境－排水　5．汚染－物質　6．環境－

【練習2】1．含有　2．汚染　3．廃棄　4．分別　5．伝染　6．拡散

7．溶解　8．生息　9．蓄積　10．発生　11．汚濁　12．繁殖／増殖

13．浮遊

【練習3】1．燃やして　2．濁る　3．浮いて　4．溶ける　5．含んで

【練習4】1．浄化⬌汚染　2．沈殿⬌浮遊　3．繁殖⬌絶滅

4．蓄積⬌放出　5．生息⬌死滅／絶滅

【練習5】1-1．廃止／撤廃　2．廃絶／廃止　3．撤廃　4．廃棄

2-1．破棄　2．廃棄　3．遺棄　4．放棄

3-1．感染　2．波及　3．伝染　4．伝播

4-1．排他　2．駆除　3．排斥　4．排除

5-1．繁盛　2．旺盛　3．隆盛／繁栄　4．繁栄／隆盛

6-1．閉塞　2．完封　3．閉鎖　4．封鎖

7-1．沈没　2．沈滞　3．沈殿　4．沈下

【練習6】1．自然浄化　2．酸性雨　3．温室効果　4．食物連鎖　5．環境保全

6．砂漠化

【練習7】1．湿気　2．反射　3．燃費　4．懸念　5．服毒　6．由緒

【練習8】1．セン　→　第7課【練習4】2．「潜」と同じ

2．キ　→　企　危　机　飢　気　汽　奇　寄　騎　岐　希　祈

帰　起　紀　記　忌　季　軌　既　基　期　旗　棋

鬼　規　喜　幾　機　貴　器　揮　輝

3．ジョウ　→　第13課【練習7】17．「蒸」と同じ

4．ショク　→　第11課【練習7】24．「触」と同じ

5．ネン　→　年　念　粘

6．フ　→　第7課【練習4】11．「布」と同じ

7．シャ　→　第4課【練習5】20．「捨」と同じ

8．ジョウ　→　3．「浄」、第13課【練習7】17．「蒸」と同じ

9．チン　→　第8課【練習4】13．「賃」と同じ

10．ハン　→　第8課【練習4】5．「版」と同じ

11.　ダク　　→　諾

12.　ハイ　　→　第11課【練習7】15.「肺」と同じ

13.　シツ　　→　第11課【練習7】23.「疾」と同じ

14.　カン　　→　第11課【練習7】4.「肝」と同じ

15.　ハイ　　→　12.「排」、第11課【練習7】15.「肺」と同じ

16.　ドク　　→　読　独

17.　ショ　　→　第8課【練習4】10.「処」と同じ

18.　デン　　→　田　伝　電

19.　サ　　　→　第12課【練習8】13.「砂」と同じ

20.　ケン　　→　犬　件　見　券　肩　建　健　研　県　堅　賢
　　　　　　　　剣　験　検　険　倹　兼　嫌　謙　軒　圏　献
　　　　　　　　絹　遣　権　憲　顕

21.　ジュン　→　第12課【練習8】20.「循」と同じ

22.　ソウ　　→　第4課【練習5】13.「双」と同じ

23.　バク　　→　麦　縛　爆

課題　1　(1)　環境度／環境へのやさしさ／環境配慮
　　　　(2)　地球温暖化、廃棄物、水質汚濁、大気汚染、有害化学物質
　　　　　　有害化学物質　環境負荷　脱マイカー
　　　　(3)　1.（×）　2.（○）　3.（○）　　4.（○）　5.（○）
　　　3　(1)　廃棄物　温暖化　　　(2)　環境　　与えて
　　　　(3)　汚染　　　　　　　　(4)　燃やす　有害
　　　　(5)　有害　　海辺　　生息　　蓄積　　悪影響
　　　4　1.懸賞金を出す　　　2.水質汚濁の原因　3.食物連鎖
　　　　4.廃棄物を処理する　5.微生物の繁殖　　6.燃料の補給
　　　　7.放射能汚染　　　　8.車の排気ガスを浄化する
　　　　9.血液の循環が悪くなる　　　10.乾燥地域で砂漠化が進む
　　　　11.地震で地盤が沈下する　　　12.大気に浮遊する有毒物質
　　　　13.古代人は神殿に農作物を供えた　14.学校給食を廃止する
　　　5　1.かんそう　しつど　　　　　2.どじょう　おせん　ふじょう
　　　　3.うきしずみ　はんじょう　　4.けんあん　はいき
　　　　5.はいきぶつ　もやす　ゆうどく　6.はっしゃ　ねんりょう
　　　　7.じゅんかん　はんかがい　きゅうでん　いっしょ
　　　　8.ばくぜん　しょうそうかん

コラム8
【練習1】　1.事故　2.事件　3.事件　4.事故
【練習2】　1.否認した　2.追跡した　3.逮捕した　4.捜査した／追求した
　　　　　　ひにん　　　ついせき　　　たいほ　　　そうさ　　ついきゅう

# 第15課 ―――――――――――――――――――――――

【練習1】　1．道路交通法→道交法　　2．日本銀行→日銀　　3．科学研究費→科研費
　　　　　4．地方銀行→地銀　　5．社会民主党→社民党　　6．自由民主党→自民党
　　　　　7．信用金庫→信金　　8．当選確実→当確　　　　9．厚生労働省→厚労省
　　　　　10．家庭裁判所→家裁　　11．農林水産省→農水省　　12．選挙管理委員会
　　　　　→選管　　13．文部科学省→文科省　　14．安全保障条約→安保

【練習2】　1．内閣の（閣僚の）会議　　2．内閣に入ること　　3．会議で決めること
　　　　　4．政党の長　　5．政党を離れること　　6．憲法を改正すること
　　　　　7．憲法に合っていること　　8．学校の規則　　9．商売についての法律
　　　　　10．北海道議会の議員

【練習3】　1．司法　動詞　→司［シ］　　　　　　　　2．統括　生活　　　　　→舌［カツ］
　　　　　3．承認　忍耐　→忍［ニン］　　　　　　　4．補佐　逮捕　店舗　→甫［ホ］
　　　　　5．天皇　親王　旺盛→王［オウ］　　　　　6．兼業　嫌悪　謙遜　→兼［ケン］
　　　　　7．閣僚　学寮　明瞭→寮［リョウ］　　　　8．内閣　合格　各自　→各［カク］
　　　　　9．命令　冷蔵　零点→令［レイ］
　　　　　10．官房　防止　妨害　脂肪　坊主　　　　→方［ボウ］
　　　　　c.f.　方向　放送　訪問　芳香　模倣　　　→方［ホウ］

【練習4】　1．定め　2．承認され　3．執行され　4．裁く　5．統括
　　　　　6．挙げ　7．審議され／承認され　8．命じられ　9．補佐し
　　　　　10．審査　11．兼ね　　12．結んで／結び

【練習5】　1．党大会　党首　2．内閣　組閣　入閣　3．閣議　総理　閣僚
　　　　　4．離党　多党化　5．結党　結成

【練習6】　1．命名（めいめい）　　　　　　2．承諾（しょうだく）
　　　　　3．固執（こしつ／こしゅう）　4．冷房（れいぼう）　　5．審議（しんぎ）
　　　　　6．兼務（けんむ）　　7．総括（そうかつ）　　8．裁判（さいばん）
　　　　　9．同僚（どうりょう）10．補佐（はさ）　　　　11．与党（よとう）
　　　　　12．方針（ほうしん）

【練習7】　1．天皇（てんのう）　　皇后（こうごう）　　皇太子（こうたいし）
　　　　　皇女（こうじょ）　　皇子（こうし）
　　　　　2．上司（じょうし）　　同僚（どうりょう）

【練習8】　1．委員会　2．統合　3．司令　4．設置　5．役割　6．裁判
　　　　　7．審査　　8．実現　9．兼任　10．閣僚　11．内閣

【練習9】　1．イ　　　→　第8課【練習4】9．「為」と同じ
　　　　　2．カク　　→　第13課【練習7】3．「角」と同じ
　　　　　3．カツ　　→　活　喝渇褐　割轄　滑

4．キョ　　→　第13課【練習7】22.「距」と同じ

5．ケン　　→　第13課【練習7】20.「懸」と同じ

6．ケン　　→　5.「憲」、第13課【練習7】20.「懸」と同じ

7．サ　　　→　第12課【練習8】13.「砂」と同じ

8．サイ　　→　才　細　再　災　妻　斉　済　祭　際　最　債　歳
　　　　　　　菜　採　彩　載　栽　宰　砕

9．シ　　　→　第4課【練習5】8.「肢」と同じ

10．シツ　　→　第11課【練習7】23.「疾」と同じ

11．ショウ　→　第4課【練習5】11.「称」と同じ

12．シン　　→　第7課【練習4】4.「浸」と同じ

13．シン　　→　12.「審」、第11課【練習7】4.「浸」と同じ

14．トウ　　→　第4課【練習5】17.「統」と同じ

15．コウ　　→　第11課【練習4】5.「光」と同じ

16．ホウ　　→　第7課【練習4】14.「峰」と同じ

17．ボウ　　→　第8課【練習4】16.「貿」と同じ

18．リツ　　→　立

19．リョウ　→　了　両　良　料　涼　量　糧　領　寮　療　猟　陵

20．レイ　　→　第13課【練習7】14.「零」と同じ

課題　1　(1) 2001年1月

　　　　(2) 農林水産省　外務省　法務省　防衛庁

　　　　(3) 宮内庁　金融庁　防衛庁　国家公安委員会

　　　　(4) 郵政省　自治省　総務庁　(5) 財務省

　　　　(6) 経済の構造改革を通じた新たな経済成長の実現

　　2　1．議院内閣制　　　2．憲法第9条　　　3．選挙管理委員会

　　　4．連邦政府　　　5．官房長官　　　6．大統領補佐官

　　　7．司法権は裁判所にある。　8．行政機関を統括する。

　　　9．法律や規則を改正する。　10．党執行部の命令に従う。

　　　11．天皇が閣僚を認証する。　12．首相が外相を兼任する。

　　3　1．けんぽう　　きてい

　　　2．とうしっこうぶ　　いいんちょう　　かいにん

　　　3．こくむだいじん　　とうかつ　　せきにん

　　　4．しほう　　れいぼう　　5．しんぱん　　けんげん

　　　6．かくぎ　　ほうしん　　しんぎ　　りょうしょう

コラム9

【練習】　1．しょうたい　2．しょうかい　3．さんしょう　4．こしょう

　　　5．しょうわ　　6．しじ　　7．しぼう　8．せいかく　9．せいじ

　　　10．せいり　11．せいふく　12．しょうがつ　13．しょうめい

14．しょうじょう　15．めいれい　16．れいぞう　17．れいか

18．よれい　19．ねんれい　20．ぎょうれつ　21．ぶんれつ　22．きぼ

23．せいぼ　24．ぼしゅう　25．ぼせき　26．ほどう　27．たいほ

28．ほどう　29．せいねん　30．せいてん　31．せいしん　32．あんせい

33．せいけつ　34．せいきゅう　35．かんじょう　36．はくちょう

37．しゅくはく　38．はくしゅ　39．はくりょく　40．はくしゃく

41．はくらい　42．きんぱく　43．ふくしゅう　44．ふくすう

45．ふくつう　46．ふくめん　47．こうふく　48．ふくぎょう

49．しんぷく　50．こうじ　51．こうちゃ　52．こうもく　53．せいこう

54．せいこう　55．こうげき　56．こうけん　57．ぎむ　58．ぎかい

59．ぎしき　60．ぎせい　61．ぶんしょう　62．こしょう

63．ひょうしょう

# 第16課 ————————————————————————

【練習1】1．早期／交渉／開始／予定＝早期に交渉を開始する予定
　　　　2．核／実験／全面／禁止／条約＝核の実験を全面的に禁止する条約
　　　　3．国際／司法／裁判／所＝国際的な司法の裁判をする所
　　　　4．非／核／兵器／地帯／創設＝核兵器を使わない地帯の創設
　　　　5．包括／的／核／兵器／禁止／条約＝包括的に核兵器の使用を禁止する
　　　　　　　　　　　　　　　　　　　　　条約
　　　　6．原子／力／平和／利用／協力／協定＝原子力の平和的な利用に協力す
　　　　　　　　　　　　　　　　　　　　　る協定
　　　　7．化学／兵器／用／薬品／貯蔵／庫＝化学兵器に用いる薬品を貯蔵する
　　　　　　　　　　　　　　　　　　　　倉庫
　　　　8．被爆／者／救済／条例／採択／表明＝被爆した者を救済する条例を採
　　　　　　　　　　　　　　　　　　　　択する表明
　　　　9．親／アラブ／路線＝アラブ(諸国)と親しい立場をとる路線
　　　10．対／台湾／武器／供与＝台湾に対する武器の供与
　　　11．親／西側／改革／路線＝西側(諸国)と親しい立場をとって改革する路線
　　　12．在／英(国)／イスラム教徒／団体＝英国にあるイスラム教徒の団体
　　　13．反／政府／勢力＝政府に反対する勢力
　　　14．政府／間／交渉＝政府と政府の間の交渉

【練習2】1．インドが24年ぶりに地下核実験を行い、パキスタンが初の地下核実験
　　　　　を行った。
　　　　2．ロシアが核実験の全面禁止を支持することを表明した。
　　　　3．国際司法裁判所が「核兵器は一般的には違法である」という見解を示
　　　　　した／発表した。

4．国際原子力機関(IAEA)の総会で、中東に非核兵器地帯を創設するための協議を続行することをIAEA事務局長に求める決議が採択された。

【練習3】　1．掲げ（て）　　2．絶え（ない）　　3．勧める　絶やさ（なかった）

4．越えて（いった）　　5．伴う　6．舞台（に）

7．採択（された）　　8．絶対（に）　　9．廃止（を）

10．抗議（した）　11．批准（を）　　12．交渉（してみた）

【練習4】　1．採択（さいたく）　　2．爆発（ばくはつ）　　3．加盟（かめい）

4．否決（ひけつ）　　5．保有（ほゆう）　　6．分裂（ぶんれつ）

7．棄権（きけん）　　8．脅威（きょうい）　　9．宣言（せんげん）

10．解除（かいじょ）　11．軍備（ぐんび）

【練習5】　1．エツ　　　→　悦 閲　謁

2．ヒ　　　　→　比 皮 彼 被 疲 披 否 非 悲 扉 避 飛
　　　　　　　　費 肥 秘 卑 碑 妃 罷

3．キョウ　→　共 供 恭 強 教 京 郷 響 境 鏡 競 驚
　　　　　　　橋 矯 協 兄 況 凶 狂 叫 享 峡 挟 狭
　　　　　　　恐 胸

4．ゼツ　　　→　舌

5．ジュン　→　第12課【練習8】20．「循」と同じ

6．ヘイ　　　→　平 並 閉 丙 柄 併 塀 陛 幣 弊

7．メイ　　　→　第8課【練習4】4．「迷」と同じ

8．ケイ　　　→　第7課【練習4】15．「傾」と同じ

9．セン　　　→　第7課【練習4】2．「潜」と同じ

10．ブ　　　　→　部 武 侮 無 不 分

11．セン　　　→　9．「宣」、第7課【練習4】2．「潜」と同じ

12．ハン　　　→　第8課【練習4】5．「版」と同じ

13．リン　　　→　林 倫 輪 隣 厘

14．バク　　　→　第14課【練習7】22．「漠」と同じ

15．セイ　　　→　第4課【練習5】2．「星」と同じ

16．ショウ　→　第4課【練習5】11．「称」と同じ

17．ジョ　　　→　女 如 助 序 叙 徐

18．ライ　　　→　来 頼

19．レツ　　　→　列 烈 劣

20．タイ　　　→　第8課【練習4】3．「滞」と同じ

21．サク　　　→　第4課【練習5】7．「索」同じ

22．カン　　　→　第11課【練習7】4．「肝」と同じ

【練習6】　1．へいき／しゅっぺい　　　2．じょがい／そうじ

3．じょうし／こうし（ぎょうじ）　4．かひ／あんぴ

　　　　5．えっきょう／じょうえつ　　6．はいぜつ／ぜんぱい

　　　　7．ぎょうれつ／ぶんれつ　　　8．はんぶん／ばんそう

　　　　9．かいはつ／はんぱつ　　　10．たいこく／だいじん

【練習7】1．国連加盟国　2．中性子爆弾　　　　　3．共同宣言

　　　　4．臨海副都心　5．核兵器削減交渉に臨む　6．条約の批准を承認する

　　　　7．鮮やかな舞台衣裳を着て、舞う　8．開発に伴う自然破壊の脅威

　　　　9．軍隊による地雷の除去作業

　　　10．交渉決裂のニュースが新聞に掲載される


課題　1　(1) インド：無／核保有／核実験をした

　　　　　　中　国：無／核保有／核兵器頼みを強めている

　　　　　　日　本：有／核無し／積極的な核軍縮提案をしてこなかった

　　　　　　パキスタン：無／核保有／核実験をした

　　　　　　ロシア：無／核保有／核兵器頼みを強めている

　　　　(2) 各国が自国の都合を優先させるため。

　　　　(3) 「NPTに常設事務局をつくり核軍縮を進めよう」とか「核不拡散や核軍
　　　　　　縮に違反した国に対して効果がある国際的な仕組みを考えよう」とかい
　　　　　　う内容の提言をしている。

　　　2　1．かくぐんしゅく

　　　　　2．かくほゆうこく　　かくへいきはいぜつ　　せいやく

　　　　　3．きたたいせいようじょうやくきこうぐん　　くうばく

　　　　　4．ちょうせん　　どうめいこく　　じょうやく

　　　　　5．じらい　こうしょう　　けつれつ

　　　　　6．しょうにん　　じょうやく　　ひじゅん

# 学習漢字索引

平成22年11月30日内閣告示による新「常用漢字表」および、
『日本語能力試験出題基準』2009年度改訂版に準拠。

## 第1課

活字体　筆記体　課／画数／級／種別　音読み【音符】／訓読み／意味　　　＊は例外的な読み
　　　　　　　　　　　　　　　　　　　　　　　　　　　　　　　　　　　［　］は常用漢字表にないもの

| 介 介 | 1課　4画 | カイ | |
|---|---|---|---|
| | (2級)　常用 | | mediate, concern oneself with, shell |

自己紹介というのは緊張するものだ。
両国の紛争解決のため国連が**介入**した。

| | | |
|---|---|---|
| to use as an intermediary ～ヲ介する(かいする) | 媒介(ばいかい) intermediary | ～ニ～ヲ紹介(しょうかい)スル |
| agency, recommendation asking after 仲介(ちゅうかい)スル | 介入(かいにゅう)スル intervention | 介在(かいざい)スル interposition, intervention, involvement |
| ～ヲ介抱(かいほう)スル | ～ヲ介護(かいご)スル nursing care | 厄介(やっかい)ナ trouble, burden, nuisance; |
| 魚介類(ぎょかいるい) seafood, marine products | 自己紹介(じこしょうかい) | |

| 描 描 | 1課　11画 | ビョウ | 苗【ビョウ】→苗　描　猫 |
|---|---|---|---|
| | 1級　常用 | えが-く　か-く | depict |

情景を見たままに**描写**する。
**点描**とは多数の色の点で絵を**描く**技法である。

| | | | |
|---|---|---|---|
| draw, depict, describe ～ヲ描く(えがく) | 素描(そびょう) drawing, sketch, outline | 点描(てんびょう) sketching, pointillism | 絵描き(えかき) painter, artist |
| ～ヲ描写(びょうしゃ)スル | 点描画(てんびょうが) pointillist painting | 心理描写(しんりびょうしゃ) psychological description | |

| 身 身 | 1課　7画 | シン | |
|---|---|---|---|
| | (2級)　(教育) | み | body, self |

参加者は著名人ばかりで**肩身**の狭い思いをした。
入院中、**身内**の者は誰も来なかったが、友人が**献身的**に看病してくれた。

| | | | | |
|---|---|---|---|---|
| 身(み) | 身内(みうち) relations, friends, family | 中身(なかみ) contents | 肩身(かたみ) shoulder, body, honor/prestige | 身軽(みがる)ナ agile, nimble, carefree　身近(みぢか)ナ familiar |
| body 身体(しんたい／＊からだ) | 身長(しんちょう) height | 出身(しゅっしん) person's origin | | |
| single 独身(どくしん) | 変身(へんしん)スル metamorphosis, transformation | 献身的(けんしんてき)ナ devoted | | |
| oneself, myself 自分自身(じぶんじしん) | 単身赴任(たんしんふにん) job transfer away from home, leaving family for a new post | | | |
| 終身雇用(しゅうしんこよう) lifetime employment | | mind & body 心身(しんしん) | social position, status 身分(みぶん) 2級にも | |

| 他 他 | 1課　5画 | タ | |
|---|---|---|---|
| | (2級)　(教育) | ほか | other, another |

幼いときから、**他人**に迷惑をかけてはいけない、と言われてきた。
彼は**自他**ともに認める映画通だ。

| | | | |
|---|---|---|---|
| etc その他(そのた) | 他人(たにん) stranger | 他者(たしゃ) another person | 他意(たい) other intention, hidden purpose |
| the other, the other side 他方(たほう) | 他殺(たさつ) murder | 他界(たかい)スル pass away, die | 他動詞(たどうし) transitive verb |
| 排他的(はいたてき)ナ exclusive | 他人行儀(たにんぎょうぎ)ナ standing on formality, in a reserved manner | | |

活字体　筆記体　課／画数／級／種別　音読み【音符】／訓読み／意味

## 属　属　1課　12画　1級　(教育)　ゾク　belong to, assign

営業をやりたかったのに、総務課に配属された。
彼女は日本チーム専属のトレーナーになった。

*belong to, be affiliated with, attached to, included; auxiliary; assignment (of a person somewhere)*

| ～ニ属する(ぞくする) | 属性(ぞくせい) *attribute, property* | 金属(きんぞく) *metal* | 専属(せんぞく) *exclusive, specialist* |
|---|---|---|---|
| 付属(ふぞく)スル | ～ニ所属(しょぞく)スル *belonging to* | ～ニ帰属(きぞく)スル *belong to, possession, jurisdiction* | |
| ～ヲ～ニ配属(はいぞく)スル | ～ニ従属(じゅうぞく)スル *subordination, dependency* | 従属節(じゅうぞくせつ) *subordinate clause* | |

## 述　述　1課　8画　2級　(教育)　ジュツ　の-べる　state, mention

病床にある作家の談話を口述筆記した。
友人の結婚披露宴(ひろうえん)で祝辞を述べた。

*state, express; predicate; description; statement; declaration*

| ～ヲ述べる(のべる) | ～ヲ申し述べる(もうしのべる) *humbly tell, state* | 上述(じょうじゅつ) *aforementioned* |
|---|---|---|
| 述語(じゅつご) | 前述(ぜんじゅつ)スル *aforementioned* | ～ヲ記述(きじゅつ)スル *description, account* |
| ～ヲ叙述(じょじゅつ)スル | ～ヲ供述(きょうじゅつ)スル *affidavit, testimony* | |
| ～ヲ陳述(ちんじゅつ)スル | ～ヲ口述筆記(こうじゅつひっき)スル *taking dictation* | *mentioned later ～ 後述する こうじゅつ* |

## 趣　趣　1課　15画　1級　常用　シュ　取【シュ】→取　趣　おもむき　flavor, gist

この和室はなかなか趣がある。
最初に発起人(ほっきにん)が会の趣旨説明を行った。

*taste, grace, charm; refinement*

| 趣(おもむき) | 趣味(しゅみ) *hobby* | 趣旨(しゅし) *meaning point, gist, effect* | 趣意(しゅい) *main meaning, idea, aim, gist* |
|---|---|---|---|
| 趣向(しゅこう) *plan, idea, design, plot* | 多趣味(たしゅみ) *having various interests* | | |

*趣向を凝らす think up something clever for variety, some*

## 陽　陽　1課　12画　2級　(教育)　ヨウ　易【ヨウ】→揚　陽　[楊]　the sun, positive

陽気な彼はクラスの人気者だった。
太陽電池は太陽の光エネルギーを電気エネルギーに変換する。

| 陽(よう)⟷陰(いん) | 太陽(たいよう) *sun* | 陽光(ようこう) *sunshine* | 陽暦(ようれき) *solar calendar* |
|---|---|---|---|
| 陽性(ようせい) *positivity* | 陽極(ようきょく) *anode, plus terminal* | 陽気(ようき)ナ *cheerful, jovial* | 太陽熱(たいようねつ) *solar* |
| 陽明学(ようめいがく) *Neo-Confucianism (Wang Yangming)* | 太陽電池(たいようでんち) *solar cell* | | |
| 山陽新幹線(さんようしんかんせん) | | | |

266

活字体　筆記体　課／画数／級／種別　音読み【音符】／訓読み／意味

| 警 | 蕎 | 1課　19画 | ケイ | 敬【ケイ】→敬　警 |
| | | (2級)(教育) | | guard, warn |

各国の首脳が集まるサミット期間中は厳重な**警備**が行われた。
各県の**警察**を県警という。

警察(けいさつ) *police*　　警官(けいかん)＝警察官 *police officer*　　警報(けいほう) *alarm, warning*
警鐘(けいしょう) *alarm bells, fire bell*　　～ヲ警告(けいこく)スル *warning, advice*　　～ヲ警戒(けいかい)スル *vigilance, caution*
～ヲ警備(けいび)スル *defense, guard*　　警察署(けいさつしょ) *police station*　　警察庁(けいさつちょう) *National Police Agency*
警視庁(けいしちょう) *Metropolitan Police Department*　　警備員(けいびいん)＝ガードマン
警視総監(けいしそうかん) *superintendent general of the Metropolitan police*　　警戒警報(けいかいけいほう) *preliminary alert, precautionary warning*

| 戒 | 戒 | 1課　7画 | カイ | 戒【カイ】→戒　械 |
| | | 1級　常用 | いまし-める | caution |

断食はイスラム教の**戒律**の一つである。
大型台風の接近にそなえ、気象庁は**警戒**を強めるよう呼びかけた。

戒め(いましめ) *caution, admonition, warning*　～ヲ戒める(いましめる) *warn against, caution, rebuke, prohibit*　　戒律(かいりつ) *religious precept, commandment*　戒告(かいこく) *admonition, warning, caution*
訓戒(くんかい) *warning, admonition*　　～ヲ警戒(けいかい)スル *vigilance, caution*　自戒(じかい)スル *self admonition*
戒心(かいしん)スル *caution, precaution, care*　　戒厳令(かいげんれい) *martial law*　　厳戒態勢(げんかいたいせい) *high alert*

| 極 | 極 | 1課　12画 | キョク　ゴク | |
| | | (2級)(教育) | きわ-まる　きわ-める　きわ-み | extreme |

失業率の上昇とともに**極右**勢力が台頭してきた。
首相は教育改革に**極**めて**積極**的な姿勢を示した。

～ヲ極める(きわめる) *to carry to extremes*　極み(きわみ) *extremity*　　極めて(きわめて) *exceedingly, extremely*　極限(きょくげん) *utmost limit, extremity*
南極(なんきょく) *South Pole*　　北極(ほっきょく) *North Pole*　　極右(きょくう) *far right, extremism*　極度(きょくど) *maximum, extreme*
極東(きょくとう) *Far East*　　極力(きょくりょく) *to the utmost, to the best of one's ability*　極端(きょくたん)ナ *extreme, extremity*
積極的(せっきょくてき)ナ *active, positive, drive*　消極的(しょうきょくてき)ナ *negative, passive, half-hearted*　　極地的(きょくちてき)ナ *polar?*
極意(ごくい) *deepest level (of an art, skill), mystery, innermost secrets*　極秘(ごくひ) *absolute secrecy*　極上(ごくじょう) *first-rate, first quality*　極楽(ごくらく) *paradise*

| 責 | 責 | 1課　11画 | セキ | 責【セキ】→責　積　績［蹟］*債(サイ) |
| | | (2級)(教育) | せ-める | responsibility, blame |

社長は業績不振の**責任**をとって辞任した。
**責任**感の強い彼は、いつまでも自分を**責**め続けた。

～ヲ責める(せめる) *blame, censure*　責任(せきにん) *duty, responsibility*　責務(せきむ) *duty, obligation*　職責(しょくせき) *one's duty, responsibilities pertaining to work*
自責(じせき) *self-condemnation, self-reproach*　責任感(せきにんかん) *sense of responsibility*　責任者(せきにんしゃ) *person in charge, supervisor*
引責辞任(いんせきじにん) *taking responsibility upon oneself (& resigning)*

267

活字体　筆記体　課／画数／級／種別　音読み【音符】／訓読み／意味

| 奇 奇 | 1課　8画 | キ | 奇【キ】→奇　寄　騎 |
| | 1級　常用 | | unusual, odd |

奇妙なことに、死んだはずの友人から手紙が届いた。
好奇心の強い子どもたちから質問が殺到した。

奇数(きすう)⟷偶数(ぐうすう) *(odd number, even number)*　　奇人(きじん) *odd person*　　奇術(きじゅつ) *magic, sleight of hand*
奇遇(きぐう) *coincidence*　奇蹟(きせき) *miracle*　　～ヲ奇襲(きしゅう)スル *surprise attack*　奇異(きい)ナ *odd, strange, peculiar*
奇怪(きかい)ナ *strange, weird, wonderful*　奇妙(きみょう)ナ *strange, odd*　　好奇心(こうきしん) *curiosity*
怪奇現象(かいきげんしょう) *unnatural phenomenon*

| 競 競 | 1課　20画 | キョウ　ケイ | 兄【キョウ】→兄　況　競 |
| | ②級　教育 | きそ-う　せ-る | compete, bid |

先生が質問すると、子どもたちは競って手をあげた。
歌舞伎俳優と若手の狂言師の競演が話題をよんだ。

～ヲ競う(きそう) *compete*　　～ト競る(せる) 五段 *compete*　　競技(きょうぎ) *game, match, contest*　　～ト競合(きょうごう)スル *contend, compete*
～ト競争(きょうそう)スル *competition*　　～ト競演(きょうえん)スル *recital contest*
～ヲ競売(きょうばい／けいばい)スル *auction*　　～ト競走(きょうそう)スル *race*
競馬(けいば) *horse racing*　　競輪(けいりん) *form of cycle racing*　　競技場(きょうぎじょう) *field/sports stadium*

| 評 評 | 1課　12画 | ヒョウ | |
| | ②級　教育 | | comment, criticism, evaluate |

初めての海外公演は各地で好評を博した。
独創的な彼女のダンスは専門家の間でも評価が分かれている。

評判(ひょうばん) *fame, reputation*　　好評(こうひょう)⟷不評(ふひょう) *favorable reception*　　定評(ていひょう) *established or acknowledged...*
評論(ひょうろん) *criticism, critique*　　～ヲ評価(ひょうか)スル *evaluate*　　～ヲ批評(ひひょう)スル *critic review*
*criticism w/ commentary* ～ヲ講評(こうひょう)スル　　～ヲ論評(ろんぴょう)スル *comment, criticism*　　評論家(ひょうろんか) *critic*
品評会(ひんぴょうかい) *competitive show*

| 詞 詞 | 1課　12画 | シ | 司【シ】→司　伺　詞　飼　嗣 |
| | ②級　教育 | | words, part of speech |

最近の流行歌の歌詞にはアルファベット語が多い。
日本語は、動詞も形容詞も活用する。

詞(し) *words, writings, lyrics*　　歌詞(かし) *lyrics*　　品詞(ひんし) *part of speech*　動詞(どうし) *verb*
名詞(めいし) *noun*　　助詞(じょし) *particle*　　作詞(さくし)スル *(writing song) lyrics*形容詞(けいようし) *adjective*
代名詞(だいめいし) *pronoun*　　作詞家(さくしか) *songwriter*　　*台詞(せりふ) *spoken words*

活字体　筆記体　課／画数／級／種別　音読み【音符】／訓読み／意味

| 徴 | 徴 | 1課　14画 | チョウ |
| | | 1級　常用 | sign, indication |

日本国憲法では、天皇は国の**象徴**と位置づけられている。
参加者から会費を**徴収**した。

特徴(とくちょう) *characteristic*　徴候(ちょうこう) *sign, indication*　～ヲ象徴(しょうちょう)スル *symbolize*
*requisition,*
*conscription* ～ヲ徴集(ちょうしゅう)スル　～ヲ徴収(ちょうしゅう)スル *collection(taxes)*　追徴金(ついちょうきん) *additional collection,*
*surcharge*
徴兵制(ちょうへいせい)　源泉徴収(げんせんちょうしゅう)
　　　*conscription*　　　　*withholding tax*

| 肯 | 肯 | 1課　8画 | コウ |
| | | 2級　常用 | assent |

何事も**肯定**的にとらえて、前向きに努力することが大切だ。
いくら問い詰めても、彼は否定もしなければ**肯定**もしなかった。

*affirmation* ～ヲ肯定(こうてい)スル ⬌ 否定(ひてい)スル　　肯定文(こうていぶん) *affirmative sentence*
肯定的(こうていてき)ナ *affirmative*

| 否 | 否 | 1課　7画 | ヒ |
| | | 2級　教育 | いな　negate, deny, no |

彼は、入学試験の合**否**判定に関与したことを強く**否定**した。
夫婦別姓の法制化については賛**否**両論あり、今回は見送られた。

否(いな) *no.*　　　　　　合否(ごうひ) *success or failure,*　安否(あんぴ) *safety, welfare*
　　　　　　　　　　　　　　　*result*
～ヲ否定(ひてい)スル *denial*　～ヲ否決(ひけつ)スル *rejection*　～ヲ拒否(きょひ)スル *refusal, rejection*
～ヲ否認(ひにん)スル *denial, negation*　否定形(ひていけい) *negative form*　否定的(ひていてき)ナ *negative*
　　　　*reputation*
賛否両論(さんぴりょうろん)　*否応なく(いやおうなく)
　　　*pro + con?*　　　　　　　　　　*without choice, whether one wants to or not*

| 積 | 積 | 1課　16画 | セキ　　　　責【セキ】→責　積　績［蹟］*債(サイ) |
| | | 2級　教育 | つ-む　つ-もる　accumulate, volume |

何事も、知識だけでなく経験を**積**むことが必要だ。
巨額の**累積**赤字など、解決を迫られている問題が山**積**している。

積もる(つもる) *pile up, accumulate*　～ヲ積む(つむ) *pile up, stack*　～ヲ積み立てる(つみたてる) *accumulate, save*
下積み(したづみ) *low rank, obscurity*　見積り(みつもり) *estimate*　面積(めんせき) *area, extent, square measure*
体積(たいせき) *capacity, volume*　容積(ようせき) *capacity, volume*　積雪(せきせつ) *fallen snow, snow cover*
蓄積(ちくせき)スル *store, accumulation*　山積(さんせき)スル *piling up, accumulating, lying in piles*
*active,* 積極的(せっきょくてき)ナ ⬌ 消極的(しょうきょくてき)ナ *passive, negative, unaccumulated*
*positive,*
*assertive*
累積赤字(るいせきあかじ)　積載重量(せきさいじゅうりょう)
　*accumulated deficit*　　　　*carrying weight*

269

活字体　筆記体　課／画数／級／種別　音読み【音符】／訓読み／意味

| 陰 | 陰 | 1課　11画 | イン | |
| | | 1級　常用 | かげ　かげ-る　　shade, negatire | |

月日の経つのが速いことを「光陰矢の如し」という。

学校での陰湿ないじめが社会問題になった。

shadow / negative (result)

陰(かげ)　陰口(かげぐち) malicious gossip　日陰(ひかげ) shade/shadow　　木陰(こかげ) shade of a tree　陰影(いんえい) shadow, shades

陰性(いんせい)⟷陽性(ようせい) positive (result/T)　　陰暦(いんれき) lunar calendar　陰謀(いんぼう) conspiracy

光陰(こういん) time　　　陰気(いんき)ナ gloomy, melancholy　　陰湿(いんしつ)ナ malicious, spiteful　山陰地方(さんいんちほう) western Honshu

光陰矢のごとし Time flies like an arrow

## 第2課

| 授 | 授 | 2課　11画 | ジュ　　　　　　　　　　受【ジュ】→受　授　[綬] | |
| | | 2級　教育 | さず-かる　さず-ける　　give, grant | |

来週の鈴木教授の授業は休講だそうだ。

今年は、約500名の学生に卒業証書が授与された。

授かる(さずかる) be awarded, receive 他　～ヲ授ける(さずける) grant, give, impart 他　授業(じゅぎょう) class　授受(じゅじゅ) giving & receiving & transferring

教授(きょうじゅ) professor　～ヲ授与(じゅよ)スル award, confer　～ヲ伝授(でんじゅ)スル (giving) instruction, initiation

| 紛 | 紛 | 2課　10画 | フン　　　　　　　　分【フン】→分　紛　粉　雰　[扮] | |
| | | 1級　常用 | まぎ-れる　まぎ-らす　　distract, divert | |

両国の間に起こった紛争は、なかなか解決しなかった。

たいくつを紛らすために、友達に電話をかけまくった。

disappear into, get mixed in among

紛れる(まぎれる)　～ヲ紛らす(まぎらす) divert, distract 他　～ヲ紛らわす(まぎらわす) divert, distract 他　紛らわしい(まぎらわしい) easily mistaken, misleading

紛争(ふんそう) dispute, conflict, trouble　内紛(ないふん) domestic/internal discord, infighting　～ヲ紛失(ふんしつ)スル losing, missing　紛糾(ふんきゅう)スル complication, confusion, disorder

| 末 | 末 | 2課　5画 | マツ　（バツ）　末【マツ】→末　抹　[沫] | |
| | | 2級　教育 | すえ　　　last part, end of something | |

週末に恋人と温泉に行く予定だ。

電話番号の末尾が5番の方のみ、ご応募ください。

end

末(すえ) end　末っ子(すえっこ) youngest child　末尾(まつび) end of a report/document　末席(まっせき) lowest seat/foot of table　末期(まっき) last stage　末筆(まっぴつ) closing part of phrase/a let...

末端(まったん) end tip, extremities　週末(しゅうまつ) weekend　年末(ねんまつ) year end　歳末(さいまつ) year end　結末(けつまつ) end, conclusion

端末(たんまつ) terminal, information device　粉末(ふんまつ) fine powder　～ヲ始末(しまつ)スル management, settlement/dealing of event　粗末(そまつ)ナ crude, rough, plain

学期末(がっきまつ) end of semester　世紀末(せいきまつ) end of a century, fin-de-siècle

| 採 | 採 | 2課　11画 | サイ　　　　　　　采【サイ】→菜　採　彩 | |
| | | 2級　教育 | と-る　　　pick, take, gather | |

すべての意見が出たところで、採決が行われた。
珍しい植物を採集して、標本を作る。

---

採る(とる) *picks, gathers, takes*　〜ヲ採り入れる(とりいれる) *take in, go within, harvest, adopt*　採算(さいさん) *profit*　採光(さいこう) *lighting*
〜ヲ採用(さいよう)スル *hire, adoption*　〜ヲ採集(さいしゅう)スル *collecting, gathering*　〜ヲ採点(さいてん)スル *grading, evaluating*
〜ヲ採決(さいけつ)スル　〜ヲ採択(さいたく)スル　採血(さいけつ)スル
*vote, ballot; division*　　　　　*choice*　　　　*drawing blood*

---

活字体　筆記体　課／画数／級／種別　音読み【音符】／訓読み／意味

| 善 | 善 | 2課　12画　2級　教育 | ゼン　よ-い | 善【ゼン】→善　繕　[膳]　good |
|---|---|---|---|---|

善良な市民としての義務を果たす必要がある。
最善を尽くしたが、目標を達成できなかった。

*good* 善い(よい)　善し悪し(よしあし) *right or wrong, pros & merits*　善悪(ぜんあく) *good & evil*　善人(ぜんにん) *good person*　善意(ぜんい) *good will, good intent*
*very useful* 最善(さいぜん)　親善(しんぜん) *friendship, goodwill*　慈善(じぜん) *charity* 偽善(ぎぜん) *hypocrisy*　善良(ぜんりょう)ナ *goodness, virtue*
*putting up a good fight* 善戦(ぜんせん)スル　善処(ぜんしょ)スル *dealing appropriately, taking proper measures*　〜ヲ改善(かいぜん)スル *betterment, improvement*　性善説(せいぜんせつ) *belief that human nature is fundamentally good*

---

| 択 | 択 | 2課　7画　1級　常用 | タク | 尺【タク】→択　沢　*尺(シャク)　select, choose |
|---|---|---|---|---|

人生最大の選択を迫られた。
その議案は、本会議で採択されなかった。

〜ヲ選択(せんたく)スル　〜ヲ採択(さいたく)スル　二者択一(にしゃたくいつ) *choosing between two things*
*choice*　　　　　　*choice*

---

| 判 | 判 | 2課　7画　2級　教育 | ハン　バン | 半【ハン】→半　判　伴　畔　judgement |
|---|---|---|---|---|

他人を批判するのはやさしいが、自分自身のことを冷静に判断するのは難しい。
彼は人づき合いが悪いので、近所ではあまり評判がよくない。

*judge, judiciary* 判事(はんじ)　判決(はんけつ) *judgement, sentence*　評判(ひょうばん) *fame, reputation*　裁判(さいばん) *trial*　審判(しんぱん) *refereeing, umpire, referee*
判明(はんめい)スル *proving, ascertaining*　〜ヲ判定(はんてい)スル *judgement, verdict, decision*　〜ヲ判別(はんべつ)スル *distinction, discernment*
〜ヲ判断(はんだん)スル *judgement, decision*　〜ヲ批判(ひはん)スル *criticism*　〜ニ談判(だんぱん)スル *negotiations, bargaining*　*seal* 判 はん

---

| 提 | 提 | 2課　12画　1級　教育 | テイ　(さ-げる) | 是【テイ】→提　堤　*是(ゼ)　propose, offer |
|---|---|---|---|---|

この番組は、○○薬品の提供でお送りしました。
委員会で彼女が提出した案が採択された。

*addition, compliance, apposition* 前提(ぜんてい)　〜ヲ提言(ていげん)スル *propose, recommend*　〜ヲ提出(ていしゅつ)スル *turn in, submit*　〜ヲ提起(ていき)スル *raise (a question), bring up*
〜ヲ提案(ていあん)スル *propose, suggest*　〜ヲ提示(ていじ)スル *present, exhibit*　〜ヲ提供(ていきょう)スル *offer, sponsor (TV program)*
〜ヲ提唱(ていしょう)スル　〜ト提携(ていけい)スル　提訴(ていそ)スル
*advocacy, proposal*　　*cooperation, joint business, partnership*　*presenting a case, suing*

活字体　筆記体　課／画数／級／種別　音読み【音符】／訓読み／意味

| 供 | 供 | 2課　8画<br>（2級）（教育） | キョウ　*ク　　　　共【キョウ】→共　供　恭<br>そな-える　とも　　offer, accompany |

経済は需要と**供**給のバランスで成り立っている。
その子**供**は、学校に放火したことを自**供**した。

*offer, dedicate, sacrifice*　〜ヲ供える(そなえる)　供え物(そなえもの) *offering*　子供(こども) *child*　〜ヲ供述(きょうじゅつ)スル *affidavit, deposition, testimony*
*supply, provision*　〜ヲ供給(きょうきゅう)スル　〜ヲ供与(きょうよ)スル *give, provide, bestow*　〜ヲ自供(じきょう)スル *confession*
　〜ヲ提供(ていきょう)スル　〜ヲ*供養(くよう)スル
　*offer, sponsor (TV show)*　　　*memorial service for the dead*

| 権 | 権 | 2課　15画<br>（2級）（教育） | ケン　*ゴン<br>power, rights, authority |

長く**権**力の座に留まると、その政**権**は必ず腐敗する。
国の**権**力を立法、司法、行政に分け、それぞれを独立させることを三**権**分立という。

*power, authority*　権力(けんりょく)　権利(けんり) *right*　権限(けんげん)　権威(けんい) *power, authority, influence*　人権(じんけん) *human rights*
*credit, claim*　債権(さいけん)　政権(せいけん) *political power*　主権(しゅけん) *sovereignty*　特権(とっけん) *privilege, special*　実権(じっけん) *real power*
*authority, jurisdiction*　職権(しょっけん)　〜ヲ棄権(きけん)スル *abstention (from voting)*　有権者(ゆうけんしゃ) *eligible voters*　参政権(さんせいけん) *franchise, suffrage*
選挙権(せんきょけん)　養育権(よういくけん)　黙秘権(もくひけん)　*権化(ごんげ)
　*suffrage, rights to vote*　　　　　*right to silence*　　*incarnation (of Buddha or bodhisattva)*

| 証 | 証 | 2課　12画<br>1級（教育） | ショウ　　正【ショウ】→正　証　症　*整(セイ)<br>proof, evidence, certificate |

金融機関からお金を借りるには、保**証**人が必要だ。
何も**証**拠がないのに人を疑ってはいけない。

証人(しょうにん)　　証拠(しょうこ) *evidence, proof*　証券(しょうけん)
証書(しょうしょ)　　〜ヲ論証(ろんしょう)スル　証言(しょうげん)スル
*proof, verification*　〜ヲ証明(しょうめい)スル　〜ヲ実証(じっしょう)スル　〜ヲ立証(りっしょう)スル
*guarantee, pledge, warranty*　〜ヲ保証(ほしょう)スル　〜ヲ検証(けんしょう)スル　保証人(ほしょうにん)
学生証(がくせいしょう)　　保険証(ほけんしょう)　　免許証(めんきょしょう)
　*student id*

| 護 | 護 | 2課　20画<br>1級（教育） | ゴ<br>protect |

自然**保護**の活動をしているボランティア組織に属している。
高齢化社会では、老人介**護**が大きな問題になってくる。

〜ヲ護衛(ごえい)スル　　〜ヲ保護(ほご)スル *protect, protect, preserve*　〜ヲ救護(きゅうご)スル
愛護(あいご) *protection, tender care*　〜ヲ援護(えんご)スル　〜ヲ弁護(べんご)スル *to defend*
〜ヲ介護(かいご)スル　　〜ヲ警護(けいご)スル　〜ヲ看護(かんご)スル *nursing*
弁護士(べんごし)　　介護師(かいごし)　　看護師(かんごし)
　　　　*nurse, elderly care*

活字体　筆記体　課／画数／級／種別　音読み【音符】／訓読み／意味

| 施 | 施 | 2課　9画<br>1級　常用 | シ　＊セ<br>ほどこ-す　　　carry out, give |

男女100人を対象にアンケート調査を**実施**した。
オリンピック開催<sub>かいさい</sub>に向けて、競技**施**設の建設が進んでいる。

～ヲ**施**す(ほどこす)　施設(しせつ)　施政(しせい)　　　　施策(しさく)
～ヲ**施**行(しこう)スル　　～ヲ**実施**(じっし)スル　＊施工主(せこうぬし)　＊布施(ふせ)

| 導 | 導 | 2課　15画<br>②級　教育 | ドウ　　　道【ドウ】→道　導<br>みちび-く　　guide, conduct |

有名な教授の**指導**を受けて、博士論文を完成させた。
迷っている人を教え、**導**くのが聖職者<sub>せいしょくしゃ</sub>の仕事である。

～ヲ**導**く(みちびく)　　～ヲ**導**入(どうにゅう)スル　～ヲ**指導**(しどう)スル
～ヲ**先導**(せんどう)スル　　～ヲ**伝導**(でんどう)スル　　　～ヲ**誘導**(ゆうどう)スル
～ヲ**補導**(ほどう)スル　**導**火線(どうかせん)　半**導**体(はんどうたい)　盲**導**犬(もうどうけん)

| 材 | 材 | 2課　7画<br>②級　教育 | ザイ　　　才【ザイ】→材　財　＊才(サイ)<br>material, timber, talent |

ＩＴ時代に対応できる**人材**を育成する必要がある。
この事件を**取材**するうちに、問題の核心が見えてきた。

**材**質(ざいしつ)　**材**料(ざいりょう)　**材**木(ざいもく)　人**材**(じんざい)　教**材**(きょうざい)
題**材**(だいざい)　機**材**(きざい)　　素**材**(そざい)　　～ヲ**取材**(しゅざい)スル

| 績 | 績 | 2課　17画<br>②級　教育 | セキ　　　責【セキ】→責　積　績　[蹟]　＊債(サイ)<br>achievements |

すべての科目でよい**成績**をとらないと、奨学金<sub>しょうがくきん</sub>をもらうことができない。
この分野における長年の**功績**が認められて、表彰<sub>ひょうしょう</sub>されることになった。

実**績**(じっせき)　業**績**(ぎょうせき)　成**績**(せいせき)　功**績**(こうせき)　紡**績**(ぼうせき)

| 欲 | 欲 | 2課　11画<br>②級　教育 | ヨク　　　谷【ヨク】→浴　欲　＊谷(コク)<br>ほ-しい　＊ほっ-する　desire, wants |

企業は働く**意欲**のある若者を求めている。
今朝から少し熱があって、あまり**食欲**がない。

～ガ**欲**しい(ほしい)　　**欲**求(よっきゅう)　　　**欲**望(よくぼう)　　　意**欲**(いよく)
**食欲**(しょくよく)　　　禁**欲**(きんよく)　　　**欲**張り(よくばり)ナ　強**欲**(ごうよく)ナ
貪**欲**(どんよく)ナ　　　無**欲**(むよく)ナ　　　～ヲ＊**欲**する(ほっする)

| 活字体 | 筆記体 | 課／画数／級／種別 | 音読み【音符】／訓読み／意味 | | |
|---|---|---|---|---|---|
| 態 | 態 | 2課　14画<br>1級　(教育) | タイ<br>state, condition, situation | | |

目上の人に向かって失礼な**態**度をとってはいけない。

地方自治体がこの地域の環境汚染の実**態**を調査することになった。

*attitude*

態度(たいど)　　態勢(たいせい)　　状態(じょうたい)　事態(じたい)　実態(じったい) *actual condition, reality*

*state, condition*　*situation, circumstances*

形態(けいたい)　生態(せいたい)　　受動態(じゅどうたい)⟷能動態(のうどうたい)

旧態依然(きゅうたいいぜん)　　*容態(ようだい)

| 甘 | 甘 | 2課　5画<br>(2級)　常用 | カン<br>あま-い　あま-える　あま-やかす　sweet, to fawn, to pamper | | |
|---|---|---|---|---|---|

日本の若い母親は子どもを**甘**やかし過ぎる。

この食品には、人工**甘**味料は一切使われdetokenておりません。

*sweet*

甘い(あまい)　～ニ甘える(あまえる)　～ヲ甘やかす(あまやかす)　～ニ甘んじる(あまんじる)
*behave like a child, spoiled child*　*pamper, spoil*

甘言(かんげん)　　～ヲ甘受(かんじゅ)スル　甘味料(かんみりょう)
*sweetener*

| 恐 | 恐 | 2課　10画<br>(2級)　常用 | キョウ<br>おそ-れる　おそ-ろしい　fear, dread, awe | | |
|---|---|---|---|---|---|

核兵器は、**恐**るべき破壊力を持っている。

お忙しいところをわざわざお越しいただいて**恐**縮です。

*fear, to be afraid*

～ヲ恐れる(おそれる)　恐ろしい(おそろしい)　恐れ入る(おそれいる) *be sorry; beg pardon; be grateful; to be amazed; be embarrassed*
*terrifying, frightening*

恐るべき(おそるべき)　恐怖(きょうふ)　恐慌(きょうこう)　恐縮(きょうしゅく)スル
*fear, dread*　*dinosaur* 恐竜

| 級 | 級 | 2課　9画<br>(2級)　(教育) | キュウ　　及【キュウ】→及　吸　級<br>grade, class, rank | | |
|---|---|---|---|---|---|

初級から中級、上級へと進むにつれて、どんどん難しくなる。

この学校では、選挙で**学**級委員を選んでいる。

級友(きゅうゆう)　　学級(がっきゅう) *class*　初級(しょきゅう)　　中級(ちゅうきゅう) *intermediate*

上級(じょうきゅう)　　一級(いっきゅう) *one grade, primary*二級(にきゅう)　　階級(かいきゅう)

ライト級(きゅう)　　ヘビー級(きゅう)　高級(こうきゅう)ナ *high class, high grade*進級(しんきゅう)スル

飛び級(とびきゅう)　　同級生(どうきゅうせい) *classmate*

# 第3課

活字体　筆記体　課／画数／級／種別　音読み【音符】／訓読み／意味

| 幹 | 幹 | 3課 13画<br>1級 教育 | カン<br>みき | 干【カン】→干 刊 汗 肝 幹<br>main part, trunk |
|---|---|---|---|---|

幹事さん、同窓会の企画・準備、本当に御苦労様でした。
民主政治の根幹は、政治に国民の意思を反映させることだ。

幹(みき) *the trunk*　幹部(かんぶ) *management leadership*　幹事(かんじ) *executive secretary/manager*　根幹(こんかん) *foundation*
新幹線(しんかんせん) *bullet train*　幹線道路(かんせんどうろ) *main road*　基幹産業(きかんさんぎょう) *key industries*

| 環 | 環 | 3課 17画<br>2級 常用 | カン | 睘【カン】→環 還<br>circle, rink |
|---|---|---|---|---|

このバスは駅を起点に市内を循環する。
文化祭の一環として不用品のバザーを行うことになった。

環境(かんきょう) *environment*　環状(かんじょう) *loop shape*　一環(いっかん) *link (a portion part of a plan, etc)*
循環(じゅんかん)スル *circulation, rotation, cycle*　環状線(かんじょうせん) *loop line*

| 境 | 境 | 3課 14画<br>2級 教育 | キョウ　*ケイ<br>さかい | 竟【キョウ】→境 鏡<br>boundary, border |
|---|---|---|---|---|

交通事故で生死の境をさまよったが、運良く一命を取り止めた。
あの子は貧しい境遇にも負けず、明るく素直に育った。

境(さかい)　心境(しんきょう) *state of mind*　国境(こっきょう) *nat. border*　境界(きょうかい) *boundary, border*
環境(かんきょう) *environment*　境遇(きょうぐう) *one's circumstances*　苦境(くきょう) *difficult situation, predicament*　*境内(けいだい) *temple grounds*

| 夢 | 夢 | 3課 13画<br>2級 教育 | ム<br>ゆめ | dream, vision |
|---|---|---|---|---|

子どものころの野球選手になりたいという夢は、むなしく破れた。
突然の出火におどろいたホテルの客は、煙の中を夢中で逃げまどった。

夢(ゆめ) *dream*　夢中(むちゅう) *absorbed in*　悪夢(あくむ) *nightmare*
〜ヲ夢想(むそう)スル　夢遊病(むゆうびょう)　無我夢中(むがむちゅう) *being absorbed in, losing oneself in*

| 技 | 技 | 3課 7画<br>2級 教育 | ギ<br>わざ | skill, technique, art |
|---|---|---|---|---|

ベテラン俳優のすばらしい演技に、観客は大きな拍手をおくった。
職業訓練所で専門技術を身につけたい。

技(わざ)　技術(ぎじゅつ) *technology, engineering*　技師(ぎし) *engineer*　技能(ぎのう)　技量(ぎりょう) *technique*
特技(とくぎ) *special skill*　実技(じつぎ)　競技(きょうぎ)　球技(きゅうぎ) *ball game*　演技(えんぎ)スル *acting*

技浅

| 活字体 | 筆記体 | 課／画数 | ／級／種別 | 音読み 【音符】／訓読み／意味 |
|---|---|---|---|---|
| 系 | 系 | 3課 7画<br>1級 (教育) | ケイ | 系【ケイ】→系 係 *孫(ソン)<br>system, lineage group, series |

この本は、日本社会の慣習についての基本的な事柄を体系的にまとめてある。
ここは、東京に本社を持つ有名な○○商事の系列会社です。

| 系列(けいれつ) | 系統(けいとう) | 系図(けいず) | 体系(たいけい) |
|---|---|---|---|
| 家系(かけい) | 日系(にっけい) | 理系(りけい) | 文系(ぶんけい) |
| 太陽系(たいようけい) | 銀河系(ぎんがけい) | 神経系(しんけいけい) | |

| 在 | 在 | 3課 6画<br>(2級) (教育) | ザイ<br>あ-る | exist, be located in |

彼女は仲間の中でもひときわ目立つ存在だった。
当地に滞在する主な目的は、この地にしか生息しない動物の生態を調査することだ。

| 在る(ある) | 在宅(ざいたく) | 在日(ざいにち) | 在庫(ざいこ) |
|---|---|---|---|
| 在来(ざいらい) | 現在(げんざい) | 所在(しょざい) | 不在(ふざい) |
| 在住(ざいじゅう)スル | 在学(ざいがく)スル | 存在(そんざい)スル | 実在(じつざい)スル |
| 滞在(たいざい)スル | 点在(てんざい)スル | 混在(こんざい)スル | 駐在員(ちゅうざいいん) |

健在

| 録 | 録 | 3課 16画<br>(2級) (教育) | ロク | 录【ロク】→録 ［禄］ *緑(リョク)<br>record |

今年は雨が多く、降雨量の記録が更新されそうだ。
引っ越した次の日、市役所で住民登録を済ませた。

| 目録(もくろく) | 付録(ふろく) | ～ヲ録音(ろくおん)スル |
|---|---|---|
| ～ヲ録画(ろくが)スル | ～ヲ記録(きろく)スル | ～ヲ収録(しゅうろく)スル |
| ～ヲ登録(とうろく)スル | 住所録(じゅうしょろく) | 議事録(ぎじろく) |

| 騒 | 騒 | 3課 18画<br>1級 常用 | ソウ<br>さわ-ぐ | make noise, disturb, noisy |

授業料値上げに反対して、学生達が騒いでいる。
ストーカー殺人などのニュースを聞くと、物騒な世の中になったものだと思う。

| 騒ぐ(さわぐ) | ～ヲ騒がす(さわがす) | 騒がしい(さわがしい) | 騒音(そうおん) |
|---|---|---|---|
| 騒動(そうどう) | 物騒(ぶっそう)ナ | 騒々しい(そうぞうしい) | |

| 沿 | 沿 | 3課　8画 | エン | 合【エン】→沿　鉛 |
| | | 1級　(教育) | そ-う | follow along, lie along |

駅から寺の門前まで、通りに沿って両側にみやげを売る店が立ち並んでいる。
記念式典で校長先生が学校の沿革について話された。

〜ニ沿う(そう)　沿道(えんどう)　沿岸(えんがん)　沿線(えんせん)　沿革(えんかく)

| 域 | 域 | 3課　11画 | イキ | |
| | | (2級)　(教育) | | region, area, range |

ここは工場建設予定地で立ち入り禁止区域です。
昨夜から雪が降り続き、関東全域に大雪注意報が出された。

地域(ちいき)　　　区域(くいき)　　全域(ぜんいき)　　　　海域(かいいき)
流域(りゅういき)　　領域(りょういき)　　聖域(せいいき)

| 与 | 与 | 3課　3画 | ヨ | |
| | | (2級)　常用 | あた-える | give, provide |

眼鏡をかけると、人に与える印象が大きく変わる。
サラリーマンなど給与所得者の所得税は給料から天引きされる。

〜ニ〜ヲ与える(あたえる)　　与党(よとう)　　給与(きゅうよ)　　　〜ヲ贈与(ぞうよ)スル
〜ニ関与(かんよ)スル　　　〜ニ寄与(きよ)スル　　〜ヲ供与(きょうよ)スル

| 影 | 影 | 3課　15画 | エイ | |
| | | 1級　常用 | かげ | shadow, reflection |

彼は学校では目立たない、影の薄い存在だった。
この作品の主人公には、作者の反骨精神の投影を見ることができる。

影(かげ)　　面影(おもかげ)　〜ニ影響(えいきょう)スル　　　〜ヲ投影(とうえい)スル
〜ヲ撮影(さつえい)スル

| 響 | 響 | 3課　20画 | キョウ | 郷【キョウ】→郷　響 |
| | | 1級　常用 | ひび-く | sound, echo, affect |

肉や野菜の値上がりは、私たちの生活に直接響いてくる。
皆に役立つような製品を提供し、大きな反響があったときは本当にうれしい。

響く(ひびく)　　響き(ひびき)　　音響(おんきょう)　　反響(はんきょう)スル
〜ニ影響(えいきょう)スル　交響曲(こうきょうきょく)

| 策 | 策 | 3課　12画 | サク |
|---|---|---|---|
| | | 1級　(教育) | plan, means, policy |

目的を達成するために、何らかの**方策**を立てて計画的に進めよう。
敵の**策略**を見破り、その裏をかいて大勝利を収めた。

策(さく)　　　策略(さくりゃく)　　　方策(ほうさく)　　　対策(たいさく)
政策(せいさく)　　国策(こくさく)　　　～ヲ策定(さくてい)スル　　具体策(ぐたいさく)
*concrete plan*

| 密 | 密 | 3課　11画 | ミツ |
|---|---|---|---|
| | | 1級　(教育) | careful, dense, secret |

健康は、睡眠や栄養と**密接**にかかわっている。
犯人は、仲間の**密告**により逮捕された。

*density* 密度(みつど)　秘密(ひみつ)　機密(きみつ)　密約(みつやく)　密集(みっしゅう)スル *crowding together*
密生(みっせい)スル　　　～ヲ密輸(みつゆ)スル　　　～ト密談(みつだん)スル
～ニ密告(みっこく)スル　　　～ニ密着(みっちゃく)スル　　密接(みっせつ)ナ *close relationships; intimately near*
精密(せいみつ)ナ　親密(しんみつ)ナ　過密(かみつ)ナ　緊密(きんみつ)ナ　厳密(げんみつ)ナ
*intimacy; friendship*　　　*overcrowding; congestion*

| 街 | 街 | 3課　12画 | ガイ　＊カイ |
|---|---|---|---|
| | | 1級　(教育) | まち　　street, town |

近所の**商店街**の福引セールで自転車が当たった。
原子爆弾の投下により、広島**市街**は全壊し、二十数万人の死者が出た。

街(まち)　　　　　　街頭(がいとう)　　　市街(しがい)　　商店街(しょうてんがい)
住宅街(じゅうたくがい)　街路樹(がいろじゅ)　　＊街道(かいどう)
*urban area*

| 標 | 標 | 3課　15画 | ヒョウ　　　　　票【ヒョウ】→票　標　漂 |
|---|---|---|---|
| | | (2)級　(教育) | sign, mark |

駐車禁止の**標識**が目に入らず違法駐車をしてしまった。
1990年を**標準**として、その後の物価指数の推移を調べた。

標準(ひょうじゅん)　標本(ひょうほん)　*elevation* 標高(ひょうこう)　標識(ひょうしき)
標示(ひょうじ)　　　目標(もくひょう)　指標(しひょう)　　座標(ざひょう)　商標(しょうひょう)

| 緩 | 緩 | 3課　15画 | カン |
|---|---|---|---|
| | | 1級　常用 | ゆる-む　ゆる-める　　loosen, relax, be moderate |

寺への参道は、長く**緩**やかな坂である。
交通の混雑を**緩和**するために、時差出勤が提唱されている。

緩む(ゆるむ) *slacken; relax; become softer*　　　～ヲ緩める(ゆるめる)　緩い(ゆるい) *not taut; loose*　緩やか(ゆるやか)ナ *loose; lenient*
～ヲ緩和(かんわ)スル　　　弛緩(しかん)スル　　緩慢(かんまん)ナ
*relief; mitigation; relaxation*

活字体　筆記体　課／画数／級／種別　音読み【音符】／訓読み／意味

| 査 査 | 3課　9画 ②級 教育 | サ investigate |
|---|---|---|

コンクールに出品された絵を**審査**し、入選作品を決定する。
将来の進路選択の参考にするために、職業適性**検査**を受けるつもりだ。

査証(さしょう)　　査察(ささつ)　　巡査(じゅんさ)　　〜ヲ査定(さてい)スル
〜ヲ調査(ちょうさ)スル　　〜ヲ検査(けんさ)スル　　〜ヲ捜査(そうさ)スル
〜ヲ審査(しんさ)スル　　〜ヲ監査(かんさ)スル　　会計監査(かいけいかんさ)

| 状 状 | 3課　7画 ②級 教育 | ジョウ conditions, certificate, letter |
|---|---|---|

高温で熱しても、その金属の色や固さや**形状**には何の変化も見られなかった。
現場の深刻な**状況**を打開するため、政府は教育制度の改革に乗り出した。

状態(じょうたい)　　状況(じょうきょう)　　現状(げんじょう)　　実状(じつじょう)
形状(けいじょう)　　病状(びょうじょう)　　症状(しょうじょう)　　賞状(しょうじょう)
免状(めんじょう)　　年賀状(ねんがじょう)　　表彰状(ひょうしょうじょう)

| 声 声 | 3課　7画 ③級 教育 | セイ　（ショウ）こえ　*こわ　voice, vocal |
|---|---|---|

この政策に関しては、政府に対する非難の**声**が高かった。
軍縮問題を話し合っていた両国の代表は、次のような共同**声明**を発表した。

声(こえ)　大声(おおごえ)　小声(こごえ)　　泣き声(なきごえ)　声変わり(こえがわり)
声明(せいめい)　　音声(おんせい)　歓声(かんせい)　　〜ヲ声援(せいえん)スル
発声(はっせい)スル　　声楽家(せいがくか)　*声色(こわいろ)　*声高(こわだか)
無声音(むせいおん)◆有声音(ゆうせいおん)　　無声映画(むせいえいが)

# 第4課

| 光 光 | 4課　6画 ③級 教育 | コウ ひか-る　ひかり　light, rays |
|---|---|---|

寒い地域では夏の**日光浴**が欠かせない。
部屋代は**光熱費**を含めて5万円になる。

光(ひかり)　　光る(ひかる)　　光線(こうせん)　　光学(こうがく)
光景(こうけい)　　観光(かんこう)スル　　光栄(こうえい)ナ　　光熱費(こうねつひ)
蛍光灯(けいこうとう)　　光化学(こうかがく)スモッグ　　　日光浴(にっこうよく)

| 庭 | 庭 | 4課　10画<br>2級　教育 | テイ<br>にわ | 廷【テイ】→廷　庭　艇<br>court, garden |

大学生には**家庭**教師のアルバイトをする人が多い。
小中学校の**校庭**には、たいてい桜の木が植えてある。

庭(にわ)　　　　　　　中庭(なかにわ)　　裏庭(うらにわ)　　　庭師(にわし)
庭園(ていえん)　　　　校庭(こうてい)　　家庭(かてい)　　　　家庭教師(かていきょうし)

| 銅 | 銅 | 4課　14画<br>2級　教育 | ドウ | 同【ドウ】→同　洞　胴　銅　*筒(トウ)<br>copper |

故人の偉業を記念して、公園に**銅像**を建てた。
海辺で育った若者たちは**赤銅色**の肌を輝かせている。

銅山(どうざん)　　　　銅線(どうせん)　　　　銅貨(どうか)　　銅像(どうぞう)
青銅器(せいどうき)　　*赤銅色(しゃくどういろ)

| 捨 | 捨 | 4課　11画<br>2級　教育 | シャ<br>す-てる | 舎【シャ】→舎　捨<br>discard, abandon |

小数点以下を**四捨**五入する。
不用品は思い切って**捨て**たほうがよい。

～ヲ捨てる(すてる)　　　～ヲ見捨てる(みすてる)　　～ヲ切り捨てる(きりすてる)
取捨選択(しゅしゃせんたく)スル　　　　　　　～ヲ四捨五入(ししゃごにゅう)スル

| 統 | 統 | 4課　12画<br>1級　教育 | トウ<br>(す-べる) | unite, traditional, governing |

本校は創立百年の**伝統**を誇る県立高校である。
公文書のサイズはA4判に**統一**された。

統計(とうけい)　　　　伝統(でんとう)　　　　系統(けいとう)　　　総統(そうとう)
～ヲ統一(とういつ)スル　～ヲ統合(とうごう)スル　～ヲ統治(とうち)スル
～ヲ統制(とうせい)スル　大統領(だいとうりょう)　正統派(せいとうは)

| 網 | 網 | 4課　14画<br>1級　常用 | モウ<br>あみ | net, network |

現代社会には見えない**情報網**が張りめぐらされている。
蚊が入らないように**網戸**を閉めておく。

網(あみ)　　　　　　　網戸(あみど)　　　　金網(かなあみ)　　　網膜(もうまく)
～ヲ網羅(もうら)スル　交通網(こうつうもう)　通信網(つうしんもう)　情報網(じょうほうもう)

| 称 | 称 | 4課　10画 | ショウ | |
| | | 1級　常用 | | appellation, praise, title |

彼は日本語の親族**呼称**の研究を行っている。
金沢は小京都と**称される**町の一つだ。

| ~ト称する(しょうする) | 称号(しょうごう) | 名称(めいしょう) | 呼称(こしょう) |
| 人称(にんしょう) | 自称(じしょう) | 愛称(あいしょう) | 略称(りゃくしょう) |
| 総称(そうしょう) | ~ヲ称賛(しょうさん)スル | 対称的(たいしょうてき)ナ | |

| 肢 | 肢 | 4課　8画 | シ | 支【シ】→支　肢　枝　*技(ギ) |
| | | 1級　常用 | | limb, choices |

テストはすべて**四肢**選択問題だった。
スポーツ選手の均整のとれた**肢体**は美しい。

| 肢体(したい) | 上肢(じょうし) | 下肢(かし) |
| 選択肢(せんたくし) | 四肢選択(よんしせんたく) | |

| 装 | 装 | 4課　12画 | ソウ　*ショウ | 壮【ソウ】→壮　荘　奘　装 |
| | | (2級)(教育) | よそお-う | dress, wrapping, pretend |

外国からの賓客の歓迎パーティーに**正装**で出席した。
この菓子はおいしいが、過剰**包装**が問題だ。

| ~ヲ装う(よそおう) | 装置(そうち) | 服装(ふくそう) | ~ヲ装備(そうび)スル |
| 正装(せいそう)スル | ~ヲ包装(ほうそう)スル | 変装(へんそう)スル | ~ヲ改装(かいそう)スル |
| 武装(ぶそう)スル | 装飾品(そうしょくひん) | 舗装道路(ほそうどうろ) | |
| *衣装(いしょう) | *黒装束(くろしょうぞく) | | |

| 盤 | 盤 | 4課　15画 | バン | 般【ハン】→般　搬　*盤／*[磐](バン) |
| | | 1級　常用 | | stage, board, foundation |

地下水の汲み上げが原因で**地盤**が沈下した。
スポーツ大会も**終盤**に入り、残り4試合となった。

| 基盤(きばん) | 円盤(えんばん) | 地盤(じばん) | 序盤(じょばん) |
| 終盤(しゅうばん) | 文字盤(もじばん) | 羅針盤(らしんばん) | 配電盤(はいでんばん) |

| 衆 | 衆 | 4課　12画<br>1級　教育 | シュウ　＊シュ<br>multitude, masses |
|---|---|---|---|

携帯電話の普及で、**公衆**電話が少なくなった。
演歌は現代でも**大衆**に人気がある。

民衆(みんしゅう)　　大衆(たいしゅう)　　　観衆(かんしゅう)　　　　聴衆(ちょうしゅう)
公衆(こうしゅう)　　衆議院(しゅうぎいん)　合衆国(がっしゅうこく)　＊衆生(しゅじょう)

| 互 | 互 | 4課　4画<br>2級　常用 | ゴ<br>たが-い　　reciprocal, mutual |
|---|---|---|---|

国際的な**相互**交流が進んでいる。
格上のチームに対し、**互角**に戦った。

互いに(たがいに)　　　　　互角(ごかく)　　　　互選(ごせん)　　　相互(そうご)
交互(こうご)　　　　　　　互換性(ごかんせい)

| 駆 | 駆 | 4課　14画<br>1級　常用 | ク　　　　　　　　　区【ク】→区　駆<br>か-ける　（か-る）　drive, advance, inspire |
|---|---|---|---|

とぼしい英語力を**駆使**して外国企業と交渉する。
彼女は女性の政界進出の**先駆者**となった。

駆けつける(かけつける)　駆け引き(かけひき)　～ヲ駆り立てる(かりたてる)　～ヲ駆使(くし)スル
～ヲ駆除(くじょ)スル　～ヲ駆逐(くちく)スル　先駆者(せんくしゃ)　四輪駆動(よんりんくどう)

| 需 | 需 | 4課　14画<br>1級　常用 | ジュ　　　　　　　　需【ジュ】→需　儒<br>demand, need |
|---|---|---|---|

現代人にとって携帯電話は**必需品**だ。
価格は**需要**と供給のバランスで決まる。

需要(じゅよう)◆→供給(きょうきゅう)　　　　　内需(ないじゅ)　　　　必需品(ひつじゅひん)
軍需産業(ぐんじゅさんぎょう)　　　　　　　　需給関係(じゅきゅうかんけい)

| 双 | 双 | 4課　4画<br>2級　常用 | ソウ<br>ふた　　　pair, both |
|---|---|---|---|

姉に**双子**の赤ちゃんが生まれた。
当事者**双方**の意見を聞いて調停する。

双子(ふたご)　　　　　　双葉(ふたば)　　　　双方(そうほう)　双曲線(そうきょくせん)
双眼鏡(そうがんきょう)　双生児(そうせいじ)

| 端 端 | 4課　14画 | タン |
| | 1級　常用 | はし　は　はた　　end, side, edge, point |

10円未満の**端**数は切り上げてください。
彼が**極端**な意見を出したことが**発端**となって言い争いになった。

端(はし／たん)　端数(はすう)　道端(みちばた)　端末(たんまつ)　　末端(まったん)
先端(せんたん)　発端(ほったん)　一端(いったん)　極端(きょくたん)ナ　端的(たんてき)ナ

| 及 及 | 4課　3画 | キュウ　　　　　及【キュウ】→及　吸　級 |
| | 1級　常用 | およ-ぶ　およ-び　およ-ぼす　reach to, cause |

携帯電話の普**及**は、コミュニケーションの形態を変えつつある。
汚職問題で住民は市長の責任を追**及**した。

〜ニ及ぶ(およぶ)　　〜ヲ及ぼす(およぼす)　　及び(および)　　〜ヲ追及(ついきゅう)スル
普及(ふきゅう)スル　〜ニ波及(はきゅう)スル　〜ニ言及(げんきゅう)スル

| 衛 衛 | 4課　16画 | エイ |
| | 1級　(教育) | defense, protect |

気象観測のための人工**衛**星の打ち上げに成功した。
水害で町の**衛**生状態は日に日に悪化した。

衛星(えいせい)　衛生(えいせい)　守衛(しゅえい)　自衛(じえい)　防衛(ぼうえい)スル

| 星 星 | 4課　9画 | セイ　*ショウ　生【セイ】→生　性　姓　牲　星 |
| | (2級)　(教育) | ほし　　　　star |

夜空に**星**が輝(かがや)いている。
通信**衛星**を利用した自動運転装置が開発された。

星(ほし)　　　　　　　星占い(ほしうらない)　　流れ星(ながれぼし)　星座(せいざ)
惑星(わくせい)　　　　流星群(りゅうせいぐん)　一等星(いっとうせい)
人工衛星(じんこうえいせい)　星条旗(せいじょうき)　　*明星(みょうじょう)

| 索 索 | 4課　10画 | サク |
| | 1級　常用 | search for, cord |

漢和辞典の音訓**索**引を引く。
インターネットで文献を検**索**する。

索引(さくいん)　　　　　思索(しさく)スル　　　〜ヲ検索(けんさく)スル
〜ヲ模索(もさく)スル　　〜ヲ捜索(そうさく)スル　詮索(せんさく)スル

| 仮 | 仮 | 4課　6画 | カ　*ケ | |
| | | (2級) (教育) | かり | temporary, assumed, informal |

彼女はきのう仮病で会社を休んだ。
この仮説が正しいと仮定すると、10年後には大変なことになるだろう。

仮(かり)に　　仮免許(かりめんきょ)　仮名(かな／かめい)　　　仮説(かせつ)
仮面(かめん)　〜ト仮定(かてい)スル　〜ヲ仮設(かせつ)スル　　*仮病(けびょう)

# 第5課

| 航 | 航 | 5課　10画 | コウ　　　　　亢【コウ】→抗　坑　航 [杭] | |
| | | (2級) (教育) | navigate, sail, cruise, fly | |

渡航手続きを簡略化する。
台風の影響で航空機の欠航が相次いだ。

航海(こうかい)　　　航路(こうろ)　　　　就航(しゅうこう)スル　運航(うんこう)スル
渡航(とこう)スル　　出航(しゅっこう)スル　欠航(けっこう)スル　　難航(なんこう)スル
密航(みっこう)スル　航空機(こうくうき)　　航空便(こうくうびん)

| 携 | 携 | 5課　13画 | ケイ | |
| | | 1級　常用 | たずさ-わる　たずさ-える　　carry in(hand), participate |

日本では、外国人は外国人登録証を常に携帯するよう求められる。
彼女は難民救済の仕事に携わっている。

〜ニ携わる(たずさわる)　〜ヲ携える(たずさえる)　必携(ひっけい)　〜ヲ携行 (けいこう)スル
〜ヲ携帯(けいたい)スル　〜ト提携(ていけい)スル　〜ト連携(れんけい)スル
携帯電話(けいたいでんわ)

| 狂 | 狂 | 5課　7画 | キョウ | |
| | | 1級　常用 | くる-う　くる-おしい　　crazy, go mad |

狂言は日本の伝統芸能の一つである。
サッカーのワールドカップには熱狂的なファンが大勢集まる。

〜ニ狂う(くるう)　　　狂おしい(くるおしい)　　狂気(きょうき)　　　　狂人(きょうじん)
狂言(きょうげん)　　　狂喜(きょうき)スル　　　〜ニ熱狂(ねっきょう)スル
発狂(はっきょう)スル　狂信的(きょうしんてき)ナ　熱狂的(ねっきょうてき)ナ

| 陸 | 陸 | 5課　11画 | リク | |
| | | (2級) (教育) | land | |

飛行機が**着陸**態勢に入った。
アメリカ**大陸**はコロンブスが発見した。

---

陸地(りくち)　　　　　　大陸(たいりく)　　　陸軍(りくぐん)　　〜ニ上陸(じょうりく)スル
〜ニ着陸(ちゃくりく)スル　〜ヲ離陸(りりく)スル　内陸部(ないりくぶ)
陸上競技(りくじょうきょうぎ)　【地名】北陸地方(ほくりくちほう)

---

活字体　筆記体　課／画数／級／種別　音読み【音符】／訓読み／意味

| 御 | 御 | 5課　12画 | ギョ　ゴ | honorific prefix, control |
|---|---|---|---|---|
| | | ②級　常用 | おん　＊お | |

大相撲夏場所は15日間満員**御礼**だった。
会社宛に手紙を書くときは「様」ではなく「**御中**」と書く。

---

御中(おんちゅう)　　御礼(おんれい)　　〜ヲ御する(ぎょする)　　御者(ぎょしゃ)
御所(ごしょ)　　　御殿(ごてん)　　　〜ヲ制御(せいぎょ)スル　　防御(ぼうぎょ)スル
御用納め(ごようおさめ)　　御無沙汰(ごぶさた)スル　　　　＊御手洗(おてあらい)

---

| 搭 | 搭 | 5課　12画 | トウ | 荅【トウ】→塔　搭 |
|---|---|---|---|---|
| | | 1級　常用 | | board, load |

この車は新型エンジンを**搭載**している。
JAL507便でご出発のお客様は6番ゲートより**ご搭乗**ください。

---

〜ニ搭乗(とうじょう)スル　　〜ヲ搭載(とうさい)スル　　搭乗券(とうじょうけん)
搭乗員(とうじょういん)

---

| 磁 | 磁 | 5課　14画 | ジ | 茲【ジ】→滋　磁　慈 |
|---|---|---|---|---|
| | | 1級　教育 | | magnetic, porcelain |

**磁気**をコンピュータに近づけてはいけない。
**磁石**にはS極とN極がある。

---

磁石(じしゃく)　　　　　磁気(じき)　　　　　磁力(じりょく)　　陶磁器(とうじき)
磁界(じかい)　　　　　　電磁波(でんじは)　　電磁調理器　(でんじちょうりき)

---

| 波 | 波 | 5課　8画 | ハ | 皮【ハ】→波　破 | ＊皮／＊疲／＊被(ヒ) |
|---|---|---|---|---|---|
| | | ②級　教育 | なみ | waves | ＊婆(バ) |

海の近くでは、地震による**津波**にご注意ください。
高いビルに囲まれているため**電波**が届きにくい。

---

波(なみ)　津波(つなみ)　波形(はけい)　波長(はちょう)　余波(よは)　音波(おんぱ)
電波(でんぱ)　短波(たんぱ)　脳波(のうは)　寒波(かんぱ)　〜ニ波及(はきゅう)スル
周波数(しゅうはすう)　超音波(ちょうおんぱ)　防波堤(ぼうはてい)　波止場(はとば)

| 況 | 況 | 5課　8画<br>②級　常用 | キョウ | 兄【キョウ】→兄　況　競<br>conditions, situations |

状況判断を的確に行うことが重要だ。

市場は史上最高の好況にわいた。

状況(じょうきょう)　近況(きんきょう)　　不況(ふきょう)⬌好況(こうきょう)

戦況(せんきょう)　　概況(がいきょう)　　盛況(せいきょう)　実況放送(じっきょうほうそう)

| 疑 | 疑 | 5課　14画<br>②級　教育 | ギ<br>うたが-う | 疑【ギ】→疑　擬　*凝(ギョウ)<br>doubt, question, be suspicious |

この論文の結論には疑問を抱かざるを得ない。

正直に答えたのに疑い深い目で見られた。

疑い(うたがい)　　　　～ヲ疑う(うたがう)　　疑わしい(うたがわしい)

疑い深い(うたがいぶかい)　疑問(ぎもん)　　　　疑念(ぎねん)　　疑惑(ぎわく)

容疑者(ようぎしゃ)　　　懐疑的(かいぎてき)ナ　質疑応答(しつぎおうとう)

| 維 | 維 | 5課　14画<br>1級　常用 | イ | <br>fiber, maintain |

新しい化学繊維がつぎつぎと登場する。

現状を維持していくのが精いっぱいだ。

繊維(せんい)　～ヲ維持(いじ)スル　明治維新(めいじいしん)　治安維持法(ちあんいじほう)

| 卓 | 卓 | 5課　8画<br>1級　常用 | タク | <br>desk, table, prominent |

家族がなごやかに食卓を囲む情景を見た。

彼は卓越した行政手腕の持ち主だ。

食卓(しょくたく)　　　教卓(きょうたく)　　電卓(でんたく)　　　卓球(たっきゅう)

卓見(たっけん)　　　　卓越(たくえつ)スル　円卓会議(えんたくかいぎ)

| 蔵 | 蔵 | 5課　15画<br>②級　教育 | ゾウ<br>くら | 蔵【ゾウ】→蔵　臓<br>store, storage |

コンピュータを内蔵した家庭電化製品が増えている。

飲み物を冷蔵庫に入れて冷やす。

蔵(くら)　　蔵屋敷(くらやしき)　　蔵書(ぞうしょ)　　　土蔵(どぞう)

地蔵(じぞう)　～ヲ貯蔵(ちょぞう)スル　～ヲ内蔵(ないぞう)スル　～ヲ収蔵(しゅうぞう)スル

死蔵(しぞう)スル　冷蔵庫(れいぞうこ)　貯蔵室(ちょぞうしつ)　埋蔵金(まいぞうきん)

活字体　筆記体　課／画数／級／種別　音読み【音符】／訓読み／意味

| 姿 姿 | 5課　9画 | シ | 次【シ】→次　資　姿 |
|---|---|---|---|
| | 1級　(教育) | すがた | a figure, form, shape |

背中を伸ばして**姿勢**を正しくする。
野性の動物はいつのまにか**姿**を消していた。

姿(すがた)　　　　姿勢(しせい)　　　　容姿(ようし)　　雄姿(ゆうし)
低姿勢(ていしせい)　　容姿端麗(ようしたんれい)

| 勢 勢 | 5課　13画 | セイ | |
|---|---|---|---|
| | 2級　(教育) | いきお-い | force, power, situation |

国際**情勢**を客観的に分析する。
子どもたちは**勢**いよく外に飛び出していった。

勢い(いきおい)　姿勢(しせい)　　勢力(せいりょく)　権勢(けんせい)　情勢(じょうせい)
軍勢(ぐんぜい)　体勢(たいせい)　態勢(たいせい)　　大勢(おおぜい／たいせい)
～ニ加勢(かせい)スル　優勢(ゆうせい)ナ　豪勢(ごうせい)ナ　国勢調査(こくせいちょうさ)

| 補 補 | 5課　12画 | ホ | 甫【ホ】→哺　捕　補　舗 |
|---|---|---|---|
| | 2級　(教育) | おぎな-う | a supplement, supply |

**補足**説明のあと質疑応答が行なわれた。
野菜ジュースを飲んで、ビタミン不足を**補**っている。

～ヲ補う(おぎなう)　　　　補欠(ほけつ)　　　　　補講(ほこう)
～ヲ補給(ほきゅう)スル　　～ヲ補充(ほじゅう)スル　～ヲ補助(ほじょ)スル
～ニ～ヲ補足(ほそく)スル　～ヲ補強(ほきょう)スル　～ヲ補佐(ほさ)スル
補習(ほしゅう)スル　　　　～ヲ補導(ほどう)スル　　～ヲ補償(ほしょう)スル
補填(ほてん)スル　　　　候補者(こうほしゃ)　　　補助金(ほじょきん)
補聴器(ほちょうき)　　　立候補(りっこうほ)スル　補正予算(ほせいよさん)

| 興 興 | 5課　16画 | コウ　キョウ | |
|---|---|---|---|
| | 1級　(教育) | おこ-る　おこ-す | arise, amusement, interest |

今回の調査により**興**味深い事実が明らかになった。
震災後5年で町は**復興**した。

興る(おこる)　～ヲ興す(おこす)　～ニ興じる(きょうじる)　興味(きょうみ)　余興(よきょう)
興行(こうぎょう)　　～ヲ振興(しんこう)スル　復興(ふっこう)スル　　興奮(こうふん)スル
新興国(しんこうこく)　興信所(こうしんじょ)　興奮剤(こうふんざい)

活字体　筆記体　課／画数／級／種別　音読み【音符】／訓読み／意味

| 程 | 程 | 5課　12画<br>2級　教育 | テイ<br>ほど | 呈【テイ】→呈　程<br>extent, degree, formula |
|---|---|---|---|---|

会議の日程を調整する。
大学院の修士課程を修了して博士課程に進んだ。

程遠い(ほどとおい)　程度(ていど)　　日程(にってい)　工程(こうてい)　　課程(かてい)
過程(かてい)　　　　行程(こうてい)　規程(きてい)　　方程式(ほうていしき)

| 拾 | 拾 | 5課　9画<br>2級　教育 | シュウ　ジュウ<br>ひろ-う | pick up, ten for the amount of money, gather |
|---|---|---|---|---|

事態を収拾するには時間が必要だ。
拾った財布を警察に届けた。

～ヲ拾う(ひろう)⬌捨てる(すてる)　　　　　　　命拾い(いのちびろい)スル
～ヲ収拾(しゅうしゅう)スル　拾得物(しゅうとくぶつ)　拾万円(じゅうまんえん)

| 推 | 推 | 5課　11画<br>1級　教育 | スイ<br>お-す | infer, support |
|---|---|---|---|---|

先生に推薦状を書いていただいた。
環境保護運動の推進を図る。

～ヲ～ニ推す(おす)　　推論(すいろん)　　　推移(すいい)スル　　推察(すいさつ)スル
～ヲ推量(すいりょう)スル　～ヲ推進(すいしん)スル　～ヲ推測(すいそく)スル　推定(すいてい)スル
～ヲ推薦(すいせん)スル　　～ヲ推理(すいり)スル　　～ヲ類推(るいすい)スル　推薦状(すいせんじょう)

| 犯 | 犯 | 5課　5画<br>2級　教育 | ハン<br>おか-す | 㔾【ハン】→犯　範［氾］<br>crime, offend |
|---|---|---|---|---|

警察官はその男を万引の現行犯で逮捕した。
人間は誰でも過ちを犯す。

～ヲ犯す(おかす)　　　　犯罪(はんざい)　　　　犯行(はんこう)　犯人(はんにん)
共犯(きょうはん)　　　　防犯(ぼうはん)　　　　戦犯(せんぱん)　～ヲ侵犯(しんぱん)スル
犯罪者(はんざいしゃ)　　現行犯(げんこうはん)　殺人犯(さつじんはん)

| 探 | 探 | 5課　11画<br>2級　教育 | タン<br>さぐ-る　さが-す | search |
|---|---|---|---|---|

安くて交通の便のいいアパートを探している。
彼は探究心が旺盛だ。

～ヲ探す(さがす)　　　～ヲ探る(さぐる)　　　手探り(てさぐり)　　　　探偵(たんてい)
～ヲ探検(たんけん)スル　～ヲ探究(たんきゅう)スル　探究心(たんきゅうしん)
探知器(たんちき)　　　探検隊(たんけんたい)　　海底探査機(かいていたんさき)

# 第6課

活字体　筆記体　課／画数／級／種別　音読み【音符】／訓読み／意味

| 震 | 震 | 6課　15画 | シン | 辰【シン】→振　娠　唇　震［賑］ |
|---|---|---|---|---|
| | | ② 級　常用 | ふる-える　ふる-う | quake, shake, tremble |

大勢の人の前で緊張して、手が震えた。
阪神大震災のとき、一部の地域では震度7を記録した。

~ガ震える(ふるえる)　　~ヲ震わす(ふるわす)　地震(じしん)　　震度(しんど)
余震(よしん)　　　　　　強震(きょうしん)　　　震源(しんげん)　震災(しんさい)
震動(しんどう)スル　　　震源地(しんげんち)　　関東大震災(かんとうだいしんさい)

| 条 | 条 | 6課　7画 | ジョウ | |
|---|---|---|---|---|
| | | ② 級　教育 | | article, stripe, item |

彼は募集要項にあるすべての条件を満たしている。
日本と中国は友好条約を結んでいる。

条件(じょうけん)　　　　条約(じょうやく)　条例(じょうれい)　条文(じょうぶん)
条項(じょうこう)　　　　星条旗(せいじょうき)　箇条書(かじょうがき)
無条件(むじょうけん)　　条件反射(じょうけんはんしゃ)
憲法第九条(けんぽうだいきゅうじょう)　　　　安全保障条約(あんぜんほしょうじょうやく)

| 摘 | 摘 | 6課　14画 | テキ | 商【テキ】→適　滴　摘　敵 |
|---|---|---|---|---|
| | | 1 級　常用 | つ-む | pick, clip |

友人に論文の問題点を指摘された。
ガンの摘出手術に、成功した。

~ヲ摘む(つむ)　　　　　摘要(てきよう)　　　　~ヲ指摘(してき)スル
~ヲ摘発(てきはつ)スル　　~ヲ摘出(てきしゅつ)スル

| 災 | 災 | 6課　7画 | サイ | |
|---|---|---|---|---|
| | | 1 級　教育 | わざわ-い | calamity, misfortune, disaster |

「災いを転じて福となす」ということわざがある。
思わぬ災難に見舞われた。

災い(わざわい)⟷幸い(さいわい)　　　　　天災(てんさい)　　人災(じんさい)
火災(かさい)　　　　戦災(せんさい)　　　災害(さいがい)　　災難(さいなん)
被災(ひさい)スル　　被災者(ひさいしゃ)　大震災(だいしんさい)
無病息災(むびょうそくさい)　防災訓練(ぼうさいくんれん)
火災保険(かさいほけん)

| 命 命 | 6課　8画 | メイ　*ミョウ | |
|---|---|---|---|
| | ②級　教育 | いのち | life, command |

産業**革命**は1760年代イギリスの繊維工業部門に始まった。

内閣総理大臣は天皇によって**任命**される。

命(いのち)　　～ヲ命じる(めいじる)　　生命(せいめい)　　人命(じんめい)　　運命(うんめい)

宿命(しゅくめい)　　　命題(めいだい)　　　　使命(しめい)　　革命(かくめい)

命中(めいちゅう)スル　　～ト命名(めいめい)スル　　命令(めいれい)スル

～ヲ任命(にんめい)スル　　亡命(ぼうめい)スル　　　致命傷(ちめいしょう)

救命具(きゅうめいぐ)　　一生懸命(いっしょうけんめい)　　　　　*寿命(じゅみょう)

| 倒 倒 | 6課　10画 | トウ | 到【トウ】→到　倒 |
|---|---|---|---|
| | ②級　常用 | たお-れる　たお-す | topple, fall down, collapse |

**圧倒**的多数の支持によりクラスの代表に選ばれた。

大手銀行がついに**倒産**し始めた。

倒れる(たおれる)　　～ヲ倒す(たおす)　　前倒し(まえだおし)　　倒置(とうち)

～ヲ圧倒(あっとう)スル　　～ヲ打倒(だとう)スル　　～ニ傾倒(けいとう)スル

倒産(とうさん)スル　　転倒(てんとう)スル　　倒壊(とうかい)スル　　面倒(めんどう)ナ

圧倒的(あっとうてき)ナ　　七転八倒(しちてんばっとう)　　主客転倒(しゅかくてんとう)

| 戸 戸 | 6課　4画 | コ | 戸【コ】→戸　雇　顧 |
|---|---|---|---|
| | ②級　教育 | と | door, house |

出かける際には**戸締り**をしっかり確認する。

一般の人々にも大学の**門戸**を開放する。

戸(と)　戸締り(とじまり)　戸惑う(とまどう)　雨戸(あまど)　ガラス戸(ど)　～戸(こ)

戸外(こがい)　戸籍(こせき)　戸数(こすう)　門戸(もんこ)　【地名】*神戸(こうべ)

| 寄 寄 | 6課　11画 | キ | 奇【キ】→奇　寄　騎 |
|---|---|---|---|
| | ②級　教育 | よ-る　よ-せる | contribute, approach |

発展途上国の学校に文具を**寄付**した。

**最寄り**の駅まで徒歩で20分かかる。

～ニ寄る(よる)　～ニ近寄る(ちかよる)　片寄る(かたよる)　年寄り(としより)

最寄り(もより)　寄り道(よりみち)スル　～寄り(より)　　押し寄せる(おしよせる)

寄席(よせ)　～ヲ寄付(きふ)スル　～ヲ寄贈(きぞう)スル　　～ニ寄与(きよ)スル

～ニ寄生(きせい)スル　寄港(きこう)スル　寄生虫(きせいちゅう)　寄付金(きふきん)

| 避 | 避 | 6課 | 16画 | ヒ | |
|---|---|---|---|---|---|
| | | 1級 | 常用 | さ-ける | avoid, to evade |

彼はなぜか人目を**避**けて暮らしている。
上司は失敗を部下のせいにして責任を**回避**した。

| | | | |
|---|---|---|---|
| 〜ヲ避ける(さける) | 避暑(ひしょ) | 避難(ひなん)スル | 〜ヲ回避(かいひ)スル |
| 逃避(とうひ)スル | 避妊(ひにん)スル | 不可避(ふかひ)ナ | |
| 避妊薬(ひにんやく) | 避雷針(ひらいしん) | 避難訓練(ひなんくんれん) | |

*evasion avoidance*

| 徒 | 徒 | 6課 | 10画 | ト | |
|---|---|---|---|---|---|
| | | 2級 | 教育 | | follower, walk, part, uselessness |

避難所へは**徒歩**で向かうのがよい。
１週間の努力は**徒労**に終わった。

| | | | |
|---|---|---|---|
| 徒歩(とほ) | 徒労(とろう) | 生徒(せいと) | 信徒(しんと) |
| 教徒(きょうと) | 暴徒(ぼうと) | 仏教徒(ぶっきょうと) | 回教徒(かいきょうと) |

| 居 | 居 | 6課 | 8画 | キョ | |
|---|---|---|---|---|---|
| | | 2級 | 教育 | い-る | reside, exist, live with |

授業中、**居眠り**をしてしまった。
娘夫婦は親との**同居**を望んでいる。

| | | | |
|---|---|---|---|
| 居る(いる) | 居間(いま) *living room* | 居候(いそうろう) | 居眠り(いねむり) |
| 芝居(しばい) | 住居(じゅうきょ) | 新居(しんきょ) *new home* | 皇居(こうきょ) |
| 〜ニ居住(きょじゅう)スル | 〜ヘ転居(てんきょ)スル *change residence* | | |
| 〜ニ入居(にゅうきょ)スル *moving into house* | 〜ト同居(どうきょ)スル | 〜ト別居(べっきょ)スル | |
| 隠居(いんきょ)スル | 居住地(きょじゅうち) | *一言居士(いちげんこじ) | |

*comfort いごこち 居心地*

| 崩 | 崩 | 6課 | 11画 | ホウ | 朋【ホウ】→崩［朋］［鵬］ |
|---|---|---|---|---|---|
| | | 1級 | 常用 | くず-れる　くず-す | crumble, demise |

オリンピック出場を逃し、選手たちは泣き**崩**れた。
大地震で多くの建物が**崩壊**した。

| | | | |
|---|---|---|---|
| 崩れる(くずれる) | 〜ヲ崩す(くずす) | 山崩れ(やまくずれ) | |
| 崩壊(ほうかい)スル | 崩落(ほうらく)スル | 崩御(ほうぎょ)スル | *雪崩(なだれ) |

*avalanche*

活字体　筆記体　課／画数／級／種別　音読み【音符】／訓読み／意味

| 津 | 津 | 6課　9画 | シン | |
|---|---|---|---|---|
| | | 1級　常用 | つ | harbor |

ただいまの地震による津波の心配はありません。
外国からの転校生にみな興味津々だった。

津波(つなみ)　興味津々(きょうみしんしん)　津々浦々(つつうらうら)

| 壊 | 壊 | 6課　16画 | カイ | 裏【カイ】→壊　懐 |
|---|---|---|---|---|
| | | 1級　常用 | こわ-れる　こわ-す | break down, destroy |

小学校では学級崩壊が問題になっている。
コンピュータが壊れて仕事ができない。

壊れる(こわれる)　　　～ヲ壊す(こわす)　　　崩壊(ほうかい)スル　　倒壊(とうかい)スル
～ヲ破壊(はかい)スル　　壊滅(かいめつ)スル　　全壊(ぜんかい)スル　　決壊(けっかい)スル

| 逃 | 逃 | 6課　9画 | トウ | |
|---|---|---|---|---|
| | | ②級　常用 | に-げる　に-がす　のが-れる　のが-す | escape, set free |

突然、病気になり留学のチャンスを逃した。
真犯人は海外に逃走したらしい。

逃げる(にげる)　　　逃がす(にがす)　　　～ヲ逃れる(のがれる)　　～ヲ見逃す(みのがす)
夜逃げ(よにげ)スル　　逃避(とうひ)スル　　逃走(とうそう)スル　　逃亡(とうぼう)スル

| 源 | 源 | 6課　13画 | ゲン | 原【ゲン】→原　源 |
|---|---|---|---|---|
| | | 1級　②教育 | みなもと | source, resource, origin |

限りある資源を大切にしよう。
ひらがなの起源は平安時代にさかのぼる。

源(みなもと)　　　　　起源(きげん) *origin/beginning*　水源(すいげん)　　　震源(しんげん)
語源(ごげん)　　　　　資源(しげん)　　　　財源(ざいげん)　　　電源(でんげん)
根源的(こんげんてき)ナ　資金源(しきんげん)　　源泉徴収(げんせんちょうしゅう)

| 余 | 余 | 6課　7画 | ヨ | |
|---|---|---|---|---|
| | | ②級　②教育 | あま-る　あま-す | remain, other, too much |

つねに余裕をもって行動する。
余計な買物はしないようにしている。

余る(あまる)　　　余り(あまり) *reminder(surplus)*　余地(よち)　　　余暇(よか) *spare time, leisure*　余勢(よせい)
余興(よきょう)　　　余生(よせい) *rest of life*　余談(よだん)　　　余裕(よゆう)　　　　余剰(よじょう)
余力(よりょく)　　　余震(よしん)　　　余分(よぶん)ナ　　余計(よけい)ナ
　　　　　*other(haul)*　　　　　　　　　　　　*too much unnecessary*

活字体　筆記体　課／画数／級／種別　音読み【音符】／訓読み／意味

| 規 | 規 | 6課　11画<br>2級　教育 | キ<br>standard, measure |

規則正しい生活が健康につながる。
航空運賃の**規制**が緩和された。

規定(きてい)　　　　規則(きそく)　　規律(きりつ)　　規範(きはん)　　規格(きかく)
規模(きぼ)　　　　　定規(じょうぎ)　　法規(ほうき)　　正規(せいき)　*regular, normal, legal, legitimate*
*synonym*<br>*(explanation)*　〜ヲ規制(きせい)スル　大規模(だいきぼ)ナ　規則正しい(きそくただしい)
新規採用(しんきさいよう)

| 模 | 模 | 6課　14画<br>1級　教育 | モ　ボ　　莫【ボ】→募　墓　慕　暮　*漠(バク)*<br>imitate, copy, mock |

教師は生徒たちにやらせる前にまず**模範**を示した。
**大規模**な方言調査を行う。

模範(もはん)　　　　模様(もよう)　　　　模型(もけい) *model, dummy*　規模(きぼ) *stereoscope*
〜ヲ模倣(もほう)スル　〜ヲ模写(もしゃ)スル　〜ヲ模索(もさく)スル　大規模(だいきぼ)ナ
模造紙(もぞうし)　　模擬授業(もぎじゅぎょう)

| 微 | 微 | 6課　13画<br>1級　常用 | ビ<br>slight, delicate, small degree of〜 |

細菌や原生動物など、**顕微鏡**でないと見えない小さい生物を**微生物**という。
レオナルド・ダ・ヴィンチが描いた「モナリザの**微笑**」は世界的に有名な絵だ。

微力(びりょく)　微風(びふう)　微熱(びねつ)　微量(びりょう)　微動(びどう)
微笑(びしょう)　微分(びぶん)　微細(びさい)ナ　微妙(びみょう)ナ　微弱(びじゃく)ナ
軽微(けいび)ナ　微生物(びせいぶつ)　微粒子(びりゅうし)　顕微鏡(けんびきょう)

| 耐 | 耐 | 6課　9画<br>1級　常用 | タイ<br>た-える　　withstand, -proof |

つらい練習に**耐え**、とうとう優勝を勝ちとった。
彼は**忍耐**強く決して怒らない。

〜ニ耐える(たえる)　　　忍耐力(にんたいりょく)　　耐水性(たいすいせい)
耐震性(たいしんせい)　　耐火服(たいかふく)　　　耐熱(たいねつ)ガラス
忍耐強い(にんたいづよい)　耐久性(たいきゅうせい)　耐震構造(たいしんこうぞう)
耐用年数(たいようねんすう)　耐久消費財(たいきゅうしょうひざい)

# 第7課

活字体　筆記体　課／画数／級／種別　音読み【音符】／訓読み／意味

| 泉 | 泉 | 7課　9画<br>②級　教育 | セン<br>いずみ | 泉【セン】→泉　線［腺］<br>spring, fountain |
|---|---|---|---|---|

山の上にある泉の水はおいしかった。
来週から別府温泉へ旅行に出かける。
<small>べっぷ</small>

泉(いずみ)　温泉(おんせん)　源泉(げんせん)　鉱泉(こうせん)　＊黄泉の国(よみのくに)

| 般 | 般 | 7課　10画<br>②級　常用 | ハン | 般【ハン】→般　搬<br>general |
|---|---|---|---|---|

日本人は一般的に外国語が苦手だとする意見がある。
諸般の事情を考慮して、検討したい。
<small>こうりょ</small>

一般(いっぱん)　　　　全般(ぜんぱん)　　　　諸般(しょはん)　一般的(いっぱんてき)ナ
全般的(ぜんぱんてき)ナ　　～ヲ一般化(いっぱんか)スル

| 噴 | 噴 | 7課　15画<br>1級　常用 | フン<br>ふ-く | 賁【フン】→噴　憤　墳<br>spout, erupt |
|---|---|---|---|---|

火山の噴火は、地震に比べて予知しやすいと言われている。
町の中心部にある噴水はその町のシンボルになっている。

～ヲ噴き出す(ふきだす)　噴水(ふんすい)　　　　噴煙(ふんえん)　　噴火(ふんか)スル
噴出(ふんしゅつ)スル　　～ヲ噴射(ふんしゃ)スル　　噴霧器(ふんむき)　噴火口(ふんかこう)

| 煙 | 煙 | 7課　13画<br>②級　常用 | エン<br>けむり　けむ-る　けむ-い　smoke |
|---|---|---|---|

ＷＨＯが喫煙の健康に与える影響について警告している。
火山の噴煙で空が暗くなった。

煙(けむり)　　　　湯煙(ゆけむり)　煙突(えんとつ)　　　煙幕(えんまく)　　　　油煙(ゆえん)
噴煙(ふんえん)　黒煙(こくえん)　喫煙(きつえん)スル　禁煙(きんえん)スル
嫌煙権(けんえんけん)　愛煙家(あいえんか)　＊煙草(たばこ)

| 昔 | 昔 | 7課　8画<br>②級　教育 | セキ　＊シャク<br>むかし　　antiquity, long ago, old times |
|---|---|---|---|

子どものころ、寝る前に祖母から昔話を聞いた。
昔、関東平野は海だったという。

昔(むかし)　　昔話(むかしばなし)　　大昔(おおむかし)　　昔気質(むかしかたぎ)
昔日(せきじつ)　＊今昔物語(こんじゃくものがたり)

| 仲 | 仲 | 7課　6画　②級　教育 | チュウ　なか | 中【チュウ】→中 仲 沖 忠　relationship, go-between |

あの二人はいつも**仲**がいい。
<sub>せんぱい</sub>
先輩がけんかの**仲裁**に入ってくれて、**仲直り**することができた。

仲間(なかま)　　　　　　仲人(なこうど)　　　　仲良し(なかよし)　仲直り(なかなおり)スル
～ヲ仲裁(ちゅうさい)スル　　　～ヲ仲介(ちゅうかい)スル　　　伯仲(はくちゅう)スル

| 偏 | 偏 | 7課　11画　①級　常用 | ヘン　かたよ-る | 扁【ヘン】→偏 編 遍　inclining, left-side part of a kanji, biased |

彼は女性問題について**偏った**見方をしている。
様々な**偏見**をなくすために教育の果たす役割は大きい。

偏る(かたよる)　偏(へん)　偏見(へんけん)　　偏向(へんこう)スル　～ヲ偏重(へんちょう)スル
～ヲ偏愛(へんあい)スル　偏食(へんしょく)スル　偏狭(へんきょう)ナ　偏屈(へんくつ)ナ
偏執的(へんしつてき)ナ　偏差値(へんさち)

| 布 | 布 | 7課　5画　②級　教育 | フ　ぬの | 布【フ】→布 怖　cloth, spread, distribute |

着物を作るために新しい**布地**を買った。
人口の**分布**状況を調べる。

布(ぬの)　　　　　　布地(ぬのじ)　　　　布巾(ふきん)　布団(ふとん)　毛布(もうふ)
布石(ふせき)　　　　お布施(ふせ)　　　　財布(さいふ)　　　　～ヲ布告(ふこく)スル
～ヲ布教(ふきょう)スル　～ヲ布設(ふせつ)スル　～ヲ公布(こうふ)スル　分布(ぶんぷ)スル
～ヲ発布(はっぷ)スル　流布(るふ)スル　　　～ヲ散布(さんぷ)スル　～ヲ配布(はいふ)スル

| 潜 | 潜 | 7課　15画　①級　常用 | セン　ひそ-む　もぐ-る | dive, hide, concealed |

海に**潜って**、海洋生物の生態を観察する。
敵国のスパイが**潜入**したという情報が入った。

～ニ潜る(もぐる)　　　潜む(ひそむ)　　～ニ潜り込む(もぐりこむ)　　潜水(せんすい)スル
潜行(せんこう)スル　　　原潜(げんせん)＝原子力潜水艦(げんしりょくせんすいかん)
潜水夫(せんすいふ)　　　潜水服(せんすいふく)　　　　潜水病(せんすいびょう)
潜水艦(せんすいかん)　　～ニ潜入(せんにゅう)スル　　潜在(せんざい)スル
～ニ潜伏(せんぷく)スル　潜在意識(せんざいいしき)　　潜在的(せんざいてき)ナ

| 込 込 | 7課　5画 | こ-む　こ-める　　　be included, into |
|---|---|---|
| | ②級　常用 | |

日本列島の下に太平洋プレートが潜り込んでいる。
心を込めてお礼の手紙を書いた。

込む(こむ)　　〜ヲ込める(こめる)　　見込み(みこみ)　　〜ニ申し込む(もうしこむ)
引っ込む(ひっこむ)　　〜ヲ払い込む(はらいこむ)　　〜ニ潜り込む(もぐりこむ)
〜ニ打ち込む(うちこむ)　　〜ニ書き込む(かきこむ)　　〜ニ飛び込む(とびこむ)
〜ヲ盛り込む(もりこむ)　　申込書(もうしこみしょ)　　飛込台(とびこみだい)
払込用紙(はらいこみようし)　　引っ込み思案(ひっこみじあん)ナ

| 散 散 | 7課　12画 | サン |
|---|---|---|
| | ②級　教育 | ち-る　ち-らす　ち-らかす　ち-らかる　　scatter, spend |

ストレスを発散するために運動する。
忙しくて片付ける時間がないので、私の部屋はかなり散らかっている。

散る(ちる)　　　　　〜ヲ散らす(ちらす)　　散らかる(ちらかる)　　〜ヲ散らかす(ちらかす)
散文(さんぶん)　　　散会(さんかい)スル　　散財(さんざい)スル　　散策(さんさく)スル
〜ヲ散布(さんぷ)スル　散乱(さんらん)スル　　散歩(さんぽ)スル　　散髪(さんぱつ)スル
解散(かいさん)スル　拡散(かくさん)スル　　離散(りさん)スル　　退散(たいさん)スル
発散(はっさん)スル　分散(ぶんさん)スル　　散漫(さんまん)ナ　　散々(さんざん)ナ

| 溝 溝 | 7課　13画 | コウ | 冓【コウ】→講　溝　購　構 |
|---|---|---|---|
| | 1級　常用 | みぞ | channel, trench, gutter |

マリアナ海溝は世界で一番深い海だ。
道路の側溝にタイヤが落ちて事故を起こした。

溝(みぞ)　　　　　海溝(かいこう)　　　　側溝(そっこう)　　　　排水溝(はいすいこう)

| 抜 抜 | 7課　7画 | バツ |
|---|---|---|
| | ②級　常用 | ぬ-く　ぬ-ける　ぬ-かす　ぬ-かる　　pull out, leave out |

この付近は海抜0メートル地帯だ。
虫歯を抜くために、歯医者に行った。

抜ける(ぬける)　　　　　〜ヲ抜く(ぬく)　　　　抜き打ち(ぬきうち)
抜け落ちる(ぬけおちる)　〜ヲ見抜く(みぬく)　　〜ヲ切り抜ける(きりぬける)
海抜(かいばつ)　　　　　抜群(ばつぐん)　　　　抜糸(ばっし)スル
抜歯(ばっし)スル　　　　〜ヲ抜粋(ばっすい)スル　〜ヲ選抜(せんばつ)スル
卓抜した(たくばつした)　奇抜(きばつ)ナ　　　　抜本的(ばっぽんてき)ナ

活字体　筆記体　課／画数／級／種別　音読み【音符】／訓読み／意味

| 凹 | 凹 | 7課　　5画<br>1級　　常用 | オウ<br>concave |
|---|---|---|---|

凹面鏡で太陽の光を集めて紙を燃やす実験をした。
この道は凸凹が多くて走りにくい。

凹(おう)レンズ　　　凹凸(おうとつ)　　凹面鏡(おうめんきょう)　＊凸凹(でこぼこ)

| 凸 | 凸 | 7課　　5画<br>1級　　常用 | トツ<br>convex |
|---|---|---|---|

板の表面を凹凸がなくなるまで削る。
ドイツのグーテンベルクが世界で最初に凸版印刷の一つ、活版印刷術を発明した。

凸(とつ)レンズ　　凸版(とっぱん)　　凹凸(おうとつ)　　凸面鏡(とつめんきょう)
凸版印刷(とっぱんいんさつ)　　＊凸凹(でこぼこ)

| 峰 | 峰 | 7課　　10画<br>1級　　常用 | ホウ　　　夆【ホウ】→峰　縫［逢］［蜂］［鋒］<br>みね　　　peak, summit |
|---|---|---|---|

富士山は日本の最高峰である。
去年の秋、日高(ひだか)連峰に登山に行った。

峰(みね)　　主峰(しゅほう)　霊峰(れいほう)　連峰(れんぽう)　最高峰(さいこうほう)

| 浸 | 浸 | 7課　　10画<br>1級　　常用 | シン　　　　　　　　侵【シン】→侵　浸　寝<br>ひた-る　ひた-す　soak, dip |
|---|---|---|---|

氷河に浸食されて海岸が複雑になった地形をフィヨルドという。
大雨で堤防が決壊し、多くの家が浸水した。

浸る(ひたる)　　　～ヲ浸す(ひたす)　　～ヲ浸食(しんしょく)スル　浸水(しんすい)スル

| 傾 | 傾 | 7課　　13画<br>②級　　常用 | ケイ<br>かたむ-く　かたむ-ける　　lean, incline, tilt |
|---|---|---|---|

この坂は傾斜が大きくて、登るのが大変だ。
いつの世も若者は、親の言うことに耳を傾けたがらない傾向がある。

傾く(かたむく)　　　～ヲ傾ける(かたむける)傾向(けいこう)　　　傾度(けいど)
右傾(うけい)　　　左傾(さけい)　　　傾斜(けいしゃ)スル　　～ニ傾倒(けいとう)スル
～ヲ傾聴(けいちょう)スル　傾斜面(けいしゃめん)　　傾斜度(けいしゃど)

| 斜 斜 | 7課　11画 | シャ | |
|---|---|---|---|
| | 1級　常用 | なな-め | slanting, oblique, diagonal |

間違った箇所(かしょ)に斜線を引き、正しい答えを書け。
昨日の雪で山の斜面がすべりやすくなっている。

斜め(ななめ)　斜面(しゃめん)　斜線(しゃせん)　斜陽(しゃよう)　傾斜(けいしゃ)スル

| 脈 脈 | 7課　10画 | ミャク | |
|---|---|---|---|
| | 1級　教育 | | pulse, vein |

中国、インド、ネパールの国境にヒマラヤ山脈が走っている。
看護師が患者の脈を計っている。

脈(みゃく)　　　　脈拍(みゃくはく)　　脈絡(みゃくらく)　動脈(どうみゃく)
静脈(じょうみゃく)　人脈(じんみゃく)　山脈(さんみゃく)　文脈(ぶんみゃく)
葉脈(ようみゃく)　　脈々(みゃくみゃく)ト

| 谷 谷 | 7課　7画 | コク　［*ヤ］ | |
|---|---|---|---|
| | 2級　教育 | たに | valley |

この植物は深い谷間にだけ生育している。
美しい渓谷の写真を撮る。

谷(たに)　　　　　谷川(たにがわ)　　　谷間(たにま)　渓谷(けいこく)
峡谷(きょうこく)　【地名】*渋谷(しぶや)

| 氷 氷 | 7課　5画 | ヒョウ | |
|---|---|---|---|
| | 2級　教育 | こおり　*ひ　ice, freeze | |

約100万年前の氷河の中からマンモスの遺体が見つかった。
温暖化によって南氷洋の氷が溶けると、多くの都市が海に沈む。

氷(こおり)　　　　　かき氷(かきごおり)　氷河(ひょうが)　氷点(ひょうてん)
氷山(ひょうざん)　　氷雪(ひょうせつ)　　薄氷(はくひょう)　流氷(りゅうひょう)
氷結(ひょうけつ)スル　南氷洋(なんぴょうよう)*氷雨(ひさめ)

| 河 河 | 7課　8画 | カ　　　　　可【カ】→何　河　荷　歌　可　［苛］ | |
|---|---|---|---|
| | 2級　教育 | かわ　　　　river | |

この川の幅は、河口の近くで非常に広くなっている。
人類の最初の文明はすべて大河の周辺で生まれた。

河(かわ)　　　　　河川(かせん)　　　河口(かこう)　　氷河(ひょうが)
大河(たいが)　　　銀河(ぎんが)　　　山河(さんが)　　運河(うんが)
*魚河岸(うおがし)　*河豚(ふぐ)　　　*河童(かっぱ)　　*河原(かわら)

| 池 池 | 7課 6画 ③級 教育 | チ いけ | 也【チ】→地　池 [弛]　*他(タ) pond, reservoir |

我が家の前には小さい池がある。

このラジカセは単三の電池で動く。

| 池(いけ) | 電池(でんち) | 貯水池(ちょすいち) | 光電池(ひかりでんち) |
| 乾電池(かんでんち) | 用水池(ようすいち) | 【人名】池田(いけだ) | 小池(こいけ) |

| 溶 溶 | 7課 13画 ②級 常用 | ヨウ と-ける　と-かす　と-く | 容【ヨウ】→容　溶 [蓉] [熔] melt, dissolve, thaw |

この地形は、火山の噴火で流れ出した溶岩によってできた。

物質が液体に溶けたものを溶液という。

| 溶ける(とける) | ～ヲ溶かす(とかす) | ～ヲ溶く(とく) | 溶液(ようえき) |
| 溶岩(ようがん) | 溶媒(ようばい) | 溶解(ようかい)スル | ～ヲ溶接(ようせつ)スル |
| 水溶液(すいようえき) | 溶解度(ようかいど) | 溶解熱(ようかいねつ) | 溶鉱炉(ようこうろ) |

# 第8課

| 景 景 | 8課 12画 ②級 教育 | ケイ | 京【ケイ】→京　景　*鯨(ゲイ) view, scenery |

我が国の景気の状態を判断する。

山の上から見た美しい景色に感動した。

| 景気(けいき) | 景品(けいひん) | 景観(けいかん) | 景勝(けいしょう) | 風景(ふうけい) |
| 背景(はいけい) | 全景(ぜんけい) | 光景(こうけい) | 遠景(えんけい) | 絶景(ぜっけい) |
| 好景気(こうけいき) | 不景気(ふけいき) | *景色(けしき) | *雪景色(ゆきげしき) | |

| 抑 抑 | 8課 7画 ①級 常用 | ヨク おさ-える | hold down, repress |

政府は物価を抑制する政策を発表した。

心理的な抑圧が犯罪につながる場合もある。

| ～ヲ抑える(おさえる) | 抑揚(よくよう) | ～ヲ抑圧(よくあつ)スル |
| ～ヲ抑止(よくし)スル | ～ヲ抑制(よくせい)スル | ～ヲ抑留(よくりゅう)スル |

| 益 | 益 | 8課　10画 | エキ　＊ヤク |
| --- | --- | --- | --- |
| | | 1級　(教育) | gain, benefit, profit |

今年度の経常利益を算出する。

無益な戦いはやめた方がいい。

| 利益(りえき) | 収益(しゅうえき) | 損益(そんえき)　公益(こうえき) |
| --- | --- | --- |
| 共益(きょうえき) | 実益(じつえき) | 有益(ゆうえき)ナ⬌無益(むえき)ナ |
| 不利益(ふりえき) | 受益者(じゅえきしゃ) | ＊ご利益(ごりやく) |

| 労 | 労 | 8課　7画 | ロウ |
| --- | --- | --- | --- |
| | | (2級)　(教育) | labor, trouble |

父は会社を作るための資金集めに苦労している。

労働者の権利を守る法律が国会で可決された。

| 労力(ろうりょく) | 労作(ろうさく) | 労災(ろうさい)　勤労(きんろう) |
| --- | --- | --- |
| 就労(しゅうろう) | 疲労(ひろう) | 過労(かろう)　労働(ろうどう) |
| ～ニ苦労(くろう)スル | 労働者(ろうどうしゃ) | 労働組合(ろうどうくみあい) |

| 賃 | 賃 | 8課　13画 | チン |
| --- | --- | --- | --- |
| | | (2級)　(教育) | rent, wages, fare, fee |

労働組合は賃金の引き上げを要求するストを決行した。

東京では持ち家に住んでいる人より賃貸住宅に住んでいる人の方が多い。

| 賃金(ちんぎん) | 賃貸(ちんたい) | 賃借(ちんしゃく)　賃上げ(ちんあげ) |
| --- | --- | --- |
| 家賃(やちん) | 運賃(うんちん) | 低賃金(ていちんぎん) |

| 控 | 控 | 8課　11画 | コウ | エ【コウ】→エ功巧江攻紅貢控項 |
| --- | --- | --- | --- | --- |
| | | 1級　常用 | ひか-える | hold back, refrain from |

風邪(かぜ)を引いていたので外出を控えた。

一審での判決を不服として、高等裁判所に控訴する。

| ～ヲ控える(ひかえる) | 控室(ひかえしつ) | ～ヲ手控える(てびかえる) |
| --- | --- | --- |
| ～ヲ差し控える(さしひかえる) | ～ヲ控除(こうじょ)スル | ～ニ控訴(こうそ)スル |

| 融 | 融 | 8課　16画 | ユウ |
| --- | --- | --- | --- |
| | | 1級　常用 | fuse, dissolve |

おじが学費の一部を融通してくれた。

首相は民族の融和に努力した。

| 金融(きんゆう) | ～ニ融資(ゆうし)スル | ～ヲ融通(ゆうずう)スル |
| --- | --- | --- |
| ～ヲ融合(ゆうごう)スル | ～ヲ融和(ゆうわ)スル | 金融業(きんゆうぎょう) |
| 金融機関(きんゆうきかん) | 核融合(かくゆうごう) | |

活字体　筆記体　課／画数／級／種別　音読み【音符】／訓読み／意味

| 鈍 | 鈍 | 8課　12画 | ドン | |
| | | 2級　常用 | にぶ-い　にぶ-る | dull, dim, slow |

携帯電話の普及で家庭用電話機の売り上げが鈍っている。

彼は他人の感情に鈍感だ。

鈍い(にぶい)　　　　　　鈍る(にぶる)　　　　　鈍行(どんこう)　鈍器(どんき)

鈍感(どんかん)ナ　　　　鈍重(どんじゅう)ナ　　鈍化(どんか)スル

| 滞 | 滞 | 8課　13画 | タイ | 帯【タイ】→帯　滞 |
| | | 1級　常用 | とどこお-る | stay, over due, be delayed |

家賃の支払いが滞っている。

ホームステイで北海道に一ヶ月滞在した。

滞る(とどこおる)　　　滞日(たいにち)　　　～ニ滞在(たいざい)スル　停滞(ていたい)スル

滞納(たいのう)スル　　延滞(えんたい)スル　沈滞(ちんたい)スル　　　渋滞(じゅうたい)スル

| 債 | 債 | 8課　13画 | サイ | |
| | | 1級　常用 | | debt, loan, bond |

国の発行する国債の総額は数十兆円に上っている。

その会社は数十億円の負債を抱えて倒産した。

債権(さいけん)　　債券(さいけん)　　債務(さいむ)　　公債(こうさい)

社債(しゃさい)　　国債(こくさい)　　負債(ふさい)　　不良債権(ふりょうさいけん)

| 処 | 処 | 8課　5画 | ショ | |
| | | 2級　教育 | | manage, deal with, dispose |

その問題は早急に処理しなければならない。

医者にかぜ薬を処方してもらった。

処する(しょする)　　　処女(しょじょ)　　　　処世(しょせい)　　処遇(しょぐう)

～ヲ処分(しょぶん)スル　～ヲ処理(しょり)スル　処置(しょち)スル　処刑(しょけい)スル

～ヲ処方(しょほう)スル　～ヲ処罰(しょばつ)スル　～ニ対処(たいしょ)スル

| 洞 | 洞 | 8課　9画 | ドウ | 同【ドウ】→同　銅　洞　胴　＊筒(トウ) |
| | | 1級　常用 | ほら | cave, hollow |

人口空洞化とは大都市の中心部の住民が少なくなることを言う。

若い批評家がその作品について鋭い洞察を行った。

洞穴(ほらあな)　　　洞窟(どうくつ)　　　空洞(くうどう)　　　洞察(どうさつ)スル

洞察力(どうさつりょく)　空洞化(くうどうか)スル　鍾乳洞(しょうにゅうどう)

| 迷 | 迷 | 8課　9画<br>(2級)(教育) | メイ<br>まよ-う | go astray, get lost, in doubt |

旅行に行って道に迷ってしまった。
現在、政局は混迷している。

~ニ迷う(まよう)　　混迷(こんめい)スル　　迷信(めいしん)　　　迷宮(めいきゅう)
迷路(めいろ)　　　　迷惑(めいわく)スル　　低迷(ていめい)スル　　*迷子(まいご)

| 破 | 破 | 8課　10画<br>(2級)(教育) | ハ<br>やぶ-れる　　やぶ-る | 皮【ハ】→波　破　*皮／疲(ヒ)<br>tear, break, defeat |

困難な状況を打破するために努力する。
戦争で多くの建物が破壊された。

破れる(やぶれる)　　　　~ヲ破る(やぶる)　　　破局(はきょく)　　　破談(はだん)
破格(はかく)　　　　　　~ヲ破棄(はき)スル　　破産(はさん)スル　　~ヲ破損(はそん)スル
破滅(はめつ)スル　　　　~ヲ打破(だは)スル　　~ヲ走破(そうは)スル　破壊(はかい)スル
~ヲ読破(どくは)スル　　~ヲ論破(ろんぱ)スル　破裂(はれつ)スル　　破綻(はたん)スル
破天荒(はてんこう)ナ　　突破口(とっぱこう)

| 兆 | 兆 | 8課　6画<br>(2級)(教育) | チョウ<br>(きざ-す)　きざ-し | 兆【チョウ】→兆　挑　跳<br>omen, sign, trillion |

貿易の総額が一兆円を超えた。
暖かい日差しに春の兆しが感じられる。

兆し(きざし)　　　　　兆候(ちょうこう)　　　前兆(ぜんちょう)
吉兆(きっちょう)　　　一兆円(いっちょうえん)

| 版 | 版 | 8課　8画<br>(2級)(教育) | ハン | 反【ハン】→反　坂　板　版　販　飯　阪<br>print, publishing, edition |

その本の改訂版が出版された。
誤訳が多いので、英語版を改訂することにした。

版下(はんした)　　　　版画(はんが)　　　　版権(はんけん)　　　　木版(もくはん)
凸版(とっぱん)　　　　図版(ずはん)　　　　~ヲ出版(しゅっぱん)スル
~ヲ再版(さいはん)スル　出版社(しゅっぱんしゃ)　現代版(げんだいばん)
改訂版(かいていばん)　　限定版(げんていばん)　英語版(えいごばん)

活字体　筆記体　課／画数／級／種別　音読み【音符】／訓読み／意味

| 為 | 為 | 8課　9画<br>1級　常用 | イ<br>do, for the sake of, advantage |

故郷へお金を送るために**為**替を買った。
彼の行**為**を許すわけにはいかない。

行為(こうい)　　　　作為(さくい)　　　　無作為(むさくい)　人為的(じんいてき)ナ
為政者(いせいしゃ)　*為替(かわせ)　　　*外為法(がいためほう)

| 貿 | 貿 | 8課　12画<br>②級　教育 | ボウ<br>trade, exchange |

外国と**貿**易を行う。
その国との**貿**易総額は数兆円に上っている。

貿易(ぼうえき)　　　　貿易額(ぼうえきがく)　　　貿易収支(ぼうえきしゅうし)
自由貿易(じゆうぼうえき)

| 易 | 易 | 8課　8画<br>②級　教育 | エキ　イ<br>やさ-しい　　　simple, easy, i-ching |

各国と自由**貿**易協定を結ぶ。
**安易**な選択を行わないようにする。

易しい(やさしい)　　　易学(えきがく)　　　易者(えきしゃ)　　　貿易(ぼうえき)
交易(こうえき)　　　　簡易(かんい)　　　　安易(あんい)ナ　　　容易(ようい)ナ
平易(へいい)ナ　　　　難易度(なんいど)

| 億 | 億 | 8課　15画<br>②級　教育 | オク　　　　　意【オク】→億　憶　臆　*意(イ)<br>hundred million |

世界の人口が六十**億**人を超えた。
何**億**光年も先にある銀河を観測する。

一億(いちおく)　　　何億(なんおく)　　　数億(すうおく)　　　億万長者(おくまんちょうじゃ)

| 財 | 財 | 8課　10画<br>②級　教育 | ザイ　*サイ　　才【ザイ】→材　財　*才(サイ)<br>money, wealth, property |

国の**財**政状態がかなり悪化している。
貴重な文化**財**を守る。

財力(ざいりょく)　　　財務(ざいむ)　　　財界(ざいかい)　　　財産(ざいさん)
財宝(ざいほう)　　　　財源(ざいげん)　　　財閥(ざいばつ)　　　財政(ざいせい)
家財(かざい)　　　　　借財(しゃくざい)　　文化財(ぶんかざい)　　*財布(さいふ)

# 第9課

| 幣 | 幣 | 9課　15画 | ヘイ | |
|---|---|---|---|---|
| | | 1級　常用 | | money, currency |

現代社会は**貨幣**経済が基本である。

西暦2000年を記念して新しい**紙幣**が発行された。

貨幣(かへい)　　　　　　紙幣(しへい)　　　　　　造幣局(ぞうへいきょく)

| 貯 | 貯 | 9課　12画 | チョ | |
|---|---|---|---|---|
| | | ②級　教育 | | store, save |

郵便局に百万円**貯金**してある。

食料品を冷蔵庫に**貯蔵**しておく。

貯金(ちょきん)スル　　　　貯水(ちょすい)スル　　　　貯蓄(ちょちく)スル
～ヲ貯蔵(ちょぞう)スル　　貯金箱(ちょきんばこ)　　　貯水池(ちょすいち)
貯蔵庫(ちょぞうこ)　　　　貯金通帳(ちょきんつうちょう)

| 蓄 | 蓄 | 9課　13画 | チク | 畜【チク】→畜　蓄 |
|---|---|---|---|---|
| | | 1級　常用 | たくわ-える | store |

不景気で個人の**貯蓄**が目減りしている。

地震に備えて食料品を**備蓄**してある。

～ヲ蓄える(たくわえる)　　～ヲ蓄積(ちくせき)スル　　貯蓄(ちょちく)スル　　備蓄(びちく)スル

| 差 | 差 | 9課　10画 | サ | 左【サ】→左　差　佐 |
|---|---|---|---|---|
| | | ②級　教育 | さ-す | difference, hindrance, seize |

**差し支え**なかったら、詳しいことを話してください。

収入と支出の**差額**を計算する。

～ヲ差す(さす)　　　　　～ニ差し支える(さしつかえる)　　～ヲ差し押さえる(さしおさえる)
～ヲ差し控える(さしひかえる)　　差(さ)　　差異(さい)　　差額(さがく)　　格差(かくさ)
時差(じさ)　　　　　　　誤差(ごさ)　　　　　　偏差(へんさ)　　　　～ヲ差別(さべつ)スル
交差(こうさ)スル　　　　交差点(こうさてん)　　偏差値(へんさち)　　個人差(こじんさ)

| 預 | 預 | 9課　13画 | ヨ | 予【ヨ】→予　預　*序(ジョ) |
|---|---|---|---|---|
| | | ②級　教育 | あず-ける　あず-かる | deposit, entrust |

ボーナスを銀行に**預金**している。

友人に大切な手紙を**預かって**もらった。

～ニ～ヲ預ける(あずける)　　～カラ/ニ～ヲ預かる(あずかる)　　　　　預金(よきん)
預貯金(よちょきん)　　　　預金通帳(よきんつうちょう)

活字体　筆記体　課／画数／級／種別　音読み【音符】／訓読み／意味

| 株 | 株 | 9課　10画 | かぶ | stock, stump |
| --- | --- | --- | --- | --- |
|  |  | 1級　(教育) |  |  |

ベンチャー企業の**株**を買って、大損をした。

植物の**株**分けをする。

株(かぶ)　　　　　株式(かぶしき)　　　株主(かぶぬし)　　株価(かぶか)
株券(かぶけん)　　古株(ふるかぶ)　　　切り株(きりかぶ)　株分け(かぶわけ)
株主総会(かぶぬしそうかい)　　　　　　株式会社(かぶしきがいしゃ)

| 庫 | 庫 | 9課　10画 | コ　＊ク | storehouse |
| --- | --- | --- | --- | --- |
|  |  | (2級)　(教育) |  |  |

貴重品を**金庫**に入れておく。

図書館は知識の**宝庫**だ。

文庫(ぶんこ)　　　金庫(きんこ)　　　在庫(ざいこ)　　　車庫(しゃこ)　　　冷蔵庫(れいぞうこ)
倉庫(そうこ)　　　宝庫(ほうこ)　　　国庫(こっこ)　　　公庫(こうこ)　　　＊庫裏(くり)

| 途 | 途 | 9課　10画 | ト　　　　余【ト】→途　塗　＊余(ヨ) | way, road, route |
| --- | --- | --- | --- | --- |
|  |  | (2級)　常用 |  |  |

発展**途**上国に対して経済支援を行う。

学校に行く**途中**で友だちに会った。

途上(とじょう)　　　　　途中(とちゅう)　　　　途方(とほう)　　　途端(とたん)
前途(ぜんと)　　　　　　帰途(きと)　　　　　　中途(ちゅうと)　　用途(ようと)
開発途上(かいはつとじょう)　　　　　　前途有望(ぜんとゆうぼう)ナ
発展途上国(はってんとじょうこく)　　　使途不明金(しとふめいきん)

| 給 | 給 | 9課　12画 | キュウ | give, grant, salary |
| --- | --- | --- | --- | --- |
|  |  | (2級)　(教育) |  |  |

商品を小売店に**供給**している。

会社が経営不振で今月の**給料**が出ない。

給料(きゅうりょう)　　給与(きゅうよ)　　　給食(きゅうしょく)　　給費(きゅうひ)
有給(ゆうきゅう)⬌無給(むきゅう)　　　　月給(げっきゅう)　　　年給(ねんきゅう)
恩給(おんきゅう)　　　配給(はいきゅう)　　給付(きゅうふ)スル　　給仕(きゅうじ)スル
給油(きゅうゆ)スル　　～ヲ補給(ほきゅう)スル　　～ヲ支給(しきゅう)スル
～ヲ供給(きょうきゅう)スル⬌需要(じゅよう)　　需給関係(じゅきゅうかんけい)
自給自足(じきゅうじそく)

| 息 | 息 | 9課　10画 | ソク | breath, son, interest (on money) |
| | | ②級　教育 | いき | |

水の中では苦しくて息ができない。
銀行の預金に５％の利息がついた。

| | | | |
|---|---|---|---|
| 息(いき) | 息切れ(いきぎれ) | 息抜き(いきぬき) | 一息(ひといき) |
| 利息(りそく) | 消息(しょうそく) | 息災(そくさい) | 終息(しゅうそく)スル |
| 生息(せいそく)スル | 休息(きゅうそく)スル | *息吹(いぶき) | *息子(むすこ) |

| 契 | 契 | 9課　9画 | ケイ | make an agreement, promise, vow |
| | | 1級　常用 | ちぎ-る | |

新たにその会社と契約を結んだ。
これをいい契機にして一層努力しようと思う。

| | | | |
|---|---|---|---|
| ～ト契る(ちぎる) | 契り(ちぎり) | 契機(けいき) | ～ト契約(けいやく)スル |

| 顧 | 顧 | 9課　21画 | コ | 戸【コ】→戸　雇　顧 |
| | | 1級　常用 | かえり-みる | look back, review |

商品について顧客の相談に応じる。
彼は退職した後、回顧録を書くつもりだそうだ。

| | | | |
|---|---|---|---|
| ～ヲ顧みる(かえりみる) | 顧客(こきゃく) | 顧問(こもん) | ～ヲ顧慮(こりょ)スル |
| ～ヲ回顧(かいこ)スル | 回顧録(かいころく) | | |

| 巨 | 巨 | 9課　5画 | キョ | 巨【キョ】→巨　拒　距 |
| | | ②級　常用 | | large, gigantic |

大手銀行が巨額の負債を抱えて倒産した。
巨大なビルを建設する。

| | | | |
|---|---|---|---|
| 巨人(きょじん) | 巨漢(きょかん) | 巨頭(きょとう) | 巨体(きょたい) |
| 巨万(きょまん) | 巨額(きょがく) | 巨大(きょだい)ナ | 巨視的(きょしてき)ナ |

| 損 | 損 | 9課　13画 | ソン | |
| | | ②級　教育 | そこ-なう　そこ-ねる | loss, damage |

その会社の倒産によって銀行はかなりの損失を出した。
機械の破損した場所を修理する。

| | | | |
|---|---|---|---|
| 損なう(そこなう) | 損ねる(そこねる) | 損(そん)⬅➡得(とく) | 損失(そんしつ) |
| 損益(そんえき) | 損害(そんがい) | 損傷(そんしょう)スル | 破損(はそん)スル |
| 欠損(けっそん)スル | 損保(そんぽ)＝損害保険(そんがいほけん) | | 損害賠償(そんがいばいしょう) |

活字体 筆記体 課／画数／級／種別 音読み【音符】／訓読み／意味

| 監 | 監 | 9課 15画<br>1級 常用 | カン | 監【カン】→監 鑑 艦 ＊濫(ラン)<br>keep watch over, official |

金融庁は経営不振の銀行を**監督**している。
疑わしい人物の行動を**監視**する。

監房(かんぼう)　　　監獄(かんごく)　　　～ヲ監督(かんとく)スル　　～ヲ監視(かんし)スル

～ヲ監修(かんしゅう)スル　　～ヲ監禁(かんきん)スル　　～ヲ監査(かんさ)スル

～ヲ収監(しゅうかん)スル　　金融監督庁(きんゆうかんとくちょう)

警視総監(けいしそうかん)　会計監査(かいけいかんさ)

| 督 | 督 | 9課 13画<br>1級 常用 | トク | supervise, command, urge |

高校の野球部に新しい**監督**が来る。
交通違反の罰金(ばっきん)を払えという**督促状**が来た。

家督(かとく)　総督(そうとく)　提督(ていとく)　～ヲ督促(とくそく)スル

～ヲ監督(かんとく)スル　　督促状(とくそくじょう)　　＊基督教(きりすときょう)

| 種 | 種 | 9課 14画<br>2級 教育 | シュ<br>たね | seed, sort, species |

畑に新しい種類の野菜の**種**を植えた。
**人種**差別と戦っていく決意を固めた。

種(たね)　　　　種まき(たねまき)　　種火(たねび)　　　菜種油(なたねあぶら)

種子(しゅし)　　種々(しゅじゅ)　　　種別(しゅべつ)　　種類(しゅるい)

種族(しゅぞく)　一種(いっしゅ)　　　各種(かくしゅ)　　品種(ひんしゅ)

原種(げんしゅ)　人種(じんしゅ)　　　業種(ぎょうしゅ)　人種差別(じんしゅさべつ)

| 節 | 節 | 9課 13画<br>2級 教育 | セツ ＊セチ<br>ふし | season, joint, tune |

ヒーターをちょうどいい温度に**調節**する。
40歳という人生の**節目**を迎えた。

節(ふし)　　　　　節目(ふしめ)　　　　節分(せつぶん)　　　節句(せっく)

節度(せつど)　　　季節(きせつ)　　　　時節(じせつ)　　　　関節(かんせつ)

礼節(れいせつ)　　音節(おんせつ)　　　文節(ぶんせつ)　　　末節(まっせつ)

使節(しせつ)　　　～ヲ調節(ちょうせつ)スル　　　　～ヲ節約(せつやく)スル

節制(せっせい)スル　節食(せっしょく)スル　＊お節料理(おせちりょうり)

| 締 | 締 | 9課　15画 | テイ | 帝【テイ】→帝　締　諦［蹄］ |
|---|---|---|---|---|
| | | 1級　常用 | し-まる　し-める | tie, tighten, conclude, lock |

アジア諸国と条約を締結した。
警察がスピード違反の車を取り締まっている。

締まる(しまる)　　　　～ヲ締める(しめる)　　　～ヲ取り締まる(とりしまる)
引き締まる(ひきしまる)　戸締まり(とじまり)　　締切り(しめきり)　　引き締め(ひきしめ)
取締役(とりしまりやく)　～ヲ締結(ていけつ)スル

| 貢 | 貢 | 9課　10画 | コウ　＊ク | 工【コウ】→工　江　攻　巧　紅　貢　控　項 |
|---|---|---|---|---|
| | | 1級　常用 | みつ-ぐ | tribute |

彼は現代医学の発展に貢献した。
彼女は恋人に貢ぐために会社の金を横領した。

～ニ貢ぐ(みつぐ)　　　　～ニ貢献(こうけん)スル　　　＊年貢(ねんぐ)

| 献 | 献 | 9課　13画 | ケン　＊コン | 犬【ケン】→犬　献 |
|---|---|---|---|---|
| | | 1級　常用 | | offer, dedicate |

毎日夕飯の献立を考えるのは大変だ。
彼は物理学への貢献が認められてノーベル賞を受賞した。

文献(ぶんけん)　　　　　献血(けんけつ)スル　　　～ニ献上(けんじょう)スル
～ニ献金(けんきん)スル　～ニ貢献(こうけん)スル　献身的(けんしんてき)ナ
＊献立(こんだて)　　　　＊一献(いっこん)

| 託 | 託 | 9課　10画 | タク | モ【タク】→宅　託［托］ |
|---|---|---|---|---|
| | | 1級　常用 | | entrust |

銀行の投資信託にお金を預けた。
子会社に業務を委託する。

～ニ～ヲ託す(たくす)＝託する(たくする)　　　　信託(しんたく)　　　神託(しんたく)
～ニ～ヲ委託(いたく)スル　託児所(たくじしょ)　貸付信託(かしつけしんたく)

| 障 | 障 | 9課　14画 | ショウ | 章【ショウ】→章　障　彰［璋］ |
|---|---|---|---|---|
| | | 1級　教育 | さわ-る | hinder, hurt |

彼は交通事故で身体に重い障害を負った。
機械が故障したので修理に出す。

～ニ障る(さわる)　　　耳障り(みみざわり)ナ　目障り(めざわり)ナ　障子(しょうじ)
障壁(しょうへき)　　　障害(しょうがい)　　　　支障(ししょう)　　　～ヲ保障(ほしょう)スル
故障(こしょう)スル　　安全保障条約(あんぜんほしょうじょうやく)

# 第10課

活字体 筆記体 課／画数／級／種別 音読み【音符】／訓読み／意味

| 豪 | 豪 | 10課 14画<br>1級 常用 | ゴウ<br>strength, great, Australia |
|---|---|---|---|

私の夢は**豪華**客船で世界を一周することだ。
集中**豪雨**による被害は史上最大規模となった。

豪雨(ごうう)　　　豪雪(ごうせつ)　　　豪商(ごうしょう)　　豪邸(ごうてい)　　豪州(ごうしゅう)
富豪(ふごう)　　　強豪(きょうごう)　　酒豪(しゅごう)　　　文豪(ぶんごう)　　豪華(ごうか)ナ
豪快(ごうかい)ナ　豪勢(ごうせい)ナ　豪遊(ごうゆう)スル

| 江 | 江 | 10課 6画<br>1級 常用 | コウ<br>え | 工【コウ】→工 功 江 攻 紅 貢 控 項<br>creek, inlet, river |
|---|---|---|---|---|

**江戸**時代を代表する芸術は歌舞伎であろう。
「長**江**」というのは「揚子**江**」のことである。

江戸(えど)　　　　　入り江(いりえ)　　　江戸川(えどがわ)　　　江戸っ子(えどっこ)
江戸前(えどまえ)　　江戸城(えどじょう)　揚子江(ようすこう)＝長江(ちょうこう)

| 将 | 将 | 10課 10画<br>2級 教育 | ショウ<br>commander, general, from now on | 将【ショウ】→将 奨 |
|---|---|---|---|---|

高収入であるより**将来性**のある職業に就きたい。
高校時代、剣道部の**主将**を務めていた。

将軍(しょうぐん)　将校(しょうこう)　将来(しょうらい)　将棋(しょうぎ)　大将(たいしょう)
武将(ぶしょう)　　名将(めいしょう)　主将(しゅしょう)　将来性(しょうらいせい)

| 臣 | 臣 | 10課 7画<br>2級 教育 | シン　ジン<br>retainer, minister |
|---|---|---|---|

将軍は常に**家臣**を従え、一人になることはなかった。
内閣総理**大臣**は天皇によって任命される。

臣下(しんか)　　　家臣(かしん)　　　　重臣(じゅうしん)　　　　忠臣(ちゅうしん)
大臣(だいじん)　　臣従(しんじゅう)スル外務大臣(がいむだいじん)　　総理大臣(そうりだいじん)

| 従 | 従 | 10課 10画<br>1級 教育 | ジュウ　*ジュ　*ショウ<br>したが-う　したが-える<br>follow, obey | 従【ジュウ】→従 縦 |
|---|---|---|---|---|

彼の経営する会社は**従業員**がわずか５人しかいない。
国王は彼に**服従**を強いたが、彼は反抗しつづけた。

～ニ従う(したがう)　　～ヲ従える(したがえる)　　従来(じゅうらい)　～ニ従事(じゅうじ)スル
～ニ従属(じゅうぞく)スル　～ニ服従(ふくじゅう)スル　　～ニ追従(ついじゅう)スル
従順(じゅうじゅん)ナ　従業員(じゅうぎょういん)　*従三位(じゅさんみ)　*従容(しょうよう)

| 城 | 城 | 10課　9画<br>②級　教育 | ジョウ　［＊キ］　成【ジョウ】→成　城　盛　＊誠(セイ)<br>しろ　　　castle |

現在、県庁所在地となっている都市は、**城下町**だったところが多い。
敵から攻められないように山の上に**城**を築いた。

| | | | |
|---|---|---|---|
| 城(しろ) | 山城(やまじろ) | 古城(こじょう) | 名城(めいじょう) |
| 城主(じょうしゅ) | 登城(とじょう)スル | 落城(らくじょう)スル | 江戸城(えどじょう) |
| 城下町(じょうかまち) | 【地名】＊茨城県(いばらきけん) | | ＊宮城県(みやぎけん) |

| 伺 | 伺 | 10課　7画<br>②級　常用 | シ　　　司【シ】→司　伺　詞　飼　嗣<br>うかが-う　inquire, visit |

先生にご都合を**伺**ってみてください。
明日お宅に**伺**ってもよろしいでしょうか。

伺う(うかがう)　　　お伺い(おうかがい)　　伺候(しこう)スル

| 迎 | 迎 | 10課　7画<br>②級　常用 | ゲイ<br>むか-える　　　greet, welcome |

空港に外国からの客を**出迎**えに行った。
盛大な**歓迎**会を開いていただき感謝にたえません。

| | | |
|---|---|---|
| ～ヲ迎える(むかえる) | ～ヲ出迎える(でむかえる) | 送り迎え(おくりむかえ) |
| 迎え火(むかえび) | 迎え酒(むかえざけ) | 迎春(げいしゅん) |
| ～ヲ歓迎(かんげい)スル | ～ヲ送迎(そうげい)スル | ～ニ迎合(げいごう)スル |
| 送迎(そうげい)バス | 歓迎会(かんげいかい) | 迎賓館(げいひんかん) |

| 敷 | 敷 | 10課　15画<br>①級　常用 | フ<br>し-く　　　lay, spread, pave |

日本初の鉄道は東京－横浜間に**敷設**された。
庭に芝生(しばふ)を植えるのをやめ、代わりに砂利(じゃり)を**敷**いた。

| | | | |
|---|---|---|---|
| ～ヲ敷く(しく) | 敷石(しきいし) | 敷居(しきい) | 敷地(しきち) |
| 敷布(しきふ) | 敷物(しきもの) | 敷金(しききん) | 下敷き(したじき) |
| 板敷き(いたじき) | 座敷(ざしき) | 屋敷(やしき) | 風呂敷き(ふろしき) |
| 河川敷(かせんじき) | ～ヲ敷設(ふせつ)スル | | |

| 刀 刀 | 10課　2画 | トウ | |
|---|---|---|---|
| | 1級　(教育) | かたな | sword, knife |

名医と言われる医師の外科手術の**執刀**を見学した。
江戸時代の侍は腰に**大刀**と**小刀**を携えていた。

| | | | |
|---|---|---|---|
| 刀(かたな) | 刀剣(とうけん) | 大刀(だいとう) | 小刀(しょうとう) |
| 木刀(ぼくとう) | 短刀(たんとう) | 刀工(とうこう) | 執刀(しっとう)スル |
| 日本刀(にほんとう) | 彫刻刀(ちょうこくとう) | *竹刀(しない) | *太刀(たち) |

| 剣 剣 | 10課　10画 | ケン | 僉【ケン】→倹　剣　険　検　験 |
|---|---|---|---|
| | 1級　常用 | つるぎ | sword |

中学時代、**剣道**部に入っていた。
離婚は冗談かと思ったが、妻は**真剣**だった。

| | | | |
|---|---|---|---|
| 剣(つるぎ／けん) | 刀剣(とうけん) | 短剣(たんけん) | 剣士(けんし) |
| 剣術(けんじゅつ) | 剣道(けんどう) | 剣幕(けんまく) | 真剣(しんけん)ナ |

| 忠 忠 | 10課　8画 | チュウ | 中【チュウ】→中　仲　沖　忠 |
|---|---|---|---|
| | 1級　(教育) | | loyalty, faithfulness |

不本意ながら、親友の**忠告**に従うことにした。
最近読んだ小説は、史実に**忠実**で面白かった。

| | | | |
|---|---|---|---|
| 忠臣(ちゅうしん) | 忠義(ちゅうぎ) | 忠誠(ちゅうせい) | 忠節(ちゅうせつ) |
| ～ニ忠告(ちゅうこく)スル | 忠実(ちゅうじつ)ナ | 忠誠心(ちゅうせいしん) | |

| 誠 誠 | 10課　13画 | セイ | 成【セイ】→成　盛　誠　*城(ジョウ) |
|---|---|---|---|
| | 1級　(教育) | まこと | sincerity, truth |

彼女の申し出には、あまり**誠意**が感じられない。
普通の人なら忘れる約束も彼は**誠実**に守ってくれる。

| | | | |
|---|---|---|---|
| 誠(まこと) | 誠意(せいい) | 忠誠(ちゅうせい) | 誠実(せいじつ)ナ　誠心誠意(せいしんせいい) |

| 威 威 | 10課　9画 | イ | |
|---|---|---|---|
| | 1級　常用 | | dignity, intimidate |

ある課長は部下に不必要なほど**威圧的**な態度をとる。
彼は心臓の手術に関しては学界の**権威**である。

| | | | |
|---|---|---|---|
| 威張る(いばる) | 威力(いりょく) | 威厳(いげん) | 威信(いしん) |
| 猛威(もうい) | 脅威(きょうい) | 権威(けんい) | ～ヲ威圧(いあつ)スル |
| 威嚇(いかく)スル | 威圧的(いあつてき)ナ | 権威主義的(けんいしゅぎてき)ナ | |

| 華 | 華 | 10課　10画<br>1級　常用 | カ　＊ケ<br>はな　　　　　flower, splendor, China |

夜遅く**繁華**街をうろつく少年が増えている。
固体が液体の過程を経ずに気体になることを「**昇華**」という。

華やか(はなやか)ナ　　　華々(はなばな)しい　　　華道(かどう)　　　栄華(えいが)
昇華(しょうか)スル　　　華美(かび)ナ　　　　　　豪華(ごうか)ナ　　　華麗(かれい)ナ
繁華街(はんかがい)　　　中華料理(ちゅうかりょうり)
中華人民共和国(ちゅうかじんみんきょうわこく)　＊香華(こうげ)

| 幕 | 幕 | 10課　13画<br>1級　教育 | マク　バク　莫【バク】→漠　幕　＊暮(ボ)／＊模(ボ)<br>curtain, shogunate, act of play |

いつか外国映画を**字幕**なしで理解できるようになりたい。
江戸**幕府**は様々な規則をつくり、それを「法度(はっと)」と呼んだ。

幕(まく)　一幕(ひとまく)　第一幕(だいいちまく)　暗幕(あんまく)　字幕(じまく)
開幕(かいまく)スル⬌閉幕(へいまく)スル　幕府(ばくふ)　幕末(ばくまつ)　倒幕(とうばく)
内幕(うちまく)　鎌倉幕府(かまくらばくふ)　幕藩体制(ばくはんたいせい)

| 武 | 武 | 10課　8画<br>2級　教育 | ブ　ム<br>[＊たけ]　　　　military, warrior |

江戸時代の**武士**は身分は高かったが、生活は苦しかった。
**武装**した警官に踏み込まれ、その家の住人は驚いた。

武士(ぶし)　武道(ぶどう)　武器(ぶき)　武家(ぶけ)　武力(ぶりょく)　武装(ぶそう)スル
武力行使(ぶりょくこうし)　【地名】武蔵野(むさしの)　【人名】＊武田(たけだ)

| 騎 | 騎 | 10課　18画<br>1級　常用 | キ　　　　　奇【キ】→奇　寄　騎　＊崎(さき)<br>horseriding |

競馬の**騎手**は派手な職業だが、地道な努力が必要だ。
小学校の運動会で**騎馬**戦に出て最期まで残った。

騎士(きし)　　　　　騎手(きしゅ)　　　　騎乗(きじょう)スル
騎兵隊(きへいたい)　騎馬戦(きばせん)　　一騎討ち(いっきうち)

| 領 | 領 | 10課　14画<br>2級　教育 | リョウ<br>govern, territory |

国際法で各国の**領有**権の及ぶ範囲を定める。
彼は何をしても実に**要領**がいい。

領地(りょうち)　領国(りょうごく)　領主(りょうしゅ)　　領域(りょういき)

領土(りょうど)　要領(ようりょう)　〜ヲ受領(じゅりょう)スル　〜ヲ占領(せんりょう)スル

〜ヲ横領(おうりょう)スル　　〜ヲ拝領(はいりょう)スル　　〜ヲ領有(りょうゆう)スル

領収書(りょうしゅうしょ)　　大統領(だいとうりょう)　　領有権(りょうゆうけん)

活字体　筆記体　課／画数／級／種別　音読み【音符】／訓読み／意味

| 藩 | 藩 | 10課　18画 1級　常用 | ハン feudal clan, feudal domain |
|---|---|---|---|

若い**藩**主は**藩**政の改革に乗り出した。

明治政府は、廃**藩**置県を行った。

藩(はん)　　藩主(はんしゅ)　藩士(はんし)　　藩校(はんこう)　　藩政(はんせい)

諸藩(しょはん)　　　　加賀藩(かがはん)　　廃藩置県(はいはんちけん)

| 氏 | 氏 | 10課　4画 1級　教育 | シ　　　氏【シ】→氏　紙 うじ　　family clan, surname, Mr. Mrs. Miss〜 |
|---|---|---|---|

ここに住所と**氏**名を明記してください。

某**氏**によると、近いうちに首相が退陣するそうだ。

氏(うじ)　氏子(うじこ)　氏神(うじがみ)　氏名(しめい)　氏族(しぞく)　某氏(ぼうし)

森氏(もりし)　華氏(かし)⟷摂氏(せっし)　源氏物語(げんじものがたり)

| 許 | 許 | 10課　11画 2級　教育 | キョ ゆる-す　　permit, approve |
|---|---|---|---|

患者が外出する際には、必ず医師の**許**可を得ること。

時間が**許**す限り、子どもと公園で遊ぶようにしている。

〜ヲ許す(ゆるす)　　　特許(とっきょ)　　　　〜ヲ許容(きょよう)スル

〜ヲ許可(きょか)スル　　〜ヲ許諾(きょだく)スル　　免許証(めんきょしょう)

| 背 | 背 | 10課　9画 2級　教育 | ハイ せ　せい　そむ-く　そむ-ける　back, one's height, rebel, disobey |
|---|---|---|---|

赤ん坊を**背**負った若い母親に席をゆずった。

親の期待に**背**いてしまったことが心苦しい。

背(せ)　　　　　　背中(せなか)　　　　〜ヲ背負う(せおう)　　背番号(せばんごう)

中肉中背(ちゅうにくちゅうぜい)　　　　〜ニ背(そむ)く　　　　背後(はいご)

背徳(はいとく)　　　背景(はいけい)　　　背任(はいにん)　　　背信(はいしん)

背反(はいはん)スル　　背水の陣(はいすいのじん)

# 第11課

活字体　筆記体　課／画数／級／種別　音読み【音符】／訓読み／意味

| 診 診 | 11課　12画 | シン | |
|---|---|---|---|
| | 1級　常用 | み-る | examine, see(a patient), diagnose |

体調が思わしくないので、医者の**診察**を受けた。
プロポーズの前に相手の気持ちを**打診**しておきたい。

～ヲ**診**る(みる)　　～ヲ**診**断(しんだん)スル　　～ヲ**診**察(しんさつ)スル　　～ヲ**診**療(しんりょう)スル

～ヲ検**診**(けんしん)スル　　～ヲ往**診**(おうしん)スル　　～ヲ打**診**(だしん)スル

誤**診**(ごしん)スル　　**診**察日(しんさつび)　　休**診**日(きゅうしんび)　　**診**療所(しんりょうじょ)

聴**診**器(ちょうしんき)　　定期検**診**(ていきけんしん)　　健康**診**断書(けんこうしんだんしょ)

| 疾 疾 | 11課　10画 | シツ | |
|---|---|---|---|
| | 1級　常用 | | disease, rapidly |

水虫などの皮膚の**疾患**は、根気よい治療が必要だ。
出発のベルが鳴っていたが、全力**疾走**して電車に間に合った。

**疾**病(しっぺい)　　**疾**患(しっかん)　　**疾**風(しっぷう)　　眼**疾**(がんしつ)　　**疾**走(しっそう)スル

| 察 察 | 11課　14画 | サツ | 察【サツ】→察　擦 |
|---|---|---|---|
| | ②級　教育 | | guess, infer, see |

この記録は**観察**が細かく、昆虫の生態をよくとらえている。
**警察**は暴力団の動きを事前に**察知**した。

～ヲ**察**する(さっする)　　　查**察**(ささつ)　　　　　～ヲ**察**知(さっち)スル

～ヲ診**察**(しんさつ)スル　　～ヲ観**察**(かんさつ)スル　　考**察**(こうさつ)スル

～ヲ視**察**(しさつ)スル　　　推**察**(すいさつ)スル　　　洞**察**力(どうさつりょく)

**警察**署(けいさつしょ)　　　**警察**官(けいさつかん)　　　検**察**庁(けんさつちょう)

| 症 症 | 11課　10画 | ショウ | 正【ショウ】→正　証　症　*征(セイ) |
|---|---|---|---|
| | 1級　常用 | | illness, symptoms |

事故にあったと聞いて心配したが、幸い**症状**は軽いらしい。
このけがが治っても、マヒなどの**後遺症**が残ると言われた。

**症**状(しょうじょう)　　　軽**症**(けいしょう)⟷重**症**(じゅうしょう)

炎**症**(えんしょう)　　　　**症**候群(しょうこうぐん)　　　狭心**症**(きょうしんしょう)

後遺**症**(こういしょう)　　合併**症**(がっぺいしょう)　　　健忘**症**(けんぼうしょう)

既往**症**(きおうしょう)　　対**症**療法(たいしょうりょうほう)　　自覚**症**状(じかくしょうじょう)

| 触 | 触 | 11課　13画<br>②級　常用 | ショク<br>ふ-れる　さわ-る　　touch, announce, catalyst |
|---|---|---|---|

医者はその病人に人との**接触**を制限し、安静が保てるようにした。
薬は小さい子の手に**触れ**ないところに保管してください。

~ニ触る(さわる)　　~ニ触れる(ふれる)　肌触り(はだざわり)　　前触れ(まえぶれ)
触媒(しょくばい)　　触感(しょっかん)　　感触(かんしょく)　　触発(しょくはつ)スル
触診(しょくしん)スル　~ト/ニ接触(せっしょく)スル　　　　接触事故(せっしょくじこ)

| 児 | 児 | 11課　7画<br>②級　教育 | ジ　*ニ　［*ゴ］<br>　　　　child |
|---|---|---|---|

まだ言葉が話せない**乳幼児**の診察には神経を使う。
病院は経営不振のため、**小児科**を閉鎖することにした。

乳児(にゅうじ)　　幼児(ようじ)　　　児童(じどう)　　遺児(いじ)　　孤児(こじ)
育児(いくじ)　　託児所(たくじしょ)　~歳児(さいじ)　　乳幼児(にゅうようじ)
幼稚園児(ようちえんじ)　　　　【地名】*鹿児島(かごしま)　　*小児科(しょうにか)

| 童 | 童 | 11課　12画<br>②級　教育 | ドウ<br>(わらべ)　　child, juvenile |
|---|---|---|---|

この町で就学している**児童**・生徒の数は減少を続けている。
最近の子供は、**童謡**の代わりにアニメのテーマソングを歌う。

児童(じどう)　　学童(がくどう)　　童話(どうわ)　　　　童謡(どうよう)
童心(どうしん)　　童顔(どうがん)　　児童文学(じどうぶんがく)　　学童保育(がくどうほいく)

| 妊 | 妊 | 11課　7画<br>①級　常用 | ニン　　　　王【ニン】→任　妊<br>　　　　be pregnant |
|---|---|---|---|

若い女性の**妊娠**中絶の増加が社会問題になっている。
人口増加を抑制する対策として**避妊**を奨励した。

妊婦(にんぷ)　　　　避妊(ひにん)スル　　懐妊(かいにん)スル　　妊娠(にんしん)スル
不妊症(ふにんしょう)　避妊薬(ひにんやく)　妊娠中絶(にんしんちゅうぜつ)

| 婦 | 婦 | 11課　11画<br>②級　教育 | フ<br>　　　　woman, wife |
|---|---|---|---|

最近、「**婦人**」は、「**婦人**服」や「産**婦**人科」のほかあまり使われなくなった。
車内で**妊婦**やお年寄りに席をゆずる若者はまれだ。

婦人(ふじん)　　　　夫婦(ふうふ)　　　　主婦(しゅふ)　　　　妊婦(にんぷ)
看護婦(かんごふ)＝看護師　　保健婦(ほけんふ)＝保健師　　産婦人科(さんふじんか)

| 乳 | 乳 | 11課　　8画 | ニュウ | |
|---|---|---|---|---|
| | | ② 級　　教育 | ちち　ち | milk, the breasts |

母乳は消化吸収に優れ、栄養もバランスよく含まれている。
ヨーグルトやチーズのような乳製品は、成長期の子どもには欠かせない。

乳(ちち)　　乳飲み子(ちのみご)　　牛乳(ぎゅうにゅう)　　母乳(ぼにゅう)　　豆乳(とうにゅう)
練乳(れんにゅう)　　　乳液(にゅうえき)　　　　乳児(にゅうじ)　　　乳化(にゅうか)スル
〜ニ授乳(じゅにゅう)スル　　乳製品(にゅうせいひん)　　脱脂乳(だっしにゅう)
乳酸菌(にゅうさんきん)　　離乳食(りにゅうしょく)　　哺乳類(ほにゅうるい)
*乳母車(うばぐるま)

| 幼 | 幼 | 11課　　5画 | ヨウ | |
|---|---|---|---|---|
| | | ② 級　　教育 | おさな-い | young, infant, childhood |

幼児期の豊かな人間関係が現在の彼をつくったと言っても過言ではない。
幼稚園時代はよく近所の山へ遠足に行き、皆でお弁当を食べるのが楽しみだった。

幼い(おさない)　　　　幼友達(おさなともだち)　　幼児(ようじ)　　　幼虫(ようちゅう)
乳幼児(にゅうようじ)　　幼年(ようねん)　　　　　幼児期(ようじき)
幼稚園(ようちえん)　　　長幼の序(ちょうようのじょ)

| 項 | 項 | 11課　　12画 | コウ | エ【コウ】→エ　江　功　紅　貢　項　攻 |
|---|---|---|---|---|
| | | 1 級　　常用 | | item, clause |

集めた資料を項目別に整理した。
修学旅行の注意事項を書いたプリントを生徒に配った。

項目(こうもく)　　　事項(じこう)　　　前項(ぜんこう)◆➡後項(こうこう)　　別項(べっこう)
条項(じょうこう)　　要項(ようこう)　　決議事項(けつぎじこう)　　入試要項(にゅうしようこう)

| 聴 | 聴 | 11課　　17画 | チョウ | |
|---|---|---|---|---|
| | | 1 級　　常用 | き-く | listen, hear |

聴覚障害児教育では、口話法とともに手話法も取り入れている。
超満員の聴衆を前に、博士はおもむろに講演を始めた。

〜ヲ聴く(きく)　　　　　聴力(ちょうりょく)　　　聴覚(ちょうかく)　　　聴衆(ちょうしゅう)
〜ヲ聴取(ちょうしゅ)スル　〜ヲ聴講(ちょうこう)スル　〜ヲ傍聴(ぼうちょう)スル
〜ヲ傾聴(けいちょう)スル　聴診器(ちょうしんき)　　　聴講生(ちょうこうせい)
視聴者(しちょうしゃ)　　　傍聴人(ぼうちょうにん)　　補聴器(ほちょうき)
事情聴取(じじょうちょうしゅ)　　　　　　　聴覚障害児(ちょうかくしょうがいじ)

| 尿 | 尿 | 11課　7画<br>1級　常用 | ニョウ<br>urine |
|---|---|---|---|

尿を検査すると、肝臓の異常や**糖尿病**などが発見できる。
**夜尿症**は、大人になれば治ることが多い。

尿(にょう)　　　　　尿意(にょうい)　　　　尿素(にょうそ)　尿管(にょうかん)
尿検査(にょうけんさ)　　利尿剤(りにょうざい)　　糖尿病(とうにょうびょう)
尿毒症(にょうどくしょう)　夜尿症(やにょうしょう)　泌尿器科(ひにょうきか)

| 血 | 血 | 11課　6画<br>②級　教育 | ケツ<br>ち　　　blood |
|---|---|---|---|

酸素や栄養分は体内を流れる**血液**によって運ばれる。
競走馬は**血統**によって能力が測られ、値段が決まる。

血(ち)　鼻血(はなぢ)　　血液(けつえき)　　　血管(けっかん)　　血行(けっこう)
血圧(けつあつ)　　　　出血(しゅっけつ)スル　吐血(とけつ)スル　～ヲ輸血(ゆけつ)スル
献血(けんけつ)スル　　血液型(けつえきがた)　血統書(けっとうしょ)
血糖値(けっとうち)　　高血圧(こうけつあつ)　血友病(けつゆうびょう)
白血病(はっけつびょう)　貧血症(ひんけつしょう)　血縁関係(けつえんかんけい)

| 液 | 液 | 11課　11画<br>②級　教育 | エキ<br>liquid, juice |
|---|---|---|---|

水は**液体**であるが、熱を加えると気体に変化する。
ヨウ素の**溶液**は無色だが、でんぷんと反応すると青紫色に変わる。

液体(えきたい)　　　液状(えきじょう)　血液(けつえき)　　　体液(たいえき)
胃液(いえき)　　　　唾液(だえき)　　粘液(ねんえき)　　　乳液(にゅうえき)
溶液(ようえき)　　　液化(えきか)スル　水溶液(すいようえき)　消毒液(しょうどくえき)

| 肺 | 肺 | 11課　9画<br>1級　教育 | ハイ<br>lung |
|---|---|---|---|

祖母は若いころ**肺結核**を患い、長い間療養生活を送った。
父は、たばこの吸い過ぎで**肺ガン**になると医者におどかされた。

肺臓(はいぞう)　　　　肺炎(はいえん)　　　肺病(はいびょう)　　肺ガン(はいがん)
肺活量(はいかつりょう)　肺結核(はいけっかく)

| 胃 | 胃 | 11課　9画 2級　教育 | イ stomach |
|---|---|---|---|

現代社会はストレスが多く、**胃痛**を訴えたり**胃炎**にかかったりする人が多い。
私は風邪薬(かぜぐすり)と**胃腸薬**を常備薬としていつも携帯している。

胃(い)　胃袋(いぶくろ)　　胃液(いえき)　　　胃酸(いさん)　　　胃炎(いえん)
胃痛(いつう)　　　　　　　胃癌(いがん)　　　胃潰瘍(いかいよう)　胃腸薬(いちょうやく)

| 腸 | 腸 | 11課　13画 1級　教育 | チョウ intestines, guts |
|---|---|---|---|

腸は消化器の一つで、栄養分と水分の消化吸収を行う。
食べ物は胃から**十二指腸・小腸・大腸**へと移動する。

腸(ちょう)　大腸(だいちょう)　小腸(しょうちょう)　盲腸(もうちょう)　腸炎(ちょうえん)
胃腸薬(いちょうやく)　腸閉塞(ちょうへいそく)　十二指腸(じゅうにしちょう)

| 臓 | 臓 | 11課　19画 2級　教育 | ゾウ　　　蔵【ゾウ】→蔵　臓 internal organs, entrails |
|---|---|---|---|

内臓のどこが悪いのか特定できずに、検査を繰り返した。
臓器移植のあり方については新聞でつねに大きく取り上げられている。

臓器(ぞうき)　　　　　　　内臓(ないぞう)　　　　心臓(しんぞう)　　　　肝臓(かんぞう)
肺臓(はいぞう)　　　　　　腎臓(じんぞう)　　　　腎臓結石(じんぞうけっせき)
臓器移植(ぞうきいしょく)　心臓発作(しんぞうほっさ)

| 肝 | 肝 | 11課　7画 1級　常用 | カン　　　干【カン】→干　刊　汗　肝　幹 きも　　liver, courage |
|---|---|---|---|

肝臓の細胞は再生能力が高いので、切り取っても、もとにもどる。
アメリカで働きたいが、肝心な英語が苦手で困っている。

肝(きも)　　肝試し(きもだめし)　　肝臓(かんぞう)　　肝炎(かんえん)　　肝要(かんよう)ナ
肝心(かんじん)ナ＝肝腎(かんじん)ナ　肝硬変(かんこうへん)

| 脳 | 脳 | 11課　11画 2級　教育 | ノウ　　　甾【ノウ】→脳　悩 brain |
|---|---|---|---|

成人男性の脳の重さは1350ｇで、体重の約２％を占める。
来月、パリで主要７カ国の首脳会談が開かれる。

脳(のう)　大脳(だいのう)　小脳(しょうのう)　　　脳波(のうは)　　　脳炎(のうえん)

脳死(のうし)　　　頭脳(ずのう)　　　首脳(しゅのう)　　　～ヲ洗脳(せんのう)スル

脳外科(のうげか)　脳出血(のうしゅっけつ)　脳血栓(のうけっせん)

活字体　筆記体　課／画数／級／種別　音読み【音符】／訓読み／意味

| 筋 | 筋 | 11課　12画 1級　教育 | キン すじ　　　　　　muscle, plot, authority |
|---|---|---|---|

彼がスポーツ万能だということは、その**筋肉質**の体を見ればわかる。

**政府筋**の情報によると、夏には国会が解散し総選挙を行うことになるそうだ。

---

筋(すじ)　筋書き(すじがき)　大筋(おおすじ)　血筋(ちすじ)　背筋(せすじ)　本筋(ほんすじ)

政府筋(せいふすじ)　　　消息筋(しょうそくすじ)　　　筋肉(きんにく)

筋力(きんりょく)　　　腹筋(ふっきん)　　　　鉄筋(てっきん)　筋肉質(きんにくしつ)

心筋梗塞(しんきんこうそく)

| 骨 | 骨 | 11課　10画 2級　教育 | コツ ほね　　　　　　bones, frames |
|---|---|---|---|

スキーで足を**骨折**し、ギブスをつけたまま自転車で通学した。

計画の**骨子**は決まったが、細部に関してはまだ検討中だ。

---

骨(ほね)　骨組み(ほねぐみ)　背骨(せぼね)　骨格(こっかく)　骨子(こっし)　骨髄(こつずい)

軟骨(なんこつ)　　　　肋骨(ろっこつ)　　　気骨(きこつ)　　　～ヲ骨折(こっせつ)スル

武骨(ぶこつ)ナ　　　　接骨医(せっこつい)　反骨精神(はんこつせいしん)

| 腹 | 腹 | 11課　13画 2級　教育 | フク　　　　　　復【フク】→復　腹　複　覆 はら　　　　　　belly, stomach |
|---|---|---|---|

今日は忙しくて朝から何も食べていないのでひどく**空腹**を感じる。

世の中には**腹**の立つことが多い。

---

腹(はら)　　　　　　太っ腹(ふとっぱら)　腹部(ふくぶ)　　腹痛(ふくつう)

腹案(ふくあん)　　　　腹心(ふくしん)　　　山腹(さんぷく)　中腹(ちゅうふく)

空腹(くうふく)⟷満腹(まんぷく)　　　　～ニ立腹(りっぷく)スル

| 患 | 患 | 11課　11画 1級　常用 | カン わずら-う　　be ill, suffer from, worries |
|---|---|---|---|

**患者**の気持ちになって治療を考える医者になりたい。

彼女は小さいとき小児ぜんそくを**患**っていたが、今ではすっかり健康だ。

---

～ヲ患う(わずらう)　　　長患い(ながわずらい)　患部(かんぶ)　　患者(かんじゃ)

疾患(しっかん)　　　　急患(きゅうかん)　　内憂外患(ないゆうがいかん)

| 候 | 候 | 11課　10画 | コウ |
| --- | --- | --- | --- |
| | | 2級　教育 | (\*そうろう)　　season, weather, climate |

日本の**気候**は、季節ごとの差が大きく、変化に富んでいるのが特色だ。
**症候群**というのは、いくつかの症状が同時に発生する独特な病気のことである。

気候(きこう)　　　　　天候(てんこう)　　　兆候(ちょうこう)　　　候補(こうほ)
症候群(しょうこうぐん)　測候所(そっこうじょ)　立候補(りっこうほ)スル

## 第12課

| 栄 | 栄 | 12課　9画 | エイ |
| --- | --- | --- | --- |
| | | 2級　教育 | さか-える　は-える　は-え　　glory, prosperity, vanity |

タマゴは**栄養価**が高い食べ物である。
この町はかつて絹織物産業で**栄えた**。

栄える(さかえる/はえる)　栄光(えいこう)　　　栄誉(えいよ)　　栄養(えいよう)
光栄(こうえい)　　　　　繁栄(はんえい)スル　栄養素(えいようそ)
栄養価(えいようか)　　　虚栄心(きょえいしん)　\*見栄(みえ)

| 酸 | 酸 | 12課　14画 | サン |
| --- | --- | --- | --- |
| | | 1級　教育 | (す-い)　　　　acid, sour |

空気中でものが燃えるのは、空気に**酸素**が含まれているからである。
ヨーグルトは牛乳を**乳酸菌**で発酵させたものである。

酸(さん)　酸性(さんせい)⬄アルカリ性　酸素(さんそ)　炭酸(たんさん)　塩酸(えんさん)
硫酸(りゅうさん)　　　尿酸(にょうさん)　　　脂肪酸(しぼうさん)　　酸化(さんか)スル
酸化物(さんかぶつ)　水酸化物(すいさんかぶつ)　乳酸菌(にゅうさんきん)

| 秒 | 秒 | 12課　9画 | ビョウ |
| --- | --- | --- | --- |
| | | 2級　教育 | second (of time) |

クラスの友達と100メートルを**何秒**で走れるかを競った。
ロケット発射の時が近づき、いよいよ**秒読み**が始まった。

秒速(びょうそく)　　　　毎秒(まいびょう)　　　何秒(なんびょう)　数秒(すうびょう)
秒読み(びょうよみ)

| 糖 | 糖 | 12課　16画 | トウ　　　　唐【トウ】→唐　糖 |
| --- | --- | --- | --- |
| | | 1級　教育 | sugar |

**砂糖**はサトウキビなどを原料とし、それを精製したものである。
血液に含まれる**ブドウ糖**の値を**血糖値**という。

糖(とう)　砂糖(さとう)　糖分(とうぶん)　糖質(とうしつ)　糖類(とうるい)
果糖(かとう)　ブドウ糖(とう)　血糖値(けっとうち)　糖尿病(とうにょうびょう)

活字体　筆記体　課／画数／級／種別　音読み【音符】／訓読み／意味

| 炭 | 炭 | 12課　9画 | タン | |
|---|---|---|---|---|
| | | ②級　教育 | すみ | charcoal, coal, carbon |

炭水化物は主に植物の体内で作られ動物の栄養となる。
かつて北九州は炭坑が多く、それが工業化の基盤となった。

炭(すみ)　木炭(もくたん)　石炭(せきたん)　炭坑(たんこう)　炭素(たんそ)
炭化(たんか)スル　　炭酸(たんさん)　　活性炭(かっせいたん)　炭水化物(たんすいかぶつ)
一酸化炭素(いっさんかたんそ)　　　二酸化炭素(にさんかたんそ)

| 脂 | 脂 | 12課　10画 | シ | 旨【シ】→旨　指　脂 |
|---|---|---|---|---|
| | | ②級　常用 | あぶら | fat, lard, resin |

牛乳から脂肪分をとって粉にしたものを脱脂粉乳という。
プラスチックは合成樹脂とも呼ばれる。

脂(あぶら)　脂肪(しぼう)　脂質(ししつ)　油脂(ゆし)　樹脂(じゅし)　皮脂(ひし)
脂肪酸(しぼうさん)　脂肪分(しぼうぶん)　脱脂粉乳(だっしふんにゅう)

| 肪 | 肪 | 12課　8画 | ボウ | 方【ボウ】→房　坊　妨　防　肪　紡 |
|---|---|---|---|---|
| | | 1級　常用 | | fat |

最近、体内の脂肪の比率をパーセント表示する高性能体重計、体脂肪計が売られている。
夏にビールを飲み過ぎて、お腹に脂肪がついた。

脂肪(しぼう)　　　　　　脂肪酸(しぼうさん)　体脂肪計(たいしぼうけい)

| 穀 | 穀 | 12課　14画 | コク | |
|---|---|---|---|---|
| | | 1級　教育 | | grain, cereals |

米や麦などの穀物は長期の保存が可能である。
「日本の穀倉地帯」といえば、米が日本各地へ送れるほどとれる地方、という意味である。

穀物(こくもつ)　　　　穀類(こくるい)　　　　雑穀(ざっこく)　～ヲ脱穀(だっこく)スル
穀倉地帯(こくそうちたい)

| 植 | 植 | 12課　12画 | ショク | 直【ショク】→殖　植　*直(チョク) |
|---|---|---|---|---|
| | | ②級　教育 | う-える　う-わる | plants, plant |

私の趣味は植物栽培で、花や野菜をつくっている。
現在、臓器移植にからんで、脳死の問題がクローズアップされている。

植える(うえる)　　植木(うえき)　　　田植え(たうえ)　　　植物(しょくぶつ)
植字(しょくじ)　　誤植(ごしょく)　　植林(しょくりん)スル　～ヲ植樹(しょくじゅ)スル
～ヲ移植(いしょく)スル　　植民地(しょくみんち)　　植物園(しょくぶつえん)

| 含 含 | 12課　7画<br>②級　常用 | ガン<br>ふく-む　ふく-める　　　include, understand |
|---|---|---|

私の家族は、父母と二人の兄と私を含めて五人だ。
この鉱山の金鉱石は、金の含有量が多いことで有名だ。

～ヲ含む(ふくむ)　　　～ヲ含める(ふくめる)　　～ヲ言い含める(いいふくめる)　　含蓄(がんちく)
～ヲ含有(がんゆう)スル　　　～ヲ包含(ほうがん)スル　　含有量(がんゆうりょう)

| 吸 吸 | 12課　6画<br>②級　教育 | キュウ　　　　　　及【キュウ】→及　級　吸<br>す-う　　　suck, sip, inhale |
|---|---|---|

仕事に疲れたら、外に出て大きく息を吸い込むと、頭がすっきりする。
腸は、胃が消化した食べ物を栄養分として吸収する働きがある。

～ヲ吸う(すう)　～ヲ吸い込む(すいこむ)　吸い取る(すいとる)
～ヲ吸収(きゅうしゅう)スル　　　～ヲ吸入(きゅうにゅう)スル　　　～ヲ吸引(きゅういん)スル
呼吸(こきゅう)スル　　　呼吸器(こきゅうき)　　　酸素吸入器(さんそきゅうにゅうき)

| 菌 菌 | 12課　11画<br>1級　常用 | キン<br>　　　germs, bacteria |
|---|---|---|

落ち葉などを積んでおくと、細菌の働きによって分解され、よい肥料(ひりょう)ができる。
入院中に別の病原菌に触れ、新たな病気を併発することがある。

菌(きん)＝バクテリア　菌類(きんるい)　　　細菌(さいきん)　　　黴菌(ばいきん)
雑菌(ざっきん)　　　抗菌(こうきん)　　　～ヲ殺菌(さっきん)スル　滅菌(めっきん)スル
病原菌(びょうげんきん)　大腸菌(だいちょうきん)　　　　　　　　乳酸菌(にゅうさんきん)

| 胞 胞 | 12課　9画<br>1級　常用 | ホウ　　　　　　包【ホウ】→包　抱　胞　砲　飽　泡<br>sac, sheath |
|---|---|---|

一つの細胞が二つ以上の細胞に分かれることを細胞分裂と言う。
細胞工学では有用物質の生産や新品種の育成を目指している。

細胞(さいぼう)　胞子(ほうし)　気胞(きほう)　同胞(どうほう)　細胞膜(さいぼうまく)
細胞分裂(さいぼうぶんれつ)　細胞工学(さいぼうこうがく)

| 塩 塩 | 12課　13画<br>②級　教育 | エン<br>しお　　　salt, chloride |
|---|---|---|

塩分の取り過ぎは体によくない。
敵に塩を送るというのは、敵の苦境を助けるということだ。

| | | | |
|---|---|---|---|
| 塩(しお) | 塩味(しおあじ) | 塩水(しおみず) | 塩辛い(しおからい) |
| 塩分(えんぶん) | 塩田(えんでん) | 食塩(しょくえん) | 岩塩(がんえん) |
| 塩素(えんそ) | 塩基(えんき) | 塩酸(えんさん) | 塩化物(えんかぶつ) |

| 窒 | 窒 | 12課　11画 | チツ |
| --- | --- | --- | --- |
| | | 1級　常用 | plug up, nitrogen |

窒素は常温では無味無臭の気体で、元素記号はNである。

軍事政権下では自由な発言や表現が禁止され、国民は窒息しそうな状態だった。

窒素(ちっそ)　窒素肥料(ちっそひりょう)　窒息(ちっそく)スル　窒息死(ちっそくし)スル

| 硫 | 硫 | 12課　12画 | リュウ　　　充【リュウ】→流　硫 |
| --- | --- | --- | --- |
| | | 1級　常用 | sulfur |

この温泉の主な成分は硫黄なので、ちょっと臭いがきつい。

消化器官のX線診断には硫酸バリウムの造影剤が用いられる。

硫酸(りゅうさん)　硫化鉄(りゅうかてつ)　＊硫黄(いおう)

| 剤 | 剤 | 12課　10画 | ザイ |
| --- | --- | --- | --- |
| | | 1級　常用 | medicine, drug |

薬局に行って薬剤師に相談したら、よく効く薬を出してくれた。

最近いい漂白剤ができたので、洗濯(せんたく)が楽だ。

薬剤(やくざい)　錠剤(じょうざい)　下剤(げざい)　洗剤(せんざい)　製剤(せいざい)

薬剤師(やくざいし)　栄養剤(えいようざい)　解熱剤(げねつざい)　漂白剤(ひょうはくざい)

防腐剤(ぼうふざい)　乳化剤(にゅうかざい)　殺虫剤(さっちゅうざい)　止血剤(しけつざい)

| 砂 | 砂 | 12課　9画 | サ　＊シャ |
| --- | --- | --- | --- |
| | | 2級　教育 | すな　　　sand |

利権を求める人々が砂糖に群がるアリのように集まってきた。

世界一大きな砂漠はサハラ砂漠である。

砂(すな)　砂浜(すなはま)　砂場(すなば)　砂糖(さとう)　砂金(さきん)　砂鉄(さてつ)

砂漠(さばく)　砂丘(さきゅう)　防砂林(ぼうさりん)　＊砂利(じゃり)　＊土砂(どしゃ)

| 繊 | 繊 | 12課　17画 | セン |
| --- | --- | --- | --- |
| | | 1級　常用 | fine, slender |

化学繊維の開発によって、薄くて丈夫な布地ができるようになった。

病弱で繊細なその少年は、一人で詩を読んで過ごすことが多かった。

繊維(せんい)　繊細(せんさい)ナ　化学繊維(かがくせんい)　合成繊維(ごうせいせんい)

| 殺 | 殺 | 12課　10画 | サツ　（*サイ）　*セツ |
| --- | --- | --- | --- |
| | | ②級　教育 | ころ-す　　kill, lessen, butcher |

熱湯で殺菌したおしぼりのサービスがあった。
現場近くで逮捕された浮浪者<sub>ふろうしゃ</sub>が殺人事件の犯人である可能性は少ない。

殺す(ころす)　　殺し屋(ころしや)　　殺人(さつじん)　　　　殺意(さつい)

他殺(たさつ)　　自殺(じさつ)スル　　～ヲ殺害(さつがい)スル　　～ヲ殺傷(さっしょう)スル

～ヲ暗殺(あんさつ)スル　　～ニ殺到(さっとう)スル　　　～ヲ黙殺(もくさつ)スル

～ヲ虐殺(ぎゃくさつ)スル　　殺伐(さつばつ)とした　　　殺虫剤(さっちゅうざい)

殺菌力(さっきんりょく)　　殺風景(さっぷうけい)　　　*殺生(せっしょう)

| 滅 | 滅 | 12課　13画 | メツ |
| --- | --- | --- | --- |
| | | 1級　常用 | ほろ-びる　ほろ-ぼす　　fall into, ruin, perish, destroy |

開発が進むにつれて自然が滅びていく。
古代都市ポンペイは火山の爆発により一夜にして滅亡した。

滅びる(ほろびる)　　～ヲ滅ぼす(ほろぼす)　　不滅(ふめつ)　　滅亡(めつぼう)スル

死滅(しめつ)スル　　破滅(はめつ)スル　　　　全滅(ぜんめつ)スル

絶滅(ぜつめつ)スル　　～ヲ撲滅(ぼくめつ)スル　　消滅(しょうめつ)スル

点滅(てんめつ)スル　　～ヲ滅菌(めっきん)スル

| 抗 | 抗 | 12課　7画 | コウ　　　　　　　亢【コウ】→坑　抗　航 |
| --- | --- | --- | --- |
| | | 1級　常用 | resist, anti-, oppose |

大型スーパーの進出計画は、地元商店街の激しい抵抗にあった。
少年は無理解な親に反抗して家出をした。

～ニ抗(こう)スル　　抗争(こうそう)　　抗戦(こうせん)　　抗菌(こうきん)　　抗体(こうたい)

～ニ抵抗(ていこう)スル　　～ニ対抗(たいこう)スル　　～ニ反抗(はんこう)スル

～ニ抗議(こうぎ)スル　　～ト拮抗(きっこう)スル　　抗生物質(こうせいぶっしつ)

不可抗力(ふかこうりょく)　　抗(こう)ヒスタミン剤(ざい)

抗原抗体反応(こうげんこうたいはんのう)

# 第13課

活字体　筆記体　課／画数／級／種別　音読み【音符】／訓読み／意味

| 典 | 典 | 13課　8画 | テン |
|---|---|---|---|
| | | 1級　(教育) | [*のり]　　standard, rule, ceremony, text |

五十音順は、日本の辞書や百科事典の典型的な配列法だ。
テキストの出典を明らかにせよ。

---

典型(てんけい)　　　　　出典(しゅってん)　　　辞典(じてん)　　法典(ほうてん)
教典(きょうてん)　　　　原典(げんてん)　　　　古典(こてん)　　祭典(さいてん)
式典(しきてん)　　　　　特典(とくてん)　　　　典型的(てんけいてき)ナ
百科事典(ひゃっかじてん)　【人名】*典子(のりこ)

| 晶 | 晶 | 13課　12画 | ショウ |
|---|---|---|---|
| | | 1級　常用 | [*あきら／あき]　　　crystal |

水晶やダイヤモンドのように、原子が規則正しく配列した物質を結晶という。
占い師は水晶の玉を使って占った。

---

結晶(けっしょう)　　　　水晶(すいしょう)　　　【人名】*晶(あきら)　*晶子(あきこ)

| 粒 | 粒 | 13課　11画 | リュウ |
|---|---|---|---|
| | | (2級)　常用 | つぶ　　　grains, particles, drop |

昔の人は米の一粒一粒まで残さず食べるように子どもたちに教えた。
物質は、原子、分子、イオンなどの粒子からできている。

---

粒(つぶ)　　　　　一粒(ひとつぶ)　　　米粒(こめつぶ)　　　　粒状(つぶじょう)
粒子(りゅうし)　　　素粒子(そりゅうし)　　微粒子(びりゅうし)　　顆粒(かりゅう)

| 膨 | 膨 | 13課　16画 | ボウ |
|---|---|---|---|
| | | 1級　常用 | ふく-らむ　ふく-れる　expand |

その会社は膨大な赤字を抱えて、倒産した。
新入生は希望に胸を大きく膨らませていた。

---

膨らむ(ふくらむ)　　～ヲ膨らます(ふくらます)　　膨れる(ふくれる)
膨大(ぼうだい)ナ　　膨張(ぼうちょう)スル

| 逆 | 逆 | 13課　9画 | ギャク |
| --- | --- | --- | --- |
| | | (2級)(教育) | さか-らう　さか　　　reverse, opposite |

逆数とは、ある数にかけ算した結果が1となる数である。
車は、突然、逆方向に走り出した。

~ニ逆らう(さからう)　逆さ(さかさ)　逆立ち(さかだち)　逆(ぎゃく)に　逆数(ぎゃくすう)
逆接(ぎゃくせつ)⟷順接(じゅんせつ)　逆境(ぎゃっきょう)　逆転(ぎゃくてん)スル
逆流(ぎゃくりゅう)スル　~ヲ逆算(ぎゃくさん)スル　逆上(ぎゃくじょう)スル
~ニ逆行(ぎゃっこう)スル　~ニ逆襲(ぎゃくしゅう)スル　~ニ反逆(はんぎゃく)スル
逆方向(ぎゃくほうこう)　逆効果(ぎゃくこうか)

| 凝 | 凝 | 13課　16画 | ギョウ |
| --- | --- | --- | --- |
| | | 1級　常用 | こ-る　こ-らす　congeal, concentrate |

子供のころは、テレビゲームに凝っていた。
液体が固体になる現象を「凝固」という。

~ニ凝る(こる)　　　　　~ヲ凝らす(こらす)　　凝り固まる(こりかたまる)
凝固(ぎょうこ)スル⟷融解(ゆうかい)スル　　凝縮(ぎょうしゅく)スル
~ヲ凝視(ぎょうし)スル　　　　　　　凝集(ぎょうしゅう)スル

| 衡 | 衡 | 13課　16画 | コウ |
| --- | --- | --- | --- |
| | | 1級　常用 | balance |

彼は体操選手で、平衡感覚が非常に優れている。
実力が均衡したチーム同士の白熱した試合を見た。

平衡(へいこう)　均衡(きんこう)スル　不均衡(ふきんこう)　平衡感覚(へいこうかんかく)

| 巻 | 巻 | 13課　9画 | カン |
| --- | --- | --- | --- |
| | | (2級)(教育) | ま-く　まき　roll up, volume, scroll |

巻末にある索引を調べれば、この字の読み方がすぐわかる。
赤いマフラーを首に巻いている。

~ヲ巻く(まく)　~ヲ取り巻く(とりまく)　~ヲ巻き込む(まきこむ)　巻尺(まきじゃく)
葉巻(はまき)　海苔巻(のりまき)　巻頭(かんとう)　巻末(かんまつ)　全巻(ぜんかん)
上巻(じょうかん)　下巻(げかん)　第三巻(だいさんかん)　圧巻(あっかん)

| 銃 | 銃 | 13課　14画 | ジュウ　　　　充【ジュウ】→充　銃 |
| --- | --- | --- | --- |
| | | 1級　常用 | guns |

隣の部屋から銃声が聞こえた。
暴力団組員が、銃刀法違反で逮捕された。

銃(じゅう)　ライフル銃(じゅう)　銃弾(じゅうだん)　銃声(じゅうせい)　拳銃(けんじゅう)
銃刀法(じゅうとうほう)　銃撃戦(じゅうげきせん)　機関銃(きかんじゅう)

| 丸 | 丸 | 13課　3画 | ガン |
|---|---|---|---|
| | | ② 級　教育 | まる-い　まる-める　まる　　round, whole |

弾丸を発射する小型の武器を「銃」という。
僕（ぼく）が丸坊主になったのを見て、妹は目を丸くして驚いた。

丸(まる)　丸い(まるい)　丸める(まるめる)　丸焼け(まるやけ)　丸坊主(まるぼうず)
日の丸(ひのまる)　丸暗記(まるあんき)スル　丸薬(がんやく)　　弾丸(だんがん)

| 宇 | 宇 | 13課　6画 | ウ |
|---|---|---|---|
| | | ② 級　教育 | 　　　　universe |

宇宙には、人類以外にも知的生命体が存在するかもしれない。
栃木県の県庁所在地は、宇都宮だ。

宇宙(うちゅう)　　　　宇宙船(うちゅうせん)　宇宙服(うちゅうふく)
小宇宙(しょううちゅう)　　宇宙飛行士(うちゅうひこうし)　【地名】宇都宮(うつのみや)

| 宙 | 宙 | 13課　8画 | チュウ　　　　由【チュウ】→宙　抽　*由(ユウ)　*油(ユ) |
|---|---|---|---|
| | | ② 級　教育 | 　　　　space, mid-air |

近い将来、一般の人が宇宙旅行を楽しむ時代が来るかもしれない。
人間の体が宙に浮くというマジックを見た。

宙(ちゅう)　宙返り(ちゅうがえり)スル　宙吊り(ちゅうづり)　宇宙旅行(うちゅうりょこう)

| 衝 | 衝 | 13課　15画 | ショウ |
|---|---|---|---|
| | | ① 級　常用 | 　　　　collide |

交差点で車とバスが正面衝突して、死傷者が出た。
テレビが戦場の衝撃的な映像を流した。

衝撃(しょうげき)　衝動(しょうどう)　～ニ衝突(しょうとつ)スル　～ト折衝(せっしょう)スル
衝撃的(しょうげきてき)ナ　衝動的(しょうどうてき)ナ　緩衝地帯(かんしょうちたい)

| 突 | 突 | 13課　8画 | トツ |
|---|---|---|---|
| | | ② 級　常用 | つ-く　　　dash, stab, thrust |

突然、あたりが暗くなって、雨が降り始めた。
追突された車が次々と前の車に追突する事故を玉突き事故という。

～ヲ突く(つく)　玉突き(たまつき)　突然(とつぜん)　突如(とつじょ)　煙突(えんとつ)
～ニ突入(とつにゅう)スル　～ニ突撃(とつげき)スル　～ニ突出(とっしゅつ)スル
～ヲ突破(とっぱ)スル　　　～ニ突進(とっしん)スル　～ニ／ト衝突(しょうとつ)スル
～ニ追突(ついとつ)スル　　～ニ激突(げきとつ)スル　突飛(とっぴ)ナ　唐突(とうとつ)ナ
突発的(とっぱつてき)ナ　突破口(とっぱこう)　　突起物(とっきぶつ)

| 蒸 | 蒸 | 13課　13画<br>②級　教育 | ジョウ<br>む-す　む-れる　む-らす　　　steam, heat |
|---|---|---|---|

やかんから出る**蒸気**で窓ガラスが曇っている。
水は、その温度が100度を越えると、沸騰（ふっとう）して**水蒸気**になる。

～ヲ蒸す(むす)　　　蒸れる(むれる)　　　～ヲ蒸らす(むらす)　　蒸し器(むしき)
蒸気(じょうき)　　　蒸発(じょうはつ)スル　　～ヲ蒸留(じょうりゅう)スル
蒸留水(じょうりゅうすい)　水蒸気(すいじょうき)　蒸気機関車(じょうききかんしゃ)

| 亜 | 亜 | 13課　7画<br>1級　常用 | ア<br>　　　　　　sub- |
|---|---|---|---|

**亜鉛**は青みをおびた銀白色の金属で、元素記号は「Zn」である。
森の中に**白亜**の城がそびえていた。

亜鉛(あえん)　　　白亜(はくあ)　　　亜熱帯(あねったい)　　　亜寒帯(あかんたい)
【地名】亜細亜(アジア)

| 鉛 | 鉛 | 13課　13画<br>1級　常用 | エン　　　　　公【エン】→沿　鉛<br>なまり　　　lead |
|---|---|---|---|

最近の子供はナイフで**鉛筆**を削ることができないらしい。
きのうの晩飲み過ぎて、今朝(けさ)は胃が**鉛**のように重い。

鉛(なまり)　　　鉛筆(えんぴつ)　　　鉛害(えんがい)　　　亜鉛(あえん)

| 零 | 零 | 13課　13画<br>②級　常用 | レイ　　　　令【レイ】→令　冷　鈴　齢　零<br>　　　zero, nothing |
|---|---|---|---|

午前**零時**は真夜中の12時、午後**零時**は正午のことである。
この地方は温暖で、冬でも**零下**になることは、めったにない。

零(れい)　　　零度(れいど)　　　零下(れいか)　　　零点(れいてん)
零時(れいじ)　　　零落(れいらく)スル　零細企業(れいさいきぎょう)

| 黄 | 黄 | 13課　11画<br>②級　教育 | オウ　＊コウ　黄【オウ】→黄　横<br>き　＊こ　　　yellow |
|---|---|---|---|

**硫黄**は、青白い炎をあげて燃える**黄色**い結晶で、火山地帯でとれる。
信号の青は「進め」、**黄色**は「注意」、赤は「止まれ」という意味だ。

黄(き)　　　黄色(きいろ)　　　黄土色(おうどいろ)　　　黄金時代(おうごんじだい)
卵黄(らんおう)　　　硫黄(いおう)　　　＊黄砂(こうさ)　　　＊黄金(こがね)

| 角 | 角 | 13課　7画<br>②級　教育 | カク<br>かど　つの　　angle, horn, corner, square |
|---|---|---|---|

あそこの**角**を左に曲がると、牛の**角**のような形をした山が見える。

三**角**形の三つの内**角**の和は180度である。

| | | | |
|---|---|---|---|
| 角(かど) | 角(つの) | 角(かく) | 角度(かくど) |
| 角質(かくしつ) | 角膜(かくまく) | 内角(ないかく) | 直角(ちょっかく) |
| 互角(ごかく) | 頭角(とうかく) | 三角形(さんかくけい) | |
| 四角形(しかくけい) | 対角線(たいかくせん) | 多角的(たかくてき)ナ | |
| 全角文字(ぜんかくもじ) | 半角文字(はんかくもじ) | 三角定規(さんかくじょうぎ) | |
| 三角関数(さんかくかんすう) | | 氷山の一角(ひょうざんのいっかく) | |

| 距 | 距 | 13課　12画<br>1級　常用 | キョ　　　巨【キョ】→巨　拒　距<br>distance |
|---|---|---|---|

**門**から建物までの**距離**は、約200メートルある。

彼は郊外に家を買ったので、**遠距離通勤**をしている。

| | | |
|---|---|---|
| 距離(きょり) | 短距離(たんきょり) | 中距離(ちゅうきょり) |
| 長距離(ちょうきょり) | 遠距離通勤(えんきょりつうきん) | |

| 径 | 径 | 13課　8画<br>1級　教育 | ケイ　　　圣【ケイ】→軽　経　径　茎<br>path, diameter |
|---|---|---|---|

円周率というのは、円周の**直径**に対する比で、約3.14である。

円や球の中心から円周や球面までの長さを**半径**という。

直径(ちょっけい)　半径(はんけい)　口径(こうけい)　径路＝経路(けいろ)

| 辺 | 辺 | 13課　5画<br>②級　教育 | ヘン<br>あた-り　べ　　vicinity, side, edge |
|---|---|---|---|

この**辺**りに銀行はありませんか。

三角形の面積は、「**底辺**かける高さ割る2」で求められる。

| | | | | | |
|---|---|---|---|---|---|
| 辺り(あたり) | 川辺(かわべ) | 浜辺(はまべ) | 水辺(みずべ) | 岸辺(きしべ) | 窓辺(まどべ) |
| 海辺(うみべ) | 辺(へん) | 辺境(へんきょう) | 底辺(ていへん) | 右辺(うへん) | 左辺(さへん) |
| 周辺(しゅうへん) | 近辺(きんぺん) | 身辺(しんぺん) | 一辺倒(いっぺんとう) | | |
| 平行四辺形(へいこうしへんけい) | 二等辺三角形(にとうへんさんかくけい) | | | | |

# 第14課

活字体　筆記体　課／画数／級／種別　音読み【音符】／訓読み／意味

| 射 | 射 | 14課　10画<br>1級　教育 | シャ<br>い-る | shoot, radiate |
|---|---|---|---|---|

原子力発電所の事故で半径30キロ以内は**放射能**に汚染されている可能性がある。
敵のミサイルが**高射砲**の**射程**距離内に入った。

| ～ヲ射る(いる) | 射撃(しゃげき) | 射程(しゃてい) | ～ヲ射殺(しゃさつ)スル |
|---|---|---|---|
| ～ヲ注射(ちゅうしゃ)スル | ～ヲ発射(はっしゃ)スル | ～ヲ反射(はんしゃ)スル | |
| ～ヲ噴射(ふんしゃ)スル | 放射(ほうしゃ)スル | 日射病(にっしゃびょう) | |
| 高射砲(こうしゃほう) | 放射線(ほうしゃせん) | 放射能(ほうしゃのう) | |

| 循 | 循 | 14課　12画<br>1級　常用 | ジュン | 盾【ジュン】→盾　循<br>circulate |
|---|---|---|---|---|

血液の**循環**が悪くて手足などが冷えやすい体質を「冷え性」という。
駅前から市内を**循環**するバスに乗って、二つ目のバス停で降りる。

　～ヲ循環(じゅんかん)スル　循環器(じゅんかんき)　悪循環(あくじゅんかん)

| 壌 | 壌 | 14課　16画<br>1級　常用 | ジョウ | 襄【ジョウ】→嬢　譲　穣　醸<br>arable soil |
|---|---|---|---|---|

農薬や工場排水などによって**土壌**汚染が深刻化している。
アジサイは、酸性の**土壌**では赤っぽい色の花をつける。

　土壌(どじょう)

| 湿 | 湿 | 14課　12画<br>2級　常用 | シツ<br>しめ-る　しめ-す | damp, wet, moist |
|---|---|---|---|---|

この実験室では、温度だけでなく**湿度**も一定に保たれている。
日本の夏は高温**多湿**で過ごしにくい。

| 湿る(しめる)⬌乾く(かわく) | 湿度(しつど) | 湿気(しっけ) | 湿地(しっち) |
|---|---|---|---|
| 湿疹(しっしん) | 多湿(たしつ) | 陰湿(いんしつ)ナ | 高温多湿(こうおんたしつ) |

| 燃 | 燃 | 14課　16画<br>2級　教育 | ネン<br>も-える　も-やす　も-す | burn, flammable |
|---|---|---|---|---|

化石**燃料**の大量消費が原因で、大気中の二酸化炭素が増加している。
プラスチック製品を**燃**やすと、有毒化学物質を含んだ煙が出る。

| 燃える(もえる) | 燃え上がる(もえあがる) | ～ヲ燃やす(もやす) | 燃料(ねんりょう) |
|---|---|---|---|
| 燃費(ねんぴ) | 燃焼(ねんしょう)スル | 再燃(さいねん)スル | |
| 可燃性(かねんせい)⬌不燃性(ふねんせい) | 内燃機関(ないねんきかん) | | |

| 乾 | 乹 | 14課　11画 | カン |
|---|---|---|---|
| | | 2級　常用 | かわ-く　かわ-かす　　dry |

冬は空気が**乾燥**しているので、火の始末に注意しなければならない。

雨の日は洗濯物がなかなか**乾**かないので、**乾燥機**を使う。

乾く(かわく)　　　　　～ヲ乾かす(かわかす)　乾季(かんき)　　　　　乾燥(かんそう)スル
乾杯(かんぱい)スル　乾燥機(かんそうき)　　　乾燥剤(かんそうざい)　乾電池(かんでんち)

| 燥 | 燥 | 14課　17画 | ソウ | 喿【ソウ】→操　燥　藻 |
|---|---|---|---|---|
| | | 2級　常用 | | dry up |

お菓子の袋の中には**乾燥剤**が入っている。

あの人の話は**無味乾燥**で、全然面白味がない。

乾燥(かんそう)スル　　　　乾燥剤(かんそうざい)　焦燥感(しょうそうかん)
異常乾燥(いじょうかんそう)　　　　　無味乾燥(むみかんそう)ナ

| 懸 | 懸 | 14課　20画 | ケン　*ケ　　県【ケン】→県　懸 |
|---|---|---|---|
| | | 1級　常用 | か-ける　か-かる　　　suspend, hang, depend |

環境ホルモンは人体の健康に悪影響を与える**懸念**がある。

犯人を見つけて通報した人には、100万円の**懸賞金**が支払われる。

～ヲ懸ける(かける)　　　　懸賞(けんしょう)　　　懸案(けんあん)　　懸命(けんめい)ナ
懸賞金(けんしょうきん)　　一生懸命(いっしょうけんめい)　　　*懸念(けねん)

| 漠 | 漠 | 14課　13画 | バク |
|---|---|---|---|
| | | 1級　常用 | desert, obscure, vague |

大陸内部には、**砂漠**やプレーンのように雨の少ない乾燥した地域がある。

現代の若者は、将来に対して**漠然**とした不安を感じている。

漠然(ばくぜん)　　　　　砂漠(さばく)

| 廃 | 廃 | 14課　12画 | ハイ |
|---|---|---|---|
| | | 1級　常用 | すた-れる　すた-る　　abolish, waste |

工場から出る**廃液**には多くの有害物質が含まれている。

壊れたり役に立たなくなったりした物を**廃品回収**に出す。

廃れる(すたれる)　　　　　廃る(すたる)　　　　　～ヲ廃(はい)する　廃品(はいひん)
廃液(はいえき)　　　　　　廃物(はいぶつ)　　　　廃案(はいあん)　　廃墟(はいきょ)
～ヲ廃棄(はいき)スル　　　～ヲ廃止(はいし)スル　～ヲ廃絶(はいぜつ)スル
～ヲ廃業(はいぎょう)スル　～ヲ廃刊(はいかん)スル　～ヲ全廃(ぜんぱい)スル
～ヲ撤廃(てっぱい)スル　　荒廃(こうはい)スル　　　退廃(たいはい)スル
老廃物(ろうはいぶつ)　　　退廃的(たいはいてき)ナ　廃品回収(はいひんかいしゅう)

| 棄 | 峦 | 14課 13画 | キ |
|---|---|---|---|
| | | 1級 常用 | abandon, resign |

要らなくなった家電製品などを不法投棄した者は罰せられる。
日本は、日本国憲法の中で戦争を放棄すると定めている。

~ヲ棄権(きけん)スル　~ヲ遺棄(いき)スル　~ヲ棄却(ききゃく)スル　　~ヲ廃棄(はいき)スル
~ヲ放棄(ほうき)スル　~ヲ破棄(はき)スル　~ヲ投棄(とうき)スル　　廃棄物(はいきぶつ)
自暴自棄(じぼうじき)

| 毒 | 毒 | 14課 8画 | ドク |
|---|---|---|---|
| | | (2級) (教育) | poison, virus, harm |

暴飲暴食や喫煙は体に毒だ。
数人の職員が毒物の混入したカレーを食べ病院に運ばれた。

毒(どく)　毒(どく)ガス　毒物(どくぶつ)　毒薬(どくやく)　毒素(どくそ)　毒性(どくせい)
毒舌(どくぜつ)　中毒(ちゅうどく)　害毒(がいどく)　猛毒(もうどく)　~ヲ毒殺(どくさつ)スル
服毒(ふくどく)スル　　~ヲ消毒(しょうどく)スル　　　　有毒(ゆうどく)ナ
消毒液(しょうどくえき)　食中毒(しょくちゅうどく)　　　解毒剤(げどくざい)

| 緒 | 緒 | 14課 14画 | ショ　*チョ 者【ショ】→諸 緒 暑 署 *著(チョ) |
|---|---|---|---|
| | | (2級) 常用 | お　beginning |

政府は、環境問題を住民と一緒に考えていこうという姿勢を示した。
思春期には、情緒が不安定になることがある。

鼻緒(はなお)　一緒(いっしょ)　内緒(ないしょ)　由緒(ゆいしょ)　内緒話(ないしょばなし)
*情緒(じょうちょ)

| 染 | 染 | 14課 9画 | セン |
|---|---|---|---|
| | | 1級 (教育) | そ-める　そ-まる　し-みる　し-み　dye, infect |

結核は法定伝染病であるので、患者を隔離する必要がある。
生物の染色体は遺伝子を含み、その種ごとに数と形が決まっている。

~ヲ染める(そめる)　　　　染まる(そまる)　　　　染物(そめもの)　白髪染め(しらがぞめ)
染み抜き(しみぬき)　　　染料(せんりょう)　　　~ヲ染色(せんしょく)スル
~ヲ汚染(おせん)スル　　　~ニ感染(かんせん)スル　　伝染(でんせん)スル
染色体(せんしょくたい)　伝染病(でんせんびょう)　感染症(かんせんしょう)

| 浄 | 浄 | 14課 9画 | ジョウ |
|---|---|---|---|
| | | 1級 常用 | clean, purify, to cleanse |

毒物を誤って飲み込んだときは、すぐに胃を**洗浄**しなければならない。
金にまみれた政界を**浄化**する必要がある。

| | | |
|---|---|---|
| 浄水(じょうすい) | 浄土(じょうど) | 不浄(ふじょう)ナ ◆→ 清浄(せいじょう)ナ |
| ～ヲ浄化(じょうか)スル | ～ヲ洗浄(せんじょう)スル | 浄水場(じょうすいじょう) |
| 浄土宗(じょうどしゅう) | 自浄作用(じじょうさよう) | |

活字体　筆記体　課／画数／級／種別　音読み【音符】／訓読み／意味

| 排 | 排 | 14課　11画 | ハイ | 非【ハイ】→俳　排　輩　*非(ヒ) |
|---|---|---|---|---|
| | | 1級　常用 | | exclude, discharge, expel, reject |

車の**排気**ガスによる大気汚染や工場**排水**による水質汚染が進んでいる。
自分の仲間以外のものや異なるものを**排除**しようとする**排他的**な態度はよくない。

| | | | |
|---|---|---|---|
| ～ヲ排(はい)スル | 排水(はいすい) | 排気(はいき)ガス | 排煙(はいえん) |
| ～ヲ排出(はいしゅつ)スル | ～ヲ排除(はいじょ)スル | ～ヲ排斥(はいせき)スル | |
| ～ヲ排泄(はいせつ)スル | 排水溝(はいすいこう) | 排他的(はいたてき)ナ | |

| 浮 | 浮 | 14課　10画 | フ | |
|---|---|---|---|---|
| | | ②級　常用 | う-く　う-かぶ　う-かべる | float, rise to surface |

青い海に白い船がたくさん**浮かん**でいるのが見える。
魚介類は、水中に**浮遊**するプランクトンをえさにしている。

| | | |
|---|---|---|
| 浮く(うく) | 浮かぶ(うかぶ) | ～ヲ浮かべる(うかべる) |
| ～ニ浮かれる(うかれる) | 浮力(ふりょく) | 浮遊(ふゆう)スル |
| ～ガ浮上(ふじょう)スル ◆→ 沈下(ちんか)スル | | 浮動票(ふどうひょう) |
| 浮浪者(ふろうしゃ) | *浮気(うわき) | *浮世絵(うきよえ) |

| 濁 | 濁 | 14課　16画 | ダク | |
|---|---|---|---|---|
| | | 1級　常用 | にご-る　にご-す | turbid, uncleanness, voiced |

生活排水や工場の廃水などが流れ込み、川の水質が**汚濁**した。
大雨でダムが決壊し、下流の住民が**濁流**にのまれて命を落とした。

| | | | |
|---|---|---|---|
| 濁る(にごる) | ～ヲ濁す(にごす)　濁音(だくおん) ◆→ 清音(せいおん) | | 濁点(だくてん) |
| 濁流(だくりゅう) | 汚濁(おだく)スル | 連濁(れんだく)スル | 混濁(こんだく)スル |

| 繁 | 繁 | 14課　16画 | ハン | |
|---|---|---|---|---|
| | | 1級　常用 | | thrive, frequent, busy |

商売が**繁盛**することを願って、招き猫を店先に飾<sup>かざ</sup>る。
**繁殖期**になると、雄<sup>おす</sup>は雌<sup>めす</sup>に**頻繁**に近づくようになる。

| | | | |
|---|---|---|---|
| 繁殖(はんしょく)スル | 繁盛(はんじょう)スル | 繁栄(はんえい)スル | 繁雑(はんざつ)ナ |
| 頻繁(ひんぱん)ナ | 繁殖期(はんしょくき) | 繁華街(はんかがい) | 農繁期(のうはんき) |

| 殖 殖 | 14課　12画 | ショク | 直【ショク】→植　殖　＊直（チョク） |
| | 1級　常用 | ふ-える　ふ-やす | multiply, increase |

この部屋は湿気が多く、カビが**繁殖**しやすい条件が整っている。
広島は牡蠣（かき）の**養殖**で有名だ。

殖える（ふえる）　～ヲ殖やす（ふやす）　生殖（せいしょく）　利殖（りしょく）　拓殖（たくしょく）
繁殖（はんしょく）スル　増殖（ぞうしょく）スル　～ヲ養殖（ようしょく）スル

| 鎖 鎖 | 14課　18画 | サ | |
| | 1級　常用 | くさり | chained, connection |

インフルエンザが流行し、小学校では**学級閉鎖**が相次いだ。
一つに起こった反応の影響が他に伝わっていく現象を**連鎖反応**という。

鎖（くさり）　鎖国（さこく）　鎖骨（さこつ）　連鎖（れんさ）　～ヲ封鎖（ふうさ）スル
～ヲ閉鎖（へいさ）スル⟷開放（かいほう）スル　閉鎖的（へいさてき）ナ
閉鎖社会（へいさしゃかい）　連鎖反応（れんさはんのう）　学級閉鎖（がっきゅうへいさ）

| 沈 沈 | 14課　7画 | チン | |
| | ②級　常用 | しず-む　しず-める | sink |

突然、地盤が**沈下**して、住宅が損壊した。
漁船（ぎょせん）の**沈没**事故でも、船長は**冷静沈着**に行動した。

沈む（しずむ）　　　　～ヲ沈める（しずめる）　　　沈黙（ちんもく）
沈下（ちんか）スル　　沈殿（ちんでん）スル　　　　沈没（ちんぼつ）スル
沈滞（ちんたい）スル　沈静（ちんせい）スル　　　　～ヲ撃沈（げきちん）スル
沈痛（ちんつう）ナ　　沈思黙考（ちんしもっこう）　冷静沈着（れいせいちんちゃく）ナ
意気消沈（いきしょうちん）スル

| 殿 殿 | 14課　13画 | デン　＊テン | |
| | ②級　常用 | との　どの | mansion, palace, lord, Mr., Mrs., Miss |

パリ郊外にあるベルサイユ**宮殿**を見学した。
個人的な手紙のあて名には「○○様」、公的な手紙には「○○殿」を使う。

～殿（どの）　殿様（とのさま）　殿方（とのがた）　殿下（でんか）　殿堂（でんどう）
宮殿（きゅうでん）　神殿（しんでん）　沈殿（ちんでん）スル　＊御殿（ごてん）

# 第15課

活字体　筆記体　課／画数／級／種別　音読み【音符】／訓読み／意味

| 閣 | 阁 | 15課　14画<br>1級　(教育) | カク<br>tall building, cabinet | 各【カク】→各　格　閣　*客(キャク)<br>*額(ガク) |
|---|---|---|---|---|

新内閣の組閣人事に国中が注目している。
この城は天守閣の部分だけが古く、残りは最近建て直された。

閣僚(かくりょう)　閣議(かくぎ)　閣下(かっか)　内閣(ないかく)　仏閣(ぶっかく)
～ニ入閣(にゅうかく)スル　～ヲ組閣(そかく)スル　天守閣(てんしゅかく)

| 司 | 司 | 15課　5画<br>(2級)(教育) | シ<br>officiate, administrator | 司【シ】→伺　詞　飼　嗣 |
|---|---|---|---|---|

裁判所は、法律に基づいて人々の争いごとや犯罪を裁く司法機関である。
友達の結婚式の披露宴(ひろうえん)の司会を頼まれた。

司法(しほう)　　司書(ししょ)　　司会(しかい)　　司祭(しさい)　　上司(じょうし)
司令官(しれいかん)　司法試験(しほうしけん)　　*行司(ぎょうじ)

| 裁 | 裁 | 15課　12画<br>1級　(教育) | サイ<br>さば-く　た-つ　judge, cut out, tailor |
|---|---|---|---|

司法試験に合格しても、裁判官になる道は険しい。
彼の特技は、料理と裁縫だそうだ。

～ヲ裁く(さばく)　　～ヲ裁つ(たつ)　　裁判(さいばん)　　　裁決(さいけつ)
裁縫(さいほう)　　独裁(どくさい)　　体裁(ていさい)　　洋裁(ようさい)
和裁(わさい)　　制裁(せいさい)　　仲裁(ちゅうさい)スル　裁断(さいだん)スル
裁判所(さいばんしょ)　　裁判官(さいばんかん)　　裁判長(さいばんちょう)
最高裁(さいこうさい)＝最高裁判所　　　高裁(こうさい)＝高等裁判所

| 括 | 括 | 15課　9画<br>1級　常用 | カツ<br>lump together, fasten | 舌【カツ】→活　括　*舌(ゼツ)　*話(ワ) |
|---|---|---|---|---|

学生たちは文化祭の総括を行った。
国務大臣は国の各行政機関を統括している。

括弧(かっこ)　　　～ヲ一括(いっかつ)スル　～ヲ総括(そうかつ)スル
～ヲ統括(とうかつ)スル　～ヲ包括(ほうかつ)スル　概括(ガイカツ)スル

| 憲 | 憲 | 15課　16画 | ケン | |
|---|---|---|---|---|
| | | 1級　(教育) | [*のり] | constitution,law |

5月3日は日本国**憲**法が、施行されたことを記念する、国民の祝日だ。

「児童**憲**章」や「赤十字**憲**章」は、国家間で理想として定められた原則である。

憲法(けんぽう)　　　憲章(けんしょう)　憲兵(けんぺい)　合憲(ごうけん)⬌違憲(いけん)

護憲(ごけん)　　　立憲君主国(りっけんくんしゅこく)

【人名】*憲男(のりお)　*憲子(のりこ)

| 律 | 律 | 15課　9画 | リツ　*リチ | |
|---|---|---|---|---|
| | | (2級)　(教育) | | law, rhythm |

法**律**に基づいて政治が行われている国を法治国家という。

彼は非常に真面目で**律**儀な人だ。

～ヲ律する(りっする)　　　律令(りつりょう)　　　律法(りっぽう)　　　法律(ほうりつ)

規律(きりつ)　　　　　戒律(かいりつ)　　　　一律(いちりつ)　　　旋律(せんりつ)

自律的(じりつてき)ナ　　*律儀(りちぎ)ナ

| 執 | 執 | 15課　11画 | シツ　*シュウ | |
|---|---|---|---|---|
| | | 1級　常用 | と-る | execute, seize, take hold |

鎌倉幕府では、将軍を補佐する「**執**権」職についた北条氏が実権をにぎった。

懲役三年という判決が出たが、二年の**執**行猶予がついた。

～ヲ執る(とる)　　　執務(しつむ)　　　　執権(しっけん)　　確執(かくしつ／かくしゅう)

執行(しっこう)スル　～ヲ執筆(しっぴつ)スル　執刀(しっとう)スル

～ニ固執(こしつ／こしゅう)スル　　　　執拗(しつよう)ナ　執行部(しっこうぶ)

執行猶予(しっこうゆうよ)　　　　　*執念(しゅうねん)

*執念深い(しゅうねんぶかい)　　　　*～ニ執着(しゅうちゃく)スル

| 令 | 令 | 15課　5画 | レイ | 令【レイ】→令 冷 鈴 零 齢 |
|---|---|---|---|---|
| | | (2級)　(教育) | | command, someone's(honorific) |

この会社では、上司の**命令**には絶対に従わなければならない。

司**令**官の号**令**によって、兵隊の行進が始まった。

令状(れいじょう)　　令嬢(れいじょう)　　法令(ほうれい)　　　　政令(せいれい)

辞令(じれい)　　　命令(めいれい)スル　号令(ごうれい)スル　　指令(しれい)スル

発令(はつれい)スル　司令官(しれいかん)　禁止令(きんしれい)　　戒厳令(かいげんれい)

*律令(りつりょう)

| 皇 | 皇 | 15課　9画 | コウ　*オウ　　王【オウ】→王　皇　［旺］ |
|---|---|---|---|
|  |  | 1級　(教育) | emperor, imperial |

天皇・皇后両陛下(へいか)がお出ましになった。
皇太子ご成婚のパレードが皇居を出発した。

皇居(こうきょ)　皇室(こうしつ)　皇族(こうぞく)　皇后(こうごう)　皇太子(こうたいし)
皇帝(こうてい)　*天皇(てんのう)　*法皇(ほうおう)

| 承 | 承 | 15課　8画 | ショウ |
|---|---|---|---|
|  |  | (2級)　(教育) | うけたまわ-る　　agree to, receive |

その問題は教授会で検討され、最終的に了承された。
勝手なお願いで申し訳ありませんが、ご承諾いただけると助かります。

～ヲ承る(うけたまわる)　　承知(しょうち)する　　　　～ヲ承認(しょうにん)スル
～ヲ承諾(しょうだく)スル　　～ヲ了承(りょうしょう)スル　　～ヲ伝承(でんしょう)スル
～ヲ継承(けいしょう)スル　　不承不承(ふしょうぶしょう)

| 党 | 党 | 15課　10画 | トウ |
|---|---|---|---|
|  |  | (2級)　(教育) | faction, party |

重要な案件は、党派を越えて意見を出し合うべきだ。
議会で最多の議席を持つ政党を中心として政治を行う仕組みを政党政治という。

党(とう)　　　　　党首(とうしゅ)　　　党員(とういん)　　　党派(とうは)
政党(せいとう)　　与党(よとう)　　　　野党(やとう)　　　　悪党(あくとう)
甘党(あまとう)　　辛党(からとう)　　　結党(けっとう)スル　離党(りとう)スル
解党(かいとう)スル　多数党(たすうとう)　保守党(ほしゅとう)

| 邦 | 邦 | 15課　7画 | ホウ |
|---|---|---|---|
|  |  | 1級　常用 | state, home country, Japan |

アメリカ合衆国は、統治権を持つ州政府の上に外交権などを持つ連邦政府がある。
海外に在住する邦人組織のネットワークを作る。

邦人(ほうじん)　邦文(ほうぶん)　邦画(ほうが)　連邦(れんぽう)　異邦人(いほうじん)

| 佐 | 佐 | 15課　7画 | サ　　　　左【サ】→左　佐　差 |
|---|---|---|---|
|  |  | 1級　常用 | assist, help, colonel |

佐藤さんは今年、課長補佐に昇進した。
アメリカの大統領補佐官は非常に重要なポストだ。

少佐(しょうさ)　　　中佐(ちゅうさ)　　大佐(たいさ)　　　～ヲ補佐(ほさ)スル
【地名】佐渡(さど)　　土佐(とさ)　　　【人名】佐藤(さとう)　　佐々木(ささき)

活字体　筆記体　課／画数／級／種別　音読み【音符】／訓読み／意味

| 兼 | 兼 | 15課　10画 | ケン | 兼【ケン】→兼　謙　嫌 |
| | | 1級　常用 | か-ねる | and, concurrently |

この部屋は台所兼食堂ということになっている。
しばらくの間、首相が外務大臣を兼任することになった。

兼(ケン)　　～ヲ兼ねる(かねる)　　～ヲ兼業(けんぎょう)スル　　兼務(けんむ)スル
～ヲ兼用(けんよう)スル　　～ヲ兼任(けんにん)スル　　才色兼備(さいしょくけんび)

| 僚 | 僚 | 15課　14画 | リョウ | 寮【リョウ】→僚　寮　療　瞭 |
| | | 1級　常用 | | colleague, an official |

日本では、仕事のあとで職場の同僚と飲みに行くサラリーマンが多い。
新しい閣僚の顔ぶれを見ると、今度の内閣の特徴がよく現れている。

僚友(りょうゆう)　　　同僚(どうりょう)　　　官僚(かんりょう)　　閣僚(かくりょう)

| 委 | 委 | 15課　8画 | イ | |
| | | 2級　教育 | ゆだ-ねる | commit, entrust to |

「県教委」というのは、県の教育委員会の略である。
会議に出られない場合は、議長に委任状を提出すること。

委員(いいん)　委細(いさい)　委任(いにん)スル　　委託(いたく)スル　　委嘱(いしょく)スル
委員会(いいんかい)　　委員長(いいんちょう)　　委任状(いにんじょう)

| 挙 | 挙 | 15課　10画 | キョ | |
| | | 1級　教育 | あ-がる　あ-げる | nominate, raise, behavior |

警察は挙動不審な男を取り調べた。
今度の参議院選挙では与党の圧勝が予想されている。

～ヲ挙げる(あげる)　　　挙動(きょどう)　　　快挙(かいきょ)　挙式(きょしき)
挙手(きょしゅ)スル　　　選挙(せんきょ)スル　　　～ヲ挙行(きょこう)スル
～ヲ推挙(すいきょ)スル　　　～ヲ列挙(れっきょ)スル　　　～ヲ検挙(けんきょ)スル

| 房 | 房 | 15課　8画 | ボウ | 方【ボウ】→房　防　肪　紡　妨　坊　傍 |
| | | 1級　常用 | ふさ | bunch, room, house |

この宿舎は、冷房と暖房が完備されている。
内閣官房は政府や省庁の重要な業務を行う機関である。

房(ふさ)　乳房(ちぶさ)　冷房(れいぼう)　暖房(だんぼう)　工房(こうぼう)
書房(しょぼう)　文房具(ぶんぼうぐ)　内閣官房(ないかくかんぼう)
官房長官(かんぼうちょうかん)　【人名】房子(ふさこ)　頼房(よりふさ)

活字体　筆記体　課／画数／級／種別　音読み【音符】／訓読み／意味

| 審 | 審 | 15課 15画 | シン | |
|---|---|---|---|---|
| | | 1級　常用 | | ascertain, try, judge, examine |

この問題は、委員会において継続**審議**される。
野球の試合には**審判**として、**主審**と**塁審**がいる。

| | | | |
|---|---|---|---|
| 審判(しんぱん) | 球審(きゅうしん) | 主審(しゅしん) | 塁審(るいしん) |
| 予審(よしん) | 再審(さいしん) | ～ヲ審査(しんさ)スル | |
| ～ヲ審議(しんぎ)スル | 不審(ふしん)ナ | 審議会(しんぎかい) | 陪審員(ばいしんいん) |

| 針 | 針 | 15課 10画 | シン | |
|---|---|---|---|---|
| | | 2級　教育 | はり | needle, pin |

政府が示した外交**方針**に対して、野党から批判が相次いだ。
旅行に行く時は、**針**と糸を持っていったほうがよい。

| | | | |
|---|---|---|---|
| 針(はり) | 針金(はりがね) | 注射針(ちゅうしゃばり) | 秒針(びょうしん) |
| 方針(ほうしん) | 指針(ししん) | 針葉樹(しんようじゅ)⟷広葉樹(こうようじゅ) | |

# 第16課

| 核 | 核 | 16課 10画 | カク | |
|---|---|---|---|---|
| | | 1級　常用 | | nucleus, core |

**核兵器**削減に関する話し合いは、問題の**核心**部分に入ったところで決裂した。
細胞の中心にある球状の部分(**核**)は、遺伝や新陳代謝に関係する働きを持つ。

| | | | |
|---|---|---|---|
| 核(かく) | 核心(かくしん) | 中核(ちゅうかく) | 結核(けっかく) |
| 核家族(かくかぞく) | 核兵器(かくへいき) | 核実験(かくじっけん) | 核戦争(かくせんそう) |
| 核弾頭(かくだんとう) | 核燃料(かくねんりょう) | | 核融合(かくゆうごう) |
| 原子核(げんしかく) | 核保有国(かくほゆうこく) | | |

| 兵 | 兵 | 16課 7画 | ヘイ　＊ヒョウ | |
|---|---|---|---|---|
| | | 2級　教育 | | soldier, troop, strategy |

彼は長年、**核兵器**や化学**兵器**の使用禁止を訴える運動を続けている。
敵の**兵力**は、味方の3倍近くあると思われる。

| | | | |
|---|---|---|---|
| 兵器(へいき) | 兵士(へいし) | 兵隊(へいたい) | 兵力(へいりょく) |
| 兵役(へいえき) | 歩兵(ほへい) | 水兵(すいへい) | 出兵(しゅっぺい)スル |
| 騎兵隊(きへいたい) | 負傷兵(ふしょうへい) | 徴兵制度(ちょうへいせいど) | |
| ＊兵法(ひょうほう) | ＊兵糧(ひょうろう) | 【地名】＊兵庫県(ひょうごけん) | |

| 批 | 批 | 16課　7画 | ヒ | 比【ヒ】→比　批　［毘］ |
|---|---|---|---|---|
| | | 2級　教育 | | criticize, critical |

政府の経済政策は当初かなりの**批判**を浴びたが、2年後には一定の成果を上げた。
その映画について辛口<sub>からくち</sub>の**批評**をする評論家もいる。

〜ヲ批判(ひはん)スル　　〜ヲ批評(ひひょう)スル　　〜ヲ批准(ひじゅん)スル

| 准 | 准 | 16課　10画 | ジュン | |
|---|---|---|---|---|
| | | 1級　常用 | | associate, sub-, accept |

フランスと中国は、1992年に核不拡散条約を**批准**した。
「**批准**」とは、外国と結んだ条約を国家が最終的に承認することである。

〜ヲ批准(ひじゅん)スル

| 盟 | 盟 | 16課　13画 | メイ | 明【メイ】→明　盟 |
|---|---|---|---|---|
| | | 1級　教育 | | alliance |

独立して国連に**加盟**する国が急増した。
この薬局チェーンの**加盟店**は、関東だけでも80店に上る。

盟友(めいゆう)　　　　盟邦(めいほう)　　　　盟主(めいしゅ)　　同盟(どうめい)
連盟(れんめい)　　　　〜ニ加盟(かめい)スル

| 削 | 削 | 16課　9画 | サク | |
|---|---|---|---|---|
| | | 1級　常用 | けず-る | cut by chipping, pare |

政府は、10年間で国家公務員の数を25%**削減**することを計画している。
最近、ナイフで鉛筆を**削る**ことができない子供が増えている。

〜ヲ削る(けずる)　　　　〜ヲ削減(さくげん)スル　　〜ヲ削除(さくじょ)スル
〜ヲ添削(てんさく)スル　　掘削機(くっさくき)

| 掲 | 揚 | 16課　11画 | ケイ | |
|---|---|---|---|---|
| | | 1級　常用 | かか-げる | raise, display |

最近の日本には大きな理想を**掲げる**政治家が少なくなった。
入学式や卒業式で日の丸を**掲揚**することを強制する人がいる。

〜ヲ掲げる(かかげる)　　前掲(ぜんけい)　　　　〜ヲ掲載(けいさい)スル
〜ヲ掲示(けいじ)スル　　〜ヲ掲揚(けいよう)スル　　掲示板(けいじばん)

| 脅 | 脅 | 16課 | 10画 | キョウ　　　　　劦【キョウ】→協　脅 |
| | | 1級 | 常用 | おびや-かす　おど-す　おど-かす　　　threaten |

人類は常に核の**脅威**にさらされている。

銀行強盗は、ナイフで行員を**脅**して金を出させ、その後車で逃走した。

～ヲ脅かす(おびやかす/おどかす)　　　　　　～ヲ脅す(おどす)　　　脅威(きょうい)

～ヲ脅迫(きょうはく)スル　脅迫状(きょうはくじょう)

| 鮮 | 鮮 | 16課 | 17画 | セン |
| | | 1級 | 常用 | あざ-やか　　　fresh, vivid, clear |

あの日のことは、昨日のことのように**鮮**明に記憶している。

日本の新聞では、大韓民国を「韓国」、**朝鮮**民主主義人民共和国を「北**朝鮮**」と書く。

鮮やか(あざやか)ナ　鮮度(せんど)　鮮血(せんけつ)　鮮魚(せんぎょ)　朝鮮(ちょうせん)

鮮明(せんめい)ナ　鮮烈(せんれつ)ナ　新鮮(しんせん)ナ　生鮮食品(せいせんしょくひん)

| 舞 | 舞 | 16課 | 15画 | ブ |
| | | 2級 | 常用 | ま-う　まい　　dance, dancing |

あの歌**舞**伎役者は、5歳で初**舞**台を踏んだそうだ。

桜の花びらが美しく風に**舞**っている。

舞う(まう)　～ヲ見舞う(みまう)　舞妓(まいこ)　舞台(ぶたい)　舞踊(ぶよう)

乱舞(らんぶ)スル　～ヲ鼓舞(こぶ)スル　舞台裏(ぶたいうら)　歌舞伎(かぶき)

| 絶 | 絶 | 16課 | 12画 | ゼツ |
| | | 2級 | 教育 | た-える　た-やす　た-つ　　die out, cut off, extremely |

彼は人生に**絶**望して、消息を**絶**った。

この動物は**絶**滅の危機に瀕している。

絶える(たえる)　　　～ヲ絶やす(たやす)　　～ヲ絶つ(たつ)　　　絶えず(たえず)

～ヲ絶する(ぜっする)　絶対(ぜったい)　　　絶版(ぜっぱん)　　　絶妙(ぜつみょう)ナ

絶食(ぜっしょく)スル　絶句(ぜっく)スル　　～ト絶交(ぜっこう)スル　中絶(ちゅうぜつ)スル

～ニ絶望(ぜつぼう)スル　絶滅(ぜつめつ)スル　～ヲ廃絶(はいぜつ)スル　～ヲ拒絶(きょぜつ)スル

断絶(だんぜつ)スル　　～ヲ根絶(こんぜつ)スル　面会謝絶(めんかいしゃぜつ)

| 宣 | 宣 | 16課 | 9画 | セン |
| | | 1級 | 教育 | proclaim, announce |

裁判で、証人は真実を述べることを**宣**誓してから、証言する。

16世紀、ポルトガルの**宣**教師が日本にキリスト教を伝えた。

～ヲ宣伝(せんでん)スル　　～ヲ宣言(せんげん)スル　　～ヲ宣誓(せんせい)スル

～ヲ宣告(せんこく)スル　　宣教師(せんきょうし)　　独立宣言(どくりつせんげん)

| 越 | 越 | 16課　12画 | エツ |
|---|---|---|---|
| | | ②級　常用 | こ-す　こ-える　go beyond, exceed |

彼の**卓越**した才能を伸ばすために、母親はすべてを犠牲にした。

３年**越し**の交際に終止符を打ち、恋人と別れた。

～ヲ越す(こす)　　～ヲ越える(こえる)　引っ越す(ひっこす)　～ヲ追い越す(おいこす)

年越し(としこし)　　　　～年越し(ねんごし)　　　　越冬(えっとう)スル

卓越(たくえつ)スル　　～ヲ超越(ちょうえつ)スル　　優越感(ゆうえつかん)

越権行為(えっけんこうい)　【地名】上越(じょうえつ)　　信越(しんえつ)　*越後(えちご)

| 爆 | 爆 | 16課　19画 | バク |
|---|---|---|---|
| | | ②級　常用 | explode, bomb |

日本人は、**被爆**した体験を後世に伝えていく義務がある。

「**爆弾**宣言」や「心臓に**爆弾**を抱えている」などの比喩的な表現がある。

爆弾(ばくだん)　爆薬(ばくやく)　爆風(ばくふう)　爆音(ばくおん)　爆竹(ばくちく)

原爆(げんばく)　水爆(すいばく)　爆発(ばくはつ)スル　～ヲ爆破(ばくは)スル

～ヲ爆撃(ばくげき)スル　爆笑(ばくしょう)スル　被爆(ひばく)スル　自爆(じばく)スル

起爆装置(きばくそうち)

| 伴 | 伴 | 16課　7画 | ハン　バン　半【ハン】→半　伴　判　畔 |
|---|---|---|---|
| | | １級　常用 | ともな-う　accompany |

お子さんが参加する場合は、必ず保護者が**同伴**してください。

大臣は秘書官を**伴**って国際会議に出かけた。

～ヲ伴う(ともなう)　　　　伴侶(はんりょ)　　　　伴奏(ばんそう)スル

～ヲ同伴(どうはん)スル

| 臨 | 臨 | 16課　18画 | リン |
|---|---|---|---|
| | | １級　教育 | のぞ-む　attend, confront, face |

1999年９月の茨城県東海村での**臨界**事故以後、核燃料再利用計画は延期されている。

そのリゾートホテルは全室から海が**臨**める絶好の立地条件に恵まれている。

～ヲ臨む(のぞむ)　臨時(りんじ)　臨界(りんかい)　臨海(りんかい)　臨月(りんげつ)

臨終(りんじゅう)　～ニ君臨(くんりん)スル　臨場感(りんじょうかん)

臨機応変(りんきおうへん)　臨床医学(りんしょういがく)

活字体　筆記体　課／画数／級／種別　音読み【音符】／訓読み／意味

| 誓 | 誓 | 16課　14画 | セイ | |
|---|---|---|---|---|
| | | 1級　常用 | ちか-う | vow, swear, pledge |

二人は神の前で愛を**誓**ったが、一年後に別れた。
彼はそのクラブに入会する時、**誓**約書にサインさせられた。

～ヲ**誓**う(ちかう)　　～ヲ**誓**約(せいやく)スル　　～ヲ宣**誓**(せんせい)スル　　**誓**約書(せいやくしょ)

| 隊 | 隊 | 16課　12画 | タイ | |
|---|---|---|---|---|
| | | 1級　(教育) | | troop, party |

小学校の運動会で、児童が**隊**列を組んで行進した。
この会社では、研修のために新入社員を自衛**隊**に体験入**隊**させている。

**隊**員(たいいん)　　**隊**長(たいちょう)　　軍**隊**(ぐんたい)　　艦**隊**(かんたい)　　部**隊**(ぶたい)
兵**隊**(へいたい)　　楽**隊**(がくたい)　　～ニ入**隊**(にゅうたい)スル　　～ヲ除**隊**(じょたい)スル
自衛**隊**(じえいたい)　　親衛**隊**(しんえいたい)　　登山**隊**(とざんたい)　　探検**隊**(たんけんたい)

| 雷 | 雷 | 16課　13画 | ライ | |
|---|---|---|---|---|
| | | 1級　常用 | かみなり | thunder, lightening |

地**雷**を除去する作業中に負傷した兵士が数多くいる。
**雷**雲、別名かみなり雲は、気象学でいう「積乱雲」に当たる。

**雷**(かみなり)　　　　　　**雷**雨(らいう)　　　　　**雷**雲(らいうん)　　**雷**鳥(らいちょう)
地**雷**(じらい)　　　　　　魚**雷**(ぎょらい)　　　　避**雷**針(ひらいしん)

| 渉 | 渉 | 16課　11画 | ショウ | |
|---|---|---|---|---|
| | | 1級　常用 | | wade, cross |

他国の政治や行政に外国が口を出すと、内政干**渉**だと非難されることがある。
外部の人や組織などとの交**渉**や連絡に当たる係を**渉**外担当という。

**渉**外(しょうがい)　　　　～ト交**渉**(こうしょう)スル　　　　～ニ干**渉**(かんしょう)スル
内政干**渉**(ないせいかんしょう)　　　　　　　　　　　**渉**外担当(しょうがいたんとう)

| 裂 | 裂 | 16課　12画 | レツ　　　　　　列【レツ】→列　烈　裂　*例(レイ) | |
|---|---|---|---|---|
| | | 1級　常用 | さ-く　さ-ける　split, rend, tear | |

大地震で大地が**裂**け、道路にできた**裂**け目に車が落ちた。
細胞分**裂**には、体細胞分**裂**や、精子や卵子ができる減数分**裂**などがある。

～ヲ**裂**く(さく)　　　　　　**裂**ける(さける)　　　　**裂**け目(さけめ)　　**裂**傷(れっしょう)
亀**裂**(きれつ)　　　　　　　分**裂**(ぶんれつ)スル　　破**裂**(はれつ)スル　　決**裂**(けつれつ)スル
核分**裂**(かくぶんれつ)　　　細胞分**裂**(さいぼうぶんれつ)　　　　　　支離滅**裂**(しりめつれつ)

| 除 | 除 | 16課　10画 | ジョ　＊ジ　余【ジョ】→除　徐　叙　＊余(ヨ) |
|---|---|---|---|
|   |   | 2級　教育 | のぞ-く　　　　　remove, exclude |

政府は、首都に敷かれていた戒厳令を解除した。

協会は、昨日〇〇氏を除名処分にしたことを明らかにした。

| ～ヲ除く(のぞく) | ～ヲ除名(じょめい)スル | ～ヲ除去(じょきょ)スル |
|---|---|---|
| ～ヲ除外(じょがい)スル | 除雪(じょせつ)スル | 除隊(じょたい)スル |
| 除籍(じょせき)スル | ～ヲ解除(かいじょ)スル | ～ヲ排除(はいじょ)スル |
| 控除(こうじょ)スル | 免除(めんじょ)スル | ～ヲ削除(さくじょ)スル |
| 除夜の鐘(じょやのかね) | 加減乗除(かげんじょうじょ) | 除名処分(じょめいしょぶん) |
| ～ヲ＊掃除(そうじ)スル | | |

| 韓 | 韓 | 16課　18画 | カン |
|---|---|---|---|
|   |   | 級外　常用 | Korea |

「韓国」というのは大韓民国の略称である。

2002年のサッカーのワールドカップは韓国と日本で共同開催された。

韓国(かんこく)　　大韓民国(だいかんみんこく)

## コラム1

| 昨 | 昨 | コ1　9画 | サク　　　　乍【サク】→作　昨　酢 |
|---|---|---|---|
|   |   | 2級　教育 | yesterday, previous |

昨夜遅く降り始めた雨は、明け方になって雪に変わった。

今年の東証株価指数は、昨年に比べて伸びが少ない。

| 昨日(さくじつ) | 昨晩(さくばん) | 昨夜(さくや) | 昨年(さくねん) |
|---|---|---|---|
| 昨今(さっこん) | 昨年度(さくねんど) | 一昨日(いっさくじつ) | ＊昨日(きのう) |

| 往 | 往 | コ1　8画 | オウ |
|---|---|---|---|
|   |   | 1級　教育 | let go, one-time |

この番組には往年の大スターが出演して、当時の思い出を語る予定だ。

自宅から会社まで往復3時間ぐらいかかる。

| 往年(おうねん) | 往時(おうじ) | 往路(おうろ)⟷復路(ふくろ) |
|---|---|---|
| 往診(おうしん)スル | 往復(おうふく)スル | 往来(おうらい)スル |
| 右往左往(うおうさおう)スル | | |

活字体　筆記体　課／画数／級／種別　音読み【音符】／訓読み／意味

| 翌 | 翌 | コ1　11画　2級　教育 | ヨク<br>the following |
|---|---|---|---|

飲み過ぎた**翌朝**は、二日酔いで頭が痛い。

彼はその日の仕事をけっして**翌日**に持ち越さない。

---

翌日(よくじつ)　翌朝(よくあさ)　翌週(よくしゅう)　翌月(よくげつ)　翌年(よくねん)

| 旬 | 旬 | コ1　6画　1級　常用 | ジュン　シュン<br>ten-day period, season (for specific products) |
|---|---|---|---|

東京地方の桜の開花は例年、四月**上旬**ごろとなっている。

来月の**中旬**から**下旬**にかけて旅行する予定だ。

---

初旬(しょじゅん)　上旬(じょうじゅん)　中旬(ちゅうじゅん)　下旬(げじゅん)　旬(しゅん)

| 昭 | 昭 | コ1　9画　1級　教育 | ショウ　　　召【ショウ】→召 昭 招 照 紹 沼 詔<br>[*あきら／あき]　　luminous |
|---|---|---|---|

東京オリンピックが開催されたのは**昭和**何年ですか。

**昭和**天皇が昭和64年に崩御し、元号が平成と改められた。

昭和(しょうわ)　【人名】＊昭子(あきこ)　＊昭(あきら)　＊昭彦(あきひこ)

# コラム２

| 刷 | 刷 | コ2　8画　2級　教育 | サツ<br>す-る　　　print, printing |
|---|---|---|---|

彼は町の小さな印刷工場に勤めている。

図書館にある新聞の**縮刷版**の中から記事を探し出すのは大変だ。

---

～ヲ刷る(する)　　　　　～ヲ刷新(さっしん)スル　　　～ヲ印刷(いんさつ)スル

～ヲ増刷(ぞうさつ)スル　　縮刷版(しゅくさつばん)

| 札 | 札 | コ2　5画　2級　教育 | サツ<br>ふだ　　　tag, note(currency) |
|---|---|---|---|

一万円**札**を出して、お釣りをもらった。

羽田から**札**幌まで飛行機で１時間半ぐらいかかる。

---

札(ふだ)　名札(なふだ)　お札(さつ)　札束(さつたば)　表札(ひょうさつ)　鑑札(かんさつ)

～ヲ入札(にゅうさつ)スル　　～ヲ落札(らくさつ)スル　　改札口(かいさつぐち)

出札係り(しゅっさつがかり)　千円札(せんえんさつ)　【地名】札幌(さっぽろ)

| 冊 | 冊 | コ2　5画 | サツ　＊サク |
|---|---|---|---|
| | | ②級　教育 | card, volume, book |

研究の報告を一冊の冊子にまとめた。

このスポーツ誌は、来月オリンピックを特集した**別冊**を出版する予定だ。

～冊(さつ)　冊子(さっし)　冊数(さっすう)　別冊(べっさつ)　分冊(ぶんさつ)

数冊(すうさつ)　＊短冊(たんざく)

| 筆 | 筆 | コ2　12画 | ヒツ |
|---|---|---|---|
| | | ②級　教育 | ふで　　brush, writing, handwriting |

コピーがなかった時代、学者は筆で原本を写した。

小説など文学作品を書いた人は「作者」、評論の場合は「**筆者**」と呼ぶ。

筆(ふで)　筆者(ひっしゃ)　筆跡(ひっせき)　筆順(ひつじゅん)　筆頭(ひっとう)

鉛筆(えんぴつ)　　　毛筆(もうひつ)　　　直筆(じきひつ)　随筆(ずいひつ)

達筆(たっぴつ)ナ　　～ヲ筆記(ひっき)スル　　～ヲ筆写(ひっしゃ)スル

～ト筆談(ひつだん)スル　　～ヲ執筆(しっぴつ)スル　　～ヲ代筆(だいひつ)スル

筆記試験(ひっきしけん)　　～ヲ口述筆記(こうじゅつひっき)スル

| 喫 | 喫 | コ2　12画 | キツ |
|---|---|---|---|
| | | ②級　常用 | inhale, drink, eat, smoke, receive |

その喫茶店は、禁煙席と**喫煙席**に分かれている。

サッカーの試合で日本はブラジルに惨敗を喫した。

～ヲ喫する(きっする)　　　喫煙(きつえん)スル　　　～ヲ満喫(まんきつ)スル

喫茶店(きっさてん)　　　喫煙室(きつえんしつ)　　　喫煙席(きつえんせき)

## コラム3

| 玉 | 玉 | コ3　5画 | ギョク |
|---|---|---|---|
| | | ②級　教育 | たま　　gem, ball |

彼は頭が良くてハンサムだが、短気なところが玉にきずだ。

毎朝、トーストと**目玉焼き**とコーヒーの朝食をとる。

玉(たま)　玉ねぎ(たまねぎ)　玉子(たまご)　10円玉(じゅうえんだま)　目玉焼き(めだまやき)

水玉(みずたま)　　　　　お年玉(としだま)　　　　玉虫色(たまむしいろ)

目玉商品(めだましょうひん)　玉露(ぎょくろ)　　　　玉座(ぎょくざ)

玉石混交(ぎょくせきこんこう)　【地名】埼玉県(さいたまけん)

| 奈 | 奈 | コ3　8画 | ナ | |
|---|---|---|---|---|
| | | 級外　常用 | | reading[NA] |

神奈川県の県庁所在地は横浜市である。

奈良の東大寺の大仏殿は、世界で最も大きい木造建築である。

【地名】奈良県(ならけん)　神奈川県(かながわけん)　【人名】美奈子(みなこ)　奈々子(ななこ)

| 宮 | 宮 | コ3　10画 | キュウ　グウ　＊ク | |
|---|---|---|---|---|
| | | 1級　(教育) | みや | royal palace, shrine |

宮城県の県庁所在地は仙台市である。

子供が生まれたら、明治神宮にお宮参りに連れていきたい。

宮参り(みやまいり)　　　宮殿(きゅうでん)　　　宮中(きゅうちゅう)　宮廷(きゅうてい)

王宮(おうきゅう)　　　迷宮(めいきゅう)　　　子宮(しきゅう)　　　神宮(じんぐう)

【地名】大宮(おおみや)　　宮崎県(みやざきけん)　宮城県(みやぎけん)

明治神宮(めいじじんぐう)　東宮御所(とうぐうごしょ)　　　　　　＊宮内庁(くないちょう)

| 浜 | 浜 | コ3　10画 | ヒン | |
|---|---|---|---|---|
| | | 1級　常用 | はま | beach, seashore |

横浜の中華街に食事に出かけた。

横浜と東京を結ぶ高速道路を京浜高速という。

浜辺(はまべ)　砂浜(すなはま)　海浜公園(かいひんこうえん)　【人名】浜田(はまだ)

【地名】横浜市(よこはまし)　浜松市(はままつし)　京浜(けいひん)

| 岡 | 岡 | コ3　8画 | | |
|---|---|---|---|---|
| | | 級外　常用 | おか | hill, knoll |

静岡県の名産はお茶とみかんだ。

岩手県の県庁所在地は盛岡市である。

【地名】岡山県(おかやまけん)　静岡県(しずおかけん)　福岡県(ふくおかけん)

盛岡市(もりおかし)　【人名】岡田(おかだ)　岡本(おかもと)　山岡(やまおか)

| 熊 | 熊 | コ3　14画 | | |
|---|---|---|---|---|
| | | 級外　常用 | くま | bear |

熊本県は阿蘇山や水前寺公園が有名だ。

山の中で熊に出会ったら、死んだふりをしろというのは間違いだ。

熊(くま)　小熊(こぐま)　北極熊(ほっきょくぐま)　【地名】熊本県(くまもとけん)

活字体　筆記体 課／画数／級／種別　音読み【音符】／訓読み／意味

| 鹿 | 鹿 | コ3　11画 | しか　か　　deer |
|---|---|---|---|
| | | 級外　常用 | |

西郷隆盛は薩摩の国、すなわち現在の鹿児島県の出身であった。
奈良公園に行くと、鹿がたくさんいる。

鹿(しか)　鹿の子(かのこ)　馬鹿(ばか)　【地名】鹿児島(かごしま)　男鹿半島(おがはんとう)

| 阪 | 阪 | コ3　7画 | ハン　　　　　反【ハン】→反 飯 板 坂 版 [阪] |
|---|---|---|---|
| | | 級外　常用 | [＊さか]　　slope |

大阪弁というのは大阪周辺で話されている方言の総称である。
大阪から神戸にかけての工業地域を阪神工業地帯という。

＊大阪弁(おおさかべん)　【地名】＊大阪府(おおさかふ)　阪神(はんしん)　京阪(けいはん)

| 松 | 松 | コ3　8画 | ショウ |
|---|---|---|---|
| | | 1級　(教育) | まつ　　　　pine |

この店のにぎり寿司には高い順に、松、竹、梅という名前がついている。
正月に門のところに立てる松と竹の飾りを「門松」という。

松(まつ)　松風(まつかぜ)　門松(かどまつ)　松竹梅(しょうちくばい)
【地名】松島(まつしま)　松本市(まつもとし)　松江市(まつえし)　高松市(たかまつし)

## コラム4

| 羽 | 羽 | コ4　6画 | ウ |
|---|---|---|---|
| | | (2級) (教育) | はね　は　　feather, wing |

たまには仕事を忘れて、温泉にでも行き、ゆっくり羽を伸ばしたい。
浜松町から羽田空港までモノレールに乗る。

羽(はね)　羽根(はね)　羽織(はおり)　羽毛(うもう)　羽化(うか)スル　＊一羽(いちわ)
【地名】奥羽地方(おううちほう)　羽田空港(はねだくうこう)　【人名】羽田(はねだ／はた)

| 沖 | 沖 | コ4　7画 | チュウ　　　　中【チュウ】→中 忠 仲 沖 |
|---|---|---|---|
| | | 1級　常用 | おき　　　　offshore |

漁船が沖へ出ていく。
沖縄の海は、青くて透明度が高い。

沖(おき)　沖合漁業(おきあいぎょぎょう)　沖積層(ちゅうせきそう)
沖積平野(ちゅうせきへいや)　【地名】沖縄県(おきなわけん)

| 縄 | 縄 | コ4　　15画 | ジョウ |
|---|---|---|---|
| | | 1級　常用 | なわ　　　　rope |

大きな荷物を車に乗せ、縄で縛って運んだ。
この土器は縄文時代に作られたものだと言われている。

縄(なわ)　　縄目(なわめ)　　縄跳び(なわとび)　　縄張り(なわばり)
縄文時代(じょうもんじだい)　縄文文化(じょうもんぶんか)　【地名】沖縄県(おきなわけん)

| 湾 | 湾 | コ4　　12画 | ワン |
|---|---|---|---|
| | | ②級　常用 | 　　　　　bay |

東京湾に沿って走る高速道路を湾岸線という。
沿岸警備隊の船が湾内をパトロールしている。

湾(わん)　　湾内(わんない)　　湾岸(わんがん)　　港湾(こうわん)　　湾曲(わんきょく)スル
【地名】台湾(たいわん)　東京湾(とうきょうわん)　相模湾(さがみわん)　メキシコ湾(わん)

| 賀 | 賀 | コ4　　12画 | ガ |
|---|---|---|---|
| | | 1級　教育 | 　　　　congratulate |

出版記念の祝賀会には大勢の客が集まった。
日本で一番大きな湖は、滋賀県にある琵琶湖だ。

賀正(がしょう)　　　　　賀春(がしゅん)　　　　年賀(ねんが)　　年賀状(ねんがじょう)
祝賀会(しゅくがかい)　　謹賀新年(きんがしんねん)　　　　　加賀友禅(かがゆうぜん)
【地名】佐賀県(さがけん)　滋賀県(しがけん)　＊横須賀(よこすか)

| 草 | 草 | コ4　　9画 | ソウ |
|---|---|---|---|
| | | ②級　教育 | くさ　　　　grasses |

アフリカの草原を走る動物の群れを見てみたい。
草花からとった液で布地を染めたものを草木染めという。

草(くさ)　草取り(くさとり)　草花(くさばな)　若草(わかくさ)　草木染め(くさきぞめ)
草原(そうげん)　草案(そうあん)　薬草(やくそう)　雑草(ざっそう)　海草(かいそう)
草津温泉(くさつおんせん)　草食動物(そうしょくどうぶつ)⬌肉食動物(にくしょくどうぶつ)
牧草地(ぼくそうち)　【地名】浅草(あさくさ)　草津(くさつ)

| 香 | 香 | コ4　9画 | コウ　＊キョウ |
| --- | --- | --- | --- |
| | | ②級　常用 | か　かお-り　かお-る　fragrance |

ここは蚊が多いので、蚊取線香をたいてください。
彼女が現れると、美しい花の香りがした。

香り(かおり)　香る(かおる)　香(こう)　線香(せんこう)　香料(こうりょう)　香典(こうでん)
香水(こうすい)　香辛料(こうしんりょう)　線香花火(せんこうはなび)
蚊取線香(かとりせんこう)　【地名】香川県(かがわけん)　＊香港(ほんこん)
【人名】香(かおる/かおり)　香代子(かよこ)　美香(みか)　＊香子(きょうこ)

| 徳 | 徳 | コ4　14画 | トク |
| --- | --- | --- | --- |
| | | 1級　教育 | virtue, respect |

江戸幕府は徳川家康によって開かれた。
徳島は、讃岐うどんで有名だ。

徳(とく)　徳用(とくよう)　道徳(どうとく)　人徳(じんとく)　美徳(びとく)　不徳(ふとく)
【地名】徳島県(とくしまけん)　【人名】徳川家康(とくがわいえやす)

# コラム5

| 鈴 | 鈴 | コ5　13画 | レイ　リン　　令【レイ】→令　冷　零　齢 |
| --- | --- | --- | --- |
| | | 1級　常用 | すず　　　　　bells |

鈴木先生のお宅に着いて玄関で呼び鈴を鳴らしたが、誰も出てこなかった。
祭りで兄に買ってもらった風鈴は、風に吹かれて涼し気に鳴る。

鈴(すず)　　　　　鈴蘭(すずらん)　　　呼び鈴(よびりん)　　　　風鈴(ふうりん)
予鈴(よれい)　　【人名】鈴木(すずき)　鈴子(すずこ)

| 藤 | 藤 | コ5　18画 | トウ |
| --- | --- | --- | --- |
| | | 級外　常用 | ふじ　　　　　wisteria |

初夏になると、藤が白や紫の花をつけて美しい。
「鈴木」や「佐藤」は日本で最も多い姓だ。

藤(ふじ)　藤色(ふじいろ)　葛藤(かっとう)　【人名】藤井(ふじい)　藤原(ふじわら)
藤田(ふじた)　伊藤(いとう)　佐藤(さとう)　加藤(かとう)　後藤(ごとう)　武藤(むとう)
安藤(あんどう)　近藤(こんどう)　【地名】藤ヶ丘(ふじがおか)　藤沢市(ふじさわし)

| 伊 | 伊 | コ5　　6画<br>級外　常用外 | ［イ］<br>that one, reading [I], Italy |
|---|---|---|---|

定年後は、温泉の多い**伊**豆半島あたりに移り住みたい。

名古屋から電車で**伊勢**神宮にお参りに行った。

【人名】伊藤／伊東(いとう)　　【地名】伊豆(いず)　伊賀(いが)　伊勢神宮(いせじんぐう)

紀伊半島(きいはんとう)　伊太利(イタリー)　*伊達(だて)

| 吉 | 吉 | コ5　　6画<br>1級　常用 | キチ　キツ<br>［*よし］　　good luck |
|---|---|---|---|

意表をつくこの作戦が、**吉**と出るか凶と出るかはわからない。

**吉**田さんの息子が大学に合格したという**吉報**が入った。

吉(きち)　吉日(きちじつ)　吉報(きっぽう)　吉兆(きっちょう)　不吉(ふきつ)ナ

【人名】*吉田(よしだ)　*吉野(よしの)　*吉原(よしわら)　*吉川(よしかわ)

*吉本(よしもと)

| 清 | 清 | コ5　　11画<br>②級　教育 | セイ　*ショウ　　青【セイ】→青　清　晴　精　請<br>きよ-い　きよ-まる　きよ-める　　pure, clear |
|---|---|---|---|

そう<br>僧は冷たい水で体を**清**めてから、朝の読経を始める。

洗濯したばかりの**清潔**なタオルに取りかえる。

清い(きよい)　　　　　～ヲ清める(きよめる)　　清酒(せいしゅ)　　　清掃(せいそう)スル

清書(せいしょ)スル　　清算(せいさん)スル　　清浄(せいじょう)ナ　　清潔(せいけつ)ナ

清涼飲料水(せいりょういんりょうすい)　　【人名／地名】清水(しみず)

【地名】清水寺(きよみずでら)

| 崎 | 崎 | コ5　　11画<br>1級　常用 | さき　　cape |
|---|---|---|---|

東京から**川崎市**や横浜市にかけては京浜工業地帯と呼ばれ、大小様々な工場が多い。

**長崎**は1571年に開港して以来、港町として発展した。

【人名／地名】川崎(かわさき)　長崎(ながさき)　宮崎(みやざき)　高崎(たかさき)

岡崎(おかざき)　尼崎(あまがさき)　山崎(やまざき)

| 塚 | 塚 | コ5　　12画<br>1級　　常用 | つか　　　　　mound |
|---|---|---|---|

塚とは土を小高く盛ったところで、墓を意味することもある。
貝塚の出土器を見ると、石器時代の人がどんなものを食べていたかがわかる。

塚(つか)　　　　　　　貝塚(かいづか)　　　【人名】大塚(おおつか)　　石塚(いしづか)
塚本(つかもと)　　　　塚原(つかはら)　　　塚田(つかだ)　　【地名】平塚(ひらつか)

| 浦 | 浦 | コ5　　10画<br>1級　　常用 | うら　　　　　shore, inlet |
|---|---|---|---|

神奈川県の三浦半島では、温暖な気候を利用して野菜や花を栽培している。
『浦島太郎』は、日本で最も人気のある昔話だ。

【人名】三浦(みうら)　　【地名】浦安(うらやす)　　三浦半島　(みうらはんとう)

| 沢 | 沢 | コ5　　7画<br>1級　　常用 | タク　　　　尺【タク】→択　沢　＊尺(シャク)<br>さわ　　　　swamp, mountain stream |
|---|---|---|---|

低地で浅く水がたまり草が茂っているところを沢という。
長野県は、手軽に行ける軽井沢のような避暑地が数多くある。

沢(さわ)　贅沢(ぜいたく)ナ　【人名】沢田(さわだ)　沢村(さわむら)　大沢(おおさわ)
【地名】軽井沢(かるいざわ)　　金沢市(かなざわし)　　藤沢市(ふじさわし)

## コラム6

| 郎 | 郎 | コ6　　9画<br>1級　　常用 | ロウ　　　　良【ロウ】→郎　朗　浪　廊　＊良(リョウ)<br>man, husband |
|---|---|---|---|

昔はよく初めに生まれた男の子に太郎という名前をつけた。
結婚披露宴で新郎新婦から両親へ花束を贈呈するのが流行っている。

野郎(やろう)　新郎(しんろう)　一姫二太郎(いちひめにたろう)　【人名】太郎(たろう)
次郎／二郎(じろう)　一郎(いちろう)　三郎(さぶろう)　四郎(しろう)　五郎(ごろう)

| 彦 | 彦 | コ6　　9画<br>級外　　常用外 | [ひこ]　　　　fine young man |
|---|---|---|---|

「海彦山彦」という昔話は、兄弟仲良くすることの大切さを教えた話だ。

山彦(やまびこ)　【人名】一彦／和彦(かずひこ)　明彦／昭彦(あきひこ)　孝彦(たかひこ)
俊彦(としひこ)　武彦(たけひこ)　海彦(うみひこ)　山彦(やまひこ)　【地名】彦根(ひこね)

活字体　筆記体　課／画数／級／種別　音読み【音符】／訓読み／意味

| 博 | 博 | コ6　12画 | ハク　*バク　専【ハク】→博　薄 |
| | | 1級　(教育) | [*ひろし／ひろ]　　win, Ph.D, exhibition |

田中博君は今年の三月、無事博士課程を修了されました。
市の博物館でメソポタミアの文明展を見て、その奥深さに感動した。

~ヲ博(はく)する　　　博士(はくし／はかせ)　博学(はくがく)　博愛(はくあい)
博物館(はくぶつかん)　　博覧会(はくらんかい)　*博打(ばくち)　*賭博(とばく)
【人名】*博(ひろし)　*博之(ひろゆき)　*博子(ひろこ)　【地名】*博多(はかた)

| 弘 | 弘 | コ6　5画 | [コウ] |
| | | 級外　常用外 | [*ひろし／ひろ]　　broad |

青森県弘前市は、ねぶた祭りで有名である。

【人名】*弘(ひろし)　*和弘(かずひろ)　*隆弘(たかひろ)　*智弘(ともひろ)　*弘子(ひろこ)
*弘美(ひろみ)　*弘恵(ひろえ)　弘一(こういち)　弘司(こうじ)　【地名】*弘前市(ひろさきし)

| 隆 | 隆 | コ6　11画 | リュウ |
| | | 1級　常用 | [*たかし／たか]　　high, noble |

土地の急激な隆起や沈下は、地震の予兆と考えられている。
その古い都は、7世紀ごろ隆盛を極めたと言われている。

隆盛(りゅうせい)　興隆(こうりゅう)　隆起(りゅうき)スル　【人名】*隆(たかし)
*隆夫(たかお)　*義隆(よしたか)　*隆子(たかこ)　隆一(りゅういち)　隆二／隆司(りゅうじ)

| 秀 | 秀 | コ6　7画 | シュウ |
| | | 1級　常用 | ひい-でる　[*ひで]　　excellent, surpass |

新郎の伊藤隆君は九州大学を優秀な成績で卒業され、現在九州電力にお勤めです。
一芸に秀でた人の話は含蓄に富んでいて、傾聴に値する。

~ニ秀でる(ひいでる)　秀才(しゅうさい)　秀作(しゅうさく)　優秀(ゆうしゅう)ナ
【人名】*秀雄／*秀夫／*秀男(ひでお)　*秀彦(ひでひこ)　*秀樹(ひでき)　*秀子(ひでこ)
*秀美(ひでみ)　*秀一(ひでかず／しゅういち)　*豊臣秀吉(とよとみひでよし)

| 智 | 智 | コ6　12画 | [チ]　　　知【チ】→知　痴[智] |
| | | 級外　常用外 | [*とも][*さとる／さとし／さと]　wisdom, intellect |

「智」の字は現在では人名のみに使われ、その他では「知」が使われている。
織田信長は、明智光秀によって本能寺において討たれた。

【人名】*智(さとる/さとし)　*智一(ともかず)　*智彦(ともひこ)　*智弘(ともひろ)
*智也(ともや)　*智子(ともこ/さとこ)　*智美(ともみ/さとみ)　*智枝(ともえ/さとえ)
美智子(みちこ)　智恵子(ちえこ)　明智光秀(あけちみつひで)

| 恵 | 恵 | コ6　10画<br>(2級)　常用 | ケイ　エ<br>めぐ-む　[＊めぐみ]　　bless, grace |
|---|---|---|---|

今日はお天気にも恵まれ、絶好の遠足日和だ。

うちの子どもは勉強はさっぱりだめだが、悪知恵だけはよく働く。

---

～ヲ恵む(めぐむ)　　～ニ恵まれる(めぐまれる)　　知恵(ちえ)　　恩恵(おんけい)　　知恵者(ちえしゃ)

～ニ入知恵(いれぢえ)スル　　悪知恵(わるぢえ)　　【地名】恵比寿(えびす)

【人名】＊恵(めぐみ/けい)　　恵一(けいいち)　　恵介(けいすけ)　　恵子(けいこ)

美恵(みえ/よしえ)　　春恵(はるえ)　　良恵(よしえ)　　千恵子(ちえこ)　　恵理子(えりこ)

## コラム7

| 季 | 季 | コ7　8画<br>(2級)　(教育) | キ<br>　　　　season |
|---|---|---|---|

日本には、春夏秋冬という四季がある。

この工学雑誌は季刊で、年四回発行される。

---

季節(きせつ)　　季刊(きかん)　　季語(きご)　　四季(しき)　　冬季(とうき)オリンピック

季節風(きせつふう)　　夏季休暇(かききゅうか)　　春季大会(しゅんきたいかい)

| 猫 | 猫 | コ7　11画<br>(2級)　常用 | (ビョウ)　　　　苗【ビョウ】→苗　描　猫［錨］<br>ねこ　　　　cats |
|---|---|---|---|

彼女は猫を十匹も飼っている。

今月は、猫の手も借りたいほど忙しい。

---

猫(ねこ)　　招き猫(まねきねこ)　　三毛猫(みけねこ)

| 刊 | 刊 | コ7　5画<br>(2級)　(教育) | カン　　　　干【カン】→干　刊　汗　肝　幹<br>　　　　publication |
|---|---|---|---|

この出版社は色々な教科書を刊行している。

近刊の科学雑誌に特集で太陽の話がのるそうだ。

---

日刊(にっかん)　　週刊(しゅうかん)　　月刊(げっかん)　　季刊(きかん)

朝刊(ちょうかん)　　夕刊(ゆうかん)　　近刊(きんかん)　　～ヲ刊行(かんこう)スル

～ヲ創刊(そうかん)スル　　週刊誌(しゅうかんし)

| 遺 | 遺 | コ7　15画<br>(2級)　(教育) | イ　＊ユイ<br>　　　　leave, remains |
|---|---|---|---|

最近は、**遺伝子**組み換え技術によって新しい農作物が作られている。
古代文明の**遺跡**を発掘調査する。

---

遺書(いしょ)　遺跡(いせき)　遺業(いぎょう)　遺産(いさん)　遺児(いじ)　遺体(いたい)

遺族(いぞく)　遺志(いし)　遺憾(いかん)ナ　後遺症(こういしょう)

〜ヲ遺棄(いき)スル　遺伝(いでん)スル　遺伝子(いでんし)　*遺言状(ゆいごんじょう)

---

活字体　筆記体　課/画数/級/種別　音読み【音符】/訓読み/意味

| 遺 | 遺 | コ7　　13画<br>1級　　常用 | ケン<br>つか-う　つか-わす　　　dispach, send, give |
|---|---|---|---|

子供をお**遣**いに行かせた。
日本の朝廷から中国の唐の国に**遣**わされた者を**遣唐使**と呼ぶ。

---

〜ヲ遣わす(つかわす)　　　お遣い(おつかい)　　　小遣い(こづかい)

〜ヲ派遣(はけん)スル　　　遣唐使(けんとうし)

---

| 板 | 板 | コ7　　8画<br>②級　教育 | ハン　バン　　　反【ハン】→反　飯　板　坂　版　阪　販<br>いた　　　board, plate |
|---|---|---|---|

あの先生の**板書**は字が小さく読みにくいので、**黒板**の近くに座ったほうがよい。
日本料理屋の調理人のことを「**板前**」という。

---

板(いた)　板前(いたまえ)　鋼板(こうはん)　黒板(こくばん)　看板(かんばん)

鉄板(てっぱん)　甲板(かんぱん)　板書(ばんしょ)スル　登板(とうばん)スル

平板(へいばん)ナ　掲示板(けいじばん)　【地名】板橋(いたばし)

---

| 坂 | 坂 | コ7　　7画<br>②級　教育 | ハン　　　　反【ハン】→反　板　坂　阪　飯　販　版<br>さか　　　slope |
|---|---|---|---|

この**坂**を登ったところに**坂本**さんの家がある。
このマラソンコースは、**上り坂**と**下り坂**が交互にあって、大変きつい。

---

坂(さか)　坂道(さかみち)　上り坂(のぼりざか)　下り坂(くだりざか)　【人名】坂本(さかもと)

---

| 犬 | 犬 | コ7　　4画<br>3級　教育 | ケン<br>いぬ　　　dogs |
|---|---|---|---|

人間と**犬**との関係は百万年以上前に始まったと言われている。
**盲導犬**を育てる職業につきたい。

---

犬(いぬ)　犬死(いぬじに)スル　犬小屋(いぬごや)　愛犬(あいけん)　番犬(ばんけん)

猟犬(りょうけん)　警察犬(けいさつけん)　盲導犬(もうどうけん)　介護犬(かいごけん)

土佐犬(とさけん/とさいぬ)　犬猿の仲(けんえんのなか)

# コラム 8

活字体　筆記体　課／画数／級／種別　音読み【音符】／訓読み／意味

| 件 | 件 | コ8　　6画<br>②級　教育 | ケン<br>matter, item, case |
|---|---|---|---|

ただ今留守にしておりますので、発信音の後にお名前とご**用件**をお話しください。
最近の新聞の社会面は、陰湿な**事件**や悲惨な事故のニュースばかりだ。

件数(けんすう)　　　　事件(じけん)　　　　条件(じょうけん)　　　物件(ぶっけん)
用件(ようけん)　　　　案件(あんけん)　　　　人件費(じんけんひ)
悪条件(あくじょうけん)　無条件(むじょうけん)　刑事事件(けいじじけん)

| 罪 | 罪 | コ8　　13画<br>②級　教育 | ザイ<br>つみ　　　guilt, crime, sin, offence |
|---|---|---|---|

警察はその男を強盗殺人罪で逮捕した。
人間は生まれながらにして**罪深い**ものだとする説を「性悪説」と呼ぶ。

罪(つみ)　罪深い(つみぶかい)　罪人(ざいにん)　罪悪(ざいあく)　罪状(ざいじょう)
功罪(こうざい)　原罪(げんざい)　有罪(ゆうざい)⟷無罪(むざい)　犯罪(はんざい)
余罪(よざい)　〜ニ謝罪(しゃざい)スル　罪悪感(ざいあくかん)　犯罪者(はんざいしゃ)
殺人罪(さつじんざい)　偽証罪(ぎしょうざい)　横領罪(おうりょうざい)
性犯罪(せいはんざい)　無罪判決(むざいはんけつ)　過失致死罪(かしつちしざい)

| 刑 | 刑 | コ8　　6画<br>①級　常用 | ケイ　　　　開【ケイ】→刑　形　型<br>penalty, sentence |
|---|---|---|---|

欧米諸国では、**死刑**を廃止すべきだとする主張も数多くある。
殺人や強盗など**刑法**に触れる事件のことを刑事事件という。

刑事(けいじ)　　　　刑罰(けいばつ)　　　　刑期(けいき)　　　　刑法(けいほう)
死刑(しけい)　　　　〜ヲ求刑(きゅうけい)スル　　　　　　〜ヲ減刑(げんけい)スル
〜ヲ処刑(しょけい)スル　刑務所(けいむしょ)　　終身刑(しゅうしんけい)
刑事事件(けいじじけん)　刑事訴訟(けいじそしょう)

| 盗 | 盗 | コ8　　11画<br>②級　常用 | トウ<br>ぬす-む　　　steal |
|---|---|---|---|

犯人は、約1,000万円相当の宝石を**盗んで**逃走した。
駐車場に止めておいた車が**盗難**にあった。

〜ヲ盗む(ぬすむ)　　盗人(ぬすびと／ぬすっと)　盗作(とうさく)　　盗難(とうなん)
盗品(とうひん)　　　強盗(ごうとう)　　　　窃盗(せっとう)　　　盗塁(とうるい)

| 捜 | 捜 | コ8　10画 | ソウ |
| --- | --- | --- | --- |
| | | (2級)　常用 | さが-す　　　　　search for |

昨夜行方不明になった10歳の子供の**捜索**願が、今朝、警察に出された。
**捜査**当局は誘拐事件に関する情報規制についてマスコミ各社に協力を依頼した。

～ヲ捜す(さがす)　　　～ヲ捜査(そうさ)スル　～ヲ捜索(そうさく)スル　捜索願(そうさくねがい)
捜査官(そうさかん)　捜査令状(そうされいじょう)　家宅捜索(かたくそうさく)

| 逮 | 逮 | コ8　11画 | タイ |
| --- | --- | --- | --- |
| | | 1級　常用 | 　　　　　　　capture |

十分な捜査をせずに情況証拠だけで容疑者を**逮捕**するのは危険だ。
今回の反政府デモでは、多数の**逮捕者**が出た。

～ヲ逮捕(たいほ)スル　　　逮捕者(たいほしゃ)　　　逮捕状(たいほじょう)
誤認逮捕(ごにんたいほ)

| 訴 | 訴 | コ8　12画 | ソ |
| --- | --- | --- | --- |
| | | 1級　常用 | うった-える　　sue, appeal, complain |

容疑者に関して十分な証拠が集められず、**不起訴**処分となった。
日本では裁判に時間がかかりすぎるため、**訴訟**を起こす人が少ないと言われる。

～ヲ訴える(うったえる)　　訴訟(そしょう)　　　　訴状(そじょう)　　　～ヲ起訴(きそ)スル
～ヲ告訴(こくそ)スル　　　～ヲ上訴(じょうそ)スル　～ニ直訴(じきそ)スル
～ニ勝訴(しょうそ)スル ⬌ 敗訴(はいそ)スル　　　提訴(ていそ)スル　不起訴(ふきそ)
起訴状(きそじょう)　　　　控訴審(こうそしん)　　　民事訴訟(みんじそしょう)

| 追 | 追 | コ8　9画 | ツイ |
| --- | --- | --- | --- |
| | | (2級)　(教育) | お-う　　　　chase, follow, pursue, additional |

狭い道で車の**追い越し**をすると危険だ。
野党は政府の経済政策の失敗の責任を**追及**した。

～ヲ追う(おう)　　　　　　～ヲ追い越す(おいこす)　　　　　～ヲ追い込む(おいこむ)
～ヲ追い払う(おいはらう)　追試(ついし)＝追試験(ついしけん)　追伸(ついしん)
追憶(ついおく)　　　　　　～ヲ追加(ついか)スル　　　～ヲ追跡(ついせき)スル
～ヲ追及／追求／追究(ついきゅう)スル　　　　　～ヲ追放(ついほう)スル
～ヲ追撃(ついげき)スル　　～ニ追従(ついじゅう)スル　追徴金(ついちょうきん)
国外追放(こくがいついほう)

# コラム 9

活字体　筆記体　課／画数／級／種別　音読み【音符】／訓読み／意味

| 齢 止令齢 | コ9　17画　2級　常用 | レイ　　　　　令【レイ】→令　冷　鈴　零　齢<br>age |
|---|---|---|

社会の**高齢化**とともに、ライフスタイルの見直しが必要になってきた。
人間は民族や性別、**年齢**などによって差別されてはならない。

年齢(ねんれい)　　　　高齢(こうれい)　　　樹齢(じゅれい)　　老齢(ろうれい)
適齢期(てきれいき)　　高齢化(こうれいか)　　高齢者(こうれいしゃ)

| 暮 暮 | コ9　14画　2級　教育 | ボ　　　　　　莫【ボ】→暮　墓　募　慕　模　*漠(バク)<br>く-れる　く-らす　live, get dark, year-end |
|---|---|---|

日が**暮れ**て、辺りが暗くなってきた。
日本では、夏に「お中元」、年の**暮れ**に「お歳暮」を贈る習慣がある。

暮らす(くらす)　　暮らし(くらし)　　暮れる(くれる)　　暮れ(くれ)　　夕暮れ(ゆうぐれ)
暮色(ぼしょく)　　歳暮(せいぼ)　　一人暮らし(ひとりぐらし)

| 募 募 | コ9　12画　2級　常用 | ボ　　　　　　莫【ボ】→暮　墓　募　慕　模　*漠(バク)<br>つの-る　gather, recruite |
|---|---|---|

希望者を**募っ**て、バス旅行を行いたい。
**応募**された作品の中から最優秀賞を選ぶ。

〜ヲ募る(つのる)　　　　募金(ぼきん)　　　　　〜ヲ募集(ぼしゅう)スル
〜ニ応募(おうぼ)スル　　〜ヲ公募(こうぼ)スル　　〜ヲ急募(きゅうぼ)スル
応募者(おうぼしゃ)　　　募集人員(ぼしゅうじんいん)

| 請 請 | コ9　15画　1級　常用 | セイ　*シン　青【セイ】→青　晴　清　精　静　請<br>こ-う　う-ける　request, solicit |
|---|---|---|

電話料金の**請求書**が来て、その金額の高さに驚いた。
工事を**請け負っ**た業者に総費用の概算を出してもらう。

〜ヲ請う(こう)　　〜ヲ請け負う(うけおう)　　〜ヲ請け合う(うけあう)　　下請け(したうけ)
要請(ようせい)　　　　　〜ヲ請求(せいきゅう)スル　　　〜ヲ申請(しんせい)スル
請求書(せいきゅうしょ)　　請願書(せいがんしょ)　　　　〜ヲ*普請(ふしん)スル

| 迫 迫 | コ9　8画　1級　常用 | ハク　　　　　白【ハク】→白　泊　拍　迫　伯　舶<br>せま-る　urge, force, imminent |
|---|---|---|

金融業者から借金の返済を**迫る**電話が頻繁にかかってきた。
冒険映画を大スクリーンで見たら、**迫力**満点だった。

| | | | |
|---|---|---|---|
| 迫る(せまる) | 迫力(はくりょく) | 迫真(はくしん) | 気迫(きはく) |
| ～ヲ迫害(はくがい)スル | ～ヲ圧迫(あっぱく)スル | ～ヲ脅迫(きょうはく)スル | |
| 切迫(せっぱく)スル | 緊迫(きんぱく)スル | 迫力満点(はくりょくまんてん) | |

活字体　筆記体 課／画数／級／種別　音読み【音符】／訓読み／意味

| 幅 | 巾畐 | コ9　12画<br>②級　常用 | フク<br>はば | 畐【フク】→副　福　幅　＊富(フ)<br>width |
|---|---|---|---|---|

来年はこの辞書を**大幅**に改訂して出版する計画である。
物体が振動している時、その動く範囲の半分の長さを**振幅**という。

幅(はば)　大幅(おおはば)ナ　幅広い(はばひろい)　振幅(しんぷく)　全幅(ぜんぷく)

| 攻 | 攻 | コ9　7画<br>1級　常用 | コウ<br>せ-める | 工【コウ】→工　功　攻　巧　項　江　紅　貢　控<br>attack, aggress |
|---|---|---|---|---|

味方は、敵の**攻撃**を受けて、防戦一方であった。
大学では経済を**専攻**したが、大学院では専門として国際政治を選んだ。

| | | | |
|---|---|---|---|
| ～ヲ攻める(せめる) | 攻防(こうぼう) | 攻勢(こうせい) | 速攻(そっこう) |
| 猛攻(もうこう) | ～ヲ攻撃(こうげき)スル | ～ヲ攻略(こうりゃく)スル | |
| ～ヲ専攻(せんこう)スル | ～ニ侵攻(しんこう)スル | 正攻法(せいこうほう) | |

| 儀 | 儀 | コ9　15画<br>1級　常用 | ギ | 義【ギ】→義　議　儀　犠<br>ceremony, affair |
|---|---|---|---|---|

同僚とは、**儀礼的**にあいさつを交わすだけで、あまり個人的な話はしない。
最近は電車の中などに**行儀**が悪い子供がいても、誰も注意しない。

| | | | |
|---|---|---|---|
| 儀式(ぎしき) | 行儀(ぎょうぎ) | 礼儀(れいぎ) | 律儀(りちぎ) |
| 葬儀(そうぎ) | 祝儀(しゅうぎ) | 地球儀(ちきゅうぎ) | 儀礼的(ぎれいてき) |

| 章 | 章 | コ9　11画<br>②級　教育 | ショウ<br>[＊あきら／あき] | 章【ショウ】→章　障　彰<br>chapter, badge, composition |
|---|---|---|---|---|

論理的な**文章**を書く時は、段落構成を考える必要がある。
日本では、学生は制服を着て**校章**をつけることが多い。

| | | | |
|---|---|---|---|
| 文章(ぶんしょう) | 楽章(がくしょう) | 校章(こうしょう) | 憲章(けんしょう) |
| 勲章(くんしょう) | 第1章(だいいっしょう) | 【人名】＊章(あきら) | ＊章子(あきこ) |

# 音訓索引 On-Kun Index

音はカタカナ、訓はひらがなで書く。あいうえお順で、音訓の順に並べる。同じ音訓の場合は課の順に並べ、数字は課の数を表す。(BKBは『新版 Basic Kanji Book』、IKBは『Intermediate Kanji Book』vol.1、数字だけあるのは本書の課数。「コ」はコラム。BKBの「漢字番号順音訓索引」のみにある読みには、△マークをつけた。)

## [あ]

| 読み | 漢字 | 出典 | 読み | 漢字 | 出典 | 読み | 漢字 | 出典 |
|---|---|---|---|---|---|---|---|---|
| ア | 亜 | 13 | あさ | 朝 | BKB-10 | あ-てる | 当 | BKB-28 |
| アイ | 愛 | IKB-7 | あさ-い | 浅 | IKB-1 | あと | 後 | BKB-10 |
| あい | 相 | BKB-31 | あざ-やか | 鮮 | 16 | あに | 兄 | BKB-15 |
| あいだ | 間 | BKB-5 | あし | 足 | BKB-6 | あね | 姉 | BKB-15 |
| あ-う | 会 | BKB-12 | あじ | 味 | BKB-28 | あば-く | 暴 | IKB-7 |
| あ-う | 合 | BKB-29 | あじ-わう | 味 | BKB-28 | あば-れる | 暴 | IKB-7 |
| あお | 青 | BKB-14 | あず-かる | 預 | 9 | あぶ-ない | 危 | IKB-4 |
| あお-い | 青 | BKB-14 | あず-ける | 預 | 9 | あぶら | 油 | BKB-11 |
| あか | 赤 | BKB-23 | あそ-ぶ | 遊 | BKB-24 | あぶら | 脂 | 12 |
| あか-い | 赤 | BKB-23 | あたい | 値 | IKB-6 | あま | 天 | BKB-26 |
| あ-がる | 上 | BKB-4 | あた-える | 与 | 3 | あま | 雨 | BKB-6△ |
| あ-がる | 挙 | 15 | あたた-かい | 暖 | BKB-26 | あま-い | 甘 | 2 |
| あか-るい | 明 | BKB-5 | あたた-かい | 温 | BKB-26 | あま-える | 甘 | 2 |
| あき | 秋 | BKB-26 | あたた-まる | 温 | BKB-26 | あま-す | 余 | 6 |
| あきな-う | 商 | BKB-27△ | あたた-める | 温 | BKB-26 | あま-やかす | 甘 | 2 |
| あき-らか | 明 | BKB-5△ | あたま | 頭 | BKB-36 | あま-る | 余 | 6 |
| アク | 悪 | BKB-28 | あたら-しい | 新 | BKB-8 | あみ | 網 | 4 |
| あ-く | 開 | BKB-13 | あた-り | 辺 | 13 | あめ | 雨 | BKB-6 |
| あ-く | 空 | BKB-39 | あ-たる | 当 | BKB-28 | あめ | 天 | BKB-26 |
| あ-ける | 明 | BKB-5 | アツ | 圧 | IKB-2 | あや-うい | 危 | IKB-4 |
| あ-ける | 開 | BKB-13 | あつ-い | 暑 | BKB-26 | あや-ぶむ | 危 | IKB-4 |
| あ-ける | 空 | BKB-39 | あつ-い | 熱 | BKB-26 | あら-う | 洗 | BKB-30 |
| あ-げる | 上 | BKB-4 | あつ-い | 厚 | IKB-1 | あらそ-う | 争 | IKB-2 |
| あ-げる | 挙 | 15 | あつ-まる | 集 | BKB-37 | あら-た | 新 | BKB-8△ |
|  |  |  | あつ-める | 集 | BKB-37 | あらた-まる | 改 | IKB-3 |

| | | | | | | | | |
|---|---|---|---|---|---|---|---|---|---|
| あらた-める | 改 | IKB-3 | い-う | 言 | BKB-11 | いのち | 命 | 6 |
| あらわ-す | 表 | BKB-44 | いえ | 家 | BKB-12 | いま | 今 | BKB-12 |
| あらわ-す | 現 | BKB-44 | いか-る | 怒 | IKB-8 | いまし-める | 戒 | 1 |
| あらわ-す | 著 | IKB-8 | イキ | 域 | 3 | いもうと | 妹 | BKB-15 |
| あらわ-れる | 表 | BKB-44△ | いき | 息 | 9 | い-る | 要 | BKB-42 |
| あらわ-れる | 現 | BKB-44 | いきお-い | 勢 | 5 | い-る | 居 | 6 |
| あ-る | 在 | 3 | い-きる | 生 | BKB-2 | い-る | 射 | 14 |
| ある-く | 歩 | BKB-17 | イク | 育 | BKB-22 | い-れる | 入 | BKB-17 |
| あ-わす | 合 | BKB-29 | い-く | 行 | BKB-9 | いろ | 色 | BKB-23 |
| あわ-せる | 併 | IKB-7 | いくさ | 戦 | IKB-2 | いわ | 岩 | BKB-5 |
| アン | 安 | BKB-8 | いけ | 池 | 7 | イン | 飲 | BKB-9 |
| アン | 暗 | BKB-8 | いし | 石 | BKB-6 | イン | 院 | BKB-18 |
| アン | 案 | BKB-31 | いしずえ | 礎 | IKB-10 | イン | 音 | BKB-23△ |
| | | | いずみ | 泉 | 7 | イン | 員 | BKB-27 |
| **[い]** | | | いそが-しい | 忙 | BKB-16 | イン | 引 | BKB-33 |
| イ | 医 | BKB-22 | いそ-ぐ | 急 | BKB-31 | イン | 印 | IKB-1 |
| イ | 違 | BKB-28 | いた | 板 | コ7 | イン | 因 | IKB-10 |
| イ | 意 | BKB-32 | いた-い | 痛 | BKB-13 | イン | 陰 | 1 |
| イ | 位 | BKB-40 | いだ-く | 抱 | IKB-8 | | | |
| イ | 移 | BKB-43 | いた-む | 痛 | BKB-13 | **[う]** | | |
| イ | 以 | BKB-43 | いた-む | 傷 | IKB-8 | ウ | 雨 | BKB-6 |
| イ | 異 | IKB-4 | いた-める | 傷 | IKB-8 | ウ | 有 | BKB-16△ |
| イ | 囲 | IKB-5 | イチ | 一 | BKB-3 | ウ | 右 | BKB-18 |
| イ | 維 | 5 | いち | 市 | BKB-20 | ウ | 宇 | 13 |
| イ | 易 | 8 | いちじる-しい | 著 | IKB-8 | ウ | 羽 | コ4 |
| イ | 為 | 8 | いつ | 五 | BKB-3 | うえ | 上 | BKB-4 |
| イ | 威 | 10 | イツ | 一 | BKB-3△ | う-える | 植 | 12 |
| イ | 胃 | 11 | いつ-つ | 五 | BKB-3 | うかが-う | 伺 | 10 |
| イ | 委 | 15 | いと | 糸 | BKB-6 | う-かぶ | 浮 | 14 |
| イ | 伊 | コ5 | いな | 否 | 1 | う-かべる | 浮 | 14 |
| イ | 遺 | コ7 | いぬ | 犬 | コ7 | う-かる | 受 | BKB-29 |

| | | | | | | | | | | |
|---|---|---|---|---|---|---|---|---|---|---|
| お-う | 負 | IKB-2 | おさ-める | 治 | BKB-22 | おもて | 表 | BKB-44△ | | |
| お-う | 追 | コ8 | おさ-める | 収 | IKB-2 | おも-な | 主 | BKB-15 | | |
| お-える | 終 | BKB-24 | おさ-める | 修 | IKB-3 | おもむき | 趣 | 1 | | |
| おお-い | 多 | BKB-8 | おさ-める | 納 | IKB-9 | おや | 親 | BKB-16 | | |
| おお-きい | 大 | BKB-4 | おし-える | 教 | BKB-9 | およ-ぐ | 泳 | BKB-11 | | |
| おか | 岡 | コ3 | お-す | 押 | BKB-33 | およ-び | 及 | 4 | | |
| おか-す | 犯 | 5 | お-す | 推 | 5 | およ-ぶ | 及 | 4 | | |
| おき | 沖 | コ4 | おそ-い | 遅 | BKB-14 | およ-ぼす | 及 | 4 | | |
| おぎな-う | 補 | 5 | おそ-れる | 恐 | 2 | お-りる | 降 | BKB-17 | | |
| お-きる | 起 | BKB-24 | おそ-ろしい | 恐 | 2 | お-る | 折 | BKB-30 | | |
| オク | 屋 | BKB-13 | おそ-わる | 教 | BKB-9△ | お-る | 織 | IKB-9 | | |
| オク | 億 | 8 | お-ちる | 落 | BKB-29 | お-ろす | 降 | BKB-17 | | |
| おく | 奥 | BKB-15 | おっと | 夫 | BKB-15 | お-わる | 終 | BKB-24 | | |
| お-く | 置 | BKB-40 | おと | 音 | BKB-23 | オン | 音 | BKB-23 | | |
| おく-る | 送 | BKB-24 | おとうと | 弟 | BKB-15 | オン | 温 | BKB-26 | | |
| おく-る | 贈 | IKB-9 | おど-かす | 脅 | 16 | おん | 御 | 5 | | |
| おく-れる | 後 | BKB-10△ | おとこ | 男 | BKB-5 | おんな | 女 | BKB-2 | | |
| おく-れる | 遅 | BKB-14 | お-とす | 落 | BKB-29 | | | | | |
| お-こす | 起 | BKB-24 | おど-す | 脅 | 16 | **[か]** | | | | |
| おこ-す | 興 | 5 | おとず-れる | 訪 | BKB-41 | | | | | |
| おごそ-か | 厳 | IKB-7 | おどろ-く | 驚 | BKB-37 | カ | 火 | BKB-2 | | |
| おこな-う | 行 | BKB-9 | おな-じ | 同 | BKB-28 | カ | 下 | BKB-4 | | |
| お-こる | 起 | BKB-24 | おのおの | 各 | IKB-6 | カ | 花 | BKB-7 | | |
| おこ-る | 怒 | IKB-8 | おのれ | 己 | IKB-R1 | カ | 家 | BKB-12 | | |
| おこ-る | 興 | 5 | おび | 帯 | IKB-6 | カ | 荷 | BKB-14 | | |
| おさ-える | 抑 | 8 | おびや-かす | 脅 | 16 | カ | 歌 | BKB-14 | | |
| おさな-い | 幼 | 11 | お-びる | 帯 | IKB-6 | カ | 化 | BKB-22 | | |
| おさ-まる | 治 | BKB-22 | おぼ-える | 覚 | BKB-36 | カ | 科 | BKB-22 | | |
| おさ-まる | 収 | IKB-2 | おも | 面 | BKB-29 | カ | 夏 | BKB-26 | | |
| おさ-まる | 修 | IKB-3 | おも-い | 重 | BKB-38 | カ | 果 | BKB-29 | | |
| おさ-まる | 納 | IKB-9 | おも-う | 思 | BKB-23 | カ | 価 | BKB-35 | | |
| | | | | | | カ | 加 | BKB-43 | | |

| カ | 過 | BKB-43 | ガイ | 街 | 3 | カク | 閣 | 15 |
|---|---|---|---|---|---|---|---|---|
| カ | 課 | BKB-45 | か-う | 買 | BKB-9 | カク | 核 | 16 |
| カ | 可 | IKB-2 | かえ-す | 帰 | BKB-9 | か-く | 書 | BKB-9 |
| カ | 貨 | IKB-R1 | かえ-す | 返 | BKB-24 | か-く | 欠 | BKB-25 |
| カ | 仮 | 4 | かえり-みる | 省 | IKB-1 | か-く | 描 | 1 |
| カ | 河 | 7 | かえり-みる | 顧 | 9 | ガク | 学 | BKB-2 |
| カ | 華 | 10 | かえ-る | 帰 | BKB-9 | ガク | 楽 | BKB-23 |
| か | 日 | BKB-1 | かえ-る | 返 | BKB-24 | ガク | 額 | IKB-6 |
| か | 鹿 | コ3 | か-える | 代 | BKB-37 | かげ | 陰 | 1 |
| か | 香 | コ4 | か-える | 変 | BKB-43 | かげ | 影 | 3 |
| ガ | 画 | BKB-23 | か-える | 換 | IKB-9 | か-ける | 欠 | BKB-25 |
| ガ | 賀 | コ4 | か-える | 替 | IKB-9 | か-ける | 駆 | 4 |
| カイ | 海 | BKB-11 | かお | 顔 | BKB-41 | か-ける | 懸 | 14 |
| カイ | 会 | BKB-12 | かお-り | 香 | コ4 | かげ-る | 陰 | 1 |
| カイ | 回 | BKB-13 | かお-る | 香 | コ4 | かこ-う | 囲 | IKB-5 |
| カイ | 開 | BKB-13 | かか-える | 抱 | IKB-8 | かこ-む | 囲 | IKB-5 |
| カイ | 階 | BKB-39 | かか-げる | 掲 | 16 | かさ-なる | 重 | BKB-38△ |
| カイ | 界 | IKB-1 | かかり | 係 | IKB-1 | かさ-ねる | 重 | BKB-38△ |
| カイ | 解 | IKB-3 | かか-る | 係 | IKB-1 | か-す | 貸 | BKB-24 |
| カイ | 改 | IKB-3 | か-かる | 懸 | 14 | かず | 数 | BKB-22 |
| カイ | 快 | IKB-4 | かぎ-る | 限 | IKB-5 | かぜ | 風 | BKB-40 |
| カイ | 械 | IKB-5 | カク | 客 | BKB-12△ | かぞ-える | 数 | BKB-22 |
| カイ | 絵 | IKB-8 | カク | 画 | BKB-23 | かた | 方 | BKB-10 |
| カイ | 介 | 1 | カク | 格 | BKB-29 | かた | 形 | BKB-28△ |
| カイ | 戒 | 1 | カク | 覚 | BKB-36 | かた | 型 | IKB-6 |
| カイ | 街 | 3 | カク | 較 | BKB-44 | かた-い | 硬 | IKB-1 |
| カイ | 壊 | 6 | カク | 拡 | IKB-2 | かた-い | 固 | IKB-5 |
| かい | 貝 | BKB-6 | カク | 確 | IKB-4 | かたち | 形 | BKB-28 |
| ガイ | 外 | BKB-18 | カク | 各 | IKB-6 | かたな | 刀 | 10 |
| ガイ | 害 | IKB-5 | カク | 革 | IKB-9 | かた-まる | 固 | IKB-5 |
| ガイ | 概 | IKB-7 | カク | 角 | 13 | かたむ-く | 傾 | 7 |

| | | |
|---|---|---|
| きわ-める | 極 | 1 |
| キン | 金 | BKB-2 |
| キン | 近 | BKB-14 |
| キン | 均 | IKB-4 |
| キン | 禁 | IKB-7 |
| キン | 勤 | IKB-9 |
| キン | 筋 | 11 |
| キン | 菌 | 12 |
| ギン | 銀 | BKB-35 |

## [く]

| | | |
|---|---|---|
| ク | 九 | BKB-3 |
| ク | 工 | BKB-19△ |
| ク | 区 | BKB-20 |
| ク | 苦 | BKB-38 |
| ク | 功 | IKB-2 |
| ク | 供 | 2 |
| ク | 駆 | 4 |
| ク | 庫 | 9 |
| ク | 貢 | 9 |
| ク | 宮 | コ3 |
| グ | 具 | BKB-34 |
| クウ | 空 | BKB-39 |
| グウ | 宮 | コ3 |
| くさ | 草 | コ4 |
| くさり | 鎖 | 14 |
| くず-す | 崩 | 6 |
| くすり | 薬 | BKB-12 |
| くず-れる | 崩 | 6 |
| くだ | 管 | IKB-5 |
| くだ-る | 下 | BKB-4 |

| | | |
|---|---|---|
| くち | 口 | BKB-1 |
| くに | 国 | BKB-13 |
| くば-る | 配 | BKB-41 |
| くび | 首 | IKB-1 |
| くま | 熊 | コ3 |
| くみ | 組 | BKB-23 |
| く-む | 組 | BKB-23 |
| くも | 雲 | BKB-12 |
| くら | 蔵 | 5 |
| くら-い | 暗 | BKB-8 |
| くらい | 位 | BKB-40 |
| くら-べる | 比 | BKB-44 |
| く-る | 来 | BKB-9 |
| くる-う | 狂 | 5 |
| くる-おしい | 狂 | 5 |
| くる-しい | 苦 | BKB-38 |
| くる-しむ | 苦 | BKB-38 |
| くるま | 車 | BKB-1 |
| く-らす | 暮 | コ9 |
| く-れる | 暮 | コ9 |
| くろ | 黒 | BKB-23 |
| くろ-い | 黒 | BKB-23 |
| くわ-える | 加 | BKB-43 |
| くわだ-てる | 企 | IKB-10 |
| くわ-わる | 加 | BKB-43 |
| クン | 君 | IKB-R2 |
| グン | 軍 | IKB-6 |
| グン | 群 | IKB-6 |
| グン | 郡 | IKB-R2 |

## [け]

| | | |
|---|---|---|
| ケ | 気 | BKB-16△ |
| ケ | 化 | BKB-22 |
| ケ | 仮 | 4 |
| ケ | 華 | 10 |
| ケ | 懸 | 14 |
| ゲ | 下 | BKB-4 |
| ゲ | 外 | BKB-18 |
| ゲ | 解 | IKB-3 |
| ケイ | 計 | BKB-11 |
| ケイ | 兄 | BKB-15 |
| ケイ | 経 | BKB-22 |
| ケイ | 形 | BKB-28 |
| ケイ | 軽 | BKB-38 |
| ケイ | 係 | IKB-1 |
| ケイ | 型 | IKB-6 |
| ケイ | 警 | 1 |
| ケイ | 競 | 1 |
| ケイ | 系 | 3 |
| ケイ | 境 | 3 |
| ケイ | 携 | 5 |
| ケイ | 傾 | 7 |
| ケイ | 景 | 8 |
| ケイ | 契 | 9 |
| ケイ | 径 | 13 |
| ケイ | 掲 | 16 |
| ケイ | 恵 | コ6 |
| ケイ | 刑 | コ8 |
| ゲイ | 迎 | 10 |
| けが-す | 汚 | IKB-8 |
| けが-らわしい | 汚 | IKB-8 |

## [し]

| シ | 自 | BKB-33△ | ジ | 示 | IKB-7 | ジッ | 十 | BKB-3 |
|---|---|---|---|---|---|---|---|---|
| シ | 紙 | BKB-34 | ジ | 似 | IKB-9 | しな | 品 | BKB-35 |
| シ | 誌 | BKB-34 | ジ | 磁 | 5 | し-ぬ | 死 | IKB-7 |
| シ | 資 | BKB-35 | ジ | 児 | 11 | しま | 島 | BKB-20 |
| シ | 歯 | BKB-41 | ジ | 除 | 16 | し-まる | 閉 | BKB-13 |
| シ | 支 | IKB-2 | じ | 路 | BKB-32△ | し-まる | 締 | 9 |
| シ | 士 | IKB-6 | しあわ-せ | 幸 | IKB-4 | し-み | 染 | 14 |
| シ | 師 | IKB-6 | しお | 塩 | 12 | し-みる | 染 | 14 |
| シ | 死 | IKB-7 | しか | 鹿 | コ3 | しめ-す | 示 | IKB-7 |
| シ | 示 | IKB-7 | シキ | 式 | BKB-25 | しめ-す | 湿 | 14 |
| シ | 視 | IKB-7 | シキ | 織 | IKB-9 | し-める | 閉 | BKB-13 |
| シ | 志 | IKB-10 | シキ | 識 | IKB-10 | し-める | 占 | IKB-8 |
| シ | 詞 | 1 | ジキ | 直 | BKB-44△ | し-める | 締 | 9 |
| シ | 施 | 2 | し-く | 敷 | 10 | し-める | 湿 | 14 |
| シ | 肢 | 4 | しず-かな | 静 | BKB-14 | し-める | 下 | BKB-4△ |
| シ | 姿 | 5 | しず-む | 沈 | 14 | しも | 車 | BKB-1 |
| シ | 伺 | 10 | しず-める | 沈 | 14 | シャ | 社 | BKB-18 |
| シ | 氏 | 10 | した | 下 | BKB-4 | シャ | 写 | BKB-23 |
| シ | 脂 | 12 | したが-う | 従 | 10 | シャ | 者 | BKB-27 |
| シ | 司 | 15 | したが-える | 従 | 10 | シャ | 煮 | IKB-9 |
| ジ | 耳 | BKB-6 | した-しい | 親 | BKB-16 | シャ | 捨 | 4 |
| ジ | 字 | BKB-7 | シチ | 質 | BKB-21△ | シャ | 斜 | 7 |
| ジ | 時 | BKB-11 | シチ | 七 | BKB-3 | シャ | 砂 | 12 |
| ジ | 寺 | BKB-14 | シツ | 室 | BKB-12 | シャ | 射 | 14 |
| ジ | 持 | BKB-14 | シツ | 質 | BKB-21 | シャク | 借 | BKB-24 |
| ジ | 地 | BKB-19 | シツ | 失 | BKB-42 | シャク | 昔 | 7 |
| ジ | 治 | BKB-22 | シツ | 疾 | 11 | ジャク | 弱 | BKB-38 |
| ジ | 事 | BKB-27 | シツ | 湿 | 14 | シュ | 手 | BKB-6 |
| ジ | 次 | BKB-28 | シツ | 執 | 15 | シュ | 酒 | BKB-11 |
| ジ | 自 | BKB-33 | ジツ | 日 | BKB-1 | シュ | 主 | BKB-15 |
| ジ | 辞 | BKB-34 | ジツ | 実 | BKB-42 | シュ | 取 | BKB-33 |

| 読み | 漢字 | コード | 読み | 漢字 | コード | 読み | 漢字 | コード |
|---|---|---|---|---|---|---|---|---|
| シュ | 首 | IKB-1 | シュク | 宿 | BKB-21 | ショウ | 消 | BKB-30 |
| シュ | 修 | IKB-3 | シュク | 縮 | IKB-2 | ショウ | 相 | BKB-31 |
| シュ | 守 | IKB-7 | ジュク | 熟 | IKB-7 | ショウ | 笑 | BKB-36 |
| シュ | 趣 | 1 | シュツ | 出 | BKB-17 | ショウ | 焼 | BKB-37 |
| シュ | 衆 | 4 | ジュツ | 術 | BKB-41 | ショウ | 性 | BKB-45 |
| シュ | 種 | 9 | ジュツ | 述 | 1 | ショウ | 省 | IKB-1 |
| ジュ | 受 | BKB-29 | シュン | 春 | BKB-26 | ショウ | 昇 | IKB-2 |
| ジュ | 授 | 2 | シュン | 旬 | コ1 | ショウ | 勝 | IKB-2 |
| ジュ | 需 | 4 | ジュン | 準 | BKB-31 | ショウ | 傷 | IKB-8 |
| ジュ | 従 | 10 | ジュン | 純 | IKB-2 | ショウ | 象 | IKB-8 |
| シュウ | 週 | BKB-10 | ジュン | 順 | IKB-10 | ショウ | 精 | IKB-8 |
| シュウ | 習 | BKB-21 | ジュン | 循 | 14 | ショウ | 照 | IKB-10 |
| シュウ | 終 | BKB-24 | ジュン | 准 | 16 | ショウ | 召 | IKB-R2 |
| シュウ | 秋 | BKB-26 | ジュン | 旬 | コ1 | ショウ | 招 | IKB-R2 |
| シュウ | 集 | BKB-37 | ショ | 書 | BKB-9 | ショウ | 紹 | IKB-R2 |
| シュウ | 州 | IKB-1 | ショ | 所 | BKB-19 | ショウ | 証 | 2 |
| シュウ | 収 | IKB-2 | ショ | 暑 | BKB-26 | ショウ | 声 | 3 |
| シュウ | 修 | IKB-3 | ショ | 初 | BKB-44 | ショウ | 称 | 4 |
| シュウ | 周 | IKB-5 | ショ | 署 | IKB-5 | ショウ | 装 | 4 |
| シュウ | 衆 | 4 | ショ | 諸 | IKB-6 | ショウ | 星 | 4 |
| シュウ | 拾 | 5 | ショ | 処 | 8 | ショウ | 障 | 9 |
| シュウ | 執 | 15 | ショ | 緒 | 14 | ショウ | 将 | 10 |
| シュウ | 秀 | コ6 | ジョ | 女 | BKB-2 | ショウ | 従 | 10 |
| ジュウ | 十 | BKB-3 | ジョ | 助 | IKB-3 | ショウ | 症 | 11 |
| ジュウ | 中 | BKB-4 | ジョ | 序 | IKB-10 | ショウ | 晶 | 13 |
| ジュウ | 住 | BKB-19 | ジョ | 除 | 16 | ショウ | 衝 | 13 |
| ジュウ | 重 | BKB-38 | ショウ | 生 | BKB-2△ | ショウ | 承 | 15 |
| ジュウ | 柔 | IKB-4 | ショウ | 小 | BKB-4 | ショウ | 渉 | 16 |
| ジュウ | 拾 | 5 | ショウ | 少 | BKB-8 | ショウ | 昭 | コ1 |
| ジュウ | 従 | 10 | ショウ | 商 | BKB-27 | ショウ | 松 | コ3 |
| ジュウ | 銃 | 13 | ショウ | 正 | BKB-28 | ショウ | 清 | コ5 |

| 読み | 漢字 | 参照 |
|---|---|---|
| すわ-る | 座 | BKB-24 |

**[せ]**

| 読み | 漢字 | 参照 |
|---|---|---|
| セ | 世 | IKB-1 |
| セ | 施 | 2 |
| せ | 背 | 10 |
| セイ | 生 | BKB-2 |
| セイ | 青 | BKB-14 |
| セイ | 晴 | BKB-14 |
| セイ | 静 | BKB-14 |
| セイ | 西 | BKB-18 |
| セイ | 政 | BKB-22 |
| セイ | 正 | BKB-28 |
| セイ | 成 | BKB-39 |
| セイ | 性 | BKB-45 |
| セイ | 制 | BKB-45 |
| セイ | 世 | IKB-1 |
| セイ | 省 | IKB-1 |
| セイ | 製 | IKB-3 |
| セイ | 整 | IKB-5 |
| セイ | 盛 | IKB-8 |
| セイ | 精 | IKB-8 |
| セイ | 歳 | IKB-8 |
| セイ | 声 | 3 |
| セイ | 星 | 4 |
| セイ | 勢 | 5 |
| セイ | 誠 | 10 |
| セイ | 誓 | 16 |
| セイ | 清 | コ5 |
| セイ | 請 | コ9 |
| ゼイ | 税 | IKB-6 |
| せい | 背 | 10 |
| セキ | 石 | BKB-6 |
| セキ | 赤 | BKB-23 |
| セキ | 席 | BKB-25 |
| セキ | 積 | 1 |
| セキ | 責 | 1 |
| セキ | 績 | 2 |
| セキ | 昔 | 7 |
| セチ | 節 | 9 |
| セツ | 切 | BKB-16 |
| セツ | 接 | BKB-29 |
| セツ | 説 | BKB-29 |
| セツ | 折 | BKB-30 |
| セツ | 設 | BKB-39 |
| セツ | 節 | 9 |
| セツ | 殺 | 12 |
| ゼツ | 絶 | 16 |
| せま-い | 狭 | BKB-38 |
| せま-る | 迫 | コ9 |
| せ-める | 責 | 1 |
| せ-める | 攻 | コ9 |
| せ-る | 競 | 1 |
| セン | 川 | BKB-1 |
| セン | 先 | BKB-2 |
| セン | 千 | BKB-3 |
| セン | 選 | BKB-27 |
| セン | 洗 | BKB-30 |
| セン | 線 | BKB-32 |
| セン | 浅 | IKB-1 |
| セン | 戦 | IKB-2 |
| セン | 専 | IKB-7 |
| セン | 占 | IKB-8 |
| セン | 潜 | 7 |
| セン | 泉 | 7 |
| セン | 繊 | 12 |
| セン | 染 | 14 |
| セン | 鮮 | 16 |
| セン | 宣 | 16 |
| ゼン | 前 | BKB-10 |
| ゼン | 全 | BKB-45 |
| ゼン | 然 | IKB-5 |
| ゼン | 善 | 2 |

**[そ]**

| 読み | 漢字 | 参照 |
|---|---|---|
| ソ | 組 | BKB-23 |
| ソ | 想 | IKB-5 |
| ソ | 素 | IKB-8 |
| ソ | 礎 | IKB-10 |
| ソ | 訴 | コ8 |
| ソウ | 早 | BKB-16 |
| ソウ | 走 | BKB-17 |
| ソウ | 送 | BKB-24 |
| ソウ | 相 | BKB-31 |
| ソウ | 窓 | BKB-34 |
| ソウ | 争 | IKB-2 |
| ソウ | 層 | IKB-2 |
| ソウ | 創 | IKB-3 |
| ソウ | 想 | IKB-5 |
| ソウ | 総 | IKB-6 |
| ソウ | 贈 | IKB-9 |
| ソウ | 騒 | 3 |
| ソウ | 装 | 4 |

| | | | | | | | | |
|---|---|---|---|---|---|---|---|---|
| ソウ | 双 | 4 | そと | 外 | BKB-18 | タイ | 隊 | 16 |
| ソウ | 燥 | 14 | そな-える | 供 | 2 | タイ | 逮 | コ8 |
| ソウ | 草 | コ4 | そ-まる | 染 | 14 | ダイ | 大 | BKB-4 |
| ソウ | 捜 | コ8 | そむ-く | 背 | 10 | ダイ | 弟 | BKB-15 |
| ゾウ | 雑 | BKB-34 | そむ-ける | 背 | 10 | ダイ | 内 | BKB-18△ |
| ゾウ | 増 | BKB-43 | そ-める | 染 | 14 | ダイ | 題 | BKB-21 |
| ゾウ | 造 | IKB-3 | そら | 空 | BKB-39 | ダイ | 台 | BKB-34 |
| ゾウ | 像 | IKB-5 | ソン | 村 | BKB-20 | ダイ | 代 | BKB-37 |
| ゾウ | 象 | IKB-8 | ソン | 存 | IKB-7 | ダイ | 第 | BKB-45 |
| ゾウ | 贈 | IKB-9 | ソン | 損 | 9 | たい-ら | 平 | BKB-40 |
| ゾウ | 蔵 | 5 | ゾン | 存 | IKB-7 | た-える | 耐 | 6 |
| ゾウ | 臓 | 11 | | | | た-える | 絶 | 16 |
| そ-う | 沿 | 3 | | **[た]** | | たお-す | 倒 | 6 |
| そうろう | 候 | 11 | タ | 多 | BKB-8 | たお-れる | 倒 | 6 |
| ソク | 足 | BKB-6 | タ | 他 | 1 | たか-い | 高 | BKB-8 |
| ソク | 速 | BKB-14 | た | 田 | BKB-1 | たが-い | 互 | 4 |
| ソク | 測 | IKB-9 | ダ | 打 | BKB-30 | タク | 宅 | BKB-12 |
| ソク | 束 | IKB-R2 | タイ | 大 | BKB-4 | タク | 択 | 2 |
| ソク | 則 | IKB-R2 | タイ | 体 | BKB-5 | タク | 卓 | 5 |
| ソク | 側 | IKB-R2 | タイ | 待 | BKB-11 | タク | 託 | 9 |
| ソク | 息 | 9 | タイ | 貸 | BKB-24 | タク | 沢 | コ5 |
| ゾク | 族 | BKB-41 | タイ | 台 | BKB-34 | ダク | 濁 | 14 |
| ゾク | 続 | BKB-43 | タイ | 代 | BKB-37 | だ-く | 抱 | IKB-8 |
| ゾク | 属 | 1 | タイ | 太 | BKB-38 | たくわ-える | 蓄 | 9 |
| そこ | 底 | IKB-5 | タイ | 退 | BKB-41 | たけ | 竹 | BKB-6 |
| そこ-なう | 損 | 9 | タイ | 対 | BKB-44 | たし-か | 確 | IKB-4 |
| そこ-ねる | 損 | 9 | タイ | 帯 | IKB-6 | たし-かめる | 確 | IKB-4 |
| そだ-つ | 育 | BKB-22 | タイ | 替 | IKB-9 | た-す | 足 | BKB-6 |
| そだ-てる | 育 | BKB-22 | タイ | 態 | 2 | だ-す | 出 | BKB-17 |
| ソツ | 卒 | BKB-42 | タイ | 耐 | 6 | たす-かる | 助 | IKB-3 |
| ソツ | 率 | IKB-6 | タイ | 滞 | 8 | たす-ける | 助 | IKB-3 |

| | | | | | | | | | |
|---|---|---|---|---|---|---|---|---|---|
| テン | 転 | BKB-27 | トウ | 頭 | BKB-36 | と-かす | 解 | IKB-3 |
| テン | 点 | BKB-28 | トウ | 等 | IKB-4 | と-かす | 溶 | 7 |
| テン | 展 | IKB-10 | トウ | 登 | IKB-9 | とき | 時 | BKB-11 |
| テン | 典 | 13 | トウ | 納 | IKB-9 | トク | 特 | BKB-31 |
| テン | 殿 | 14 | トウ | 討 | IKB-10 | トク | 得 | BKB-42 |
| デン | 田 | BKB-1 | トウ | 豆 | IKB-R2 | トク | 督 | 9 |
| デン | 電 | BKB-12 | トウ | 統 | 4 | トク | 徳 | コ4 |
| デン | 伝 | BKB-37 | トウ | 搭 | 5 | と-く | 解 | IKB-3 |
| デン | 殿 | 14 | トウ | 倒 | 6 | と-く | 溶 | 7 |
| | | | トウ | 逃 | 6 | ドク | 読 | BKB-9 |
| | | | トウ | 刀 | 10 | ドク | 独 | IKB-1 |

## [と]

| | | | | | | | | |
|---|---|---|---|---|---|---|---|---|
| ト | 土 | BKB-2△ | トウ | 糖 | 12 | ドク | 毒 | 14 |
| ト | 渡 | BKB-17 | トウ | 党 | 15 | と-ける | 解 | IKB-3 |
| ト | 図 | BKB-19 | トウ | 藤 | コ5 | と-ける | 溶 | 7 |
| ト | 都 | BKB-20 | トウ | 盗 | コ8 | とこ | 常 | IKB-4 |
| ト | 登 | IKB-9 | と-う | 問 | BKB-21 | ところ | 所 | BKB-19 |
| ト | 徒 | 6 | ドウ | 道 | BKB-14 | とし | 年 | BKB-3 |
| ト | 途 | 9 | ドウ | 動 | BKB-17 | と-じる | 閉 | BKB-13 |
| ド | 土 | BKB-2 | ドウ | 働 | BKB-17 | トツ | 凸 | 7 |
| ド | 度 | BKB-13 | ドウ | 同 | BKB-28 | トツ | 突 | 13 |
| ド | 怒 | IKB-8 | ドウ | 堂 | IKB-6 | とどこお-る | 滞 | 8 |
| ド | 努 | IKB-9 | ドウ | 導 | 2 | ととの-う | 整 | IKB-5 |
| と | 戸 | 6 | ドウ | 銅 | 4 | ととの-える | 調 | BKB-42△ |
| と-い | 問 | BKB-21 | ドウ | 洞 | 8 | ととの-える | 整 | IKB-5 |
| トウ | 東 | BKB-18 | ドウ | 童 | 11 | との | 殿 | 14 |
| トウ | 島 | BKB-20 | とうと-い | 貴 | IKB-4 | どの | 殿 | 14 |
| トウ | 答 | BKB-21 | とうと-ぶ | 貴 | IKB-4 | と-ばす | 飛 | BKB-39 |
| トウ | 冬 | BKB-26 | とお | 十 | BKB-3 | と-ぶ | 飛 | BKB-39 |
| トウ | 当 | BKB-28 | とお-い | 遠 | BKB-14 | とぼ-しい | 乏 | IKB-4 |
| トウ | 投 | BKB-30 | とお-す | 通 | BKB-17 | と-まる | 止 | BKB-17 |
| トウ | 到 | BKB-32 | とお-る | 通 | BKB-17 | と-まる | 留 | BKB-21 |

| | | |
|---|---|---|
| に-る | 煮 | IKB-9 |
| にわ | 庭 | 4 |
| ニン | 人 | BKB-1 |
| ニン | 認 | IKB-7 |
| ニン | 任 | IKB-7 |
| ニン | 妊 | 11 |

## [ぬ]

| | | |
|---|---|---|
| ぬ-かす | 抜 | 7 |
| ぬ-かる | 抜 | 7 |
| ぬ-く | 抜 | 7 |
| ぬ-ぐ | 脱 | BKB-37 |
| ぬ-ける | 抜 | 7 |
| ぬ-げる | 脱 | BKB-37 |
| ぬし | 主 | BKB-15 |
| ぬす-む | 盗 | コ8 |
| ぬの | 布 | 7 |

## [ね]

| | | |
|---|---|---|
| ね | 音 | BKB-23△ |
| ね | 値 | IKB-6 |
| ね | 根 | IKB-10 |
| ねが-う | 願 | BKB-33 |
| ね-かす | 寝 | BKB-24 |
| ねこ | 猫 | コ7 |
| ネツ | 熱 | BKB-26 |
| ねむ-い | 眠 | BKB-38 |
| ねむ-る | 眠 | BKB-38 |
| ね-る | 寝 | BKB-24 |
| ネン | 年 | BKB-3 |
| ネン | 念 | BKB-29 |

| | | |
|---|---|---|
| ネン | 然 | IKB-5 |
| ネン | 燃 | 14 |

## [の]

| | | |
|---|---|---|
| の | 野 | BKB-40 |
| ノウ | 農 | BKB-27 |
| ノウ | 濃 | IKB-1 |
| ノウ | 能 | IKB-2 |
| ノウ | 納 | IKB-9 |
| ノウ | 脳 | 11 |
| のが-す | 逃 | 6 |
| のが-れる | 逃 | 6 |
| のこ-す | 残 | BKB-29 |
| のこ-る | 残 | BKB-29 |
| の-せる | 乗 | BKB-17 |
| のぞ-く | 除 | 16 |
| のぞ-む | 望 | IKB-8 |
| のぞ-む | 臨 | 16 |
| の-ばす | 延 | IKB-3 |
| の-ばす | 伸 | IKB-R2 |
| の-びる | 延 | IKB-3 |
| の-びる | 伸 | IKB-R2 |
| の-べる | 延 | IKB-3 |
| の-べる | 伸 | IKB-R2 |
| の-べる | 述 | 1 |
| のぼ-る | 上 | BKB-4 |
| のぼ-る | 昇 | IKB-2 |
| のぼ-る | 登 | IKB-9 |
| の-む | 飲 | BKB-9 |
| の-る | 乗 | BKB-17 |

## [は]

| | | |
|---|---|---|
| ハ | 派 | IKB-6 |
| ハ | 波 | 5 |
| ハ | 破 | 8 |
| は | 端 | 4 |
| は | 歯 | BKB-41 |
| は | 葉 | IKB-9 |
| は | 羽 | コ4 |
| バ | 馬 | BKB-7 |
| ば | 場 | BKB-19 |
| ハイ | 配 | BKB-41 |
| ハイ | 敗 | IKB-2 |
| ハイ | 背 | 10 |
| ハイ | 肺 | 11 |
| ハイ | 廃 | 14 |
| ハイ | 排 | 14 |
| バイ | 売 | BKB-12 |
| バイ | 倍 | IKB-7 |
| はい-る | 入 | BKB-17 |
| は-え | 栄 | 12 |
| は-える | 栄 | 12 |
| はか-る | 図 | BKB-19△ |
| はか-る | 量 | IKB-2 |
| はか-る | 測 | IKB-9 |
| ハク | 白 | BKB-23 |
| ハク | 泊 | BKB-31 |
| ハク | 薄 | IKB-1 |
| ハク | 拍 | IKB-R1 |
| ハク | 博 | コ6 |
| ハク | 迫 | コ9 |
| バク | 暴 | IKB-7 |

| | | | | | | | | | | |
|---|---|---|---|---|---|---|---|---|---|---|
| バク | 漠 | 14 | はな-れる | 離 | BKB-25 | バン | 番 | BKB-19 |
| バク | 幕 | 10 | はね | 羽 | コ4 | バン | 判 | 2 |
| バク | 爆 | 16 | はは | 母 | BKB-15 | バン | 盤 | 4 |
| バク | 博 | コ6 | はば | 幅 | コ9 | バン | 伴 | 16 |
| はげ-しい | 激 | IKB-4 | はぶ-く | 省 | IKB-1 | バン | 板 | コ7 |
| はこ-ぶ | 運 | BKB-27 | はま | 浜 | コ3 | | | |
| はし | 橋 | BKB-40 | はや-い | 速 | BKB-14 | **[ひ]** | | |
| はし | 端 | 4 | はや-い | 早 | BKB-16 | ヒ | 悲 | BKB-36 |
| はじ-まる | 始 | BKB-24 | はやし | 林 | BKB-5 | ヒ | 飛 | BKB-39 |
| はじ-め | 初 | BKB-44 | はら | 原 | BKB-40 | ヒ | 費 | BKB-39 |
| はじ-めて | 初 | BKB-44 | はら | 腹 | 11 | ヒ | 比 | BKB-44 |
| はじ-める | 始 | BKB-24 | はら-う | 払 | BKB-30 | ヒ | 非 | BKB-45 |
| はし-る | 走 | BKB-17 | はり | 針 | 15 | ヒ | 皮 | IKB-9 |
| はず-む | 弾 | IKB-9 | はる | 春 | BKB-26 | ヒ | 被 | IKB-R2 |
| はた | 畑 | BKB-5 | は-る | 張 | IKB-5 | ヒ | 否 | 1 |
| はた | 端 | 4 | は-れる | 晴 | BKB-14 | ヒ | 避 | 6 |
| はたけ | 畑 | BKB-5 | ハン | 半 | BKB-4 | ヒ | 批 | 16 |
| は-たす | 果 | BKB-29△ | ハン | 飯 | BKB-11 | ひ | 日 | BKB-1 |
| はたら-く | 働 | BKB-17 | ハン | 反 | BKB-44 | ひ | 火 | BKB-2 |
| ハチ | 八 | BKB-3 | ハン | 販 | IKB-R1 | ひ | 氷 | 7 |
| ハツ | 発 | BKB-32 | ハン | 判 | 2 | ビ | 備 | BKB-31 |
| はつ | 初 | BKB-44 | ハン | 犯 | 5 | ビ | 美 | BKB-43 |
| バツ | 末 | 2 | ハン | 般 | 7 | ビ | 鼻 | IKB-9 |
| バツ | 抜 | 7 | ハン | 版 | 8 | ビ | 微 | 6 |
| はな | 花 | BKB-7 | ハン | 藩 | 10 | ひい-でる | 秀 | コ6 |
| はな | 鼻 | IKB-9 | ハン | 繁 | 14 | ひ-える | 冷 | BKB-26 |
| はな | 華 | 10 | ハン | 伴 | 16 | ひか-える | 控 | 8 |
| はなし | 話 | BKB-9 | ハン | 阪 | コ3 | ひがし | 東 | BKB-18 |
| はな-す | 話 | BKB-9 | ハン | 板 | コ7 | ひかり | 光 | 4 |
| はな-す | 離 | BKB-25 | ハン | 坂 | コ7 | ひか-る | 光 | 4 |
| はな-す | 放 | BKB-39 | バン | 晩 | BKB-10 | ひき-いる | 率 | IKB-6 |

<table>
<tr><td>まい-る</td><td>参</td><td>IKB-2</td></tr>
</table>

| | | | | | | | | |
|---|---|---|---|---|---|---|---|---|
| まい-る | 参 | IKB-2 | まと | 的 | BKB-45△ | みぞ | 溝 | 7 |
| ま-う | 舞 | 16 | まど | 窓 | BKB-34 | み-たす | 満 | IKB-6 |
| まえ | 前 | BKB-10 | まな-ぶ | 学 | BKB-2 | み-だす | 乱 | IKB-7 |
| ま-かす | 負 | IKB-2 | まね-く | 招 | IKB-R2 | みだ-れる | 乱 | IKB-7 |
| まか-す | 任 | IKB-7 | まめ | 豆 | IKB-R2 | みち | 道 | BKB-14 |
| まか-せる | 任 | IKB-7 | まも-る | 守 | IKB-7 | みちび-く | 導 | 2 |
| ま-がる | 曲 | BKB-37 | まよ-う | 迷 | 8 | み-ちる | 満 | IKB-6 |
| まき | 巻 | 13 | まる | 丸 | 13 | ミツ | 密 | 3 |
| まぎ-らす | 紛 | 2 | まる-い | 円 | BKB-3△ | みつ-ぐ | 貢 | 9 |
| まぎ-れる | 紛 | 2 | まる-い | 丸 | 13 | みっ-つ | 三 | BKB-3 |
| マク | 幕 | 10 | まる-める | 丸 | 13 | みと-める | 認 | IKB-7 |
| ま-く | 巻 | 13 | まわ-す | 回 | BKB-13 | みなと | 港 | BKB-39 |
| ま-ける | 負 | IKB-2 | まわ-り | 周 | IKB-5 | みなみ | 南 | BKB-18 |
| ま-げる | 曲 | BKB-37 | まわ-る | 回 | BKB-13 | みなもと | 源 | 6 |
| まこと | 誠 | 10 | マン | 万 | BKB-3 | みね | 峰 | 7 |
| まさ | 正 | BKB-28△ | マン | 満 | IKB-6 | みの-る | 実 | BKB-42 |
| まさ-る | 勝 | IKB-2 | | | | みみ | 耳 | BKB-6 |
| ま-ざる | 混 | IKB-9 | **[み]** | | | みや | 宮 | コ3 |
| ま-じる | 交 | BKB-32 | ミ | 味 | BKB-28 | ミャク | 脈 | 7 |
| ま-じる | 混 | IKB-9 | ミ | 未 | IKB-6 | ミョウ | 明 | BKB-5△ |
| まじ-わる | 交 | BKB-32 | み | 三 | BKB-3△ | ミョウ | 命 | 6 |
| ま-す | 増 | BKB-43 | み | 実 | BKB-42 | み-る | 見 | BKB-9 |
| まず-しい | 貧 | IKB-1 | み | 身 | 1 | み-る | 診 | 11 |
| ま-ぜる | 混 | IKB-9 | み-える | 見 | BKB-9 | ミン | 眠 | BKB-38 |
| まち | 町 | BKB-20 | みき | 幹 | 3 | ミン | 民 | BKB-41 |
| まち | 街 | 3 | みぎ | 右 | BKB-18 | | | |
| ま-つ | 待 | BKB-11 | みじか-い | 短 | BKB-8 | **[む]** | | |
| まっ- | 真 | BKB-23△ | みず | 水 | BKB-2 | ム | 無 | BKB-45 |
| マツ | 末 | 2 | みずうみ | 湖 | IKB-R1 | ム | 務 | IKB-9 |
| まつ | 松 | コ3 | みせ | 店 | BKB-13 | ム | 夢 | 3 |
| まった-く | 全 | BKB-45 | み-せる | 見 | BKB-9 | ム | 武 | 10 |

| | | |
|---|---|---|
| むい | 六 | BKB-3△ |
| むか-える | 迎 | 10 |
| むかし | 昔 | 7 |
| む-く | 向 | BKB-40 |
| む-ける | 向 | BKB-40 |
| む-こう | 向 | BKB-40 |
| む-す | 蒸 | 13 |
| むずか-しい | 難 | BKB-28 |
| むす-ぶ | 結 | BKB-25 |
| むっ-つ | 六 | BKB-3 |
| むら | 村 | BKB-20 |
| むら | 群 | IKB-6 |
| む-らす | 蒸 | 13 |
| む-れ | 群 | IKB-6 |
| む-れる | 群 | IKB-6 |
| む-れる | 蒸 | 13 |

## [め]

| | | |
|---|---|---|
| め | 目 | BKB-6 |
| メイ | 明 | BKB-5 |
| メイ | 名 | BKB-16 |
| メイ | 鳴 | IKB-9 |
| メイ | 命 | 6 |
| メイ | 迷 | 8 |
| メイ | 盟 | 16 |
| めぐ-む | 恵 | コ6 |
| めし | 飯 | BKB-11 |
| め-す | 召 | IKB-R2 |
| メツ | 滅 | 12 |
| メン | 面 | BKB-29 |

## [も]

| | | |
|---|---|---|
| モ | 模 | 6 |
| モウ | 望 | IKB-8 |
| モウ | 亡 | IKB-R2 |
| モウ | 網 | 4 |
| もう-す | 申 | IKB-10 |
| も-える | 燃 | 14 |
| モク | 木 | BKB-1 |
| モク | 目 | BKB-6 |
| もぐ-る | 潜 | 7 |
| も-す | 燃 | 14 |
| もち-いる | 用 | BKB-34 |
| モツ | 物 | BKB-7 |
| も-つ | 持 | BKB-14 |
| もっと-も | 最 | BKB-45 |
| もっぱ-ら | 専 | IKB-7 |
| もと | 本 | BKB-4 |
| もと | 元 | BKB-16 |
| もと | 基 | IKB-9 |
| もとい | 基 | IKB-9 |
| もと-める | 求 | BKB-33 |
| もの | 物 | BKB-7 |
| もの | 者 | BKB-27 |
| も-やす | 燃 | 14 |
| もり | 森 | BKB-5 |
| も-り | 守 | IKB-7 |
| も-る | 盛 | IKB-8 |
| モン | 門 | BKB-1 |
| モン | 文 | BKB-7 |
| モン | 問 | BKB-21 |

## [や]

| | | |
|---|---|---|
| ヤ | 夜 | BKB-10 |
| ヤ | 野 | BKB-40 |
| や | 家 | BKB-12 |
| や | 屋 | BKB-13 |
| ヤク | 益 | 8 |
| ヤク | 薬 | BKB-12 |
| ヤク | 約 | BKB-31 |
| ヤク | 役 | IKB-8 |
| ヤク | 訳 | IKB-10 |
| や-く | 焼 | BKB-37 |
| や-ける | 焼 | BKB-37 |
| やさ-しい | 優 | IKB-8 |
| やさ-しい | 易 | 8 |
| やしな-う | 養 | IKB-3 |
| やす-い | 安 | BKB-8 |
| やす-む | 休 | BKB-5 |
| やっ-つ | 八 | BKB-3 |
| やぶ-る | 破 | 8 |
| やぶ-れる | 敗 | IKB-2 |
| やぶ-れる | 破 | 8 |
| やま | 山 | BKB-1 |
| や-む | 病 | BKB-13△ |
| やわ-らか | 軟 | IKB-1 |
| やわ-らか | 柔 | IKB-4 |
| やわ-らかい | 軟 | IKB-1 |
| やわ-らかい | 柔 | IKB-4 |

## [ゆ]

| | | |
|---|---|---|
| ユ | 油 | BKB-11 |
| ユ | 由 | BKB-33 |

| | | | | | | |
|---|---|---|---|---|---|---|
| リョウ | 両 | BKB-40 | ロウ | 老 | BKB-41 | Symbol of Repetition |
| リョウ | 量 | IKB-2 | ロウ | 労 | 8 | |
| リョウ | 了 | IKB-2 | ロウ | 郎 | コ6 | 々　BKB-35 |
| リョウ | 療 | IKB-3 | ロク | 六 | BKB-3 | |
| リョウ | 領 | 10 | ロク | 録 | 3 | |
| リョウ | 僚 | 15 | ロン | 論 | BKB-42 | |
| リョク | 力 | BKB-4 | | | | |
| リン | 林 | BKB-5 | **[わ]** | | | |
| リン | 臨 | 16 | ワ | 話 | BKB-9 | |
| リン | 鈴 | コ5 | ワ | 和 | BKB-25 | |
| | | | わか-い | 若 | BKB-16 | |
| **[る]** | | | わ-かる | 分 | BKB-4 | |
| ル | 留 | BKB-21△ | わ-かれる | 分 | BKB-4 | |
| ルイ | 類 | BKB-42 | わか-れる | 別 | BKB-37 | |
| | | | わけ | 訳 | IKB-10 | |
| **[れ]** | | | わ-ける | 分 | BKB-4 | |
| レイ | 冷 | BKB-26 | わざ | 技 | 3 | |
| レイ | 礼 | BKB-42 | わざわ-い | 災 | 6 | |
| レイ | 例 | IKB-10 | わずら-う | 患 | 11 | |
| レイ | 零 | 13 | わす-れる | 忘 | BKB-36 | |
| レイ | 令 | 15 | わたくし | 私 | BKB-2 | |
| レイ | 鈴 | コ5 | わたし | 私 | BKB-2 | |
| レイ | 齢 | コ9 | わた-す | 渡 | BKB-17 | |
| レキ | 歴 | BKB-22 | わた-る | 渡 | BKB-17 | |
| レツ | 列 | IKB-R2 | わら-う | 笑 | BKB-36 | |
| レツ | 裂 | 16 | わらべ | 童 | 11 | |
| レン | 練 | BKB-21 | わり | 割 | BKB-33 | |
| レン | 連 | BKB-31 | わ-る | 割 | BKB-33 | |
| | | | わる-い | 悪 | BKB-28 | |
| **[ろ]** | | | わ-れる | 割 | BKB-33 | |
| ロ | 路 | BKB-32 | ワン | 湾 | コ4 | |

# 執 筆 者 略 歴

**加納千恵子**
筑波大学大学院地域研究研究科修士課程
修了。
日本青年海外協力隊の派遣によりマレー
シアのマラ工科大学語学センター日本語
講師，筑波大学留学生教育センター非常
勤講師等を経て，現在，筑波大学人文社
会系教授。

**清水　百合**
コロンビア大学ティーチャーズカレッジ
応用言語学科修士課程修了。
元九州大学留学生センター教授。

**竹中(谷部)弘子**
筑波大学大学院地域研究研究科修士課程
修了。
国際交流基金の派遣により在中国日本語
研修センター日本語講師，筑波大学留学
生教育センター非常勤講師，国際交流基
金日本語国際センター日本語教育専門員
を経て，現在，東京学芸大学留学生セン
ター教授。

**石井恵理子**
学習院大学大学院人文科学研究科博士前
期課程修了。
インターカルト日本語学校講師，筑波大
学留学生教育センター非常勤講師，国立
国語研究所日本語教育部門第一領域長等
を経て、東京女子大学現代教養学部教授。

**阿久津　智**
立教大学大学院文学研究科博士前期課程
修了。
筑波大学留学生センター非常勤講師等を
経て，現在，拓殖大学外国語学部教授。

**平形(高橋)裕紀子**
国際基督教大学教養学部教育学科修士課
程修了。
米国のコルビー大学招聘講師を経て，現
在，東京医科歯科大学統合国際機構非常
勤講師および筑波大学グローバルコミュ
ニケーション教育センター（CEGLOC)
非常勤講師。

## 漢字1000PLUS
## INTERMEDIATE KANJI BOOK　VOL.2

2001年 8 月31日　　初　版　　第 1 刷発行
2004年 2 月29日　　第 2 版　　第 1 刷発行
2008年 4 月15日　　第 3 版　　第 1 刷発行
2014年 6 月15日　　第 4 版　　第 1 刷発行
2017年 3 月10日　　第 4 版　　第 2 刷発行

著　者　　加納千恵子・清水百合・竹中弘子・石井恵理子・阿久津智・平形裕紀子
発行所　　株式会社　凡　人　社
　　　　　〒102-0093　東京都千代田区平河町 1 － 3 －13
　　　　　　　　　　　電話　03－3263－3959
印刷所　　株式会社　イ　セ　ブ
　　　　　〒305-0005　茨城県つくば市天久保 2 －11－20
　　　　　　　　　　　電話　029－851－2515

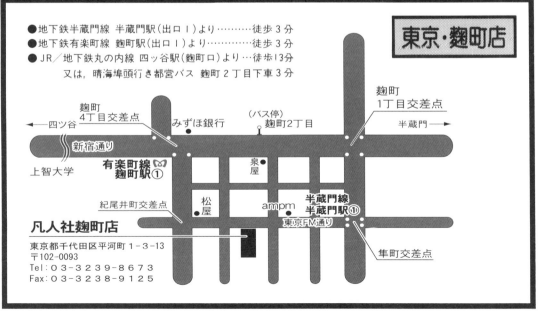